Johannes Münder | Rüdiger Ernst
Wolfgang Behlert | Britta Tammen

Familienrecht für die Soziale Arbeit

Lehrbuch

8., aktualisierte und erweiterte Auflage

Onlineversion
Nomos eLibrary

Die Deutsche Nationalbibliothek verzeichnet diese Publikation in
der Deutschen Nationalbibliografie; detaillierte bibliografische
Daten sind im Internet über http://dnb.d-nb.de abrufbar.

ISBN 978-3-8487-5976-7 (Print)
ISBN 978-3-7489-0060-3 (ePDF)

Die 7. Auflage ist erschienen bei UTB (Nomos) unter dem Titel:
Familienrecht – Eine sozialwissenschaftlich orientierte Darstellung

8., aktualisierte und erweiterte Auflage 2022
© Nomos Verlagsgesellschaft, Baden-Baden 2022. Gesamtverantwortung für Druck
und Herstellung bei der Nomos Verlagsgesellschaft mbH & Co. KG. Alle Rechte, auch
die des Nachdrucks von Auszügen, der fotomechanischen Wiedergabe und der Über-
setzung, vorbehalten. Gedruckt auf alterungsbeständigem Papier.

Vorwort

Nach sieben Auflagen des „Familienrechts" liegt hier als 8. Auflage das „Familienrecht in der Sozialen Arbeit" vor. Der erweiterte Titel macht deutlich, was bisher schon der Schwerpunkt des Lehrbuchs Familienrecht war.

Die Darstellung folgt der familienrechtlichen Systematik. Dadurch wird juristisches Grundlagenwissen vermittelt. Adressat:innen des Buches sind aber nicht nur Personen in der juristischen Ausbildung und Profession, sondern besonders auch Studierende und Handelnde der Sozialen Arbeit, der Verfahrensbeistandschaft, in Pflegschaft und Vormundschaft, in der Psychologie und Medizin. So orientiert sich dieses Lehrbuch auch an den Bedürfnissen dieser Zielgruppen. Ihnen soll der Zugang zu den familienrechtlichen Materien ermöglicht werde. Das geschieht durch das Bemühen um eine allgemeinverständliche Sprache, durch die Erläuterung fachjuristischer Ausdrücke sowie durch die Straffung der weiterführenden Literatur- und Rechtsprechungsangaben. Inhaltlich findet eine intensive Einbeziehung sozial- und humanwissenschaftlicher Erkenntnisse statt, da im Familienrecht, wie sonst selten im Zivilrecht, solches Wissen für das Verständnis, die Auslegung und Anwendung des Rechts von Bedeutung ist.

Bewusst werden zudem über das „klassische" materielle Familienrecht hinausausreichende, für die Lebensrealität wichtige Bereiche einbezogen. Dies betrifft insbesondere zum einen das Verfahrensrecht, also die Durchsetzung des materiellen Rechts, und zum anderen das Recht der Europäischen Gemeinschaften/Union und das internationale Recht, die in einer offenen Gesellschaft, wie der in Deutschland, zunehmend von Bedeutung werden.

Das Buch befindet sich auf dem Gesetzesstand vom 1.9.2021. Eingearbeitet wurden alle seit der 7. Auflage geänderten oder neu verabschiedeten Gesetze, so u.a. das Gesetz zur Einführung der „Ehe für Alle", das Gesetz zur Entlastung von Kindern pflegebedürftiger Eltern und von Eltern von Kindern mit einer Behinderung, das Gesetz zur Bekämpfung sexualisierter Gewalt gegen Kinder, die Reform der Verfahrensbeistandschaft, das Gesetz zu Reform der Vormundschaft und der Betreuung sowie das Adoptionshilfegesetz, das vor allem die Adoptionsvermittlung und die Anerkennung internationaler Adoptionen betrifft..

Gemeinsam mit der 8. Auflage des Kinder- und Jugendhilferecht von Johannes Münder u.a. (vgl. S. 11) ist damit eine umfassende Darstellung der für das Aufwachsen von Kindern und Jugendlichen in Familie und öffentlicher Verantwortung wichtigsten rechtlichen Materien vorhanden.

Wegen der Bedeutung von Sprache haben wir uns um eine gendersensible Sprache bemüht (z. B. Fachkraft statt Fachfrau/Fachmann). Sofern dies nicht möglich ist und angesichts der Tatsache, dass es in der deutschen Sprache bisher keine befriedigende Lösung dafür gibt, haben wir es dem/der jeweiligen Autor:in überlassen, wie sie/er damit verfährt.

Vorwort

Bis einschließlich der 5. Auflage hat Johannes Münder das Lehrbuch allein verfasst, die 6. Auflage wurde von ihm und Rüdiger Ernst gemeinsam verantwortet. Mit der 7. Auflage ist Wolfgang Behlert, mit der 8. Auflage Britta Tammen hinzugekommen. Die Kapitel 1, 2 und 6 sowie 10 bis 14 hat Wolfgang Behlert, die Kapitel 4 und 7 hat Rüdiger Ernst übernommen, die Kapitel 3, 5, und 8 bearbeitet Britta Tammen, Johannes Münder das Kapitel 9.

Berlin/Jena/Neubrandenburg *Johannes Münder, Rüdiger Ernst,*
Sommer 2021 *Wolfgang Behlert, Britta Tammen*

Inhalt

Vorwort 5

Münder/Trenczek/von Boetticher/Tammen Kinder – und Jugendhilferecht, 9. Aufl., 2020 11

Tabellenverzeichnis 12

Abkürzungsverzeichnis 13

Hinweise auf Lern- und ArbeitsmaterialienHinweise auf Lern- und Arbeitsmaterialien 19

1. Überblick über das Familienrecht 23
   1.1. Das materielle Recht 23
   1.2. Das Verfahrensrecht 24
   1.3. Internationales und Europäisches Familienrecht 26
        1.3.1 Internationale Abkommen 27
        1.3.2 EU-Verordnungen 28
        1.3.3 Zuständigkeit 29
        1.3.4 Anwendung des materiellen Rechts 29

2. Ehe, Familie, Kinder und Verfassung 31
   2.1. Der Schutz von Ehe und Familie – Art. 6 Abs. 1 GG 31
   2.2 Elternrechte, Kinderrechte und Kindeswohl – Art. 6 Abs. 2, 3; Art. 1 Abs. 1; Art. 2 Abs. 1 GG 33

3. Partnerschaftsbeziehungen – Von der vorgegebenen Institution zur freien Assoziation 38
   3.1 Die Ehe 38
        3.1.1 Eheschließung 38
        3.1.2 Während der Ehe 41
        3.1.3 Internationales Eherecht 44
   3.2 Trennung und Scheidung 45
        3.2.1 Trennung und Trennungsfolgen 46
        3.2.2 Scheidung 48
                3.2.2.1 Scheidungsfolgen: Der nacheheliche Unterhalt . . . 49
                3.2.2.2 Weitere Scheidungsfolgen 55
                3.2.2.3 Hinweise zum Scheidungsverfahren 58
                3.2.2.4 Internationales Trennungs- und Scheidungsrecht . . . 59
   3.3 Die eingetragene Lebenspartnerschaft 61
   3.4 Die eheähnliche Gemeinschaft 62

4. Abstammung 66
   4.1 Bedeutung und Funktion des Abstammungsrechts 66
   4.2 Die Abstammungsregelungen im Einzelnen 69
        4.2.1 Wer ist Mutter, wer ist Vater? 69
                4.2.1.1 Mutter 69
                4.2.1.2 Vater 69
        4.2.2 Anfechtung der Vaterschaft 73

	4.3	Verfahrensrecht	74
	4.4	Recht auf Kenntnis der Abstammung	75
	4.5	Neue Familienformen und Reproduktionsmedizin: Geltendes Recht und Reformbedarf	76
	4.6	Internationales Abstammungsrecht	79
		4.6.1 Internationale Zuständigkeit	79
		4.6.2 Anwendbares Recht	80
5.		Unterhalt: Allgemeines und Verwandtenunterhalt	82
	5.1	Grundstrukturen des privaten Verwandtenunterhalts	83
		5.1.1 Voraussetzungen: Verwandtschaft in gerader Linie, Bedürftigkeit, Leistungsfähigkeit	83
		5.1.2 Die Höhe des Unterhalts – der Bedarf	85
		5.1.3 Gestaltung, Beginn und Ende des Unterhaltsanspruches	85
		5.1.4 Reihenfolge der Unterhaltsverpflichteten und der Unterhaltsberechtigten	86
	5.2	Unterhaltsanspruch der (alten) Eltern gegen die (mittelalten) Kinder	87
	5.3	Betreuungsunterhalt zwischen nicht miteinander verheirateten Eltern	89
	5.4	Internationales Unterhaltsrecht	89
		5.4.1 Internationale Zuständigkeit	89
		5.4.2 Anwendbares Recht	90
6.		Der Unterhalt der Kinder	91
	6.1	Kindesunterhalt im Allgemeinen	91
	6.2	Volljährige Kinder	93
	6.3	Erziehungs- und Ausbildungskosten	94
	6.4	Minderjährige Kinder in Einelternfamilien	96
		6.4.1 Naturalunterhalt. Barunterhalt	96
		6.4.2 Mindestunterhalt	99
		6.4.3 Verfahren über den Unterhalt. Vereinfachtes Verfahren	100
		6.4.3 Die Anrechnung von Kindergeld und kindbezogenen Leistungen auf den Unterhalt	101
7.		Die Berechnung, Geltendmachung und Durchsetzung von Unterhalt	103
	7.1	Die Düsseldorfer Tabelle	103
	7.2	Durchsetzung und praktische Realisierung: Einige Verfahrenshinweise	106
	7.3	Das Unterhaltsvorschussgesetz	108
	7.4	Unterstützung durch die Kinder- und Jugendhilfe	109
8.		Das Rechtsverhältnis Eltern-Kinder – Allgemeines und elterliche Sorge	111
	8.1	Einige allgemeine Rechtsbestimmungen des Eltern-Kind-Verhältnisses – Geburtsname, Beistandschaftspflicht	112
		8.1.1 Geburtsname	112
		8.1.2 Namensänderungen	113
		8.1.3 Beistands- und Rücksichtspflicht	113
	8.2	Elterliche Sorge – die Inhaber der elterlichen Sorge	114
	8.3	Elterliche Sorge – Inhalt und rechtliche Bedeutung	115
		8.3.1 Grundlage für die Erziehung – die Personensorge	116
		8.3.1.1 Personensorge: Regelungsgehalt und Grenzen	116

		8.3.1.2	Aufenthaltsbestimmungsrecht, Herausgabeverlangen, Verbleibensanordnung	118
		8.3.1.3	Aufsicht: Erziehung zur Mündigkeit	122
	8.3.2		Ausübung der elterlichen Sorge: Konsens und Einigung	124
	8.3.3		Beginn, Ende, Ruhen, Entzug der elterlichen Sorge	125
	8.3.4		Die „kleinen Sorgerechte" – Beteiligung Dritter bei der Erziehung der Kinder	125
8.4			Minderjährige als eigenständige Rechtssubjekte	126
8.5			Internationales Recht im Eltern-Kind-Rechtsverhältnis	130
8.6			Verfahrenshinweise	131
	8.6.1		Allgemeine Verfahrenshinweise in Sorgerechtsangelegenheiten	131
	8.6.2		Persönliche Anhörung – §§ 159 ff. FamFG	132
	8.6.3		Gutachten	134
	8.6.4		Verfahrensdauer – Vorrang- und Beschleunigungsgebot – § 155 FamFG	134
	8.6.5		Einvernehmen der Beteiligten – § 156 FamFG	135

9. Der zivilrechtliche Kindesschutz – das Wohl des Kindes — 137
- 9.1 Struktur und Voraussetzungen — 137
- 9.2 Die realen Gefährdungslagen — 139
  - 9.2.1 Vernachlässigung — 139
  - 9.2.2 Seelische Misshandlung — 140
  - 9.2.3 Kind als Objekt von Erwachsenenkonflikten — 140
  - 9.2.4 Körperliche Misshandlung — 140
  - 9.2.5 Autonomiekonflikte — 141
  - 9.2.6 Sexueller Missbrauch — 141
- 9.3 Die gerichtliche Entscheidung — 142
- 9.4 Die Stellung des Jugendamtes — 145
- 9.5 Verfahrenshinweise bei § 1666 BGB — 146
- 9.6 Der Verfahrensbeistand – Anwalt des Kindes – § 158 FamFG — 148
- 9.7 Internationales Recht und Kindeswohlgefährdung — 149

10. Elterliche Sorge bei Trennung — 151
- 10.1 Von der Starrheit zur Flexibilität — 152
- 10.2 Das Wohl des Kindes als Entscheidungskriterium — 153
  - 10.2.1 Von der „richtigen" zur „einvernehmlichen" Entscheidung — 154
  - 10.2.2 Streitige Entscheidungen — 155
- 10.3 Gemeinsame elterliche Sorge und Erziehung bei Getrenntleben — 158
- 10.4 Verfahrenshinweise, Konfliktlösung durch Verfahren — 159
- 10.5 Internationales Recht und elterliche Sorge bei Trennung/Scheidung — 161

11. Umgangsrecht — 163
- 11.1 Wessen Recht: Recht des Kindes, Recht des Elternteils? — 164
- 11.2 Aspekte gerichtlicher Entscheidungen — 166
  - 11.2.1 Wille des Kindes — 166
  - 11.2.2 Ausschluss und Einschränkung des Umgangs — 168
- 11.3 Umgangsrechte dritter Personen. Umgangsrecht des Kindes mit dritten Personen — 170

11.4	Verfahrenshinweise		171
11.5	Internationales Recht und Umgang		174
12.	**Vormundschaft. Pflegschaft für Minderjährige. Beistandschaft**		**175**
12.1	Beistandschaft		176
12.2	Vormundschaft		177
	12.2.1	Die Voraussetzungen der Vormundschaft und die Auswahl und Bestellung des Vormunds	178
	12.2.2	Funktion und Rechtsstellung des Vormunds	180
	12.2.3	Die Aufgaben des Familiengerichts und des Jugendamts	181
12.3	Pflegschaft		183
12.4	Internationales Vormundschafts- und Pflegschaftsrecht		184
13.	**Adoption**		**186**
13.1	Voraussetzungen der Adoption		187
13.2	Einwilligungen, ihre Ersetzung – Zwangsadoption?		190
13.3	Wirkungen		192
13.4	Adoption als Jugendhilfe: Vorbereitung, Vermittlung, Betreuung		193
13.5	Volljährigenadoption		194
13.6	Internationales Adoptionsrecht		195
14.	**Betreuungsrecht**		**196**
14.1	Voraussetzungen für eine Betreuung		198
14.2	Auswahl des Betreuers		200
14.3	Aufgaben des Betreuers		202
	14.3.1	Allgemeines	202
	14.3.2	Personenangelegenheiten	203
	14.3.3	Richterliches Genehmigungserfordernis in besonderen Fällen	204
14.4	Die rechtliche Wirkung der Betreuung		208
14.5	Finanzielle Ansprüche des Betreuers		209
14.6	Verfahrensfragen		210

Anhang: Düsseldorfer Tabelle	213
Literaturverzeichnis	221
Zu den Autor:innen	225
Stichwortverzeichnis	227

**Münder/Trenczek/von Boetticher/Tammen
Kinder – und Jugendhilferecht, 9. Aufl., 2020**

Inhaltsübersicht

1. Einführung: Das Lehrbuch und die Arbeitsgrundlagen

1. Teil: Grundlegung
2. Kindheit und Jugend: Die Situation, Verfassung, Politik
3. Das Kinder- und Jugendhilferecht
4. Grundlegende Regelungsbereiche und Spannungsfelder
5. Kinder- und Jugendhilfe, Sozialverwaltung und Verfahren

2. Teil: Leistungen der Jugendhilfe
6. Jugendarbeit, Jugendsozialarbeit, Kinder- und Jugendschutz: §§ 11–15 SGB VIII
7. Förderung der Erziehung in der Familie: §§ 16–21 SGB VIII
8. Förderung von Kindern in Tageseinrichtungen und in Kindertagespflege: §§ 22–26 SGB VIII
9. Die »klassischen« individuellen Hilfen – Erziehungshilfe, Eingliederungshilfe, Volljährigenhilfe: §§ 27–41 SGB VIII

3. Teil: Andere Aufgaben der Jugendhilfe
10. Schutz von Minderjährigen in akuten Krisensituationen
11. Schutz von Kindern und Jugendlichen und Qualitätssicherung in Familienpflege und in Einrichtungen: §§ 43–49 SGB VIII
12. Mitwirkung der Jugendhilfe im gerichtlichen Verfahren: §§ 50–52 SGB VIII
13. Beistandschaft, Pflegschaft, Vormundschaft: §§ 52a–58a SGB VIII

4. Teil: Sozialdatenschutz
14. Sozialdatenschutz – Voraussetzung für sozialpädagogisches Handeln: §§ 61–68 SGB VIII

5. Teil: Leistungsverpflichtung und -erbringung, Aufgabenverpflichtung und -wahrnehmung sowie deren Finanzierung
15. Organisation und Zuständigkeit
16. Leistungserbringung, Aufgabenwahrnehmung und ihre Finanzierung
17. Exkurs: Rechtsfolgen bei der Verletzung fachlicher Standards

6. Teil Kinder- und Jugendhilfe im sozial- und gesellschaftspolitischem Kontext
18. Gesamtverantwortung des öffentlichen Trägers – §§ 79–81 SGB VIII
19. Jugendhilfe als kinder- und jugendpolitische Gestaltungsaufgabe

Tabellenverzeichnis

Tabelle 1:	Eheschließungen	39
Tabelle 2:	Ehescheidungen	46
Tabelle 3:	Eheähnliche Gemeinschaften	63
Tabelle 4:	Abstammung	72
Tabelle 5:	Mündigkeitsstufen	128
Tabelle 6:	Maßnahmen des Familiengerichts bei Gefährdung des Kindeswohls (2012–2019)	144
Tabelle 7:	Sorgerechtliche Maßnahmen	145

Abkürzungsverzeichnis

a.A.	anderer Ansicht
a.a.O.	am angeführten/angegebenen Ort
Abs.	Absatz/ Absätze
AdÜbK	Haager Adoptionsübereinkommen
AdVermiG	Adoptionsvermittlungsgesetz
AdwirkG	Adoptionswirkungsgesetz
a.F.	alte Fassung
AG	Amtsgericht, Ausführungsgesetz (z.B. AGVwGO) oder Arbeitsgemeinschaft
ÄndG	Änderungsgesetz
Anm.	Anmerkung
Art.	Artikel
AsylG	Asylgesetz
AufenthG	Aufenthaltsgesetz
Aufl.	Auflage
AUG	Auslandsunterhaltsgesetz
B.	Beschluss
BAföG	Bundesausbildungsförderungsgesetz
BayVHG	Bayerische Verwaltungsgerichtshof
BeckOKG	Beck-Online GROSSKOMMENTAR zum Zivilrecht
BEEG	Bundeselterngeld- und Elternzeitgesetz
BeurkG	Beurkundungsgesetz
BGB	Bürgerliches Gesetzbuch
BGB-E	Einführungsgesetz zum Bürgerlichen Gesetzbuche
BGBl.	Bundesgesetzblatt
BGG	Behindertengleichstellungsgesetz
BGH	Bundesgerichtshof
BGHZ	Bundesgerichtshof Entscheidungen in Zivilsachen
BKKG	Bundeskindergeldgesetz
BMJ	Bundesministerium der Justiz
BMJV	Bundesministerium der Justiz und für Verbraucherschutz
BNotO	Bundesnotarordnung
BR	Bundesrepublik

Brüssel IIa-VO	Verordnung (EG) Nr. 2201/2003 des Rates über die Zuständigkeit und die Anerkennung und Vollstreckung von Entscheidungen in Ehesachen und in Verfahren betreffend die elterliche Verantwortung und zur Aufhebung der Verordnung (EG) Nr. 1347/2000
Brüssel IIb-VO	Verordnung (EU) 2019/1111 des Rates vom 25. Juni 2019 über die Zuständigkeit, die Anerkennung und Vollstreckung von Entscheidungen in Ehesachen und in Verfahren betreffend die elterliche Verantwortung und über internationale Kindesentführungen
BRD	Bundesrepublik Deutschland
BT	Bundestag
BtBG	Betreuungsbehördengesetz
BT-Drs.	Bundestagsdrucksache
BtG	Betreuungsgesetz
BtOG	Betreuungsorganisationsgesetz
BtPrax	Betreuungsrechtliche Praxis (Zeitschrift)
BVerfG	Bundesverfassungsgericht
BVerfGE	Entscheidungen des BVerfG
BVerwG	Bundesverwaltungsgericht
BVerwGE	Entscheidungen des Bundesverwaltungsgerichts
BWG	Bundeswahlgesetz
bzw.	beziehungsweise
DAVorm	Der Amtsvormund
ders./dies.	derselbe/dieselbe
Destatis	Statistisches Bundesamt
d.h.	das heißt
DIJuF	Deutsches Institut für Jugendhilfe und Familienrecht
dtv	Deutscher Taschenbuchverlag (dtv Verlag)
DV	Deutscher Verein
E	Entscheidungssammlung (z.B. des BVerfG oder des BVerwG)
EGBGB	Einführungsgesetz zum Bürgerlichen Gesetzbuche
et al.	(et alii, et aliae oder et alia) entspricht bei einer Mehrheit von Autor:innennamen dem deutschen Kürzel »u. a.« (= »und andere«)
e.V.	eingetragener Verein
EGMR	Europäischer Gerichtshof für Menschenrechte
EMRK	Europäische Menschenrechtskonvention

ESchG	Embryonenschutzgesetz
EStG	Einkommensteuergesetz
ErwSÜ	Haager Übereinkommen über den internationalen Schutz von Erwachsenen
etc.	et cetera (= und die übrigen [Dinge])
EuGH	Europäischer Gerichtshof
EuGüVO	Verordnung (EU) 2016/1103 des Rates vom 24. Juni 2016 zur Durchführung einer Verstärkten Zusammenarbeit im Bereich der Zuständigkeit, des anzuwendenden Rechts und der Anerkennung und Vollstreckung von Entscheidungen in Fragen des ehelichen Güterstands
EuUntVO	Verordnung (EG) Nr. 4/2009 des Rates vom 18. Dezember 2008 über die Zuständigkeit, das anwendbare Recht, die Anerkennung und Vollstreckung von Entscheidungen und die Zusammenarbeit in Unterhaltssachen
f., ff.	folgende (Singular/Plural)
FamFG	Gesetz über das Verfahren in Familiensachen und in den Angelegenheiten der freiwilligen Gerichtsbarkeit
FamG	Familiengericht
FamRB	Familienrechtsberater (Zeitschrift)
FamRZ	Zeitschrift für das gesamte Familienrecht (Zeitschrift)
FGG	Gesetz über die Angelegenheiten der Freiwilligen Gerichtsbarkeit
FF	Forum Familienrecht
FK-SGB VIII	Frankfurter Kommentar zum SGB VIII - Kinder- und Jugendhilfe (siehe Münder, /Meysen /Trenczek 2019)
FPR	Familie Partnerschaft Recht (Zeitschrift)
FuR	Familie und Recht (Zeitschrift)
gA	gewöhnlicher Aufenthalt
GenDG	Gendiagnostikgesetz
GG	Grundgesetz
ggf.	gegebenenfalls
GVG	Gerichtsverfassungsgesetz
H.	Heft
HKÜ	Haager Übereinkommen über die zivilrechtlichen Aspekte internationaler Kindesentführung
Hrsg./hrsg.	Herausgeber / herausgegeben(e)
Hs	Halbsatz

HUntProt	Haager Protokoll über das auf Unterhaltspflichten anzuwendende Recht vom 23. November 2007
i.d.F.	In der Fassung
i.E.	Im Einzelnen
i.d.R.	In der Regel
i.S.d.	im Sinne des
i.V.m.	in Verbindung mit
IGfH	Internationale Gesellschaft für erzieherische Hilfen e.V.
insb.	insbesondere
IPR	Internationales Privatrecht
IntFamRVG	Internationales Familienrechtsverfahrensgesetz
JA/JÄ	Jugendamt/Jugendämter
JAmt	Das Jugendamt (Zeitschrift)
JGG	Jugendgerichtsgesetz
juris	Onlineportal für Rechtsinformationen
JuSchG	Jugendschutzgesetz
JustG	Justizgesetz (z.B. NW)
K.	Kammerbeschluss
Kap.	Kapitel
KErzG	Gesetz über die religiöse Kindererziehung
KG	Kammergericht (Oberlandesgericht für Berlin)
KindRG	Kindschaftsrechtsreformgesetz
KiTa	Kindertagesstätte
KJHG	Kinder- und Jugendhilfegesetz
KJGB	Kinder- und Jugendhilfegesetzbuch (Hessen)
KonsG	Konsulargesetz
KWG	Kindeswohlgefährdung
KSÜ	Haager Kinderschutzübereinkommen
LG	Landgericht
LPartG	Lebenspartnerschaftsgesetz
LPK-SGB II	Lehr- und Praxiskommentar zum SGB II (siehe Münder 2017)
LSG	Landessozialgericht
MedR	Medizinrecht (Zeitschrift)
MDR	Monatsschrift für Deutsches Recht (Zeitschrift)
Mio.	Millionen
MSA	Minderjährigenschutzabkommen

Abkürzungsverzeichnis

MinUhV	Mindestunterhaltsverordnung
m.w.N.	mit weiteren Nachweisen
NDV	Nachrichtendienst des Deutschen Vereins für öffentliche und private Fürsorge (Zeitschrift)
NJW	Neue Juristische Wochenschrift (Zeitschrift)
Nr.	Nummer
NZFam	Neue Zeitschrift für Familienrecht
o.ä.	oder Ähnliche(s)
OLG	Oberlandesgericht
PStG	Personenstandsgesetz
Rom III-VO	Verordnung (EU) Nr. 1259/2010 des Rates vom 20. Dezember 2010 zur Durchführung einer Verstärkten Zusammenarbeit im Bereich des auf die Ehescheidung und Trennung ohne Auflösung des Ehebandes anzuwendenden Rechts
RPflG	Rechtspflegergesetz
RR	Rechtsprechungsrundschau (Zeitschrift)
Rspr.	Rechtsprechung
Rn/Rz	Randnummer/Randziffer
s.	siehe
s.a.	siehe auch
SaRegG	Samenspenderegistergesetz
SGB	Sozialgesetzbuch (nachgestellte Ziffer = Buch des SGB)
SGG	Sozialgerichtsgesetz
s.o.	siehe oben
sog.	sogenannte
StAG	Staatsangehörigkeitsgesetz
StGB	Strafgesetzbuch
StPO	Strafprozessordnung
s.u.	siehe unten
Tab.	Tabelle
U. / u.	Urteil / und
u.a.	unter anderem; und andere
u.Ä.	und Ähnliche(s)
UÄndG	Unterhaltsänderungsgesetz
UN-BRK / UN-CRPD	UN-Konvention über die Rechte von Menschen mit Behinderungen
usw	und so weiter

u.U.	unter Umständen
UVG	Unterhaltsvorschussgesetz
VBVG	Vormünder- und Betreuervergütungsgesetz
VersAusglG	Versorgungsausgleichsgesetz
VG	Verwaltungsgericht
vgl.	vergleiche
VRegV	Vorsorgeregister-Verordnung
VwGO	Verwaltungsgerichtsordnung
VwVfG	Verwaltungsverfahrensgesetz
wtl.	wöchentlich
z.B.	zum Beispiel
ZfF	Zeitschrift für das Fürsorgewesen (Zeitschrift)
ZfJ	Zentralblatt für Jugendrecht (Zeitschrift)
ZfSH/SGB	Zeitschrift für Sozialhilfe und Sozialgesetzbuch (Zeitschrift)
ZKJ	Zeitschrift für Kindschaftsrecht und Jugendhilfe (Zeitschrift)
ZPO	Zivilprozessordnung
z.T.	zum Teil

Hinweise auf Lern- und Arbeitsmaterialien

Für die Erarbeitung des Familienrechts müssen die wichtigsten Arbeitsgrundlagen bekannt sein und z.T. auch zur Verfügung stehen. Die Befassung mit Recht ohne die einschlägigen *Gesetzestexte* ist nicht möglich. Sie sind der Ausgangspunkt der rechtlichen Informationen und der Begleittext jeder weiteren juristischen Lektüre. Da das Familienrecht zwar schwerpunktmäßig im Buch 4 des BGB geregelt ist, sich jedoch auch familienrechtliche Regelungen außerhalb des BGB finden, ist es daher sinnvoll, eine entsprechende Gesetzessammlung zur Verfügung zu haben. Soll eine systematische Einarbeitung in ein Fachgebiet wie das Familienrecht erfolgen, so empfiehlt sich zunächst eine systematischen Darstellung. Unter den einschlägigen *Lehrbüchern* finden sich dabei Werke unterschiedlicher thematischer Breite und Tiefe und unterschiedlicher sprachlicher Gestaltung. Die meisten Titel richten sich unmittelbar an Studierende der Rechtswissenschaft. Da aber gerade im weiten Feld der Familie auch andere, nichtjuristische Professionen tätig sind, wie etwa Sozialarbeiter:innen, Psycholog:innen, Ärzt:innen, Menschen, die eine Verfahrensbeistandschaft, eine Vormundschaft oder eine Pflegschaft führen, Ehe- und Familienberater:innen etc., richten sich familienrechtliche Abhandlungen explizit auch an Studierende und Praktiker:innen solcher Studiengänge und professioneller Bereiche – so auch das hier vorliegende Lehrbuch. Wichtigstes Instrument zur Detailauslegung der Gesetze sind die *Kommentare*. In ihrer Darstellung folgen sie den Paragrafen der kommentierten Gesetze. Sie geben den aktuellen Stand der Rechtsprechung, der wissenschaftlichen Bearbeitung und (teilweise) der fachlichen Kontroversen wieder. Die aktuelle fachliche Auseinandersetzung über Rechtsfragen findet vornehmlich in *Fachzeitschriften* statt, insbesondere in Aufsätzen, in denen Rechtsprobleme abgehandelt, neue Rechtsentwicklungen dargestellt und Fachdebatten geführt werden. Hier, wie auch zunehmend im Internet, findet sich auch den Abdruck zahlreicher Gerichtsentscheidungen, die ebenfalls Teil des fachlichen Diskussions- und Rechtsentwicklungsprozesses sind. Gerichtsentscheidungen werden darüber hinaus zum Teil in gesonderten Entscheidungssammlungen veröffentlicht. Dies gilt insbesondere für die Entscheidungen der jeweiligen obersten Bundesgerichte.

Gesetzessammlungen

- Besonders verbreitet (und etwa jährlich auf den aktuellen Stand gebracht) sind die Beck-Texte im dtv. Hier gibt es auch eine spezielle Gesetzessammlung zum Familienrecht (FamR), die über das BGB hinaus eine Vielzahl von einschlägigen Gesetzen enthält. Besonders hinzuweisen ist auf die speziell auf die Bedürfnisse von Studierenden und Praktiker:innen im sozialen Bereich zugeschnittene Gesetzessammlung „Gesetze für Sozialberufe" des Frankfurter Fachhochschulverlages sowie die in der Reihe NomosGesetze erscheinende Textsammlung „Gesetze für die Soziale Arbeit". In diesen in regelmäßigen Abständen aktualisierten Gesetzessammlungen findet sich eine Zusammenfassung so gut wie aller Gesetze (zum Teil in Auszügen), die für das Familienrecht und die soziale Arbeit von Bedeutung sind. Darüber hinaus können Gesetzestexte auch im Internet eingesehen werden: zum einen auf einer vom BMJ eingerichteten Seite **www.gesetze-im-internet.de** zum anderen auf **www.dejure.org**.

Lehrbücher

- Studienbücher zum Familienrecht: Zum Einstieg gut geeignet sind die Lehrbücher (die allerdings für Studierende der Rechtswissenschaft verfasst wurden) von Dethloff (2018), Schwab (2020) und Wellenhofer (2019). Die umfassendste Darstellung des Familienrechts findet sich in dem Standardwerk von Gernhuber/Coester-Waltjen (7. Auflage 2020).
- Aus der Perspektive der sozialen Arbeit sei das Buch von Marx (2018) genannt.

Kommentare

- Heilmann (Hrsg.), Praxiskommentar Kindschaftsrecht, 2. Auflage 2020. Ein Querschnittskommentar. Bearbeitet sind alle Vorschriften aus unterschiedlichen Gesetzen (BGB, FamFG etc.), die im Kindschaftsrecht von Bedeutung sind.

Als Teil des BGB findet sich die Kommentierung des Familienrechts in zahlreichen Kommentaren zum BGB. Auf die folgenden sei hingewiesen.

- Münchener Kommentar (Hrsg. Rebmann/Säcker/Rixecker). Aktuell liegt die 8. Auflage dieses mehrere Bände umfassenden Kommentars vor. In zwei Bänden (Band 9: 2019 und 10: 2020) dieses Kommentars wird das Familienrecht ausführlich von verschiedenen Autoren kommentiert. Neben Kommentarteilen, die rechtswissenschaftlich-rechtsdogmatisch orientiert sind, finden sich Kommentierungen, die sozial- und humanwissenschaftliche Erkenntnisse in die rechtswissenschaftliche Arbeit einbeziehen.
- Staudinger/Bearbeitername: Kommentar zum BGB. Dies ist der umfangreichste Kommentar zum BGB, in dem auch das Familienrecht mehrere Bände umfasst. Seit 1993 erscheint die 14. Auflage. Je nach Fertigstellung der einzelnen Kommentierungen werden sie dann veröffentlicht.
- Grüneberg: Diesen Namen wird, benannt nach dem Koordinator der Autor:innen, ab November 2021 der Kurzkommentar erhalten, der bisher Generationen von Jurist:innen als „der Palandt" bekannt war. Wegen der Verstrickung seines bisherigen Namensgebers in NS-Unrecht wird er nun endlich umbenannt. Das Familienrecht wird hier von Brudermüller und Götz kommentiert. Der jährlich erscheinende Kommentar (2021: 80. Aufl.) beinhaltet eine Ansammlung von Entscheidungen und spricht auch rechtsdogmatische Probleme an; eine Einbeziehung der für die Praxis der sozialen Arbeit notwendigen sozialwissenschaftlichen und sozialpädagogischen Erkenntnisse findet teilweise statt.
- Schulze et al.: Ein Handkommentar des BGB, der seinem Umfang nach diese Bezeichnung auch verdient. Das Familienrecht ist hier von Kemper bearbeitet. Die 10. Auflage erschien 2019.
- Schulz/Hauß (Hrsg.): Familienrecht, Handkommentar. Hier werden neben den Vorschriften des 4. Buches BGB auch das Gewaltschutzgesetz, das Versorgungsausgleichsgesetz sowie die EU-Verordnungen Brüssel IIa und Rom III besprochen. Der Schwerpunkt dieses Werkes liegt auf dem Ehe- und dem Scheidungsrecht. Es liegt 2018 in 3. Auflage vor.
- Hausmann: Internationales und Europäisches Familienrecht. Es ist das Standardwerk auf seinem Gebiet und ist 2018 in 2. Auflage erschienen.

- Johannsen/Henrich/Althammer: Familienrecht, 7. Auflage 2020. Kommentar zum materiellen Familienrecht und Familienverfahrensrecht, auch zum Internationalen Familien- und Familienverfahrensrecht.
- Schwab/Ernst, Handbuch Scheidungsrecht, 8. Auflage 2019. Trotz des etwas irreführenden Titels ist dies ein Handbuch zum Familienrecht, u.a. Elterliche Sorge und Umgang, Unterhalt.
- Mittlerweile sind auch mehrere hervorragende online- Kommentierungen verfügbar:
- Herberger u.a. (Hrsg): juris PraxisKommentar BGB. Aktuell liegt die 9. Aufl. vor; der Kommentar wird ständig aktualisiert. Im Bd. 4 (hrsg. von W. Viefhues) wird das Familienrecht kommentiert.
- Die Beck'schen Online-Kommentare (BeckOK) verfügen über mehrere Module zum Familien- und Betreuungsrecht. Sie werden in der Regel alle drei Monate aktualisiert.
- Beck-Online. GROSSKOMMENTAR zum Zivilrecht (BeckOGK). In ihm finden sich auch alle einschlägigen Verlinkungen zu beck-online (s.u.)

Zeitschriften

- BtPrax: Betreuungsrechtliche Praxis: Fachzeitschrift für Betreuung und soziale Arbeit. Gesetzliche Vorgaben und praktische Umsetzung werden in verständlicher Form erläutert.
- FamRB: Familienrechtsberater
- FamRZ: Zeitschrift für das gesamte Familienrecht: Die Zeitschrift mit den umfangreichsten Veröffentlichungen, insbesondere von Gerichtsentscheidungen (auch auf CD-ROM).
- FF: Forum Familienrecht
- FuR: Familie und Recht: Eine stärker auf anwaltliche Praxisprobleme ausgerichtete Zeitschrift.
- JAmt: Das Jugendamt: Mitgliederzeitschrift des Deutschen Instituts für Jugendhilfe und Familienrecht.
- NJW: Neue Juristische Wochenschrift: Auf diese Zeitschrift wird wegen der Aktualität des Abdruckes von Entscheidungen hingewiesen; sie erscheint wöchentlich, mit Fragen des Familienrechts befasst sie sich nur zum Teil (auch auf CD-ROM).
- NZFam: Neue Zeitschrift für Familienrecht
- ZKJ: Zeitschrift für Kindschaftsrecht und Jugendhilfe.

Entscheidungssammlungen

Die Entscheidungssammlungen veröffentlichen zum größten Teil Entscheidungen eines speziellen Gerichtes. Von besonderer Bedeutung sind die Entscheidungssammlungen der Bundesgerichte, so zum Beispiel für das Familienrecht die Entscheidungssammlung des Bundesgerichtshofes in Zivilsachen (BGHZ), für das Kinder- und Jugendhilfegesetz die Entscheidungssammlung des Bundesverwaltungsgerichts (BVerwGE) oder auch die Entscheidungen des Bundesverfassungsgerichtes (BVerfGE). Die Entscheidungen der Oberlandesgerichte (in Berlin: Kammergericht) finden sich i.d.R. auf deren Seiten unter Datum und Aktenzeichen der Entscheidung.

Links

Gerichte
www.curia.eu (Europäischer Gerichtshof)
www.bundesverfassungsgericht.de (Entscheidungen ab 1998)
www.bundesgerichtshof.de (Entscheidungen ab 2000)
www.bverwg.de (Entscheidungen ab 2002)
www.bundessozialgericht.de (Entscheidungen ab 2009)

Institutionen
www.bund.de
www.bmj.de
www.bmfsfj.de
www.dijuf.de

kostenpflichtige Datenbanken
www.beck-online.de
www.juris.de

frei verfügbare Datenbanken
www.jurathek.de
www.recht-in.de
www.jura.uni-saarland.de
www.lexetius.com

www.rechtliches.de

1. Überblick über das Familienrecht

Die zentralen Themen des Familienrechts sind im Wesentlichen in den Kapitelüberschriften dieses Buches benannt. Geregelt sind sie im 4. Buch des Bürgerlichen Gesetzbuchs (BGB). Familienrecht ist damit Teil des Privatrechts, genauer: des Zivilrechts oder auch bürgerlichen Rechts, also Teil jenes Rechts, das sich mit den Rechtsbeziehungen zwischen den einzelnen Bürgern befasst. Gegliedert ist dieses Buch 4 des BGB in drei Abschnitte: „Bürgerliche Ehe", „Verwandtschaft" und „Vormundschaft, rechtliche Betreuung, Pflegschaft". Dabei fällt auf, dass die Regelungen bereits vor dem ansetzen, was im soziologischen Sinne als Familie bezeichnet wird (das Verlöbnis und die Ehe etwa sind für sich genommen noch keine Familienformen), auf der anderen Seite aber auch, bspw. in den Regelungsbereichen Vormundschaft und Betreuung über die Institution der Familie hinausreichen. Einen familienrechtlichen Kernbereich bildet zweifellos das Eltern-Kind-Verhältnis. Aber gerade auch hier finden sich viele Fallkonstellationen geregelt, in denen zumindest ein Elternteil nicht in Familie mit dem Kind lebt. Der Begriff „Familienrecht" ist also etwas unscharf und muss dynamisch gedacht werden.

1.1. Das materielle Recht

Mit *materiellem Recht* sind all die Rechtsnormen gemeint, aus denen hervorgeht, unter welchen Voraussetzungen Rechte entstehen, welche Inhalte sie haben, wie sie übertragen oder geändert werden oder auch erlöschen können (sog. sachlich-inhaltliches Recht). Der Kernbereich des materiellen Familienrechts ist innerhalb der §§ 1297 bis 1921 BGB geregelt. Aufgrund der Systematik des BGB finden sich für das Familienrecht relevante Vorschriften jedoch nicht nur im 4. Buch, sondern insbesondere auch in seinem Allgemeinen Teil (Buch 1). Hier sind bspw. Rechtsfähigkeit und Eintritt der Volljährigkeit (§§ 1 und 2 BGB), der Wohnsitz des Kindes (§ 11 BGB), Geschäftsfähigkeit bzw. die beschränkte Geschäftsfähigkeit Minderjähriger (§§ 104 ff. BGB) sowie die gerade im Zusammenhang mit dem Betreuungsrecht wichtigen Regelungen zu Vertretung und Vollmacht (§§ 164 BGB) geregelt. Darüber hinaus finden sich auch **außerhalb des BGB, in anderen Teilen des Zivilrechts**, Regelungen von familienrechtlicher Relevanz. Allerdings wird das hierunter auch fallende Lebenspartnerschaftsgesetz, das mit der eingetragenen Lebenspartnerschaft ein eigenes Rechtsinstitut für gleichgeschlechtliche Lebensgemeinschaften vorsieht, wegen der Neufassung von § 1353 Abs. 1 S. 1 BGB (bekannt unter der etwas in die Irre führenden Bezeichnung „Ehe für alle") als Auslaufmodell zunehmend an Bedeutung verlieren. Im Gesetz über die religiöse Kindererziehung werden Regelungen getroffen, die das Recht der elterlichen Sorge berühren. Der Versorgungsausgleich unter geschiedenen Ehegatten ist mittlerweile bis auf eine Verweisungsnorm aus dem BGB ausgegliedert und in einem Spezialgesetz, dem Versorgungsausgleichsgesetz, geregelt worden. Von Interesse ist schließlich, dass auch das Gewaltschutzgesetz schon wegen der Zuständigkeit des FamGer für derartige Fälle (§ 111 Nr. 6 FamFG) dem Familienrecht zuzurechnen ist, obgleich sich insbesondere seine Schutzfunktion in Bezug auf Nachstellungen nicht notwendigerweise auf Familienangehörige beschränken muss.

Von besonderer Bedeutung ist das **Einführungsgesetz zum Bürgerlichen Gesetzbuch** (EGBGB), das sich – anders als sein Name vermuten lässt – nicht nur mit der Einführung des BGB zum 1.1.1900 befasst, sondern mit seinem umfangreichen Kapitel „Internationales Privatrecht" (Art. 3 ff. EGBGB) regelt, wann deutsche Gerichte auf einen Fall mit Auslandsberührung deutsches und wann sie ausländisches Recht anwenden. Dies wird im Verlaufe der Darstellung themenbezogen vertieft werden. Zudem finden sich im fünften Teil des EGBGB Übergangsvorschriften, die bestimmen, ab wann Rechtsänderungen anzuwenden sind.

4 Schließlich gibt es auch im öffentlichen Recht, etwa im **Verwaltungsrecht**, im **Sozialrecht**, im **Steuerrecht** und im **Verfahrensrecht** eine Vielzahl von Vorschriften, die in einem weiten Sinn dem Familienrecht zugeordnet werden. Die Abgrenzung zwischen **öffentlichem Recht** und **Privatrecht** ist dabei zuweilen schwierig. Sie vorzunehmen ist aber nötig, weil davon abhängt, welcher Rechtsweg (Familiengericht oder Verwaltungs- bzw. Sozialgericht) jeweils gegeben ist. Die bedeutsamsten **öffentlich-rechtlichen Bestimmungen** in Bezug auf die Familie sind zunächst, wie gleich im Anschluss darzustellen sein wird, im Grundgesetz zu finden. Unter den sozialrechtlichen Kodifikationen ist das **Achte Buch des Sozialgesetzbuches – Kinder- und Jugendhilfe – (SGB VIII)**, von besonderer Relevanz. In Streitfällen wäre hier z.B. das Verwaltungsgericht zuständig. Weitere sozialrechtliche Regelungen befassen sich insbesondere mit der materiellen Unterstützung von Eltern und Kindern. Hierzu gehören das Bundeselterngeld – und Elternzeitgesetz (BEEG), das Bundeskindergeldgesetz (BKKG), das Unterhaltsvorschussgesetz (UVG) und das Bundesausbildungsförderungsgesetz (BAföG). Steuerrechtlich ist auf §§ 31 f. Einkommensteuergesetz (EStG) zu verweisen, wo Regelungen zum Kindergeld und zu Kinderfreibeträgen getroffen sind. Wichtige verwaltungsrechtliche Vorschriften sind u.a. das Adoptionsvermittlungsgesetz (AdVermiG), das Betreuungsbehördengesetz (BtBG), das Personenstandsgesetz (PStG) sowie das Namensänderungsgesetz (NamÄndG).

5 Im Ergebnis lässt sich von einem **Familienrecht im engeren Sinne,** das im 4. Buch des BGB geregelt ist, und einem **Familienrecht im weiteren Sinne** sprechen, das weit über das Zivilrecht hinaus reicht und insbesondere sozialrechtliche Regelungsgegenstände mit umfasst.

1.2. Das Verfahrensrecht

6 Die Funktion des Familienrechts besteht nicht nur darin, Verhaltensorientierungen zu geben und Leitbilder zu vermitteln, die es ermöglichen sollen, soziale Beziehungen effektiv und konfliktarm zu gestalten. Das Familienrecht muss auch dazu dienen, tatsächlich auftretende Konflikte sozial verträglich zu bearbeiten und aufzulösen. Es geht demzufolge in der familienrechtlichen Praxis nicht allein um das Erkennen der abstrakten Rechtslage, sondern auch um die *Durchsetzung* von Rechtspositionen. Wie dies funktioniert, ist im *Verfahrensrecht* geregelt. Deshalb werden auch immer wieder in den einzelnen Kapiteln gegenstandsbezogene Hinweise zum Verfahrensrecht gegeben. Sofern es sich um sozialrechtliche Bestimmungen handelt, sind für die Sozialverwaltungsverfahren SGB I und X, für die Gerichtsverfahren das Sozialgerichtsgesetz (SGG) einschlägig. Bei Verfahrensgegenständen aus dem Regelungsbereich des SGB VIII gelten Verwaltungsverfahrensgesetz (VwVfG) bzw. die Verwaltungsverfahrensgesetze der einzelnen Bundesländer und die Verwaltungsgerichtsordnung (VwGO). Ansonsten finden sich die Verfahrensregelungen für das Familienrecht in dem zum 1.9.2009 in Kraft getretenen **Gesetz über das Verfahren in Familiensachen und in den Angelegenheiten der freiwilligen Gerichtsbarkeit (FamFG)**. Mit ihm sind alle aus Ehe und Familie resultierenden Rechtsfragen einem sogenannten „Großen Familiengericht"

1.2. Das Verfahrensrecht

(§ 23b GVG) zugewiesen. Die Reform des Verfahrensrechts hat jedoch nicht nur einen regelungstechnischen Aspekt. Sie muss auch als Ausdruck und Folge veränderter Perspektiven auf Lebensformen und Familienbeziehungen verstanden werden. Denn in einer Vielzahl dieser Beziehungen geht es um unmittelbar grundrechtsgeschützte Bereiche (vgl. Kap. 2). Diese können nicht allein der Dispositionsbefugnis der Beteiligten überlassen werden. Darüber hinaus ist bei Konflikten im familiären Bereich, die in rechtlichen Verfahren zu bearbeiten, beizulegen oder anderweitig zu lösen sind, häufig eine beträchtliche emotionale Aufgeladenheit zu beobachten (hierzu und zum Folgenden: Meysen et al. 2014; Trenczek 2009). Daher ist für Verfahren in Familiensachen (§ 111 FamFG) eine starke Fokussierung auf gerichtliche und außergerichtliche Streitschlichtung bzw. das Hinwirken auf einvernehmliche, in Kindschaftssachen darüber hinaus auch möglichst zeitnahe Lösungen einschließlich einer Verpflichtung zur richterlichen Prüfung des Erlasses einstweiliger Anordnungen in bestimmten gesetzlich vorgesehenen Fällen (etwa bei Eingriffen in die elterliche Sorge, § 157 Abs. 3 FamFG, oder in Verfahren zum Aufenthalts- und Umgangsrecht bzw. zur Herausgabe des Kindes, § 156 Abs. 3 FamFG) kennzeichnend.

Ein wichtiges Ziel der verfahrensrechtlichen Neuregelung von 2009 war, das unübersichtliche Nebeneinander seiner beiden Vorgängergesetze, dem 6. Buch der Zivilprozessordnung (ZPO) und dem Gesetz über die Angelegenheiten der Freiwillige Gerichtsbarkeit (FGG) aufzulösen. Dies wurde mit der Verabschiedung des FamFG auch weitgehend erreicht. Allerdings verfügen die §§ 113, 270 Abs. 1 FamFG, dass in Ehesachen, Lebenspartnerschaftssachen und Familienstreitsachen (das sind nach § 112 FamFG z.B.: Unterhaltssachen, Güterrechtssachen) der größte Teil der allgemeinen FamFG-Vorschriften nicht angewendet werden darf und an ihrer Stelle Regelungen der ZPO zum Zuge kommen. Diese Besonderheit erklärt sich daraus, dass sich die hier stärker kontradiktorische (d.h. im Gegensatz zueinanderstehende) Interessenlage als nicht ohne Weiteres integrierbar in das ansonsten eher auf konsensuale Lösungsfindung ausgerichtete FamFG-Konzept erwies (vgl. Bäumel 2009, 48). Jedoch weisen besondere Sprachregelungen auch in diesen Fällen auf die affektive Spezifik hin: Statt vom negativ konnotierten Rechtsstreit oder Prozess ist hier neutral vom Verfahren die Rede (demzufolge auch nicht mehr von Prozesskostenhilfe, sondern von Verfahrenskostenhilfe). Anstelle der Klage steht ein Antrag; die Parteien tragen auch hier die für das gesamte FamFG übliche Bezeichnung Beteiligte, sie werden nicht mehr Kläger und Beklagte genannt, sondern Antragsteller und Antragsgegner (siehe § 113 Abs. 5 FamFG).

In bestimmten Verfahrensarten, z.B. in Verfahren wegen Kindeswohlgefährdung oder zur Anordnung einer Vormundschaft, wird das Verfahren jedoch nicht auf Antrag eines Beteiligten, sondern durch das Gericht von Amts wegen eingeleitet. Hierzu kann das Gericht aber, z.B. durch das Jugendamt, angeregt werden (§ 24 FamFG). Unabhängig davon, ob das Gericht von Amts wegen oder auf Antrag eines Beteiligten tätig wird, gilt der sog. Amtsermittlungsgrundsatz (§ 26 FamFG). Dies bedeutet, dass das Gericht darüber entscheidet, was in welcher Weise untersucht, insbesondere worüber in welcher Form Beweis erhoben wird. Ausnahmen bestehen auch hier wieder für Ehe- und Lebenspartnerschaftssachen sowie Familienstreitsachen. Hier gilt, wie in zivilrechtlichen Verfahren grundsätzlich, die sogenannte Dispositionsmaxime, nach der das Gericht an den Parteienvortrag gebunden ist. Insgesamt jedoch, also unabhängig davon, ob das Gericht auf Antrag eines Beteiligten oder von Amts wegen tätig wird, liegt der Schwerpunkt des familiengerichtlichen Verfahrens nunmehr auf dem Aspekt der

1.3. Internationales und Europäisches Familienrecht

9   In der Bundesrepublik Deutschland lebten Ende 2019 11,2 Mio. Menschen mit einer anderen als der deutschen Staatsbürgerschaft. Dies macht einen Anteil von 12,5 Prozent an der Gesamtbevölkerung aus. In 13 Prozent aller Ehen, dies sind 2,3 Mio. Ehen, war mindestens einer der Partner kein deutscher Staatsangehöriger. Schwieriger ist es, statistische Aussagen zu in der BRD lebenden Kindern ohne deutsche Staatsangehörigkeit zu treffen. Dies hat mehrere Ursachen. Zum einen werden statistische Angaben zumeist aus dem Mikrozensus generiert, der aber insbesondere Fluchtmigration, gerade auch bei Kindern, nicht hinlänglich erfasst. Zum anderen können Kinder nicht deutscher Eltern mit ihrer Geburt in der BR Deutschland neben der Staatsangehörigkeit ihrer Eltern unter den Voraussetzungen von § 4 Abs. 3 StAG zusätzlich auch noch die deutsche Staatsangehörigkeit erlangen. Schließlich wird in der Migrationsforschung im Kinder- und Jugendbereich grundsätzlich mit dem Begriff des Migrationshintergrundes operiert, der eine (allerdings auch dort umstrittene) migrationspolitische Bedeutung haben mag, rechtlich jedoch ohne Relevanz ist. Hiernach hatten von den 2019 insgesamt 10,65 Mio. in der BR Deutschland lebenden Kindern ca. 38 Prozent einen Migrationshintergrund (i.E. DJI 2020).

10 Bei auftretenden Rechtsproblemen in diesen Zusammenhängen stellen sich dann regelmäßig die Fragen,

in welchen Konstellationen deutsche Gerichte dann überhaupt zuständig sind und

welches Recht sie in diesen Fällen dann anzuwenden haben.

11 Für die Antworten auf diese Fragen gibt es drei grundsätzliche Ausgangsmöglichkeiten:
- Über die jeweilige Frage wird ausschließlich nach deutschem Recht entschieden;
- über die jeweilige Frage wird nach europäischem Recht entschieden;
- die Antwort ergibt sich jeweils aus staatsvertraglichen Regelungen zwischen den betroffenen Staaten.

12 Kommen mehrere dieser Möglichkeiten gleichzeitig in Betracht, so wäre noch zu klären, in welchem Verhältnis diese differierenden Regelungen zueinander stehen. Zwischenstaatliche vertragliche Vereinbarungen sind zwar zunächst als Folge von Art. 59 Abs. 2 GG regelmäßig einfachem deutschen Bundesrecht in der Gesetzeshierarchie gleichgestellt, haben jedoch aus völkerrechtlicher Sicht vor diesem Vorrang. Für das Familienrecht ist darüber hinaus in § 97 Abs. 1 FamFG ohnehin klargestellt, dass völkerrechtliche Vereinbarungen, soweit sie durch ihre Ratifizierung **unmittelbar anwendbares innerstaatliches Recht** geworden sind, vorgehen. Noch klarer ist die Situation in Bezug auf das Recht der Europäischen Gemeinschaften bzw. der Europäischen Union. Bei ihm handelt es sich um eine eigenständige, originäre Rechtsordnung, um sog. supranationales Recht, das demzufolge innerstaatlichem Recht vorgeht.

13 Zunächst ein kurzer Überblick über internationale Abkommen und das Gemeinschaftsrecht der Europäischen Union.

1.3. Internationales und Europäisches Familienrecht

1.3.1 Internationale Abkommen

Soweit nicht Gemeinschaftsrecht der EU zur Anwendung kommt, ergibt sich die Beantwortung der Frage nach der Zuständigkeit deutscher Gerichte und der Anwendbarkeit deutschen Rechts aus entsprechenden völkerrechtlichen Vereinbarungen, sofern solche vorhanden sind. Solche völkerrechtlichen Vereinbarungen können Vereinbarungen zwischen mehreren Staaten (**multilaterale Abkommen**) oder aber auch zwischen zwei Staaten (**bilaterale Abkommen**, z.B.: deutsch-französisches Abkommen über den Wahl-Güterstand der Zugewinngemeinschaft vom 4.2.2012, in Kraft getreten zum 1.5.2013) sein. Zu den multilateralen Abkommen zählen insbesondere die sogenannten **Haager Übereinkommen**. Diese Konventionen werden von der ständig tagenden Haager Konferenz für Internationales Privatrecht (HCCH) erarbeitet und verabschiedet. Ihre Regelungen zu Zuständigkeiten betreffen neben den gerichtlichen Verfahren auch behördliche Maßnahmen, etwa von Jugendämtern oder Betreuungsbehörden.

Für den Regelungsbereich des Familienrechts von besonderer Wichtigkeit sind die Haager Übereinkommen über:

- die Zuständigkeit, das anzuwendende Recht, die Anerkennung, Vollstreckung und Zusammenarbeit auf dem Gebiet der elterlichen Verantwortung und der Maßnahmen zum Schutz von Kindern vom 19.10.1996 – **Haager Kinderschutzübereinkommen (KSÜ)**. Es verpflichtet die Vertragsstaaten zum Schutz aller Personen unter 18 Jahren. Schutzmaßnahmen umfassen hierbei nicht nur familienrechtliche Instrumentarien, sondern auch Leistungen und andere Aufgaben der Jugendhilfe (vgl. deshalb Münder/Eschelbach in Münder u.a.2019 § 6 Rn. 13 ff.);
- die Anerkennung und Vollstreckung von Entscheidungen bezüglich der Unterhaltspflicht gegenüber Kindern vom 15.4.1958. Dieses Übereinkommen ist nur noch von marginaler Bedeutung, denn es ist weitgehend abgelöst durch das Übereinkommen über
- die **Anerkennung und Vollstreckung von Unterhaltsentscheidungen** vom 2.10.1973. Diese Konvention ist der auf dem Gebiet des Unterhaltsrechts wichtigste Vertrag, denn durch sie werden Unterhaltsansprüche aus familienrechtlichen Beziehungen aller Art erfasst;
- die **Geltendmachung der Unterhaltsansprüche** von Kindern und anderen Familienangehörigen und zur Änderung von Vorschriften auf dem Gebiet des internationalen Verfahrensrechts vom 23.10.2007. Über sie wird vor allem die Geltendmachung von Unterhaltsansprüchen außerhalb der EU erleichtert;
- die **zivilrechtlichen Aspekte internationaler Kindesentführung (HKÜ)** vom 25.10.1980, das die Vertragsstaaten zur Rückführung eines Kindes bei Verletzung des Sorgerechts verpflichtet;
- das **Haager Adoptionsübereinkommen (AdÜbK)** vom 25.5.1993, in dem die fachlichen Standards, Maßnahmen des Kindesschutzes und die Grundsätze der Zusammenarbeit bei internationalen Adoptionen festgelegt sind;
- den **internationalen Schutz von Erwachsenen (ErwSÜ)** vom 13.1.2000. Das Übereinkommen regelt insbesondere das Recht von Personen über 18 Jahren, die beeinträchtigt sind oder an einer psychischen Störung leiden und deshalb einen gesetzlichen Vertreter benötigen, also eine Materie, die im nationalen deutschen Recht im Betreuungsrecht geregelt ist.

16 Für die Bundesrepublik Deutschland sind die genannten Übereinkommen aufgrund entsprechender innerstaatlicher Übernahmegesetze in Kraft getreten. In den Vertragsstaaten der Europäischen Gemeinschaft, und so auch in der Bundesrepublik Deutschland, gelten sie jedoch lediglich ergänzend zum Europäischen Gemeinschaftsrecht.

1.3.2 EU-Verordnungen

17 Folgende EU-Verordnungen sind für das Familienrecht von besonderer Bedeutung:
- Verordnung (EG) Nr. 2201/2003 des Rates über die Zuständigkeit und die Anerkennung und Vollstreckung von Entscheidungen in Ehesachen und in Verfahren betreffend die elterliche Verantwortung und zur Aufhebung der Verordnung (EG) Nr. 1347/2000 (EuEheVO – sogenannte Brüssel IIa-VO) vom 27.11.2003. Der voluminöse Titel der Brüssel IIa-VO, deren Neufassung 2019 bereits als sogenannte Brüssel IIb-VO beschlossen wurde, jedoch noch nicht in Kraft getreten ist, entspricht durchaus ihrer Bedeutung. Anwendbar ist die Brüssel IIa-VO gem. Art. 1 auf die Ehescheidung (inklusive Trennung, Ungültigerklärung einer Ehe) und den gesamten Bereich der „elterlichen Verantwortung", der entsprechend Art. 1 Abs. 2 faktisch dem deutschen Kindschaftsrecht entspricht, mit Ausnahme der in Art. 1 Abs. 3 genannten Bereiche (insbesondere Abstammungsrecht, Adoptionsrecht). Danach ergibt sich die Zuständigkeit der (deutschen) Gerichte für den Bereich Ehescheidung nach Art. 3 regelmäßig aus dem gewöhnlichen Aufenthalt der Ehegatten (i. E. s. aber Art. 3). Für den Bereich der elterlichen Verantwortung ergibt sich die Zuständigkeit gem. Art. 8 aus dem gewöhnlichen Aufenthalt des Kindes zum Zeitpunkt der Antragstellung (vgl. aber die Ausnahmen in Art. 9 ff.). Zu beachten ist, dass hinsichtlich der Sondermaterien des HKÜ wie auch des KSÜ die Brüssel IIa-VO dort ergänzend hinzutritt. Sie gilt nicht nur für die Mitgliedstaaten der EU untereinander (mit Ausnahme von Dänemark), sondern auch für Menschen, die nicht Staatsangehörige eines Mitgliedstaates sind, sofern sie aber ihren gewöhnlichen Aufenthalt in der EU haben und nicht an andere nationale Rechtsordnungen angeknüpft wird. In innerstaatliches Recht wurde die Brüssel IIa-VO zusammen mit dem KSÜ, dem HKÜ sowie dem Europäischen Adoptionsabkommen (AdÜbk) durch das Gesetz zum Internationalen Familienrecht (Internationales Familienrechtsverfahrensgesetz – IntFamRVG) überführt.

18
- Verordnung (EU) zur Durchführung einer verstärkten Zusammenarbeit im Bereich des auf die Ehescheidung und Trennung ohne Auflösung des Ehebandes anzuwendenden Rechts (sog. Rom III-Verordnung) vom 20.12.2010. Mit ihr ist ein weiterer Schritt auf dem Weg zur „Vergemeinschaftung" des Familienrechts dort, wo es grenzüberschreitende Bezüge hat, gegangen. Sie gilt ab dem 21.6.2012 in zunächst 14, mittlerweile 17 teilnehmenden Mitgliedstaaten der EU, unter denen sich auch die Bundesrepublik Deutschland befindet. Anders als in der Brüssel IIa-VO, die vornehmlich Fragen der Zuständigkeit sowie der Anerkennung und Vollstreckung gerichtlicher Entscheidungen regelt, geht es in der Rom III-Verordnung um das anzuwendende Recht.
- Europäische Güterrechtsverordnungen. Die beiden Güterrechtsverordnungen VO (EU) 2016/1103 und VO (EU) 2016/1104 gelten seit dem 29.1.2019 und betreffen, ähnlich wie für das Scheidungsrecht in Rom III, hier nunmehr die Bereiche der güterrechtlichen Auseinandersetzung, der Vermögensverwaltung sowie der Haftung zwischen Ehepartnern. Auch sie regelt wiederum die Frage, welches Recht bei inter-

1.3. Internationales und Europäisches Familienrecht

nationaler Zuständigkeit zur Anwendung kommt, Derzeit gelten die VO für 18 Teilnehmerstaaten.

Nach diesem Überblick können wir zu den Eingangsfragen nach der Zuständigkeit und dem anzuwendenden Recht zumindest auf einer grundsätzlichen, eine allgemeine Orientierung vermittelnden Ebene zurückkehren. Für die Beantwortung konkreter Fragen hingegen muss auf die in den einzelnen Kapiteln behandelten Teilgebiete (Ehe-, Scheidungs-, Unterhalts-, Sorge-, Umgangsrecht usw.) verwiesen werden.

1.3.3 Zuständigkeit

Die Antwort auf die Frage nach der „internationalen Zuständigkeit" seiner Gerichte bei Auslandsbezügen kann zunächst jeder Staat durch eigenes Recht selbst festlegen. Er kann aber auch zu einer mit anderen Staaten (auf der Basis von internationalen Abkommen) abgestimmten Regelung kommen. Schließlich kann sich die Antwort auch aus einem für einen Staatenverbund (wie die Europäische Union) gemeinsamen Rechtsakt ergeben. Im deutschen Recht kennen wir alle drei Varianten:

- §§ 98 f. FamFG ist eine deutsche gesetzliche Regelung für die „internationale Zuständigkeit" deutscher Gerichte;
- Art. 5 KSÜ knüpft die Zuständigkeit eines Staates für Schutzmaßnahmen (z.B. bei der Ausübung der elterlichen Sorge) an den gewöhnlichen Aufenthalt des Kindes in dem jeweiligen Staat;
- Art. 3 Brüssel IIa-VO regelt die Zuständigkeit für Ehescheidungen in der EU für alle der EU angehörigen Staaten (mit Ausnahme von Dänemark) und damit gemeinschaftsrechtlich.

Im Einzelnen bleibt es dabei, dass es auf die jeweilige Frage **keine generelle Antwort** gibt, sondern die Lösung ganz konkret für den in der Sache angesprochenen jeweiligen Teilbereich zu finden ist.

1.3.4 Anwendung des materiellen Rechts

In Fällen mit Auslandsbezug stellt sich dann, wenn deutsche Gerichte zuständig sind, als nächstes die Frage, **welches Recht** sie **anzuwenden** haben. Die Beantwortung dieser Frage ist Gegenstand des **Internationalen Privatrechts (IPR)**. Sie wird dort durch **Kollisionsnormen** beantwortet. Maßgeblich sind hier wiederum (wie bei den Verfahrensvorschriften) möglicherweise:

- die allgemeinen Regelungen des IPR, die im innerstaatlichen Recht der Bundesrepublik Deutschland im Einführungsgesetz zum BGB (EGBGB) zu finden sind. Für das internationale Familienrecht sind dort Art. 13 bis Art. 24 EGBGB maßgeblich;
- die Regelungen der Rom III-Verordnung hinsichtlich des anzuwendenden materiellen Scheidungsrechts bzw. der Güterrechtsverordnungen für die güterrechtliche Auseinandersetzung;
- als vorrangig anzuwendende Kollisionsnormen in staatsvertraglichen Regelungen (mit einem oder mehreren Staaten).

Die Kollisionsnormen selbst enthalten keine materiellrechtliche Regelung. Sie beschränken sich darauf, in den Fällen mit Auslandsbezug eine Entscheidung zu treffen, **welche** von den in Frage kommenden **Rechtsordnungen** im konkreten Fall **zur Anwendung** kommt. Steht dann aufgrund dieser Kollisionsnorm fest, welche Rechtsordnung maßgeblich ist, wird das materielle Recht der jeweiligen Rechtsordnung angewandt. Nach diesem Muster funktioniert dann das gesamte IPR in materieller Hinsicht: Es besteht aus Kollisionsnormen, die an Sachverhalte anknüpfen und von diesem Anknüpfungspunkt aus auf eine bestimmte Rechtsordnung verweisen, aus der sich das anwendbare Recht ergibt.

24 Falls ausländisches Recht anzuwenden ist, muss dies wie in dem entsprechenden Land geschehen. Dazu hat das Gericht dieses Recht von Amts wegen zu ermitteln. Kann der Inhalt des anzuwendenden ausländischen Rechts nicht zweifelsfrei ermittelt werden, so ist zunächst eine größtmögliche Annäherung zu suchen (etwa unter Bezugnahme auf Regelungen verwandter Rechtsordnungen aus demselben Rechtskreis). Sollte auch dies misslingen, gilt ersatzweise deutsches Recht.

25 Eine Grenze für die Anwendung ausländischen Rechts setzt allerdings der sogenannte ordre public. Wenn nämlich die Anwendung einer Rechtsnorm eines anderen Staates zu einem Ergebnis führen würde, das dem hiesigen Rechtsverständnis elementar widerspricht und mit wesentlichen Grundsätzen des deutschen Rechtes offensichtlich nicht vereinbar ist, so ist diese gemäß Art. 6 EGBGB nicht anzuwenden. Die Regelung hat jedoch Ausnahmecharakter; sie ist mit Zurückhaltung anzuwenden.

26 Diese gebotene Zurückhaltung gilt noch einmal in verstärktem Maße, wenn es um die Anerkennung der **Entscheidung eines ausländischen Gerichts** geht. Hier nämlich, so der BGH in seinem Beschluss vom 5.9.2018 – XII ZB 224/17 – sei nicht auf den eben erwähnten ordre public des nationalen Kollisionsrechts nach Art. 6 EGBGB abzustellen, sondern auf den großzügigeren anerkennungsrechtlichen ordre public international, wonach allein maßgeblich ist, „ob das Ergebnis der Anwendung ausländischen Rechts im konkreten Fall zu den Grundgedanken der deutschen Regelungen und den in ihnen enthaltenen Gerechtigkeitsvorstellungen in so starkem Widerspruch steht, dass es nach den deutschen Vorstellungen untragbar erscheint." Da dieses ausschließende Kriterium in einem durch den BGH zu entscheidenden Fall nach dessen Ansicht nicht vorlag, war die Entscheidung eines Gerichts aus Colorado/USA, den deutschen Wunscheltern („Bestelleltern") die rechtliche Elternstellung für ein genetisch von dem Ehemann der Wunschmutter abstammenden und von einer US-amerikanischen Leihmutter („Ersatzmutter") geborenen Kindes zuzuweisen, anzuerkennen. Zugrunde lag dem eine entsprechende Vereinbarung des deutschen Ehepaars mit der durch eine Agentur vermittelten Leihmutter. Dass deutsches Recht einen derartigen Vertrag untersagt (§ 13c AdVermiG) und die Vermittlung der Leihmutterschaft unter Strafe stellt (§ 14b AdVermiG), war für den BGH letztlich nicht ausschlaggebend. Er rekurrierte vielmehr auf die für das Kindeswohl überragende Bedeutung der Zuordnung von Eltern zum Kind. Dies dürfe vor allem auch nicht hinter der generalpräventiven Erwägung, bei potenziellen Nachahmern mit einer etwaigen Nichtanerkennung der Ausgangsentscheidung eine abschreckende Wirkung erzielen zu können, zurücktreten.

2. Ehe, Familie, Kinder und Verfassung

Das Grundgesetz (GG) bildet, wie der Name schon nahelegt, die Grundlage aller rechtlichen Regelungen innerhalb der BR Deutschland. Dies gilt selbstverständlich auch für das Familienrecht, und zwar sowohl im engeren als auch im weiteren Sinne (vgl. Kap. 1 Rn. 5). Demzufolge liegt auch eine ganze Reihe von Entscheidungen des BVerfG zum Familienrecht vor, von denen einige wichtige am Ende des Kapitels aufgelistet sind. Der verfassungsrechtliche Bezug von Ehe, Familie und Eltern-Kind-Verhältnis stellt sich vornehmlich über Art. 6 GG her. Seit seinem mittlerweile über 70-jährigen Bestehen wurde das GG 63-mal geändert. Die Änderungen betrafen 235 Artikel. Da das GG insgesamt nur 146 Artikel hat, wurden demnach einige von ihnen mehrfach geändert. An Art. 6 GG ist dies alles vorübergegangen. Dies merkt man freilich seiner sprachlichen Gestaltung an: Negative Zuschreibungen, wie sie in Gestalt der *drohenden Verwahrlosung* eines Kindes (Art. 6 Abs. 3 GG) dort noch zu finden sind, kommen in der rechts- und sozialwissenschaftlichen Fachsprache ansonsten nicht mehr vor. Ebenso findet sich der Terminus *uneheliches Kind* (Art. 6 Abs. 5 GG), der zumindest im Alltagssprachgebrauch moralisch abwertend und sozial ausgrenzend konnotiert war, im heutigen Familienrecht nicht mehr. Aber auch die Verfassungswirklichkeit von Abs. 1, der den Schutz von Ehe und Familie betrifft, hat sich teilweise gravierend verändert.

2.1. Der Schutz von Ehe und Familie – Art. 6 Abs. 1 GG

Bereits in einer frühen Entscheidung aus dem Jahr 1957 hat das BVerfG auf eine **dreifache** Funktion von Art. 6 Abs. 1 GG hingewiesen.

(1) Zunächst und **zuerst** dient die Vorschrift im Sinne eines klassischen Grundrechts als Abwehrrecht gegen staatliche Eingriffe in den Bereich ehelicher und familiärer Autonomie, ähnlich übrigens wie Art. 8 und 12 EMRK sowie Art. 7 und 9 der Europäischen Grundrechtecharta. Familie ist hier, wie das BVerfG bereits 1959 ausführt, als „umfassende Gemeinschaft zwischen Eltern und Kindern" zu verstehen. Dabei ist es unmaßgeblich, ob es sich um leibliche, Adoptiv- oder Pflegekinder handelt oder ob die Kinder bspw. von einem oder beiden Partner mit in die Beziehung gebracht wurden, ob sie volljährig oder minderjährig sind. Schon gar nicht kommt es für die Definition von Familie darauf an, ob die Eltern bei der Geburt des Kindes miteinander verheiratet waren oder später noch geheiratet haben. Die Familie geht also keinesfalls notwendigerweise aus der Ehe hervor. Deshalb sind auch beide – Familie und Ehe – jeweils für sich geschützt. Der grundgesetzliche Schutz der Ehe umfasst etwa das Recht, selbst entscheiden zu können, wann, mit wem bzw. ob überhaupt eine Ehe eingegangen werden soll (Verbot der „Zwangsehe", vgl. § 237 StGB), ob die Ehe ggf. wieder geschieden werden soll, ob die Ehepartner einen gemeinsamen Familiennamen tragen wollen und welcher Name der Partner dies sein soll (§ 1355 BGB), wie sie die eheliche Güterverteilung regeln wollen (§ 1408 BGB), wie sie Haushaltsführung und Erwerbstätigkeit regeln möchten (§ 1356 BGB) und ob sie an einem gemeinsamen Wohnort oder mit getrennten Lebensmittelpunkten leben möchten (i. E.: HK-FamR/Diwell, Art. 6 GG Rn. 11 ff.). Ähnlich reicht auch der Schutz der Familie „von der Familiengründung bis in alle Bereiche des familiären Zusammenlebens" (Jarass/Pieroth 2018, Art. 6 GG Rn. 7 ff.).

2. Ehe, Familie, Kinder und Verfassung

3 Grundrechte wirken aber nicht nur im Verhältnis vom Staat zu seinen Bürgern, sondern entfalten auch eine sog. **Drittwirkung zwischen den Bürgern** untereinander. Im Konfliktfall haben daher auch die Gerichte in Familiensachen bei der Auslegung von Generalklauseln im Privatrecht, wie z.b. der Sittenwidrigkeit nach § 138 BGB z.B. von Eheverträgen oder der Treuwidrigkeit gemäß § 242 BGB, die Grundentscheidungen des Art. 6 GG zu berücksichtigen.

4 (2) Sofern das BVerfG **zweitens** in Art 6 Abs. 1 GG eine „**verbindliche Wertentscheidung**" sieht, bringt es dies auch in Verbindung mit dem Sozialstaatsgebot aus Art. 20 Abs. 1 GG. Es leitet hieraus v.a. auch eine **Förderungspflicht** des Staates in Bezug auf Ehe und Familie ab. Denn die rechtliche Autonomie ist zwar notwendige Voraussetzung für die eigenverantwortliche Gestaltung der familiären Lebensformen, sie ist aber für sich genommen nicht ausreichend, da insbesondere aus der Erziehung und Pflege von Kindern Mehraufwendungen materieller und finanzieller Art resultieren. In der Rechtsprechung des Bundesverfassungsgerichts reflektiert sich dies vor allem in Entscheidungen zum Abbau vornehmlich materieller Benachteiligung von Eltern mit Kindern z.B. bei Sozialleistungen und öffentlichen Förderungsleistungen. Bei der Ausgestaltung der Förderung von Ehe und Familie hat der Gesetzgeber allerdings einen weiten Gestaltungsspielraum, sodass aus Art. 6 Abs. 1 GG kein unmittelbarer Anspruch auf eine bestimmte Leistung erwächst.

5 (3) **Drittens** ist in Art. 6 Abs. 1 GG eine Institutionengarantie enthalten. Sie sichert „den Kern der das Familienrecht bildenden Vorschriften insbesondere des bürgerlichen Rechts gegen eine Aufhebung oder wesentliche Umgestaltung und schützt gegen staatliche Maßnahmen, die bestimmende Merkmale des Bildes von der Familie, das der Verfassung zugrunde liegt, beeinträchtigen" (BVerfG 18.4.1989 – 2 BvR 1169/84). Nach früherem Verfassungsverständnis gehörte zu diesen Merkmalen auch „die Vereinigung eines Mannes und einer Frau zur grundsätzlich unauflöslichen Lebensgemeinschaft" als „für das allgemeine Rechtsgefühl und Rechtsbewusstsein unantastbar(er)" Ordnungskern des Instituts der Ehe (BVerfG 29.7.1959 – 1 BvR 205, 333, 333, 332, 367/58; 1 BvL 27, 100/58). Dies hat sich bekanntlich mittlerweile geändert. Die zum 1.10.2017 wirksam gewordene Öffnung des Instituts der Ehe sowohl für Personen verschiedenen wie auch gleichen Geschlechts lässt Juristen natürlich sofort an den Bonmot des preußischen Appellationsgerichtsrats Julius von Kirchmann denken, wonach drei berichtigende Worte des Gesetzgebers ganze juristische Bibliotheken zu Makulatur werden lassen. (Im vorliegenden Fall waren es allerdings sieben zusätzlich eingefügte Worte.) Dass jedenfalls auch Gegner der Neuregelung keine Verfassungsklage in Erwägung zogen, hat vor allem mit den allgemein als gering eingeschätzten Erfolgsaussichten zu tun. Denn die aktuelle Fassung von § 1353 Abs. 1 BGB ist nur ein besonders nachhaltiger und eingreifender Ausdruck eines allgemein gewandelten Eheverständnisses und des weitgehenden Wegfalls eines allgemeinen, etwa staatlicherseits an die Ehe herangetragenen Ehezwecks (HK-FamR/Hauß. § 1353 Rn. 5 ff.). Parallel hierzu weitet sich auch der verfassungsrechtliche Familienbegriff aus. Exemplarisch wird dies in einer neueren Entscheidung des BVerfG, wonach der strikte Ausschluss der Stiefkindadoption in nichtehelichen Familien (§ 1741 Abs. 2 S. 3 BGB) grundgesetzwidrig ist.

6 Zu beantworten wäre schließlich noch die Frage, inwiefern Art. 6 Abs. 1 GG seine Schutzwirkung auch auf Ehepartner bzw. Familienangehörige nicht deutscher Staatsangehörigkeit erstreckt. Zunächst begründet Art. 6 Abs. 1 GG keinen Anspruch auf Aufenthalt oder Nachzug. Sowohl nicht deutsche Staatsangehörige als auch Deutsche, die mit Menschen ohne deutsche Staatsangehörigkeit eine Ehe eingehen, müssen daher damit rechnen, dass sich das eheliche bzw. familiäre Zusammenleben nicht notwendigerweise in der Bundesrepublik Deutschland herstellt (Jarass/Pieroth 2012 Art. 6 Rn. 11). Deshalb handelt es sich nach Auffassung des BVerfG bei verweigertem Familiennachzug, der Nichtverlängerung einer Aufenthaltserlaubnis oder der Ausweisung eines Ehepartners oder Familienangehörigen erst dann um einen Grundrechtseingriff, wenn es dem Ehepartner oder Familienangehörigen nicht zumutbar oder nicht möglich ist, dem Ausländer ins Ausland zu folgen. Ansonsten ist zwischen den Rechtsgütern der Ehe und der Familie sowie den durch das Zuwanderungsrecht zu schützenden Rechtsgütern eine sorgfältige Abwägung vorzunehmen.

2.2 Elternrechte, Kinderrechte und Kindeswohl – Art. 6 Abs. 2, 3; Art. 1 Abs. 1; Art. 2 Abs. 1 GG

Während Art. 6 Abs. 4 (Mutterschutz) GG einfachgesetzlich eher in den Bereichen des Arbeits- und Sozialrechts ausgestaltet ist und Art. 6 Abs. 5 GG (Gleichbehandlung von ehelichen und „unehelichen" Kindern) als geschichtlich erledigt gelten kann, sind die Abs. 2 und 3 der Vorschrift gerade für Professionen innerhalb des sozialen Bereichs von zentraler Bedeutung. In ihnen ist das **komplexe Verhältnis Eltern-Kind-Staat** geregelt. Das **Elterngrundrecht** in Art. 6 Abs. 2 S. 1 ist dabei insofern ein besonderes Grundrecht, als es bestimmte Einzigartigkeiten gegenüber anderen Grundrechten aufweist. Nirgendwo sonst wird Personen eine Bestimmungsmacht gegenüber anderen Personen eingeräumt wie hier den Eltern, für das Kind und gegenüber dem Kind zu handeln. Zugleich ist dieses **Recht mit einer Pflicht** verbunden, über deren Einhaltung durch die Eltern die staatliche Gemeinschaft wacht (**staatliches Wächteramt**, Art. 6 Abs. 2 S. 2 GG). Das Elternrecht aus Art. 6 Abs. 2 GG ist daher ein fremdnütziges Recht im Interesse des Kindeswohls, das auch in einem Spannungsverhältnis zum Recht des Kindes auf Persönlichkeitsentfaltung und Menschenwürde steht. 7

Im Verhältnis **Eltern-Staat** ist mit Art. 6 Abs. 2 GG auch das Elternrecht zunächst ein **Abwehrrecht** gegen staatliche Eingriffe in die elterliche Erziehung. Begründet wird dies mit der Annahme, dass „in aller Regel den Eltern das Wohl des Kindes mehr am Herzen liegt als irgendeiner anderen Person oder Institution" (BVerfG 9.2.1982 – 1 BvR 845/79). Das Elternrecht umfasst die freie Entscheidung über die Pflege, d.h. die Sorge für das körperliche Wohl, und über die Erziehung, d.h. die Sorge für die seelische und geistige Entwicklung einschließlich der Bildung und Ausbildung des minderjährigen Kindes. 8

Eingeschränkt wird das Elternrecht, die Bildung und Ausbildung der Kinder zu bestimmen, durch Art. 7 Abs. 1 GG, der das Schulwesen in die Verantwortung des Staates stellt. Deswegen ist weder die Nichtteilnahme an bestimmten Fächern (z. B.: Sexualkunde- oder Ethikunterricht) noch die Ablehnung der Schulpflicht generell durch das elterliche Erziehungsrecht gedeckt. Allerdings hat das BVerfG klargestellt, dass die grundgesetzlich abgesicherten individualrechtlichen Elternpositionen auch in den Bereichen – wenn auch in spezifischer Ausprägung (i. E.: Behlert 2011, 65 ff.) – bestehen bleiben, in denen Erziehung in der Schule stattfindet. Daher sind „im Bereich der Schule Erziehungsrecht der Eltern und staatlicher Erziehungsauftrag einander gleichgestellt" (BVerfG 9.2.1982 – 1 BvR 845/79). 9

Der von Art. 6 Abs. 2 S. 1 GG geschützte Verantwortungsbereich der Eltern umfasst auch deren Recht, die Rechte ihrer Kinder dem Staat oder Dritten gegenüber zu vertre- 10 ten (weswegen auch Beschränkungen der Beteiligung der Eltern an Jugendstrafverfahren gegen ihre minderjährigen Kinder nur unter engen und klar gesetzlich geregelten Fällen zulässig sind).

11 Über das Abwehrrecht hinaus enthält auch Art. 6 Abs. 2 GG die **Förderungsverpflichtung des Staates**, „positiv die Lebensbedingungen für ein gesundes Aufwachsen des Kindes zu schaffen" (BVerfG 29.7.1968 – 1 BvL 20/63). Hierbei konzentriert sich die Rechtsprechung des BVerfG auch in weiteren Entscheidungen zu dieser Frage vor allem auf den **Abbau vornehmlich materieller Benachteiligungen** von Eltern und Kindern und erhob die Forderung an den Gesetzgeber, einen Familienlastenausgleich zu schaffen. Hinsichtlich der **Kinderbetreuung** verlangte die Rechtsprechung zum einen, eine institutionelle Kinderbetreuung vorzuhalten, die es den Eltern ermöglicht, ihre Pläne bezüglich der Aufteilung von Erwerbsarbeit und Familientätigkeit zu realisieren. Zum anderen sei zu berücksichtigen, dass die notwendigen Kosten der Kinderbetreuung das Familieneinkommen belasten und daher steuerlich abzugsfähig ausgestaltet werden müssen.

12 Die Formulierung des Grundgesetzes, dass es sich bei dem Elternrecht um ein „natürliches Recht" handele, legt zuweilen eine überpositive Prägung des Elternrechts nahe (hierzu: Gernhuber/Coester-Waltjen 2020 § 5 Rn. 38 f.). Ein elterliches Naturrecht aus der moralphilosophisch begründeten Unverfügbarkeit menschlicher Freiheit, denn dies ist nach Kant das „einzig angeborene" natürliche Menschenrecht (Kant 1797, 345), deduzieren zu wollen, geht jedoch fehl. Tatsächlich handelt es sich bei Art. 6 Abs. 2 S. 1 GG um positives Verfassungsrecht, das in der Rechtsprechung des BVerfG immer wieder auf die reale gesellschaftliche Verfassung, die faktischen sozialen Lebensverhältnisse bezogen wird. Das zeigte sich etwa bei der Forderung des BVerfG nach der rechtlichen Zulässigkeit gemeinsamer elterlicher Sorge nach Scheidung (§ 1671 Abs. 1 BGB), bezüglich der Möglichkeit der gemeinsamen Sorge für Kinder, deren Eltern nicht miteinander verheiratet sind (§ 1626a Abs. 1 und 2 BGB), bei der Anerkennung eines Rechtes auf Kenntnis der Abstammung als allgemeines Persönlichkeitsrecht (vgl. z.B. § 31 SchKG), den Rechten des leiblichen, nicht rechtlichen Vaters auf Umgang mit dem Kind oder sogar auf Anfechtung der Vaterschaft eines anderen Mannes unter bestimmten gesetzlichen Voraussetzungen (§ 1600 Abs. 1 Nr. 2, Abs. 2 und 3 BGB, § 1686a BGB) oder bei der rechtlichen Ausgestaltung der Pflegefamilie als Form der sozialen Elternschaft (§§ 1632 Abs. 4, 1685 Abs. 2, 1688 BGB).

13 Eine verfassungsrechtlich wie praktisch gleichermaßen komplizierte Konstellation kann immer dann vorliegen, wenn Grundrechtspositionen Minderjähriger aus Art. 1 Abs. 1 GG und Art. 2 Abs. 1 GG mit dem Elterngrundrecht aus Art. 6 Abs. 2 S. 1 GG kollidieren. Die Annahme, dass von den Eltern, wie oben zitiert, am ehesten ein am Kindeswohl orientiertes Handeln zu erwarten ist, führte zunächst zu der Konzeption, durch Sicherung von Elternautonomie sei zugleich das Kindeswohl gewährleistet. Dies ist jedoch nur die eine Seite. Denn wie eingangs erwähnt, liegt der besondere Charakter des Elterngrundrechts gerade darin, dass es nicht wie andere Grundrechte eigennützig allein im Interesse des Grundrechtsinhabers besteht, sondern es sich um ein fremdnütziges Recht im Interesse der Kinder handelt: „Eine Verfassung, welche die Würde des Menschen in den Mittelpunkt ihres Wertsystems stellt, kann bei der Ordnung zwischenmenschlicher Beziehungen grundsätzlich niemandem Rechte an der Person eines anderen einräumen, die nicht zugleich pflichtgebunden sind und die Menschenwürde des anderen respektieren" (BVerfG 29.7.1968 – 1 BvL 20/63, 1 BvL 31/66; ebenso,

2.2 Elternrechte, Kinderrechte und Kindeswohl – Art. 6 Abs. 2, 3; Art. 1 Abs. 1; Art. 2 Abs. 1 GG 2.

diese Formulierung des BVerfG vom 29.7.1968 ausdrücklich wiederholend: BVerfG 1.4.2008 – 1 BvR 1620/04). Der Pflichtaspekt ist wesensbestimmender Bestandteil des Elternrechts, weswegen auch vom treuhänderischen Charakter dieses Grundrechts sowie von der **Elternverantwortung** gesprochen wird.

Damit entspricht der den Eltern in Art. 6 Abs. 2 S. 1 GG auferlegten Pflicht, das Kind zu pflegen und zu erziehen, ein **Recht des Kindes auf Pflege und Erziehung durch seine Eltern** aus Art. 6 Abs. 2 S. 1 GG. Das BVerfG sieht also durchaus mögliche Interessengegensätze zwischen Minderjährigen und Eltern. Diese werden aber jedenfalls nicht ohne weiteres so zu lösen sein, dass Elternrechte notwendigerweise Vorrang etwa vor dem allgemeinen Persönlichkeitsrecht des Minderjährigen haben müssten (vgl. Meysen in Münder u.a. FK-SGB VIII 2018, § 1 Rn. 15 f. m.w.N.). Hinzu kommt, dass sich etwa das Grundrecht des Kindes auf Wahrung seiner Menschenwürde aus Art. 1 Abs. 1 GG „a priori jeder Überlagerung durch das Elternrecht" widersetzt (Zacher 2001, 300). Ausgehend hiervon und dem generellen verfassungsrechtlichen Bemühen, Abhängigkeiten jeglicher Art entgegen zu treten, hat das BVerfG die Grundrechtspositionen Minderjähriger in Verknüpfung von Art. 6 Abs. 2 S. 2 GG und Art. 1 Abs. 1, Art. 2 Abs. 1 GG entwickelt und so **Minderjährige als autonome Rechtssubjekte auch in Bezug auf die Eltern** anerkannt. Das Spannungsverhältnis als solches lässt sich freilich nicht auflösen. Bei der Suche nach praktisch tragfähigen Regelungen verbieten sich daher einfache Lösungen. Aussichtsreiche Lösungsansätze finden sich jedenfalls nur, wenn sie davon ausgehen, dass den Eltern das Elternrecht um des Kindes und seiner Persönlichkeitsentfaltung willen gewährleistet ist und damit in dem Maße zurücktritt, in dem das Kind in die Mündigkeit hineinwächst, bis es schließlich überflüssig wird. Wie dies im Einzelnen auszugestalten ist, ist in einer **Abwägung zwischen Erziehungsbedürftigkeit und Selbstbestimmungsfähigkeit** jeweils für einzelne Handlungsfelder zu konkretisieren. Dies ist primär Aufgabe des Gesetzgebers. Dabei hat dieser sich an der verfassungsrechtlichen Aussage zu orientieren, dass „für die Ausübung höchstpersönlicher Rechte der Grundsatz zu gelten (hat), dass der zwar noch Unmündige aber schon Urteilsfähige die ihm um seiner Persönlichkeit willen zustehenden Rechte soll eigenständig ausüben können" (BVerfG 9.2.1982 – 1 BvR 845/79). Damit will das Bundesverfassungsgericht die selbstbestimmte Persönlichkeitsentfaltung der Kinder auch gegenüber den Eltern schützen. Elternautonomie soll beschränkt werden, wo Fremdbestimmung des Kindes aufgrund seines bereits erreichten Reifegrades kein Mittel der Entfaltung seiner Persönlichkeit mehr ist.

Dem Gedanken der Grundrechtssubjektivität des Kindes sollte eigentlich auch durch die Einfügung eines **Kindergrundrechts** als S. 3 bis 6 in Art 6 Abs. 2 GG entsprochen werden. Nach einem Entwurf, den das Bundesministerium der Justiz und für Verbraucherschutz (BMJV) im Januar 2021 vorgelegt hat, sollte die Regelung drei Aspekte berücksichtigen:

- das Recht auf Achtung, Schutz und Förderung der Grundrechte des Kindes einschließlich des Rechts auf Entwicklung zu einer eigenverantwortlichen Persönlichkeit,
- den Grundsatz der angemessenen Berücksichtigung des Wohls des Kindes sowie
- das Recht auf rechtliches Gehör bei staatlichen Entscheidungen, die die Rechte des Kindes unmittelbar betreffen.

Der Grundsatz der Elternerstverantwortung sollte dabei ausdrücklich unberührt bleiben.

Der Entwurf fußte auf dem Bericht einer Bund-Länder-Kommission „Kinderrechte ins Grundgesetz". Er hatte jedoch zu berücksichtigen, dass für eine Änderung des Grundgesetzes eine zwei-Drittel-Mehrheit des Deutschen Bundestages erforderlich ist. Deshalb blieb er hinter den Ergebnissen der Kommission zurück und verfehlte damit schließlich wohl auch Vorgaben der UN-Kinderrechtskonvention, die für die BR Deutschland als einem Ratifizierungsstaat der Konvention rechtsverbindlich sind. Er wurde schließlich zurückgezogen, als klar wurde, dass er genau aus diesem Grunde die erforderliche qualifizierte Mehrheit des Bundestages nicht finden würde.

16 Die Balance zwischen Elternrecht und Kinderrecht rechtlich zu gestalten, obliegt in besonderer Weise auch dem in **Art. 6 Abs. 2 S. 2 GG** enthaltenen **Wächteramt** des Staates. Es verpflichtet den Staat – bei allem gebotenen Respekt vor der Erziehungs- und Pflegeautonomie der Eltern – dort einzugreifen, wo die Eltern bei der Wahrnehmung ihrer Elternverantwortung versagen und das Kindeswohl gefährdet ist. Dies folgt aus dem in Art. 2 GG enthaltenen Grundrechtsanspruch des Kindes gegenüber dem Staat auf Schutz vor seinen Eltern. Insbesondere dann, wenn aus Kindesschutzgründen eine Trennung von den Eltern in Erwägung gezogen wird, was Art. 6 Abs. 3 GG unter den dort genannten Voraussetzungen prinzipiell ermöglicht, ist jedoch auch das gegenläufige Kindergrundrecht auf Achtung des Interesses des Kindes an den Eltern zu berücksichtigen (vgl. Behlert, jugendhilfe 2019, 521f.). So kann eine Trennung des Kindes von den Eltern bspw. dann nicht ohne weiteres als aus Gründen des Kindeswohls geboten gelten, wenn sie sich ihrerseits, etwa in Gestalt einer drohenden psychosozialen Schädigung des Kindes, nachteilig auf das Kindeswohl auswirken kann (Staudinger/Coester 2020, § 1666 Rn. 217). Deshalb hat bei der Ausübung des Wächteramtes ein Eingriff in Elternrechte, zumal ein mit der Trennung von der Familie verbundener Entzug der gesamten elterlichen Sorge, nur unter strikter Beachtung des Grundsatzes der Verhältnismäßigkeit zu erfolgen (im Einzelnen: Britz, JAmt 2015, 286 ff.). Dies bedeutet, dass Art. 6 Abs. 2 S. 2 GG den Staat jedenfalls noch nicht dazu berechtigt, irgendwie geartete Vorgaben zur Art und Weise der Erziehung zu treffen und deren Einhaltung zu kontrollieren. Insbesondere gehört es auch „nicht zur Ausübung des Wächteramtes des Staates, gegen den Willen der Eltern für eine bestmögliche Förderung der Fähigkeiten des Kindes zu sorgen" (BVerfG 22.5.2014 – 1 BvR 3190/13). Auch die bloße Existenz einer vermeintlich „besseren Alternative", etwa in Gestalt einer Vormundschaft, rechtfertigt für sich genommen keinesfalls den Entzug der elterlichen Sorge (BVerfG 13.7.2017 – 1 BvR 1202/17) Das Wächteramt des Staates kann also im Ergebnis nur in einer „Unvertretbarkeitskontrolle" (Jestaedt 2008, 14) bestehen. In ihrem Rahmen hat der Staat vorrangig institutionelle Hilfemöglichkeiten anzubieten (vgl. Münder et al. 2020, Kap. 9). Erst wenn diese nicht abhelfen, ermöglicht Art. 6 Abs. 3 GG die Trennung des Kindes von der elterlichen Familie und, als ultima ratio, auch den Entzug der gesamten elterlichen Sorge durch das Familiengericht (§ 1666 Abs. 2 BGB i.V.m. § 1666 BGB). Unter Umständen kommt schließlich auch eine Adoption des Kindes in Betracht, die zur Auflösung des Rechtsverhältnisses zwischen Eltern und Kind insgesamt führen würde (§ 36 Abs. 1 S. 2 SGB VIII), wobei unter bestimmten gesetzlichen Voraussetzungen (vgl. § 1748 BGB) die elterliche Einwilligung hierzu durch das Familiengericht ersetzt werden kann.

17 Die freiheitsentziehende Unterbringung bzw. auch die Anwendung freiheitsentziehender Maßnahmen hingegen stehen nicht im Kontext des Eingriffs in Elternrechte. Freiheitsentziehende Unterbringung wird im Rahmen des § 1631b BGB unter den dort bezeichneten strengen Voraussetzungen (hierzu: Trenczek et al. 2018, 337) durch das

2.2 Elternrechte, Kinderrechte und Kindeswohl – Art. 6 Abs. 2, 3; Art. 1 Abs. 1; Art. 2 Abs. 1 GG

FamGer **nicht angeordnet, sondern genehmigt.** Einen wirksamen Antrag kann daher nur stellen, wer Träger des Aufenthaltsbestimmungsrechts ist. Dies sind in aller Regel die sorgeberechtigten Eltern bzw. ein sorgeberechtigter Elternteil. Das Jugendamt hingegen kommt als Antragsteller nur in Betracht, sofern es als Amtsvormund oder im Rahmen einer für diesen Aufgabenbereich eingerichteten Amtspflegschaft das Aufenthaltsbestimmungsrecht auszuüben berechtigt ist.

Weiterführende Literatur:
- N. Dethloff, Familienrecht in Europa – Quo vadis? NJW 2018, 23-28.
- M. Brudermüller, Paarbeziehungen und Recht, München 2017.
- G. Britz, Anforderungen an familiengerichtliche Entscheidungen im Kinderschutz aus Sicht des Bundesverfassungsgerichts. JAmt 2015, 286 ff.

Entscheidungen des BVerfG:
- BVerfG 17.1.1957 - 1 BvL 4/54: Funktion von Art. 6 GG.
- BVerfG 29.7.1959 - 1 BvR 205, 333, 333, 332, 367/58; 1 BvL 27, 100/58: Familienbegriff
- BVerfG 26.3.2019 - 1 BvR 673/17: Stiefkindadoption in nichtehelichen Familien
- BVerfG 12.6.1987 - 2 BvR 101/84; BVerfG 18.4.1989 - 2 BvR 1169/84; (BVerfG 10.8.1994 - 2 BvR 1542/94: Kein grundgesetzlich verbürgter Anspruch auf Aufenthalt in der BR Deutschland für einen Ehepartner mit nicht deutscher Staatsangehörigkeit
- BVerfG 9.2.1982 - 1 BvR 845/79; BVerfG 24.3.1981 - 1 BvR 1516/78, 1 BvR 964/80, 1 BvR 1337/80; BVerfG 31.5.1983 - 1 BvL 11/80; BVerfG 9.4.2003 - 1 BvR 1493/96 und 1724/01: Elterngrundrecht als fremdnütziges Grundrecht bzw. als treuhänderisches Grundrecht; Elternpflicht; Elternverantwortung
- BVerfG 1.4.2008 - 1 BvR 1620/04: Recht des Kindes auf Pflege und Erziehung durch seine Eltern
- BVerfG. 1.4.2008 - 1 BvR 1620/04: Autonomie des Minderjährigen
- BVerfG 3.2.2017 - 1 BvR 2596/16: Anspruch des Kindes auf Schutz vor seinen Eltern durch den Staat
- BVerfG 22.5.2014 - 1 BvR 3190/13: Maßstäbe für eine Trennung des Kindes von den Eltern
- BVerfG 10.11.1998 - 2 BvR 1057/91, 2 BvR 1226/91, 2 BvR 980/91: Keine staatlichen Vorgaben und keine Kontrolle bzgl. der Erziehung des Kindes durch die Eltern
- BVerfG 14.6.2007 - 1 BvR 338/07: Kein Antragsrecht des Jugendamtes auf freiheitsentziehende Maßnahmen, wenn ihm nicht das Aufenthaltsbestimmungsrecht zusteht

3. Partnerschaftsbeziehungen – Von der vorgegebenen Institution zur freien Assoziation

1 Dass Ehe, gleichgeschlechtliche Lebenspartnerschaft und eheähnliche Lebensgemeinschaft hier gemeinsam behandelt werden, liegt unter Gesichtspunkten der sozialen Realität nahe – rechtlich nicht unbedingt: Das Familienrecht des BGB kennt bezogen auf Partnerschaft nur das Eherecht (§§ 1297–1588 BGB) einschließlich des Verlöbnisses (§§ 1297–1302 BGB). In der sozialen Realität sind die Bestimmungen des Verlöbnisrechts so gut wie ohne Bedeutung. Andererseits enthält das Buch 4 des BGB „Familienrecht" weder Bestimmungen über die eingetragene Lebenspartnerschaft noch über eheähnliche Lebensgemeinschaften. Eine gemeinsame Betrachtung erleichtert das Verständnis des „Rechts der Partnerschaftsbeziehungen". Und es zeigt, wie sich Institutionalisierung, Pluralisierung, Individualisierung rechtlich umsetzen. Während die Ehe einst stringent geregelt war, mit ihr bestimmte Wirkungen institutionell verbunden waren, die Beendigung erheblich erschwert und sie die einzige rechtlich akzeptierte Form des Zusammenlebens von Paaren war, ist dies heute anders. Die rechtliche Akzeptanz eheähnlicher Lebensgemeinschaften und die Schaffung des Lebenspartnerschaftsgesetzes haben rechtliche Varianten zur Ehe etabliert. Mehr denn je kommt es darauf an, worauf sich die betreffenden Personen konkret-individuell verständigt haben. Von der Institution zur Vereinbarung? Man wird sehen...

3.1 Die Ehe

2 Die Ehe wird in über 200 Paragrafen (§§ 1297–1563 BGB) behandelt, was auf eine große Regelungsdichte hinzuweisen scheint. Viele Bestimmungen aber – etwa das gesamte Ehegüterrecht (§§ 1363–1563 BGB) – gelten (und galten schon immer) nur dann, wenn das Paar nichts anderes vereinbart hat. Auch ehedem strikte gesetzliche Vorgaben wurden zunehmend aufgehoben, die Gleichberechtigungsrechtsentwicklung ist ein klassisches Beispiel hierfür.

Ausführlich behandelte Bestimmungen

- Das Eheschließungsrecht: §§ 1303–1312
- Die Wirkungen der Ehe: §§ 1353–1362
- Aus dem internationalen Eherecht: Art. 13, 14 EGBGB, Rom III-VO, EuGüVO

Wichtige, interessante Entscheidungen

- Zum Verhältnis von Ehe zur eingetragenen Lebenspartnerschaft und zur eheähnlichen Lebensgemeinschaft: BVerfG 7.7.2009 – 1 BvR 1164/07, BVerfGE 124, 199 ff.; BVerfG 11.12.2019 – 1 BvR 3087/14, FamRZ 2020, 244 ff.; BVerfG 26.3.2019 – 1 BvR 673/17, BVerfGE 151, 101 ff.
- Zum Verständnis der 1950er- und 1960er-Jahre über die Rollen von Mann und Frau: BGH 6.9.1953 – I VRG 11/53, BGHZ 11, Anhang 34 ff.

3.1.1 Eheschließung

3 Der Ehe vorgelagert ist das **Verlöbnis**, das in §§ 1297–1302 BGB geregelt ist. Das Verlöbnis beinhaltet das Versprechen, miteinander eine Ehe einzugehen, aus dem aber

3.1 Die Ehe

kein rechtlich verbindlicher Anspruch resultiert, die Ehe tatsächlich zu schließen (§ 1297 BGB). In rechtlicher Hinsicht ist das Verlöbnis nicht (mehr) von großer Bedeutung. Es leiten sich daraus allerdings Zeugnisverweigerungsrechte ab (§§ 52 Abs. 1 Nr. 1 StPO, 383 Abs. 1 Nr. 1 ZPO) und die Auflösung des Verlöbnisses kann Schadensersatzansprüche nach sich ziehen, wenn Aufwendungen in Erwartung der bevorstehenden Ehe getätigt wurden (etwa § 1298 BGB). Die Rechtstatsächlichkeit in Deutschland zeigt einen Bedeutungsverlust der Eheschließung. Wie die Tabelle zeigt, ist die Heiratsziffer je 1.000 Einwohner bis zum Jahr 2007 kontinuierlich gesunken, hat sich in den Folgejahren stabilisiert und ist in den vergangenen Jahren wieder leicht angestiegen. Betrug sie 1920 noch 14,5 und 1960 9,4 bzw. 9,7 (DDR), so lag sie im Jahr 2011 sowohl in den alten als auch in den neuen Bundesländern bei 4,7 und im Jahr 2019 bei 5,1 bzw. 5,0.

Tabelle 1: Eheschließungen

Jahr	Eheschließungen			Eheschließungen je 1.000 Einwohner	
1900	476.491			8,5	
1920	894.977			14,5	
	gesamt	BRD	DDR	BRD	DDR
1960	689.028	521.445	167.583	9,4	9,7
1980	496.603	362.408	134.195	5,9	8,0
1990	516.388	414.475	101.913	6,5	6,3
	Deutschland	ABL*1	NBL*2	ABL*1	NBL*2
1995	430.534	376.350	54.184	5,7	3,5
2000	418.550	359.837	58.713	5,4	3,9
2005	388.451	317.174	59.219	4,8	4,4
2010	382.047	307.399	62.254	4,7	4,8
2015	400.115	323.086	63.270	4,9	5,0
2019	416.324	338.574	63.148	5,1	5,0

*1 seit 2001 ohne Berlin-West
*2 seit 2001 ohne Berlin-Ost
Quelle: Statistisches Bundesamt.

Die Ehe beginnt mit der **Eheschließung**, einem familienrechtlichen Vertrag (**Konsensprinzip**), für den – wie im Zivilrecht üblich – grundsätzlich **Abschlussfreiheit** besteht: Niemand muss eine Ehe eingehen, und wer will, darf grundsätzlich eine Ehe eingehen. Dieser zunächst banal klingende Satz ist historisch betrachtet nicht selbstverständlich. Bis weit in das 19. Jahrhundert hinein gab es für große Teile der Bevölkerung Eheverbote (vgl. Heinsohn/Knieper, 17 ff.). Nach wie vor aktuell ist das Problem der Zwangsverheiratung insbesondere, aber nicht ausschließlich, junger Frauen. Während sich die Strafbarkeit von Handlungen, mit denen Personen zum Eingehen einer Ehe gezwungen werden, zuvor aus dem Straftatbestand der Nötigung (§ 240 StGB) ergab, besteht seit 2011 mit § 237 StGB ein eigenständiger Straftatbestand. Hiernach stehen sowohl die

Nötigung einer Person zur Eingehung der Ehe als auch die Verschleppung in das Ausland zum Zweck der Zwangsverheiratung unter Strafe. Für Betroffene und von Zwangsverheiratung bedrohte Personen stehen Beratungsangebote zur Verfügung (zur Zwangsverheiratung Kaiser FamRZ 2013, 77 ff.; Karayel JAmt 2016, 297 ff.; Yerlikaya 2012).

5 Die **Eheschließungsregelungen** finden sich in den §§ 1303–1312 BGB. Von Bedeutung sind die Bestimmungen über die **Ehefähigkeit**, wonach nur **Volljährige** heiraten können. Bis 2017 waren grundsätzlich nur volljährige Personen ehemündig, ausnahmsweise konnte jedoch auch eine minderjährige Person heiraten, wenn das Familiengericht eine Befreiung vom Erfordernis der Volljährigkeit erteilte. Voraussetzung war, dass die Person das 16. Lebensjahr vollendet hatte und der Partner bzw. die Partnerin volljährig war. Zur Änderung der Rechtslage kam es mit dem **Gesetz zur Bekämpfung von Kinderehen** vom 17.7.2017 (BGBl. I S. 2429). Hintergrund der Gesetzesänderung war die Zuwanderung zahlreicher minderjährig verheirateter Geflüchteter in die Bundesrepublik (zur Begründung Maas 2018). Nach § 1303 BGB darf eine Ehe nun nicht mehr vor Eintritt der Volljährigkeit eingegangen werden. Eine Ehe, die von einer Person unter 16 Jahren eingegangen wird, ist unwirksam. Eine Ehe, an der eine Person im Alter von über 16, aber unter 18 Jahren beteiligt ist, ist zunächst gültig, aber aufhebbar (§ 1314 Abs. 1 Nr. 1 BGB, Art. 13 Abs. 3 EGBGB). Die Aufhebung ist allerdings ausgeschlossen, wenn die betreffende Person nach Eintritt der Volljährigkeit zu erkennen gibt, dass sie die Ehe fortsetzen möchte, oder wenn die Aufhebung der Ehe eine so schwere Härte für sie darstellen würde, dass die Aufrechterhaltung der Ehe ausnahmsweise geboten erscheint (§ 1315 Abs. 1 Satz 1 Nr. 1 a und b BGB). Die Regelungen gelten auch dann, wenn die Ehe im Ausland geschlossen wurde (Art. 6 EGBGB, ordre public). Es besteht weitgehend Einigkeit dahingehend, dass Ehen mit Beteiligung von unter 16-Jährigen mit dem Gedanken des Kinderschutzes nicht vereinbar sind. Die Gesetzesänderung ist jedoch vielfach mit der Begründung kritisiert worden, die vorherige Rechtslage sei zur Umsetzung des Kinderschutzes ausreichend gewesen und durch die Unwirksamkeit bzw. Aufhebung der Ehe könnten sich gravierende Nachteile für die betreffende minderjährige Person ergeben. Als problematisch könnten sich insbesondere der Wegfall der Vaterschaft für ein Kind oder der Verlust von Unterhaltsansprüchen erweisen (zur Kritik Meyer-Wehage 2017, 226 ff.). Eine eher formale Vorschrift ist die Bestimmung des § 1309 BGB, wonach Personen, die ausländischem Recht unterliegen, eine Bescheinigung beibringen sollen, dass nach dem Recht ihres Staates der Eheschließung keine Hindernisse entgegenstehen (**Ehefähigkeitszeugnis**).

6 Auch die §§ 1310–1312 BGB über die Eheschließung selbst sind formale Verfahrensvorschriften. An inhaltlichen Regelungen bleiben daher nur die §§ 1306–1308 BGB, die sogenannten Eheverbote:

- Verbot der **Doppelehe** bzw. gleichzeitiger Ehe und Lebenspartnerschaft, § 1306 BGB;
- Verbot der **Verwandtenehe**, § 1307 BGB, das Verwandte ersten Grades und Geschwister betrifft;
- Verbot der Ehe von **Adoptivverwandten**, § 1308 BGB, bei denen ein Verwandtschaftsverhältnis im Sinne von § 1307 BGB durch Annahme als Kind begründet worden ist.

Anders als bei der Doppel- und der Verwandtenehe ist das Verbot der Ehe von Adoptivverwandten allerdings nicht absolut, weswegen sie auch nicht in § 1314 Abs. 1 BGB

3.1 Die Ehe

als ein Aufhebungsgrund genannt ist. Ehen zwischen Adoptiveltern und -kindern bleiben gültig, führen aber gemäß § 1766 BGB zur Aufhebung des Adoptionsverhältnisses. Adoptivgeschwister können sich hingegen gemäß § 1308 Abs. 2 BGB von diesem Eheverbot befreien lassen, so dass sie auch nach einer Eheschließung Geschwister bleiben. Beim Verbot der Doppelehe zeigt sich, dass Wertungen im Ehe- und Familienrecht eine Rolle spielen: In anderen Kulturkreisen gibt es die Doppelehe, die monogame Ehe entspricht abendländischen Wertvorstellungen (zum Eheverständnis im Islam und in ausgewählten islamischen Ländern: Yassari FamRZ 2011, 1). Die zum Zeitpunkt der Verabschiedung des BGB gefestigten Wertvorstellungen waren wohl auch der Grund dafür, dass der Gesetzgeber lange Zeit auf eine **Definition der Ehe** verzichtete, da für ihn klar war, dass sie die Lebensgemeinschaft geschlechtsverschiedener Personen sei. Dies wurde hauptsächlich daraus abgeleitet, dass die Ehe im Grundsatz auf die Begründung einer Familie durch gemeinsame leibliche Kinder angelegt sei (so etwa BVerfG 4.10.1993 – 1 BvR 640/93, NJW 1993, 3058). Daher wurde sie lange Zeit mehrheitlich als Verbindung betrachtet, die nur zwischen einem Mann und einer Frau bestehen könne. Für gleichgeschlechtliche Paare kam als institutionalisierte Form der Partnerschaft ab dem Jahr 2001 eine eingetragene Lebenspartnerschaft nach dem Lebenspartnerschaftsgesetz (LPartG) in Frage (Rn. 48 ff.). Mit dem Gesetz zur Einführung des Rechts auf Eheschließung für Personen gleichen Geschlechts vom 20.7.2017 (BGBl. I S. 2787; sog. „Ehe für alle", vgl. Rn. 48) ist diese Einschränkung weggefallen. Die Ehe wird nun von zwei Personen verschiedenen oder gleichen Geschlechts auf Lebenszeit geschlossen (§ 1353 Abs. 1 S. 1 BGB).

3.1.2 Während der Ehe

Die §§ 1353 ff. BGB regeln die Wirkungen der Ehe, wobei die weitaus meisten Regelungen das eheliche Güterrecht betreffen. Viele der gesetzlich geregelten Ehewirkungen lassen sich durch einen Ehevertrag außer Kraft setzen. Eine Regelung zur persönlichen Beziehung der Eheleute zueinander erfolgt in § 1353 Abs. 1 Satz 2 BGB. Hiernach sind die Ehegatten einander zur **ehelichen Lebensgemeinschaft** verpflichtet und tragen füreinander Verantwortung. Mag der Gesetzgeber des BGB von 1900 noch recht konkrete Vorstellungen davon gehabt haben, was genau unter der ehelichen Gemeinschaft zu verstehen ist und welche Pflichten daraus resultieren, so ergeben sich angesichts der Pluralisierung von Lebensformen aus dieser Generalklausel heute nur noch sehr allgemeine Aussagen. Anerkannt ist, dass sich aus der ehelichen Gemeinschaft eine besondere gegenseitige Beistands- und Fürsorgepflicht ergibt. Wie sie im Einzelfall auszufüllen und zu konkretisieren ist, obliegt der gemeinschaftlichen partnerschaftlichen Entscheidung (demgegenüber noch 1966 zur „ehelichen Lebens- und Geschlechtsgemeinschaft, zu der die Ehegatten einander … auch rechtlich verpflichtet sind": BGH 2.11.1966 – IV ZR 239/65, NJW 1967, 1078 ff.). Eine eheliche Lebensgemeinschaft setzt nicht voraus, dass die Eheleute in häuslicher Gemeinschaft leben. Sie kann auch gegeben sein, wenn beide einvernehmlich eigene Haushalte unterhalten oder z.B. ein Partner sich dauerhaft in einer stationären Pflegeeinrichtung aufhält. Entscheidend ist primär die wechselseitige innere Bindung der Ehegatten (BGH 27.4.2016 – XII ZB 485/14, BGHZ 210, 124 ff.).

7

In diesem Zusammenhang ist die **Missbrauchsregelung** des § 1353 Abs. 2 BGB von Bedeutung, falls von einem Partner die Ebene des gemeinsamen Überlegens, Entscheidens und Handelns in ernsthafter Weise verlassen wird. Hier wird der anderen Person die

8

3. Partnerschaftsbeziehungen

Möglichkeit gegeben, sich von den gemeinsamen Vereinbarungen zu lösen. Solche Missbrauchsfälle sind grobe Rücksichtslosigkeit oder körperliche Gewalt: In solchen Situationen ist es der betroffenen Person möglich, sich von der Vereinbarung bezüglich der gemeinsamen Ehewohnung zu lösen und den Schädiger aus der Wohnung zu weisen. Durch das Gewaltschutzgesetz (seit 1.1.2002 in Kraft) ist dieser Anspruch leichter gerichtlich durchzusetzen – für Ehegatten gleichermaßen wie für andere in auf Dauer angelegten Haushaltsgemeinschaften Lebende (§ 2 Abs. 1 GewSG). Eine spezielle Regelung ist in § 1361b Abs. 2 BGB für Eheleute in Trennung getroffen (ausführlich Rn. 22). In nahezu allen Bundesländern besteht zudem eine besondere polizeiliche Eingriffsmaßnahme der **Wohnungsverweisung** und des Rückkehrverbots zur Vermeidung häuslicher Gewalt (z.B. § 14a BremPolG, § 34a PolG NRW, § 29a ASOG Bln). Danach kann die **Polizei** eine Person zur Abwehr einer von ihr ausgehenden gegenwärtigen Gefahr für Leib, Leben oder Freiheit einer anderen Person aus einer Wohnung, in der die gefährdete Person wohnt, sowie aus deren unmittelbaren Umgebung verweisen und ihr – zeitlich befristet – die Rückkehr in diesen Bereich untersagen (dazu Seibert/Kohal Jura 2019, 15 ff. https://doi.org/10.1515/jura-2018-2009; letzter Zugriff 6.9.2021).

9 Andere allgemeine Wirkungen der Ehe stehen zur Disposition der Eheleute: Die gesetzlich vorgesehene **Ehenamensbestimmung** (§ 1355 BGB; einen Überblick gibt Spiegelhalder FPR 2010, 1) und die ursprünglichen Regelungen zur **Aufgabenverteilung in der Ehe** (§§ 1356, 1357 BGB) wurden durch die Gleichberechtigungsrechtsentwicklung zugunsten von Vereinbarungen zwischen den Eheleuten weitgehend zurückgenommen. Eine zentrale, durch die Eheleute nicht abdingbare Folge bleibt: die **Verpflichtung zum Unterhalt** (§ 1360 i.V.m §§ 1360a Abs. 3 und 1614 BGB). Bei bestehenden Ehen wird diese Bestimmung zwischen den Ehepartnern faktisch kaum relevant. Wenn es um Unterhaltsansprüche zwischen ihnen geht, handelt es sich regelmäßig um Fälle von Trennung oder Scheidung. Für den Scheidungsfall können die Eheleute (schon vor der Ehe oder während des Scheidungsverfahrens) Vereinbarungen über den Unterhalt treffen – § 1585c BGB – und haben damit in dem unterhaltsrechtlichen Bereich dort, wo er real von Bedeutung ist, Gestaltungsmöglichkeiten (ausführlich Rn. 25).

10 Ausführlichere und deutlich konkretere Regelungen enthält das Gesetz zum **Güterrecht** (§§ 1363–1563 BGB) und damit zu den wirtschaftlichen Folgen der Ehe. Auch hier besteht der Vorrang individueller Regelungen zwischen den Eheleuten. Dieser Rechtsbereich war schon immer die **Domäne der Gestaltungsfreiheit**. Zwar ist in den §§ 1363 ff. BGB der gesetzliche Güterstand der Zugewinngemeinschaft vorgesehen. Die Ehegatten können aber „durch Ehevertrag etwas anderes vereinbaren" (§ 1363 Abs. 1 BGB). Hierfür sieht das Gesetz zwei Formen des Güterstandes vor, die wiederum vertraglich modifiziert werden können. Gesetzlich geregelt sind der Güterstand der **Gütertrennung** und der Gütergemeinschaft. Entscheiden sich die Eheleute für eine Gütertrennung (§ 1414 BGB), bleibt das jeweilige Vermögen beider völlig getrennt voneinander. Beide Personen können ihr eigenes Vermögen selbst verwalten und unbeschränkt ohne Einflussmöglichkeit des Ehegatten darüber verfügen. Praktisch eine entgegengesetzte Gestaltung beinhaltet die **Gütergemeinschaft** (§§ 1415–1518 BGB). Hier wird das Vermögen beider Eheleute ganz überwiegend zu gemeinschaftlichem Vermögen, das auch gemeinschaftlich verwaltet wird (Gesamtgut). Bestimmte individuelle Vermögenspositionen sind demgegenüber sogenanntes Sondergut eines der beiden Partner. Hierunter fallen z.B. Schmerzensgeldansprüche. Dieses Sondergut wird vom jeweiligen Inhaber allein verwaltet. Über das Sondergut hinaus können weitere Vermögensgegenstände aus dem Gesamtgut ausgenommen werden, indem sie im Ehevertrag

zum sogenannten Vorbehaltsgut erklärt werden. Auch diese Gegenstände werden dann von ihrem jeweiligen Inhaber selbstständig verwaltet.

Die Wahlmöglichkeiten hinsichtlich des Güterstandes werden neuerdings erweitert durch das deutsch-französische Abkommen vom 4.2.2010 über den **Güterstand der Wahl-Zugewinngemeinschaft** (siehe auch das deutsche Umsetzungsgesetz vom 15.3.2012, BGBl. II S. 178). Von Interesse ist diese Option insbesondere für in Frankreich lebende deutsche oder in Deutschland lebende französische Ehegatten oder für deutsch-französische Ehegatten. Der Wahlgüterstand orientiert sich an der Zugewinngemeinschaft deutschen Rechts, trägt aber auch französischen Besonderheiten Rechnung (ein Beispiel optionaler bilateraler Familienrechtsvereinheitlichung: Martiny ZEuP 2011, 577; Einzelheiten bei Meyer FamRZ 2010, 612; Dethloff RabelsZ 76, 509; Heinemann FamRB 2012, 129). In das deutsche Recht wurde dieser Wahlgüterstand durch § 1519 BGB übernommen. 11

Für die Regelung durch **Ehevertrag** (§§ 1408 ff. BGB) gelten Formvorschriften, und im allgemeinen Rechtsverkehr können sich die Eheleute auf ihre vertragliche Vereinbarung nur berufen, wenn sie im Güterregister (§§ 1558–1563 BGB) eingetragen ist (§ 1412 BGB). Üblich ist der gesetzliche Güterstand der **Zugewinngemeinschaft** (§§ 1363–1390 BGB), der eintritt, wenn die Eheleute keine individuellen Regelungen treffen. Hierbei handelt es sich um eine modifizierte Form der Gütertrennung. Die Vermögen beider Eheleute bleiben getrennt, es entsteht kraft Gesetzes kein gemeinschaftliches Vermögen (§ 1363 Abs. 2 BGB; natürlich ist die Entstehung gemeinschaftlichen Vermögens nach rechtsgeschäftlichen Regeln grundsätzlich möglich, etwa im Rahmen einer Gesellschaft oder bei einem gemeinsamen Hauskauf). Jeder Ehegatte verwaltet sein Vermögen selbstständig (§ 1364 BGB) und kann über sein Vermögen grundsätzlich selbstständig verfügen; es besteht keine gesetzliche Haftung für Schulden des anderen Ehegatten. Dieser Grundsatz kann jedoch zu einer Gefahr für die wirtschaftliche Grundlage der ehelichen Familie werden. Deswegen sind in den §§ 1365–1369 BGB gewisse Verfügungsbeschränkungen vorgesehen. Von Bedeutung ist in diesem Zusammenhang vor allem § 1365 Abs. 1 BGB, der für die Verfügung eines Ehegatten über sein "Vermögen im Ganzen" die Zustimmung des Partners verlangt. Zudem kann ein Ehegatte über ihm gehörende Gegenstände des ehelichen Haushalts nur verfügen, wenn der andere Partner einwilligt (§ 1369 Abs. 1 BGB). Da eine strikte Gütertrennung den Ehegatten begünstigen würde, der ein höheres Einkommen erzielt, sieht das Gesetz in § 1363 Abs. 2 S. 2 BGB den **Zugewinnausgleich** für den Fall vor, dass die Zugewinngemeinschaft endet. Dies kann durch Scheidung (dazu Rn. 39), Tod, Eheaufhebung oder Ehevertrag erfolgen. Für den Zugewinnausgleich im Todesfall gibt es 3 Möglichkeiten: 12

(1) Ist der überlebende Ehegatte Erbe oder Vermächtnisnehmer, so kommt die **erbrechtliche Regelung** des § 1371 Abs. 1 BGB zur Anwendung: Der Zugewinnausgleich wird dadurch erreicht, dass der gesetzliche Erbteil (vgl. §§ 1931 Abs. 1–3, 1371 BGB) pauschal um ein Viertel der Erbschaft erhöht wird – sogenannter **großer Pflichtteil**.

(2) Schlägt der überlebende Ehegatte die Erbschaft aus oder wird er enterbt, kommt gemäß § 1371 Abs. 2, 3 BGB der allgemeine güterrechtliche Ausgleichsanspruch zur Anwendung. Zusätzlich erhält der überlebende Ehegatte nur noch den Pflichtteil, der nach § 1931 BGB berechnet wird – sogenannter **kleiner Pflichtteil**.

(3) Hat der überlebende Ehegatte auf sein gesetzliches Erbrecht verzichtet (§ 2346 BGB), ist er durch Urteil für erbunwürdig erklärt worden (§§ 2339 ff., 2345 BGB) oder ist ihm zu Recht der Pflichtteilsanspruch entzogen worden (§ 2333 BGB), so hat er nur den güterrechtlichen Ausgleichsanspruch nach § 1371 Abs. 2 BGB.

13 Wie sich bei den Regelungen für den Zugewinnausgleich im Todesfall gezeigt hat, hat die Ehe auch **außerhalb des Familienrechts**, vor allem im **Erbrecht** Wirkungen. Nach den §§ 1931, 2303 Abs. 2 BGB sind die Ehegatten gegenseitig erb- und pflichtteilsberechtigt. Bedeutung hat die Ehe auch im **Prozessrecht**. Hier haben die Ehegatten ein Zeugnis- und Eidesverweigerungsrecht: § 52 StPO; § 383 ZPO. Von Bedeutung ist die Ehegatteneigenschaft darüber hinaus im **Sozialrecht** und im **öffentlichen Recht**, immer dort, wo der Begriff Angehörige verwendet wird. Eine Außenwirkung im allgemeinen Rechtsverkehr stellt im Familienrecht selbst schließlich **§ 1362 BGB** dar: Zugunsten der Gläubiger eines Ehegatten wird vermutet, dass die im Besitze eines oder beider Ehegatten befindlichen beweglichen Sachen dem jeweiligen Schuldner gehören, um die Vereitelung der Zwangspfändung durch Verschleierung der Vermögensverhältnisse zu verhindern. Die ehemals erhebliche Bedeutung der Ehe im Familienrecht für die Unterscheidung zwischen ehelich und nichtehelich bei den Kindern ist durch die Gesetzesreform von 1998 beendet. Damit – um auf die Überschrift dieses Kapitels zurückzukommen – zeigt sich eine deutliche Tendenz weg vom Gesetz hin zur Vereinbarung. Anstelle ehemaliger institutioneller Vorgaben durch den Gesetzgeber ist in erheblichem Umfang die private Gestaltung durch die Eheleute getreten, die allerdings (wie im Vertragsrecht grundsätzlich möglich) dort ihre Grenzen findet, wo sie nicht „Ausdruck und Ergebnis gleichberechtigter Lebenspartnerschaft (ist), sondern eine auf ungleichen Verhandlungspositionen basierende einseitige Dominanz eines Ehepartners widerspiegelt" (BVerfG 6.2.2001 – 1 BvR 12/92, BVerfGE 103, 89).

3.1.3 Internationales Eherecht

14 Bezüglich der **Form der Eheschließung** kommen nach **Art. 13 Abs. 4 S. 1 EGBGB** für **in Deutschland zu schließende Ehen** die deutschen Vorschriften zur Anwendung, vornehmlich § 1311 BGB: Die Ehe ist vor dem zuständigen Standesbeamten zu schließen (obligatorische Zivilehe). Hierbei ist auch das sogenannte Ehefähigkeitszeugnis (§ 1309 BGB – vgl. Rn. 5) beizubringen. Eine Ausnahme ist in Art. 13 Abs. 4 S. 2 EGBGB geregelt: Wenn keiner der beiden die deutsche Staatsangehörigkeit hat, kann die Ehe vor entsprechend ermächtigten Personen geschlossen werden (diplomatische oder konsularische Vertretungen des jeweiligen Heimatstaates). Bezüglich der **inhaltlichen Voraussetzungen** gilt gemäß **Art. 13 Abs. 1 EGBGB** grundsätzlich das jeweilige Heimatrecht. Eine Ausnahme von der Anwendung des Heimatrechts sieht **Art. 13 Abs. 2 EGBGB** vor: Um die Eheschließungsfreiheit zu garantieren, regelt diese Bestimmung als Ausdruck des ordre public, dass unter den dort genannten Voraussetzungen nicht das Heimatrecht der Verlobten, sondern deutsches Recht anzuwenden ist. Ein solcher Fall ist gegeben, wenn das Heimatrecht eines der beiden Verlobten das Scheidungsurteil einer früher geschlossenen Ehe nicht anerkennt.

15 Bei der Frage, nach welchem Recht sich die allgemeinen Ehewirkungen richten, überlässt **Art. 14 EGBGB** den Ehegatten vorrangig die **Rechtswahl**: Nach Art. 14 Abs. 1 S. 1 EGBGB ist zunächst das von den Ehegatten gewählte Recht maßgeblich. Die Ehegatten können dabei aber nicht etwa das Recht jedes beliebigen Staates wählen, sondern nur die in Abs. 1 S. 2 genannten Rechtsordnungen (v.a. das Recht des Staates, in

dem sie ihren gewöhnlichen Aufenthalt haben oder dem einer der beiden Ehegatten im Zeitpunkt der Rechtswahl angehört). Nur wenn die Ehegatten keine Rechtswahl getroffen haben, greift die **Anknüpfungsleiter** des Art. 14 Abs. 2 EGBGB ein. Haben die Ehegatten einen gemeinsamen gewöhnlichen Aufenthalt in einem Staat, ist dessen Recht maßgeblich (Nr. 1). Ist dies nicht der Fall, kommt es auf einen früheren gemeinsamen gewöhnlichen Aufenthalt an (Nr. 2). Erst an dritter Stelle kommt das gemeinsame Heimatrecht zum Zug (Nr. 3). Fehlt es auch daran, ist auf die sonstige engste Verbindung der Ehegatten (z.B. den Heiratsort) abzustellen (Nr. 4).

Die nach Art. 14 EGBGB anzuwendende Rechtsordnung gilt für die **allgemeinen Wirkungen der Ehe**. Dazu zählen die Ausgestaltung der Pflicht zur ehelichen Lebensgemeinschaft, Entscheidungs- und (nichtvermögens- und nichtunterhaltsrechtliche) Auskunftsrechte und etwaige Haftungsprivilegien (ausführlicher Gössl, in: Johannsen/Henrich/Althammer, Art. 14 EGBGB Rn. 2). **Nicht** zu den **allgemeinen Ehewirkungen** in diesem Sinne zählen das Güterrecht (hier: Art. 15 EGBGB a.F. für Altfälle bzw. die EuGüVO für ab dem 29.1.2019 geschlossene Ehen) und der Unterhalt (hier: HUntProt und EuUntVO – vgl. § 3 VIII.). Der Ehename bestimmt sich nach Art. 10 EGBGB, maßgeblich ist das Heimatrecht der Ehegatten. Auch hier bestehen **Wahlmöglichkeiten** (Art. 10 Abs. 2 EGBGB).

16

3.2 Trennung und Scheidung

Zur Autonomie von Vertragspartnern gehört – juristisch – auch das Recht, Vereinbarungen (übereinstimmend, ggf. aber auch einseitig) aufzuheben. Diese vertragliche Aufhebungsfreiheit gilt auch für das Eherecht, hier mit der Möglichkeit der Ehescheidung. Das dem BGB ursprünglich zugrundeliegende institutionelle Eheverständnis wollte die Scheidung nicht; das Recht stellte vor die Scheidung daher hohe Hürden. Mit dem 1. EheRG (1.7.1977) wurde die Scheidung rechtlich deutlich erleichtert. Heute steht nicht nur die Scheidung als solche, sondern stehen auch die Scheidungsfolgen (Unterhalt, Zugewinnausgleich, Versorgungsausgleich, Rn. 40) rechtlich weitgehend zur Disposition der Ehegatten, wobei jüngst die Vertragsfreiheit hinsichtlich der Scheidungsfolgen von der Rechtsprechung wiederum eingeschränkt worden ist.

17

Ausführlich behandelte Bestimmungen

- Trennung, Trennungsfolgen: §§ 1567, 1361–1361b BGB
- Scheidung, Unterhalt des geschiedenen Ehegatten: §§ 1564–1586b BGB
- Internationales Scheidungsrecht: Rom III-VO, Brüssel IIa-VO

Wichtige, interessante Entscheidungen

- Zur Inhaltskontrolle von Eheverträgen: BGH 29.1.2014 – XII ZB 303/13, FamRZ 2014, 629 ff., BGH 27.5.2020 – XII ZB 447/19, FamRZ 2020, 1347 ff.
- Zum Betreuungsunterhalt: BGH 1.10.2014 – XII ZB 185/13, FamRZ 2014, 1987 ff.
- Zum Aufstockungsunterhalt: BGH 4.11.2015 – XII ZR 6/15, FamRZ 2016, 203 ff.
- Zum Ausschluss des Unterhaltsanspruchs: AG Lemgo 8.6.2015 – 8 F 43/15

Ein Blick auf die langfristige Entwicklung der Scheidungszahlen zeigt die reale Deinstitutionalisierung von Ehe. Das Risiko, dass eine geschlossene Ehe vor dem Familienge-

18

richt durch Scheidung beendet wird, ist seit Beginn des 20. Jahrhunderts in allen westlichen Industriestaaten mehr oder minder kontinuierlich gestiegen. Nach einem bisherigen Höchststand in den Jahren 2003–2005 sind die Werte in der Bundesrepublik in den letzten Jahren leicht rückläufig. Das höchste Scheidungsrisiko besteht dabei für Ehen mit einer Dauer zwischen fünf und neun Jahren, aber auch bei länger Verheirateten wächst die Scheidungsneigung (dazu und zu den Risikofaktoren und Ursachen für Scheidungen aus soziologischer und psychologischer Perspektive: Bröning/Walper FPR 2007, 261; WD-9-053-18). Die durchschnittliche Ehedauer der im Jahr 2019 geschiedenen Ehen lag bei 14,8 Jahren.

Tabelle 2: Ehescheidungen

Jahr	Scheidungen			Ehescheidungen je 1.000			
	Deutschland			Ehen		Einwohner	
1900						0,16	
1920	36.542			0,32		0,59	
	gesamt	BRD	DDR	BRD	DDR	BRD	DDR
1960	73.418	48.878	24.540	3,57	6,09 (1965)	0,88	1,42
1980	141.016	96.222	44.794	6,13	10,66	1,56	2,68
1990	154.786	122.869	31.917	8,10	7,90	1,94	1,98
	Deutschland	ABL*1	NBL*2	ABL*1	NBL*2	ABL*1	NBL*2
1995	169.425	147.945	21.480	9,23	6,15	2,19	1,51
2000	194.408	164.971	29.437	10,40	8,86	2,42	2,12
2005	201.693	173.553	28.140	11,24	9,11	2,51	2,10
2010	187.027	162.701	24.326	10,97	8,74	2,36	1,96
2015	163.335	140.806	22.529	9,24	8,08	2,04	1,79
2016	162.397	140.008	22.389	9,17	8,05	2,00	1,77

*1 ab 1995 einschließlich Berlin-Ost
*2 ab 1995 ohne Berlin-Ost
Quelle: Statistisches Bundesamt.

Aus der Tabelle ergeben sich auch unterschiedliche Entwicklungen in unterschiedlichen Systemen (BRD/DDR). Zudem zeigt sich, dass Krisensituationen (Nachkriegszeit, in den neuen Bundesländern die Zeit nach der Wiedervereinigung) Auswirkungen auf das Scheidungsverhalten haben.

3.2.1 Trennung und Trennungsfolgen

19 Der Scheidung geht – rechtlich – die Trennung voraus. Das Familienrecht befasst sich mit der Trennung und den Trennungsfolgen nicht in einem gesonderten Abschnitt. **Trennung** ist in **§ 1567 BGB** – also im Scheidungsrecht – definiert. Danach liegt eine Trennung vor, wenn objektiv keine häusliche Gemeinschaft zwischen den Ehegatten mehr besteht, was nach außen erkennbar werden muss, und wenn subjektiv ein Ehegatte die häusliche Gemeinschaft auch nicht mehr herstellen will, weil er die eheliche Lebensgemeinschaft ablehnt. Deswegen ist Getrenntleben auch in der gemeinsamen

3.2 Trennung und Scheidung

Wohnung möglich (§ 1567 Abs. 1 S. 2 BGB). Dabei sind getrenntes Haushalten und Schlafen sowie vor allem Trennung der wirtschaftlichen Haushaltsführung erforderlich. Angaben der Ehegatten dem Finanzamt gegenüber im Rahmen der steuerlichen Veranlagung kann in diesem Zusammenhang eine Indizwirkung zukommen (OLG BB 3.6.2019 – 9 UF 49/19, FamRZ 2020, 1257 ff.). Gegen die Annahme des **Getrenntlebens** im Rechtssinne spricht in solchen Situationen nicht die Tatsache, dass Gemeinsamkeiten der Kinder wegen weiterbestehen (z.b. gemeinsame Mahlzeiten, Gespräche, gemeinsames Beisammensein mit den Kindern: OLG Köln 19.10.2001 – 25 WF 185/01, FamRZ 2002, 1341). Andererseits ist nicht automatisch von Getrenntleben auszugehen, wenn die Ehegatten nicht (mehr) in einem gemeinsamen Haushalt leben (vgl. Rn. 7).

Die wichtigsten **Trennungsfolgen** sind im Eherecht aufgeführt. **§ 1361 BGB** regelt den **Unterhalt bei Getrenntleben.** Hier gelten die allgemeinen unterhaltsrechtlichen **Voraussetzungen,** insbesondere **Bedürftigkeit** des Ehegatten, der Unterhalt begehrt, und **Leistungsfähigkeit** des Ehegatten, der Unterhalt zahlen soll (zu den Details Kap. 7). Für den Fall, dass ein Ehegatte während der Ehe nicht erwerbstätig war, sieht § 1361 Abs. 2 BGB ausdrücklich vor, dass er auch nach der Trennung nicht berufstätig werden muss, sondern nur und erst dann, wenn dies von ihm „erwartet werden kann". Die Trennung wird vom Gesetzgeber als eine Art Schwebezustand angesehen, weil noch nicht klar ist, ob es endgültig zur Scheidung kommt. Allerdings kommt es mit der Trennung bereits zu einer gesteigerten Eigenverantwortung der Ehegatten hinsichtlich der Deckung ihres jeweiligen Lebensunterhalts. Ein über längere Zeit nicht erwerbstätiger Ehegatte ist jedenfalls bei nicht kurzer Ehe grundsätzlich nicht verpflichtet, während des ersten Trennungsjahrs eine Erwerbstätigkeit aufzunehmen (OLG Hamm 26.10.2017 – 11 UF 64/17, FamRZ 2018, 678). Mit zunehmender Trennungsdauer, insbesondere wenn die Scheidung sicher ist, nähern sich die Voraussetzungen der Erwerbsobliegenheit immer mehr den Grundsätzen für den nachehelichen Unterhalt an. Infolge der Verstärkung des Grundsatzes der Eigenverantwortung durch das am 1.1.2008 in Kraft getretene UÄndG kann seither auch die Erwerbsobliegenheit nach Ablauf des Trennungsjahres ähnlich wie beim nachehelichen Unterhalt zu beurteilen sein; ist die Scheidung nur noch eine Frage der Zeit, was nach Ablauf des Trennungsjahres in der Regel der Fall ist, wird der Maßstab zunehmend strenger. § 1361 Abs. 3 BGB verweist auf die Härteklausel des § 1579 Nr. 2 bis 8 BGB (Scheidungsunterhalt). Falls die Voraussetzungen dieser Bestimmung vorliegen, kann der eigentlich bestehende Unterhaltsanspruch des getrennt lebenden Ehegatten bei „grober Unbilligkeit" gekürzt, zeitlich begrenzt oder ganz gestrichen werden. Praktisch wichtig ist die konkrete Festlegung und Berechnung des Unterhalts (vgl. Kap. 7).

§ 1361a BGB regelt die **Verteilung der Haushaltsgegenstände während des Getrenntlebens.** Grundsätzlich kann jeder Ehegatte die Gegenstände, die in seinem Eigentum stehen, vom anderen Ehegatten herausverlangen. Haushaltsgegenstände, die den Ehegatten gemeinsam gehören, müssen zwischen ihnen nach den Grundsätzen der Billigkeit verteilt werden (§ 1361a Abs. 2 BGB). Wenn sich die Eheleute nicht einigen können, entscheidet auf Antrag das Familiengericht. Bei der Entscheidung handelt es sich um eine vorläufige Entscheidung für die Trennungszeit, es ist keine Entscheidung darüber, wer nach der Ehescheidung endgültig die Gegenstände bekommt bzw. – wenn Streit besteht – in wessen Eigentum die Gegenstände stehen.

3. Partnerschaftsbeziehungen

22 Im Zusammenhang mit der Trennung ist oft von Bedeutung, wer die bisherige **Ehewohnung** weiter benutzen kann. Hier sieht § 1361b Abs. 1 BGB vor, dass ein Ehegatte verlangen kann, dass ihm die Wohnung ganz oder teilweise zur alleinigen Nutzung überlassen wird, wenn dies notwendig ist, um eine unbillige Härte zu vermeiden. Härtefälle sind vor allem durch häusliche Gewalt indiziert. Hierzu zählen z.B. schwere körperliche Misshandlung von Familienmitgliedern, aber auch latente Angst um Leben, körperliche Unversehrtheit und Fortbewegungsfreiheit, fortgesetzte Demütigung und Verachtung sowie erhebliche Störungen des Familienlebens durch Alkohol. Die unbillige Härte kann auch dann gegeben sein, wenn das Wohl von im Haushalt lebenden Kindern beeinträchtigt ist (§ 1361b Abs. 1 S. 2 BGB). Für den Fall der vorsätzlichen Körper-, Gesundheits- oder Freiheitsverletzung ordnet § 1361b Abs. 2 S. 1 BGB an, dass dem Opfer in der Regel die gesamte Wohnung zur alleinigen Benutzung zu überlassen ist. Gleiches gilt bei widerrechtlicher Drohung mit derartigen Übergriffen. Bei Gewaltfällen kommen neben § 1361b BGB Maßnahmen nach dem **Gewaltschutzgesetz** in Betracht (vgl. auch Rn. 8). Nach diesem Gesetz können die Gerichte befristete Schutzmaßnahmen zugunsten des Opfers anordnen, wenn eine andere Person ihr gegenüber eine vorsätzliche Körper-, Gesundheits- oder Freiheitsverletzung begangen hat oder damit droht (zu Einzelheiten: Ehinger FPR 2010, 567 ff.).

3.2.2 Scheidung

23 Vor dem 1.7.1977 (1. EheRG) war rechtlich wichtigste Voraussetzung für die Scheidung die Tatsache, dass der andere Ehegatte entweder die Ehe gebrochen oder in anderer Weise schuldhaft die Ehe zerrüttet hatte (§§ 42, 43 EheG, **Verschuldensprinzip**). Wer der „schuldige" Ehepartner gewesen war, bzw. in welchem Verhältnis sich eventuelles beiderseitiges Verschulden verteilte, war von Bedeutung für die Frage von Unterhaltsansprüchen. In der Praxis hatte sich das Verschuldensprinzip schon weitgehend überholt. Die große Mehrheit der Scheidungen erfolgte im Wege der sog. „Konventionalscheidung", indem beide Eheleute erklärten, jeweils in gleichem Umfang die Schuld an der Zerrüttung der Ehe zu tragen. Durch das 1. EheRG wurde nun das Verschuldensprinzip durch das Zerrüttungsprinzip abgelöst (kritisch zu dieser Sichtweise: Ernst, in: Schwab/Ernst § 2 Rn. 19). Unter Geltung des **Zerrüttungsprinzips** ist nunmehr auch auf rechtlicher Ebene der Weg offen für die **einverständliche Scheidung**. Für die Scheidung ist allein das Scheitern der Ehe (§ 1565 Abs. 1 BGB) maßgeblich. Die Ehe ist gescheitert, wenn die Lebensgemeinschaft der Ehegatten nicht mehr besteht und nicht erwartet werden kann, dass die Ehegatten sie wiederherstellen. Für das Scheitern stellt das Gesetz unwiderlegbare Vermutungen auf, die von bestimmten Fristen des Getrenntlebens (zur Definition vgl. Rn. 19) abhängen: Gemäß § 1566 Abs. 1 BGB gilt eine Ehe als gescheitert – und ist damit zu scheiden –, wenn die Ehegatten seit einem Jahr getrennt leben und beide Ehegatten gemeinsam die Scheidung beantragen oder der Antragsgegner der Scheidung zustimmt. Darüber hinaus ist der Weg offen für **eine einseitige Lösung eines Partners von der Ehe**: Nach § 1566 Abs. 2 BGB genügt nach dreijähriger Trennungszeit der Antrag eines Ehegatten. Aber auch bei nur einjähriger Trennung reicht für die Scheidung die einseitige Zerrüttung auf Seiten eines Ehegatten aus; es genügt, wenn aus dem Verhalten und den glaubhaften Bekundungen des die Scheidung beantragenden Ehegatten zu entnehmen ist, dass er unter keinen Umständen bereit ist, zu dem anderen Ehegatten zurückzufinden und die Ehe fortzusetzen. Bei weniger als einjähriger Trennung ist eine Scheidung nur möglich, wenn die Voraussetzungen des § 1565 Abs. 1 BGB vorliegen, die Ehe also gescheitert ist, und zudem die

Fortsetzung der Ehe (also die Aufrechterhaltung des formellen Ehebandes, OLG Köln 7.12.2012 – 4 UF 182/12, FamFR 2013, 90) für den Antragsteller aus Gründen, die in der Person des Antragstellers liegen, eine unzumutbare Härte darstellen würde, § 1565 Abs. 2 BGB. An das Vorliegen einer unzumutbaren Härte stellt die Rechtsprechung strenge Anforderungen.

In **besonderen Härtefällen** reicht auch eine dreijährige Trennungszeit nicht aus. Nach § 1568 BGB soll eine Ehe, auch wenn sie gescheitert ist, nicht geschieden werden, solange ihre Aufrechterhaltung im Interesse der aus der Ehe hervorgegangenen minderjährigen Kinder aus besonderen Gründen ausnahmsweise erforderlich ist, oder wenn sie für einen Ehepartner – wiederum aufgrund außergewöhnlicher Umstände – eine schwere Härte darstellen würde. Die Vorschrift ist ohne große praktische Relevanz, da derartige besondere Gründe oder eine schwere Härte im Sinne der Regelung nur selten anerkannt werden. Infrage kommt hier etwa die ernsthafte Suizidgefahr eines Kindes für den Fall der Scheidung (vgl. OLG Hamburg 17.12.1985 – 2 UF 209/83 R + U, FamRZ 1986, 469 ff.). Bei „Härte für den Ehegatten" ist darauf abzustellen, dass die Auswirkungen der Scheidung „auf außergewöhnlichen, von den normalen Gegebenheiten abweichenden Umständen beruhen und für den betroffenen Ehegatten die Intensität einer schweren, ihm ausnahmsweise nicht zumutbaren Härte erreichen" (BGH 31.1.1979 – IV ZR 72/78, FamRZ 1979, 422).

24

3.2.2.1 Scheidungsfolgen: Der nacheheliche Unterhalt

Bei den Scheidungsfolgen ist von wichtigster Bedeutung der Unterhaltsanspruch des geschiedenen Ehegatten. Mit Wirkung zum 1.1.2008 wurde das Unterhaltsrecht insgesamt, besonders einschneidend aber das Recht des nachehelichen Unterhalts geändert (UÄndG vom 21.12.2007, BGBl. I S. 3189 vom 28.12.2007; BT- 16/1830 und 16/6980), um veränderten gesellschaftlichen Verhältnissen Rechnung zu tragen. Dem Grundsatz der Vertragsfreiheit entsprechend können die Ehegatten für die Zeit nach der Scheidung **Vereinbarungen** treffen: **§ 1585c** BGB ermöglicht **Unterhaltsverträge** für die Zeit nach der Scheidung. Schon vor oder auch während der Ehe – vor einer rechtskräftigen Scheidung – getroffene Vereinbarungen bedürfen allerdings der notariellen Beurkundung (Bergschneider FamRZ 2008, 17 ff.; Billhardt FamRZ 2008, 748; Langenfeld FPR 2008, 38 ff.), Meistens werden im Rahmen solcher Unterhaltsverträge gesetzliche Unterhaltsansprüche modifiziert, es ist aber auch der vollständige Verzicht auf Unterhaltsansprüche möglich. Der Unterhaltsverzicht vor der Ehe, etwa im Zusammenhang mit **Eheverträgen**, ist selten, im Zusammenhang mit der Ehescheidung wird allerdings häufig Verzicht hinsichtlich des Unterhalts erklärt. Grundsätzlich kann so auf nachehelichen Unterhalt vollständig verzichtet werden. Umstritten ist jedoch, inwiefern es Einschränkungen gibt (zu der langen Kontroverse vgl. 4. Auflage Kap. 4.3; ausführlich zur Entwicklung der Gestaltungsmöglichkeit von Eheverträgen vgl. Grandel FF 2019, 346 ff.). Durch das Urteil des Bundesverfassungsgerichts (BVerfG 6.2.2001 – 1 BvR 12/92, BVerfGE 103, 89 ff.) und die nachfolgenden Entscheidungen des BGH (BGH 11.2.2004 – XII ZR 265/02, BGHZ 158, 81 ff.; BGH 6.10.2004 – XII ZB 110/99, FamRZ 2005, 26 ff.; Bergschneider NJW 2005, 137 ff.; BGH 12.1.2005 – XII ZR 238/03, FamRZ 2005, 691; BGH 25.5.2005 – XII ZR 296/01, FamRZ 2005, 1444 und 25.5.2005 – XII ZR 221/02, FamRZ 2005, 1449) ist nunmehr eine gewisse Klärung eingetreten: **Eheverträge** werden, obwohl sie individuell vereinbart sind, einer **allgemeinen Inhaltskontrolle** dahin gehend unterzogen, ob sie

25

den verzichtenden Ehegatten evident einseitig benachteiligen und dadurch dessen Grundrechte aus Art. 2 Abs. 1, Art. 6 Abs. 1 und Abs. 4 GG verletzen. Damit hat das Bundesverfassungsgericht der privatautonomen Gestaltung der Ehegatten bei Unterhaltsverzicht und Verzicht auf Zugewinn- (dazu: BGH 17.10.2007 – XII ZR 96/05, FamRZ 2008, 386) und Versorgungsausgleich Grenzen gesetzt. Es hält die Zivilgerichte für verpflichtet, Eheverträge einer Inhaltskontrolle zu unterziehen, insbesondere dann, wenn Belange gemeinsamer Kinder betroffen sind. Nach der richtungsweisenden Entscheidung des Bundesverfassungsgerichts stellte der BGH (BGH mit Anmerkung Borth FamRZ 2004, 609 ff.) eine neue Struktur der Inhaltskontrolle auf:

- Zunächst erfolgt eine **Wirksamkeitskontrolle nach § 138 BGB**. Im Rahmen dieser Wirksamkeitskontrolle ist zu prüfen, ob die Vereinbarung schon im Zeitpunkt ihres Zustandekommens offenkundig zu einer so einseitigen Lastenverteilung im Scheidungsfall führt, dass ihr – und zwar losgelöst von der künftigen Entwicklung der Ehegatten und ihrer Lebensverhältnisse – wegen Verstoßes gegen die guten Sitten die Anerkennung der Rechtsordnung ganz oder zum Teil zu versagen ist. Das ist dann der Fall, wenn in den sogenannten **Kernbereich des Scheidungsfolgenrechts** eingegriffen wird, ohne dass die dadurch für den anderen Ehegatten entstehenden Nachteile kompensiert werden. Zu diesen Kernbereichen des Scheidungsfolgenrechts zählt der BGH Betreuungsunterhalt (§ 1570 BGB), Krankheitsunterhalt (§ 1571 BGB), Altersunterhalt (§ 1572 BGB) und den Versorgungsausgleich, da er dem Altersunterhalt entspricht.

- Soweit der Vertrag danach Bestand hat, findet in einem zweiten Schritt die **Ausübungskontrolle** anhand des Maßstabes des **§ 242 BGB** statt, bei der zu prüfen ist, ob und inwieweit die Berufung auf einen Verzicht missbräuchlich ist. Hierfür ist entscheidend, ob sich im Zeitpunkt des Scheiterns der Lebensgemeinschaft aus dem vereinbarten Ausschluss der Scheidungsfolge eine evident einseitige Lastenverteilung ergibt, die für den belasteten Ehegatten auch bei Berücksichtigung der Belange des anderen Ehegatten unzumutbar ist (zur gebotenen richterlichen Anpassung des Ehevertrages: BGH 28.11.2007 – XII ZR 132/05, FamRZ 2008, 582; BGH 27.2.2013 – XII ZB 90/11; vgl. auch Petzold/Bergschneider FamRZ 2004, 1757 ff.).

Laut BGH darf die grundsätzliche Disponibilität der Scheidungsfolgen „nicht dazu führen, dass der Schutzzweck der gesetzlichen Regelungen durch vertragliche Vereinbarungen beliebig unterlaufen werden kann" (BGH 11.2.2004 – XII ZR 265/02, BGHZ 158, 81 ff.). Ein anschaulicher „klassischer" Sachverhalt liegt dem Urteil des BGH vom 22.11.2006 (BGH 22.11.1996 – XII ZR 119/04, FamRZ 2007, 450) zugrunde.

26 § 1569 BGB normiert den **Grundsatz der wirtschaftlichen Eigenverantwortung** (Eigenverantwortungsprinzip) der geschiedenen Ehegatten. Jeder Ehegatte hat nach der Scheidung regelmäßig selbst für sein wirtschaftliches Fortkommen zu sorgen. Unterhalt ist von der Struktur her eine „Ausnahme"; dies hat das UÄndG deutlich klargestellt. Dem liegt das Modell einer Erwerbstätigenehe zu Grunde. Oft ist es in Ehen mit Kindern jedoch anders: In vielen Fällen existieren Unterhaltsansprüche, weil während der Ehezeit eine Person (meist die Frau) ihre entgeltliche Erwerbstätigkeit teilweise reduziert oder vorübergehend ganz aufgegeben hat. Voraussetzung für einen Unterhaltsanspruch ist gemäß § 1569 BGB, dass ein Ehegatte nach der Scheidung nicht selbst für seinen Unterhalt sorgen kann. Dies wiederum hängt davon ab, ob der betreffende Ehepartner einer angemessenen Erwerbstätigkeit nachgeht bzw. ob ihm zuzumuten ist,

eine solche aufzunehmen. § 1574 Abs. 2 BGB regelt die Kriterien für eine **angemessene Erwerbstätigkeit**. Diese sind mit dem Gesetz zur Änderung des Unterhaltsrechts vom 21.12.2007 (BGBl. I S. 3189) verschärft worden. Angemessen ist eine Erwerbstätigkeit, die der Ausbildung, den Fähigkeiten, einer früheren Erwerbstätigkeit, dem Lebensalter und dem Gesundheitszustand des geschiedenen Ehegatten entspricht, soweit eine solche Tätigkeit nicht nach den ehelichen Lebensverhältnissen unbillig wäre. Bei den ehelichen Lebensverhältnissen sind insbesondere die Dauer der Ehe sowie die Dauer der Pflege oder Erziehung eines gemeinschaftlichen Kindes zu berücksichtigen. Das Gewicht, das den ehelichen Lebensverhältnissen im Rahmen der Angemessenheitsprüfung beigemessen wird, hat sich im Vergleich zur früheren Rechtslage verringert. § 1574 Abs. 3 BGB verlangt vom geschiedenen Ehepartner, sich ausbilden, fortbilden oder umschulen zu lassen, soweit dies zur Aufnahme einer angemessenen Erwerbstätigkeit erforderlich ist und ein erfolgreicher Abschluss zu erwarten ist.

Die §§ 1570 ff. BGB normieren enumerativ und abschließend Unterhaltstatbestände, nach denen ein geschiedener Ehegatte Unterhalt verlangen kann. 27

Der **Betreuungsunterhalt** (§ 1570 BGB) war bis zum 31.12.2007 der praktisch wichtigste und häufigste Fall des nachehelichen Unterhalts. Anspruchsberechtigt ist unabhängig von der Frage alleiniger oder gemeinsamer elterlicher Sorge der Elternteil, bei dem sich das Kind dauernd aufhält und der die Last der täglichen Pflege und Erziehung hauptsächlich trägt. Das **frühere**, von der Rechtsprechung entwickelte **Altersphasenmodell** verneinte eine Erwerbsobliegenheit desjenigen Elternteils, bei dem das oder die gemeinsamen Kinder lebten, wenn das (einzige) zu betreuende Kind noch nicht acht Jahre alt war oder die 3. Grundschulklasse noch nicht erreicht hatte bzw. wenn von mehreren zu betreuenden Kindern das jüngste noch nicht 14 Jahre alt war. Eine teilweise Erwerbsobliegenheit wurde angenommen bei nur einem zu betreuenden Kind ab Beginn seines 3. Schuljahres bzw. im Alter von 9–15 Jahren. Bei nur einem zu betreuenden Kind wurde dem betreuenden Elternteil eine vollschichtige Erwerbstätigkeit zugemutet, sobald das Kind 15 oder 16 Jahre alt war. Bei alledem waren jedoch stets die Besonderheiten des Einzelfalles zu berücksichtigen, die insbesondere in der Person des Kindes (etwa Gesundheitszustand, Schulschwierigkeiten, Entwicklungsdefizite), aber auch in der Person des Betreuenden (etwa Alter, Gesundheit, Beschäftigungschancen, anderweitige Betreuungsmöglichkeiten) liegen konnten (Nachweise siehe 5. Auflage). 28

Die seit dem 1.1.2008 geltende aktuelle Rechtslage weicht davon erheblich ab, indem sie bei jüngeren Kindern deutlich strengere Anforderungen an einen Unterhaltsanspruch des betreuenden Elternteils stellt. § 1570 BGB enthält jetzt drei unterschiedliche Unterhaltstatbestände: Für die ersten 3 Lebensjahre wird Betreuungsbedürftigkeit des Kindes vermutet. Während dieser Zeit steht dem betreuenden Elternteil ein Unterhaltsanspruch zu (§ 1570 Abs. 1 S. 1 BGB; **Basisunterhalt**). Der Elternteil kann frei entscheiden, ob er das Kind selbst betreuen oder durch Dritte (in einer KiTa oder bei einer Tagespflegeperson) betreuen lassen möchte. Eine Erwerbsobliegenheit des betreuenden Elternteils besteht in dieser Zeit generell nicht. Ob im Anschluss daran eine Verlängerung des Unterhaltsanspruchs in Betracht kommt, ist immer anhand der individuellen Umstände zu prüfen. Hier ist der Unterhaltsanspruch die Ausnahme und die Erwerbsobliegenheit die Regel. In Frage kommen ein kindbezogener Billigkeitsanspruch (§ 1570 Abs. 1 S. 3 BGB) oder ein elternbezogener Billigkeitsanspruch (§ 1570 Abs. 2 BGB). Für den **kindbezogenen Billigkeitsanspruch** sind die Belange des Kindes und die 29 bestehenden Möglichkeiten der Kinderbetreuung zu berücksichtigen. Neben den institutionellen Betreuungseinrichtungen sind auch andere mit dem Kindeswohl vereinbare Möglichkeiten einer Drittbetreuung zu berücksichtigen; dazu zählt insbesondere die Betreuung durch den anderen Elternteil, wenn dieser eine Unterstützung bei der Kinderbetreuung anbietet. Der unterhaltsberechtigte Elternteil muss sich auf ein solches Angebot einlassen, sofern dem keine Gründe des Kindeswohls entgegenstehen (BGH 1.6.2011 – XII ZR 45/09, FamRZ 2011, 1209). Für den **elternbezogenen Billigkeitsunterhalt** zu berücksichtigen sind die Gestaltung der Kinderbetreuung und Erwerbstätigkeit in der Ehe sowie die Dauer der Ehe. Entscheidend dürfte sein, ob die während der Ehe von den Eheleuten gewählte Aufgabenteilung hinsichtlich Kindesbetreuung und Erwerbstätigkeit ein besonderes Vertrauen begründet hat, das auch für die Zeit nach der Scheidung geschützt werden soll. Legt der Unterhaltsberechtigte keine konkreten kind- oder elternbezogenen Gründe dar, entfällt ein Anspruch auf Betreuungsunterhalt mit Vollendung des dritten Lebensjahres des Kindes (OLG Koblenz 6.7.2011 – 7 UF 248/10). Die Regelung ist vor dem Hintergrund des gesellschaftlichen Wandels zu sehen. Die Möglichkeiten der Fremdbetreuung von Kindern haben – ungeachtet regionaler Unterschiede und bestehender Angebotslücken – ebenso wie deren Akzeptanz insgesamt stark zugenommen; die Ausübung jedenfalls einer Teilzeiterwerbstätigkeit neben der Kindererziehung ist heute vielfach Realität. Daher ist nun anstelle der schematisierenden Betrachtungsweise des früheren Altersphasenmodells stärker auf den konkreten Einzelfall und tatsächlich bestehende, verlässliche Möglichkeiten der Kinderbetreuung abzustellen. Soweit in Rechtsprechung und Literatur auch zu der seit dem 1.1.2008 geltenden Fassung des § 1570 BGB abweichende Auffassungen vertreten wurden, die an das frühere Altersphasenmodell anknüpften und eine Verlängerung des Betreuungsunterhalts allein vom Kindesalter abhängig machten, hat der BGH dies für nicht haltbar erklärt (BGH 18.3.2009 – XII ZR 74/08, BGHZ 180, 170). Der Basisunterhalt und der Billigkeitsanspruch sind zwar als Anspruch des Ehegatten ausgestaltet; es handelt sich aber gleichwohl um einen allein aus Gründen des Kindeswohls gewährten Anspruch, um dessen persönliche Erziehung und Pflege in den ersten Jahren sicherzustellen.

30 Ein Unterhaltsanspruch besteht auch, wenn einer der früheren Ehegatten aufgrund von **Krankheit oder Gebrechen nicht erwerbstätig** ist (§ 1572 BGB). Dabei muss die Krankheit oder das Gebrechen nach ständiger Rechtsprechung des BGH nicht ehebedingt sein (BGH 4.3.2004 – IX ZR 180/02, FamRZ 2004, 779).

31 Der Gesetzgeber geht zwar grundsätzlich von der Berufstätigkeit der Ehegatten aus und davon, dass jeder einen Arbeitsplatz erlangen kann, aber der andere Ehegatte muss das Risiko, dass der unterhaltsberechtigte Ehegatte keinen Arbeitsplatz findet, mittragen. Durch § 1573 **Abs. 1 BGB** wird dem Bedürftigen ein Anspruch auf **Unterhalt bis zur Erlangung angemessener Erwerbstätigkeit** eingeräumt. Der Anspruch besteht, solange und soweit er keine angemessene Erwerbstätigkeit „zu finden vermag". Vorausgesetzt ist das Unvermögen, mit zumutbarer Anstrengung die Gelegenheit zur Ausübung einer angemessenen Erwerbstätigkeit zu finden. Bei der Angemessenheit sind die Kriterien des § 1574 Abs. 2 BGB anzuwenden. Unterhaltsberechtigt ist auch der Ehegatte, der zwar eine angemessene Erwerbstätigkeit ausübt, dessen daraus erzielte Einkünfte aber nicht zum vollen Unterhalt im Sinne des § 1578 BGB ausreichen. In diesem Fall muss der Unterhaltsverpflichtete einen **Aufstockungsunterhalt** (§ 1573 **Abs. 2 BGB**) erbringen. Der Anspruch richtet sich auf den Unterschiedsbetrag zwischen den Einkünften des Berechtigten und dem vollen Unterhalt (zur Berechnung

Kap. 7). **§ 1573 Abs. 4 BGB** bezieht sich darauf, dass zwar eine Erwerbstätigkeit aufgenommen wurde, es aber anschließend zum **Verlust der angemessenen Erwerbstätigkeit** gekommen ist. Entscheidend ist hier, ob der Unterhalt durch die Erwerbstätigkeit nachhaltig gesichert war; trifft dies zu, so lebt der Anspruch gegen den früheren Ehegatten nicht mehr auf.

§ 1575 BGB gewährt **Anspruch auf Unterhalt bei Ausbildung, Fortbildung, Umschulung**. Der zentrale Grundsatz ist die Sicherung des Unterhalts durch eigene angemessene Erwerbstätigkeit; so ist es folgerichtig, dass für eine Ausbildung Unterhalt zu zahlen ist, wenn diese ehebedingt nicht aufgenommen oder abgebrochen wurde. Ziel der Ausbildung soll die Erlangung einer angemessenen Erwerbstätigkeit sein, die den Unterhalt nachhaltig sichert. Dies gilt nach § 1575 Abs. 2 BGB auch für Fortbildung und Umschulung. Der Ehegatte, der wegen der Ehe bezüglich seiner Ausbildung oder seiner beruflichen Karriere Opfer gebracht hat, kann nunmehr in Weiterverfolgung seiner Ausbildungs- und Karriereabsichten für diese Zeit Unterhalt verlangen. 32

Um in Fällen, die mit denen in §§ 1570–1575 BGB vergleichbar sind und in denen es grob unbillig wäre, dem geschiedenen Ehegatten keinen Unterhalt zu zahlen, eine gerechte Lösung zu schaffen, sieht **§ 1576 BGB** vor, dass **Unterhalt aus Billigkeitsgründen** verlangt werden kann. In der Praxis findet diese Vorschrift nur selten Anwendung. 33

> Beispiel: Die Ehegatten haben gemeinsam ein Pflegekind aufgenommen. Nach der Scheidung betreut die Frau das Kind. Hier besteht kein Unterhaltsanspruch nach § 1570 BGB, da es sich nicht um ein „gemeinschaftliches" Kind handelt, sondern es kommt Unterhalt aus Billigkeitsgründen in Frage (BGH 25.1.1984 – IVb ZR 28/82, NJW 1984, 1538).

Der Umfang des Unterhalts bestimmt sich nach den ehelichen Lebensverhältnissen, § 1578 Abs. 1 S. 1 BGB (zur Berechnung ausführlich Kap. 7). Die ehelichen Lebensverhältnisse werden unterhaltsrechtlich durch die Einkommensverhältnisse, aber auch durch den – aufgrund häuslicher Mitarbeit des nicht erwerbstätigen Ehegatten – erreichten sozialen Standard geprägt (zu der zwischen BGH und BVerfG stark umstrittenen Auslegung des § 1578 Abs. 1 S. 1 BGB [„wandelbare eheliche Lebensverhältnisse" und Dreiteilungsmethode]: BVerfG 25.1.2011 – 1 BvR 918/10, FamRZ 2011, 437). Zum 1.1.2008 sind die Bestimmungen über Begrenzung und Befristung des Unterhalts neu gefasst worden. Sie gelten nach **§ 1578b BGB** für alle Unterhaltstatbestände; Befristung und Begrenzung von Unterhaltsansprüchen sind erleichtert worden (Triebs FPR 2008, 31 ff.). Die Regelung führt in Fällen, in denen eine auf Dauer angelegte unbeschränkte Unterhaltspflicht unbillig wäre, zu einer Begrenzung der Anspruchshöhe sowie ggf. nach einer Übergangsfrist zum völligen Wegfall des Anspruchs. Dies betrifft insbesondere Fälle mit nicht ehebedingter Bedürftigkeit. Ein in der Ehe erreichter Lebensstandard ist keine unveränderliche Größe; mit der Zeit verringert sich der Bezug zu den gemeinsamen Leistungen der Ehegatten (Braeuer FamRZ 2006, 1489 ff.). Die erweiterte Möglichkeit zeitlicher und höhenmäßiger Beschränkungen entspricht der Tendenz zu einem Unterhaltsrecht, dem die Aufgabe zufallen soll, dem wirtschaftlich abhängigen Ehegatten für einen begrenzten Zeitraum den Schritt in die Eigenständigkeit zu erleichtern. Die nacheheliche Eigenverantwortung der berechtigten Person soll gestärkt, die verpflichtete Person entlastet und der Grundsatz der gleichen Teilhabe an dem während der Ehe gemeinsam Erwirtschafteten gewahrt werden (MüKoBGB/Maurer § 1578b Rn. 1). Als Reaktion auf eine oft rigide Rechtsprechung der Instanzgerichte zur Befristung und Begrenzung nachehelicher Unterhaltsansprüche hat der Gesetzgeber zum 1.3.2013 die Bestimmung des § 1578b BGB erneut geändert und bei 34 dieser Nachjustierung klargestellt, dass eine Beschränkung des Anspruchs auch bei Fehlen ehebedingter Nachteile nicht „automatisch" erfolgen dürfe (dazu: Borth FamRZ 2013, 165; Hütter FamRZ 2013, 413). Einen gänzlichen **Ausschluss** bzw. eine umfangmäßige oder zeitliche **Verkürzung** des Unterhaltsanspruchs sieht **§ 1579 BGB** vor, wenn die Unterhaltspflicht (auch unter Wahrung der Belange eines dem Berechtigten zur Pflege oder Erziehung anvertrauten gemeinschaftlichen Kindes) grob unbillig wäre. Diese negative Härteklausel (im Gegensatz zur positiven des § 1576) ist problematisch, weil die Gefahr besteht, dass Gründe, die zum Scheitern der Ehe geführt haben – und die seit der Abschaffung des Verschuldensprinzips im Scheidungsrecht keine Rolle mehr spielen sollen – hier einfließen. Der Gesetzgeber will jedoch auch in einem verschuldensunabhängigen Scheidungsrecht nicht völlig auf Billigkeitserwägungen verzichten, um dem Gerechtigkeitsempfinden grob widersprechende Ergebnisse im Unterhaltsrecht zu vermeiden, wenn der Berechtigte vom Unterhaltsverpflichteten nacheheliche Solidarität fordert, die er selbst vermissen lässt. Bei einigen Härtegründen des § 1579 BGB haben sich gewisse „Standards" herausgebildet.

35 Bei der in **Nummer 1** genannten kurzen Ehedauer lässt sich für die Bemessung der Ehedauer keine feste Grenze ziehen. Gleichwohl hat der BGH den Begriff dahin konkretisiert, dass eine nicht mehr als zwei Jahre betragende Ehedauer in der Regel als kurz, eine solche von mehr als drei Jahren hingegen nicht mehr als kurz zu bezeichnen ist, wobei es auf die Zeit von der Heirat bis zur Zustellung des Scheidungsantrags ankommt. Dabei gilt dies nur für den Regelfall; Ausnahmen sind nicht ausgeschlossen, sofern sie wegen besonderer Umstände eines Einzelfalles eine andere Beurteilung der kurzen Ehedauer geboten erscheinen lassen (BGH 30.3.2011 – XII ZR 3/09, NJW 2011, 1582).

36 Die durch das UÄndG eingeführte **Nummer 2** benennt den in der Praxis bedeutsamsten Härtegrund, die verfestigte Lebensgemeinschaft im Rahmen einer neuen Partnerschaft, als eigenständigen Ausschlustatbestand (Grohmann FamRZ 2013, 670; Schnitzler FPR 2008, 41 ff.). Entscheidend ist dabei, inwieweit eine sozio-ökonomische Gemeinschaft innerhalb der neuen Partnerschaft vorliegt. Darauf, ob ein gemeinsamer Haushalt geführt wird oder eine Mindestdauer des Zusammenlebens kommt es dagegen nicht an (MüKoBGB/Maurer § 1579 Rn. 33). Problematisch ist die **Nummer 7**. Hier werden „Ehewidrigkeiten" angesprochen, etwa Verstöße gegen die eheliche Treuepflicht, Abkehr von der Ehe gegen den Willen eines Partners und Aufnahme einer nichtehelichen Lebensgemeinschaft mit einer dritten Person, nachhaltiges, auf Dauer angelegtes intimes Verhältnis, sogenannte Abwendung von der Ehe, das Ausbrechen aus einer durchschnittlich verlaufenen Ehe, Unterschieben eines Kindes (BGH 15.2.2012 – XII ZR 137/09, FamRZ 2012, 779), Vereitelung des Umgangsrechts (OLG Brandenburg 12.1.2011 – 9 WF 383/09, FamRB 2011, 168) – die Schlagworte machen deutlich, dass es hier (im Gegensatz zu den Fällen der Nummer 1) um moralische, normative Wertungen geht.

37 Auch im nachehelichen Unterhalt gelten grundsätzlich die allgemeinen unterhaltsrechtlichen Voraussetzungen (vgl. Kap. 5), also insbesondere **Bedürftigkeit** der unterhaltsberechtigten und **Leistungsfähigkeit** der unterhaltsverpflichteten Person. Die Bedürftigkeit der Unterhaltsberechtigten ist detailliert in § 1577 BGB geregelt. Modifikationen gegenüber den allgemeinen Grundsätzen (Kap. 5) finden sich bei der Anrechnung eigener Einkünfte (Abs. 2) und der Verwertung eigenen Vermögens (Abs. 3). Bei der Anrechnung von Einkünften gilt der Grundsatz, dass Einkünfte aus einer angemessenen

Erwerbstätigkeit voll anzurechnen sind. § 1577 Abs. 2 BGB macht eine Ausnahme: Solange die verpflichtete Person nicht den vollen Unterhalt leistet, sind Einkünfte der berechtigten Person entweder überhaupt nicht oder nur nach Billigkeit auf den Unterhaltsbedarf anzurechnen.

> Der Hintergrund: Die Erwerbstätigkeit, die notwendig war, weil die unterhaltspflichtige Person den Unterhalt nicht rechtzeitig gezahlt hat, soll dieser in Anbetracht ihrer Säumigkeit nicht noch zum Vorteil gereichen. Eine Anrechnung nach Billigkeit findet nur dann statt, wenn die Einkünfte aus unzumutbarer Erwerbstätigkeit zusammen mit den Unterhaltseinkünften den vollen Unterhalt übersteigen; meistens erfolgt eine Anrechnung der übersteigenden Einkünfte zur Hälfte. Das gilt auch für aus unzumutbarer Erwerbstätigkeit erzieltes Einkommen trotz Kinderbetreuung: Auch hier findet eine Anrechnung nur nach Billigkeit gemäß § 1577 Abs. 2 S. 2 BGB statt (BGH 22.1.2003 – XII ZR 186/01, FamRZ 2003, 518); die Kriterien und Wertungen der §§ 1570 ff., 1574 Abs. 2 BGB sind auch hier heranzuziehen.

38 § 1577 Abs. 3 BGB begrenzt die Pflicht zur Vermögensverwertung bei Unwirtschaftlichkeit und Unbilligkeit. Unwirtschaftlich ist eine Verwertung, wenn die Auflösung des Vermögens zum konkreten Zeitpunkt mit wirtschaftlichen Nachteilen verbunden wäre (und damit langfristig die Bedürftigkeit der unterhaltsberechtigten Person erhöhen würde). Unter dem Gesichtspunkt der Billigkeit ist ein Ausgleich zwischen den beiden Eheleuten nötig: Zu berücksichtigen ist hier etwa, welches Vermögen die unterhaltsverpflichtete Person besitzt und woher das Vermögen stammt (z.B. Schenkung, Erbschaft; ausführlich zur Vermögensverwertung Viefhues FuR 2020, 550 ff.). **Die Leistungsfähigkeit der Unterhaltsverpflichteten** ist in § 1581 BGB angesprochen. Daraus ergibt sich, dass der unterhaltspflichtigen Person grundsätzlich der **angemessene Eigenbedarf** als Selbstbehalt zu verbleiben hat. Falls ein Mangelfall vorliegt (vgl. Kap. 7 Rn. 6 ff.), ist Unterhalt unter Billigkeitsgesichtspunkten zu gewähren. Im Ergebnis bedeutet dies, dass dem unterhaltsverpflichteten Ehegatten letztlich nur der **notwendige Eigenbedarf (Selbstbehalt)** verbleibt. Die Folge ist, dass die unterhaltsberechtigte Person (meist die Ehefrau) oft Sozialleistungen (Arbeitslosengeld II, Sozialgeld, Sozialhilfe) in Anspruch nehmen muss. Die **konkrete Berechnung und Festsetzung** (zu den Einzelheiten vgl. Kap. 7) des Ehegattenunterhalts geschieht in der Regel in der Weise, dass von dem zur Verfügung stehenden bereinigten Nettoeinkommen dem unterhaltsverpflichteten Ehegatten $4/7$ verbleiben, der unterhaltsberechtigte Ehegatte dementsprechend einen Anspruch auf $3/7$ hat (vgl. Kap. 7 Rn. 5).

3.2.2.2 Weitere Scheidungsfolgen

39 Neben der in der Praxis bedeutsamsten Scheidungsfolge, dem Unterhaltsrecht, können weitere Scheidungsfolgen eine Rolle spielen, und zwar in Bezug auf den Ehenamen, das Ehevermögen, die elterliche Sorge für die gemeinsamen Kinder, den Umgang mit den gemeinsamen Kindern, Ehewohnung und Haushaltsgegenstände sowie den Versorgungsausgleich:

- Grundsätzlich behalten die Eheleute gemäß **§ 1355 Abs. 5 BGB** den **Ehenamen**. Es kann jedoch wieder der ursprüngliche Geburtsname angenommen oder der Geburtsname zum Begleitnamen des Ehenamens bestimmt werden; diese Option ist nach § 1355 Abs. 5 BGB nicht zeitlich beschränkt.
- Bezüglich des **Vermögens** findet – bei gesetzlichem Güterstand der Zugewinngemeinschaft (vgl. Rn. 12) – auf Antrag eines Ehegatten der **Zugewinnausgleich** statt.

Bei Ende der Zugewinngemeinschaft durch Scheidung wird das der beiden Eheleute in der Ehe jeweils erworbene Vermögen miteinander verglichen. Ist der Zugewinn eines Ehegatten höher als der des anderen, so wird der Unterschied ausgeglichen (ausführlich §§ 1373–1390 BGB; zu Einzelheiten: Brudermüller NJW 2010, 401; Koch FamRZ 2011, 1261; FamRZ 2012, 1521; FamRZ 2013, 831). Da das gesamte eheliche Güterrecht zur **vertraglichen Disposition** der Ehegatten steht (**§ 1408 BGB**), haben sie die Möglichkeit, jederzeit vor und während der Ehe oder im Zusammenhang mit der Scheidung Vereinbarungen über den Zugewinnausgleich bis hin zum völligen Ausschluss zu treffen (vgl. Rn. 17).

- Hinsichtlich der **elterlichen Sorge** bei gemeinsamen Kindern gilt **§ 1671 BGB**. Auch hier besteht eine durch das Kindeswohl begrenzte Vereinbarungsmöglichkeit für die Ehegatten (im Einzelnen vgl. Kap. 10).

40 Es verbleibt der **Versorgungsausgleich**. Seine Bedeutung liegt darin, dass in vielen Ehen die Versorgungsanwartschaften (also v.a. Anrechte aus der gesetzlichen Rentenversicherung, aus der Beamtenversorgung, aus berufsständischen Versorgungen, aus der betrieblichen Altersversorgung oder aus der privaten Alters- oder Invaliditätsvorsorge; vgl. § 1587 BGB) die einzigen vermögenswerten Rechte sind, die während der Ehezeit entstanden sind. Von dem Grundgedanken her entspricht der Ausgleich der Versorgungsanwartschaften dem des Zugewinnausgleichs (zu den Prinzipien des Versorgungsausgleichs: Eichenhofer FamRZ 2011, 1630). Durch den Versorgungsausgleich soll eine gleichmäßige Beteiligung der Eheleute an den während der Ehe erworbenen Versorgungspositionen erreicht werden. Hier gilt in Bezug auf die **Privatautonomie** der Eheleute zunächst **§ 1408 Abs. 2 BGB** i.V.m. den **§§ 6 und 8 VersAusglG**: Danach kann durch notariellen Ehevertrag (§ 7 VersAusglG, § 1410 BGB) vor oder während der Ehe die Modifikation oder der völlige Ausschluss des **Versorgungsausgleichs** vorgenommen werden. Da der Versorgungsausgleich jedoch zum **Kernbereich des Scheidungsfolgenrechts** gehört, ist ein solcher Ausschluss nach der neueren Rechtsprechung des Bundesverfassungsgerichts und des BGH einer Wirksamkeitskontrolle und einer Ausübungskontrolle zu unterwerfen (ausführlich Rn. 25). Ist der Versorgungsausgleich nicht wirksam ausgeschlossen, muss das Familiengericht ihn auch ohne entsprechenden Antrag von Amts wegen durchführen (§ 137 Abs. 2 S. 2 FamFG). Die Durchführung des Versorgungsausgleichs ist hoch kompliziert und darf als eine Spezialmaterie gelten. Hier ein orientierender Überblick:

(1) Die **rechtlichen Grundlagen** für den Versorgungsausgleich finden sich seit dem 1.9.2009 im VersAusglG, auf das § 1587 BGB verweist.

(2) **Wertausgleich bei der Scheidung:** Im Versorgungsausgleich werden die verschiedenen Anrechte der Eheleute (z.B. aus gesetzlicher Rentenversicherung, aus betrieblicher Altersversorgung und aus privater Rentenversicherung) grundsätzlich systemintern ausgeglichen. Dabei sind die Ehezeitanteile der einzelnen Anrechte jeweils zur Hälfte zwischen den geschiedenen Ehegatten (zu eingetragenen Lebenspartnern siehe § 20 LPartG) zu teilen (§ 1 Abs. 1 VersAusglG). Welche Anrechte überhaupt dem Versorgungsausgleich unterfallen, bestimmt § 2 VersAusglG. Dies sind alle im In- oder Ausland bestehenden Anwartschaften auf Versorgungen und Ansprüche auf laufende Versorgungen, insbesondere aus der gesetzlichen Rentenversicherung, aus anderen Regelsicherungssystemen wie der Beamtenversorgung oder der berufsständischen Versorgung, aus der betrieblichen Altersversorgung oder aus der privaten Alters- oder Invaliditätsvorsorge. Dabei ist ein Anrecht nur auszugleichen, so-

3.2 Trennung und Scheidung

fern es durch Arbeit oder Vermögen geschaffen oder aufrechterhalten worden ist, der Absicherung im Alter oder bei Invalidität (insbesondere wegen verminderter Erwerbsfähigkeit, Berufsunfähigkeit oder Dienstunfähigkeit) dient und auf eine Rente gerichtet ist. In den Versorgungsausgleich einzubeziehen sind alle Anrechte, die in der Ehezeit erworben wurden (§ 3 Abs. 2 VersAusglG). Bei Ehen von bis zu drei Jahren findet ein Versorgungsausgleich nur statt, wenn ein Ehegatte dies beantragt (§ 3 Abs. 3 VersAusglG). Im familiengerichtlichen Verfahren haben die Versorgungsträger den Ehezeitanteil des jeweiligen Anrechts zu berechnen und dem Familiengericht einen Vorschlag für die Bestimmung des Ausgleichswerts zu unterbreiten (§ 5 VersAusglG). Die Regelausgleichsform ist die interne Teilung (§ 10 VersAusglG). Dies bedeutet, dass das Familiengericht für die ausgleichsberechtigte Person und zulasten des Anrechts des ausgleichspflichtigen Ehegatten ein Anrecht in Höhe des Ausgleichswerts bei dem Versorgungsträger des ausgleichspflichtigen Ehegatten überträgt. Haben beide Eheleute bei demselben Versorgungsträger auszugleichende Anrechte, vollzieht der Versorgungsträger den Ausgleich nur in Höhe des Wertunterschieds nach Verrechnung. Ausnahmsweise findet eine externe Teilung statt (zu den Einzelheiten § 14 VersAusglG). Eine Bagatellklausel enthält § 18 VersAusglG.

(3) Wenn ein Wertausgleich bei der Scheidung nicht möglich ist, findet der sogenannte **schuldrechtliche Versorgungsausgleich** (§§ 20 ff. VersAusglG) statt. Dies gilt bei allen Anrechten, die im Zeitpunkt der Scheidung nicht ausgleichsreif sind (§ 19 VersAusglG). Dazu gehören alle Anrechte bei ausländischen, zwischen- oder überstaatlichen Versorgungsträgern, die bei zunehmender Mobilität der Arbeitnehmer wirtschaftlich eine immer wichtigere Rolle bei der Versorgung spielen (Grandel/Stockmann/Hoenes SWK FamR, 2. Aufl. 2014, Schuldrechtlicher Versorgungsausgleich Rn. 1). Beim schuldrechtlichen Versorgungsausgleich findet nicht eine Übertragung von Anrechten beim Versorgungsträger statt; vielmehr begründet das Gesetz einen unmittelbaren Zahlungsanspruch der ausgleichsberechtigten gegen die ausgleichsverpflichtete Person. Über diese Ausgleichsansprüche nach der Scheidung entscheidet das Familiengericht nur auf Antrag (§ 223 FamFG). Voraussetzung für eine schuldrechtliche Rente ist, dass der Ausgleichspflichtige bereits eine laufende Rente oder eine Kapitalzahlung aus einem noch nicht ausgeglichenen Anrecht erhält (§§ 20, 22 VersAusglG). Der Anspruch ist erst fällig, wenn der ausgleichsberechtigte ehemalige Ehegatte entweder selbst bereits eine Rente bezieht oder die Regelaltersgrenze der gesetzlichen Rentenversicherung erreicht hat oder die gesundheitlichen Voraussetzungen für eine laufende Versorgung wegen Invalidität erfüllt (§ 20 Abs. 2 VersAusglG).

Zusammenfassend zeigt sich bezüglich der **Scheidungsfolgen**, dass die Möglichkeit besteht, nachehelichen Unterhalt, Zugewinnausgleich und Versorgungsausgleich auszuschließen. Damit wäre auch eine Vereinbarung, die eine der beteiligten Personen weitgehend rechtlos stellt, rechtlich zulässig. Eine Schranke wird dort gezogen, wo der Schutzzweck der gesetzlichen Regelung unterlaufen wird. Dies ist der Fall, wenn die vertragliche Regelung nicht „Ausdruck und Ergebnis" gleichberechtigter Lebenspartnerschaft ist, sondern eine auf ungleiche Verhandlungsposition basierende einseitige Dominanz einer Person widerspiegelt (BVerfG 6.2.2001 – 1 BvR 12/92, BVerfGE 103, 89 ff.) und so zu einer einseitigen und durch die individuelle Gestaltung der ehelichen Lebensverhältnisse nicht gerechtfertigten Lastenverteilung führt. Je tiefer die Kernbereiche des Scheidungsfolgenrechts durch den Vertrag betroffen sind, umso stärker ist die Vertragsfreiheit eingeschränkt (vgl. Rn. 25). Insgesamt kann festgestellt werden, dass die drei Ausgleichssysteme für den Fall der Scheidung – nachehelicher Unterhalt, Zugewinn- und Versorgungsausgleich – in den letzten Jahrzehnten trotz einzelner, teilweise wesentlicher Reformen grundsätzlich beibehalten und lediglich fortentwickelt wurden. Angesichts der zunehmenden Erwerbstätigkeit von Frauen, der steigenden Instabilität von Partnerschaften sowie der Zunahme anderer Paar- und Lebensformen wird von manchen die Frage aufgeworfen, ob das geltende Recht noch den Anforderungen an zeitgemäße Ausgleichsregelungen gerecht wird und – ganz grundlegend – was heute Ausgleichszahlungen nach Beendigung der Partnerschaft überhaupt rechtfertigt (zum Ganzen: Dethloff Beilage NJW Heft 21/2008, 5 ff.).

3.2.2.3 Hinweise zum Scheidungsverfahren

42 Das Scheidungsverfahren richtet sich nach den speziellen Vorschriften des FamFG für Ehesachen (§§ 121 ff. FamFG), zu denen die Scheidungssachen gehören (§ 121 Nr. 1 FamFG). Sachlich zuständig sind gemäß § 23a Abs. 1 Nr. 1 GVG die Amtsgerichte. Beim Amtsgericht sind gemäß § 23b Abs. 1 GVG die **Familiengerichte** – die besondere Abteilungen der Amtsgerichte sind – zuständig. Für die Verhandlung und Entscheidung über das Rechtsmittel der Beschwerde gegen Entscheidungen der Amtsgerichte in den von den Familiengerichten entschiedenen Sachen sind die Oberlandesgerichte – **Senat(e) für Familiensachen** – zuständig (§ 119 GVG).

§ 122 FamFG regelt die **örtliche Zuständigkeit**. Maßgeblich ist in erster Linie der Gerichtsbezirk, in dem ein Ehegatte mit allen gemeinschaftlichen minderjährigen Kindern seinen gewöhnlichen Aufenthalt hat (§ 122 Nr. 1 FamFG). Ist dieser Fall nicht gegeben, legt § 122 FamFG in Nr. 2 bis 7 eine Rangfolge fest, nach der sich für verschiedene Fallkonstellationen der zuständige Gerichtsbezirk ermitteln lässt. Greift keine der speziell geregelten Varianten, ist nach Nr. 7 das Amtsgericht Schöneberg in Berlin zuständig.

Das Scheidungsverfahren wird durch Einreichung einer **Antragsschrift** (§ 124 FamFG), die bestimmte Angaben und Erklärungen enthalten muss (§ 133 FamFG), eingeleitet. In Scheidungssachen – wie in allen Ehesachen und wie auch in den Familienstreitsachen – sind zahlreiche Vorschriften des Allgemeinen Teils (1. Buchs) des FamFG nicht anzuwenden, sondern statt ihrer die entsprechenden Vorschriften der ZPO (§ 113 Abs. 1 FamFG). Allerdings sind in diesen Fällen nicht die Streit und Konfrontation suggerierenden Begrifflichkeiten der ZPO (Prozess, Rechtsstreit, Klage, Kläger, Beklagter, Partei) zu übernehmen, sondern durch „friedlichere" Termini zu ersetzen (§ 113 Abs. 5 FamFG: Verfahren, Antrag, Antragsteller, Antragsgegner, Beteiligter).

Der Scheidungsantrag kann nur von einem Rechtsanwalt bzw. einer Rechtsanwältin eingereicht werden; das heißt, derjenige, der die Scheidung beantragt oder zu einer Scheidungsfolgesache einen Antrag stellen möchte, muss sich immer anwaltlich vertreten lassen – **Anwaltszwang** (§ 114 Abs. 1, Abs. 4 Nrn. 3-5, 7 FamFG). Ist in einer Scheidungssache der Antragsgegner nicht anwaltlich vertreten, hat das Gericht ihm für die Scheidungssache und eine Kindschaftssache als Folgesache von Amts wegen zur Wahrnehmung seiner Rechte (nur erstinstanzlich) einen Rechtsanwalt beizuordnen, wenn diese Maßnahme nach der freien Überzeugung des Gerichts zum Schutz des Beteiligten unabweisbar erscheint (§ 138 FamFG).

Im allgemeinen Zivilprozess gilt der sogenannte Beibringungsgrundsatz: Die Parteien sind selbst dafür verantwortlich, die rechtlich relevanten Tatsachen in das Verfahren einzubringen. Das Gericht ermittelt von sich aus im Zivilprozess nicht. Im Gegensatz dazu hat das Familiengericht im Scheidungsverfahren nach § 127 FamFG von Amts wegen die zur Feststellung der entscheidungserheblichen Tatsachen erforderlichen Ermittlungen durchzuführen, allerdings mit gewissen Einschränkungen (**eingeschränkte Amtsermittlung**): In Scheidungsverfahren dürfen von den Beteiligten nicht vorgebrachte Tatsachen nur berücksichtigt werden, wenn sie geeignet sind, der Aufrechterhaltung der Ehe zu dienen oder wenn der Antragsteller einer Berücksichtigung nicht widerspricht (§ 127 Abs. 2 FamFG). Das Gericht soll das **persönliche** Erscheinen der Ehegatten anordnen und sie anhören. Die **Anhörung** eines Ehegatten hat in Abwesenheit des anderen Ehegatten stattzufinden, falls dies zum Schutz des anzuhörenden Ehegatten erforderlich ist (§ 128 Abs. 1 FamFG). Nach § 135 FamFG kann das Familiengericht anordnen, dass die Ehegatten einzeln oder gemeinsam an einem kostenfreien Informationsgespräch über **Mediation** oder eine sonstige Möglichkeit außergerichtlicher Streitbeilegung anhängiger Folgesachen bei einer von dem Gericht benannten Person oder Stelle teilnehmen; diese Regelung ist allerdings nicht mit Zwangsmitteln durchsetzbar (zu Einzelheiten: Grabow FPR 2011, 33; Brandt/Rüll ZFE 2011, 217). Auch in Ehescheidungsverfahren haben Konzepte der einvernehmlichen Beilegung von Streitfragen, insbesondere die Mediation – gerichtlich oder außergerichtlich – in den letzten Jahren an Bedeutung gewonnen (zu den für Familiensachen beachtlichen Änderungen nach Inkrafttreten des Mediationsgesetzes am 26.7.2012: Zorn FamRZ 2012, 1265; vgl. auch Spangenberg/Spangenberg ZKM 2020, 93 ff.).

Über die Scheidung ist zusammen mit den **Folgesachen** im **Verbund** zu verhandeln und zu entscheiden (§ 137 FamFG). Folgesachen sind Versorgungsausgleichssachen, Unterhaltssachen – sofern sie die Unterhaltspflicht gegenüber einem gemeinschaftlichen Kind oder die durch Ehe begründete gesetzliche Unterhaltspflicht betreffen –, Wohnungszuweisungs- und Hausratssachen sowie Güterrechtssachen, wenn eine Entscheidung für den Fall der Scheidung zu treffen ist (§ 137 Abs. 2 FamFG). Kindschaftssachen, die die Übertragung oder Entziehung der elterlichen Sorge, das Umgangsrecht oder die Herausgabe eines Kindes betreffen, werden dann Folgesachen, wenn ein Ehegatte die Einbeziehung in den Verbund beantragt, es sei denn, das Gericht hält die Einbeziehung aus Gründen des Kindeswohls nicht für sachgerecht (§ 137 Abs. 3 FamFG). Die Abtrennungsmöglichkeiten sind in § 140 FamFG vorgesehen. Im Fall der Scheidung ist über sämtliche im Verbund stehenden Familiensachen durch einheitlichen **Beschluss** zu entscheiden (§ 142 FamFG). Dagegen ist das **Rechtsmittel** der **Beschwerde** gegeben (§§ 58, 117 FamFG). Über die Beschwerde entscheidet ein Familiensenat des Oberlandesgerichts.

3.2.2.4 Internationales Trennungs- und Scheidungsrecht

Die **internationale Zuständigkeit deutscher Gerichte für eine Scheidung,** die Trennung ohne Auflösung des Ehebandes und die Ungültigerklärung einer Ehe ergibt sich heute primär aus der **Brüssel IIa-VO,** die schon in ihrem Titel Bezug nimmt auf die Zuständigkeit für Entscheidungen in Ehesachen. Die Regelung betrifft nicht nur Unionsbürger – mit Ausnahme Dänemarks –, sondern alle in den Mitgliedstaaten mit gewöhnlichem Aufenthalt lebenden Personen, also auch Staatsangehörige von Drittstaaten (die nicht zur EU gehören) und Staatenlose. Die Zuständigkeit ist in Art. 3 ff. Brüssel IIa-VO geregelt. Nach Art. 3 Abs. 1 richtet sie sich primär nach dem **gewöhnlichen Aufenthalt der Eheleute.** Hiernach kann es durchaus so sein, dass ggf. verschiedene Gerichte zuständig sein können. Dann ergibt sich aus Art. 19 die Zuständigkeit des zuerst angerufenen Gerichtes. Für die wenigen Fälle, in denen sich danach eine Zuständigkeit deut-

43

scher Gerichte nicht ergibt, besteht ggf. nach Art. 7 eine sogenannte Restzuständigkeit nach deutschem Recht. Am 1. August 2022 tritt die Brüssel IIb-VO in Kraft.

44 Mit Geltung der sogenannten **Rom III-VO** ab dem 21.6.2012 hat sich das Scheidungskollisionsrecht grundlegend geändert. Das **auf die Scheidung anwendbare Recht** bestimmt sich nunmehr nach Art. 5, 8 und 9 Rom III-VO. In erster Linie ist danach ein von den Ehegatten gewähltes Recht anzuwenden; zum Formerfordernis der notariellen Beurkundung einer solchen Rechtswahl: Art. 7 Rom III-VO i.V.m. Art. 46e Abs. 2 EGBGB n.F. Haben die Eheleute keine oder keine wirksame Rechtswahl getroffen, ist 1) das Recht des Staates anzuwenden, in dem die Ehegatten zum Zeitpunkt der Anrufung des Gerichts ihren gewöhnlichen Aufenthalt haben, andernfalls 2) das Recht des Staates, in dem die Eheleute zuletzt ihren gewöhnlichen Aufenthalt hatten, sofern dieser nicht vor mehr als einem Jahr vor Anrufung des Gerichts endete und einer der Ehegatten zum Zeitpunkt der Anrufung des Gerichts dort noch seinen gewöhnlichen Aufenthalt hat, oder andernfalls 3) das Recht des Staates, dessen Staatsangehörigkeit beide Ehegatten zum Zeitpunkt der Anrufung des Gerichts besitzen, oder andernfalls 4) das Recht des Staates des angerufenen Gerichts.

45 Für **Privatscheidungen** findet die Rom III-VO nach der Rechtsprechung des EuGH keine (unmittelbare) Anwendung. Der deutsche Gesetzgeber hat sich deshalb nunmehr mit Art. 17 Abs. 2 EGBGB für eine analoge Anwendung der Rom III-VO entschieden. Privatscheidungen sind solche Scheidungen, die eine Ehe beenden, ohne dass bei dieser Beendigung eine staatlich Stelle konstitutiv beteiligt ist. Hierbei lassen sich zwei Grundtypen ausmachen: Scheidungen, die die Ehe und damit ihre Auflösung wie einen Vertrag behandeln (etwa in China, Japan, Frankreich), und Scheidungen, die nach religiösem Ritus und vor einer rein religiösen Autorität durchgeführt werden, die von der Rechtsordnung nicht mit staatlicher Autorität ausgestattet wurde. Hierzu zählen die Scheidung vor einem christlichen nicht-staatlichen Gericht, die talaq-Scheidung nach islamischem Ritus und die get-Scheidung des jüdischen Rechts (vgl. Gössl, in: Johannsen/Henrich/Althammer, Art. 17 EGBGB Rn. 7).

46 Im Inland kann eine **Ehe nur durch ein Gericht geschieden** werden (Art. 17 Abs. 3 EGBGB). Eine im Inland vollzogene Privatscheidung ist daher auch dann unwirksam, wenn sie den Voraussetzungen eines ausländischen Scheidungsstatuts genügt (zu Einzelheiten: Palandt/Thorn, Art. 17 EGBGB Rn. 6). Das gilt sowohl für die Scheidung durch ein geistliches Gericht als auch für die Scheidung durch Übergabe eines Scheidebriefes oder Scheidung vor dem Rabbiner, für die Scheidung durch Verstoßung (talaq) nach islamischem Recht oder für die Scheidung durch Abgabe und Registrierung der wechselseitigen Scheidungserklärungen in einer ausländischen diplomatischen oder konsularischen Vertretung. Im Inland ist die Privatscheidung erfolgt, wenn der konstitutive Scheidungsakt im Inland vorgenommen wurde (zu Einzelheiten: Gössl, in: Johannsen/Henrich/Althammer, Art. 17 EGBGB Rn. 15-17).

47 Die Frage, welches Recht im Falle eines internationalen Sachverhaltes (z.B. wenn die Eheleute unterschiedliche Staatsangehörigkeiten haben oder nach der Trennung in verschiedenen Staaten leben) auf die Trennungs- und Scheidungsfolgen anzuwenden ist, ist außerordentlich komplex und gilt als absolute Spezialmaterie. Je nach Folgesache sind unterschiedliche Rechtsquellen heranzuziehen, und dabei wiederum unterschiedliche Rechtsquellen für die Frage der internationalen Zuständigkeit einerseits und für die Frage nach dem anwendbaren Recht andererseits. Vereinfacht dargestellt gilt Folgendes:

- **Versorgungsausgleich:** Die internationale Zuständigkeit ergibt sich aus § 98 Abs. 3 und § 102 FamFG. Die Frage, welches Recht anwendbar ist, regelt Art. 17 Abs. 4 EGBGB.
- **Unterhaltsrecht:** Die internationale Zuständigkeit richtet sich im Wesentlichen nach den Bestimmungen der EuUntVO. Das internationale Unterhaltsprivatrecht ist weitgehend im HUntProt normiert. Zu unterscheiden ist weiter danach, ob es um Kindesunterhalt oder Ehegattenunterhalt geht.
- **Güterrecht:** Die internationale Zuständigkeit in Güterrechtssachen richtet sich in Verfahren seit dem 29.1.2019 hauptsächlich nach den Bestimmungen der EuGüVO. Das anwendbare Recht bestimmt sich für Ehen, die ab dem 29.1.2019 geschlossen wurden, ebenfalls nach der EuGüVO. Für vor diesem Stichtag geschlossene Ehen („Altehen") gilt weiterhin Art. 15 EGBGB a.F., der auf Art. 14 EGBGB a.F. verweist.
- **Ehewohnung:** Die Zuteilung von Ehewohnung und Haushaltsgegenständen fällt in den Anwendungsbereich der EuGüVO.
- **Gewaltschutz:** Betretungs-, Näherungs- und Kontaktverbote, die mit einer im Inland belegenen Ehewohnung zusammenhängen, unterliegen den deutschen Sachvorschriften (Art. 17a EGBGB).
- **Namensrecht:** Das Scheidungsstatut ist aus deutscher Sicht ohne Einfluss auf die Namensführung von Ehegatten nach der Scheidung. Es gilt die Regelung in Art. 10 EGBGB, wonach – falls die Eheleute keine Rechtswahl getroffen haben – auf das Heimatrecht eines jeden Ehegatten abzustellen ist.

Insgesamt und wiederum vereinfachend kann gesagt werden, dass die Rechtsentwicklung auf dem Gebiet der internationalen Zuständigkeit und des anwendbaren Rechts dahin geht, den Eheleuten eine Rechtswahl zu ermöglichen und – falls sie eine solche Rechtswahl nicht treffen – stärker auf den gewöhnlichen Aufenthalt als wie bisher auf die Staatsangehörigkeit abzustellen.

3.3 Die eingetragene Lebenspartnerschaft

Bis zum 30. September 2017 war eine Eheschließung nur zwischen einem Mann und einer Frau möglich. Für gleichgeschlechtliche Paare, die den Wunsch nach einer Institutionalisierung ihrer Partnerschaft hatten, kam nur eine eingetragene Lebenspartnerschaft nach dem **Gesetz über die eingetragene Lebenspartnerschaft (Lebenspartnerschaftsgesetz – LPartG)** in Frage. Das Gesetz trat nach jahrzehntelangen Diskussionen um die Stellung gleichgeschlechtlicher Partnerschaften und begleitet von heftigen Kontroversen am 1. August 2001 in Kraft. Mit dem Gesetz wurde das neue und eigenständige Rechtsinstitut der Lebenspartnerschaft eingeführt und damit dem Wunsch vieler gleichgeschlechtlicher Paare nach einer Institutionalisierung ihrer Partnerschaft entsprochen. Mit dem eigenständigen Rechtsinstitut der eingetragenen Lebensgemeinschaft wurde dem traditionellen Ehebild Rechnung getragen, mit dem eine Öffnung der Ehe für gleichgeschlechtliche Gemeinschaften nicht vereinbar gewesen wäre. Dies wurde hauptsächlich daraus abgeleitet, dass die Ehe im Grundsatz auf die Begründung einer Familie durch gemeinsame leibliche Kinder angelegt sei. Daher wurde sie lange Zeit mehrheitlich als Verbindung betrachtet, die nur zwischen einem Mann und einer Frau bestehen könne.

3. Partnerschaftsbeziehungen

49 Die Grundzüge der Lebenspartnerschaft waren im LPartG – zu einem großen Teil aufgrund von Entscheidungen des Bundesverfassungsgerichts, das mehrfach Regelungen aufgrund einer Ungleichbehandlung im Vergleich zur Ehe aufhob – **weitgehend parallel zu den Regelungen über die Ehe im BGB** gestaltet (zu den Einzelheiten vgl. Auflage 6; Kornmacher 2004; BVerfG 19.6.2012 – 2 BvR 1397/09, BVerfGE 131, 239 ff.; BVerfG 7.5.2013 – 2 BvR 909/06, BVerfGE 133, 377 ff.; BVerfG 7.7.2009 – 1 BvR 1164/07, BVerfGE 124, 199 ff.: BVerfG 19.6.2012 – 2 BvR 1397/09, BVerfGE 131, 239 ff.; BVerfG 11.12.2019 – 1 BvR 3087/14, FamRZ 2020, 244 ff., dazu Sartorius ZAP 2020, 417 ff.). Eine wesentliche Benachteiligung der Lebenspartnerschaften gegenüber der Ehe lag schließlich noch im Adoptionsrecht vor. Im Gegensatz zu Ehepartnern können Lebenspartner nach dem LPartG nicht gemeinsam ein Kind adoptieren. Dies ist nur nacheinander möglich (sog. **Sukzessivadoption**).

50 Mit dem Gesetz zur Einführung des Rechts auf Eheschließung für Personen gleichen Geschlechts vom 20.7.2017 (BGBl. I S. 2787; sog. „**Ehe für alle**") ist die Beschränkung der Ehe auf Partnerschaften zwischen Mann und Frau weggefallen. Die Ehe wird nun von zwei Personen verschiedenen oder gleichen Geschlechts auf Lebenszeit geschlossen (§ 1353 Abs. 1 BGB). Die Landesregierung Bayern, die ursprünglich mit einem Antrag beim Bundesverfassungsgericht gegen die Gesetzesänderung vorgehen wollte, rückte von ihrem Vorhaben ab, da ihr zwei eigens in Auftrag gegebene Gutachten geringe Erfolgsaussichten bescheinigten. Mit der Öffnung der Ehe für gleichgeschlechtliche Partnerschaften durch das Gesetz zur Einführung des Rechts auf Eheschließung für Personen gleichen Geschlechts hat das LPartG und damit die rechtliche Sonderstellung gleichgeschlechtlicher Paare seine Bedeutung weitgehend verloren. Allerdings sind noch **Anpassungen im Abstammungsrecht erforderlich**, da aktuell zwar der Ehemann der Frau, die ein Kind zur Welt bringt, automatisch Vater des Kindes ist (§ 1592 Nr. 1 BGB), die Ehefrau der Frau, die Mutter eines Kindes wird, jedoch nicht automatisch Elternteil des Kindes ist (dazu Kap. 4). Die Begründung neuer Lebenspartnerschaften ist seit Inkrafttreten der „Ehe für alle" am 1.10.2017 nicht mehr möglich. Bestehende Lebenspartnerschaften wurden allerdings nicht automatisch in Ehen umgewandelt. Dies setzt eine entsprechende Erklärung der Lebenspartner vor dem Standesbeamten voraus (§ 20a LPartG). Erfolgt keine Umwandlung in eine Ehe, bleibt die Lebenspartnerschaft bestehen und die Vorschriften des LPartG finden weiter Anwendung.

3.4 Die eheähnliche Gemeinschaft

51 Während die Bedeutung der Ehe während der letzten Jahrzehnte abgenommen hat, wie sich anhand gesunkener Zahlen von Eheschließungen und angestiegener Scheidungsraten erkennen lässt, ist die **Bedeutung der eheähnlichen Gemeinschaft** demgegenüber deutlich angestiegen.

3.4 Die eheähnliche Gemeinschaft

Tabelle 3: Eheähnliche Gemeinschaften

Jahr	Gesamt			ohne Kinder	mit Kindern
		BRD			
1972	-	137.000	-	111.000	25.000
1982	-	516.000	-	445.000	71.000
1990	-	963.000	-	856.000	107.000
	Deutschland	ABL*1	NBL*2		
2000	2.083.000	1.499.000	584.000	1.462.000	621.000
2005	2.417.000	1.755.000	642.000	1.647.000	770.000
2010	2.585.000	1.896.000	690.000	1.786.000	799.000
2015	2.930.000	2.163.000	766.000	1.981.000	949.000
2019	3.255.000	2.424.000	831.000	2.191.000	1.064.000

*1 alte Bundesländer ohne Berlin
*2 neue Bundesländer einschließlich Berlin
Quelle: Statistisches Bundesamt.

Ausdrückliche gesetzliche Regelungen der eheähnlichen Gemeinschaft sind nicht vorhanden (zu Regelungsvorschlägen Grziwotz/Wellenhofer FamRZ 2020, 1989 ff.). Sie würden wohl auch dem Charakter einer Gemeinschaft zuwiderlaufen, die in vielen Fällen gerade wegen ihrer weitgehenden rechtlichen Unverbindlichkeit gewählt wird. Eine **Definition** des Begriffs hat das Bundesverfassungsgericht vorgenommen. Danach handelt es sich um „eine Lebensgemeinschaft zwischen einem Mann und einer Frau, die auf Dauer angelegt ist, daneben keine weiteren Lebensgemeinschaften gleicher Art zulässt, und sich durch innere Bindungen auszeichnet, die ein gegenseitiges Einstehen der Partner füreinander begründet, also über die Beziehung in einer reinen Haushalts- und Wirtschaftsgemeinschaft hinausgehen" (BVerfG 17.11.1992 – 1 BvL 8/87, BVerfGE 87, 234, 264f.). Gemeinsames Wohnen und Wirtschaften ist also nicht ausreichend, sondern es muss eine **Verantwortungs- und Einstehensgemeinschaft** vorliegen. Da die Eheschließung seit 1.10.2017 auch zwischen Partnerinnen und Partnern gleichen Geschlechts möglich ist, umfasst der Begriff der eheähnlichen Gemeinschaft inzwischen auch gleichgeschlechtliche Paare (anstelle des früheren Begriffs der lebenspartnerschaftsähnlichen Gemeinschaft). Maßgeblich für die Rechtsbeziehungen zwischen den Partnern einer eheähnlichen Gemeinschaft (zu den Einzelheiten vgl. Fischer 2003; Grziwotz 2014) sind deren **individuelle Vereinbarungen**. Von ihnen hängt es z.B. ab, ob bzw. in welchem Umfang sich die Personen finanziell unterstützen, in welcher Weise gemeinsame Kinder versorgt und betreut werden, ob gemeinschaftliches Eigentum erworben wird, etc. In den wenigsten Fällen liegen schriftliche Vereinbarungen zur Regelung der Partnerschaft vor (zu entsprechenden Partnerschaftsverträgen vgl. Grziwotz 2014), sondern sie werden mündlich oder auch nur stillschweigend getroffen.

Im Rechtsverhältnis der eheähnlichen Gemeinschaft nach außen gibt es noch keine einheitliche Rechtsprechung dazu, ob der Partner als **Familienangehöriger** betrachtet wird. Der Partner einer eheähnlichen Gemeinschaft tritt inzwischen im Mietrecht gemäß § 563 Abs. 2 BGB als Person, die mit dem Mieter einen auf Dauer angelegten gemeinsamen Haushalt führt, nach dem Tode des anderen in dessen Mietvertrag ein. An zahlreichen Stellen fehlen demgegenüber Privilegierungen, die Ehepartnern zugebilligt werden. So haben Partner einer eheähnlichen Gemeinschaft in Gerichtsverfahren, die den anderen betreffen, kein Zeugnisverweigerungsrecht, sofern sie nicht miteinander verlobt sind (dazu Hochmayr/Ligocki ZIS 2019, 540 ff.). Andererseits werden auf eheähnliche Gemeinschaften in einigen Bereichen Regelungen angewandt, die ursprünglich für Ehepartner getroffen wurden. So werden bei der Prüfung eines Anspruchs auf **bedürftigkeitsabhängige Sozialleistungen** bei der Frage der Bedürftigkeit des Antragstellers auch **Einkommen und Vermögen des Partners mit angerechnet**, da eheähnliche Gemeinschaften hinsichtlich der Berücksichtigung von Einkommen und Vermögen des Partners nicht bessergestellt werden dürfen als Ehepaare (vgl. § 9 Abs. 2 i.V.m. § 7 Abs. 3 Nr. 3c SGB II, § 19 i.V.m. § 20 SGB XII). Diese Regelungen sind hochproblematisch, da sie zunächst die Klärung der Frage voraussetzen, ob überhaupt im Einzelfall eine eheähnliche Gemeinschaft vorliegt. Die vom Bundesverfassungsgericht getroffene Definition macht den Begriff abhängig von inneren Einstellungen und Motivationen, die den zuständigen Sozialleistungsbehörden nicht zugänglich sind. Der Gesetzgeber hat im Rahmen des SGB II versucht, das Problem zu lösen, indem in § 7 Abs. 3a SGB II bei Vorliegen bestimmter äußerer Indizien eine gesetzliche Vermutung für den wechselseitigen Willen, Verantwortung füreinander zu tragen und füreinander einzustehen, begründet wurde. Die Versuche, innere Bindungen anhand von äußeren Indizien zu überprüfen, bringen zwangsläufig gravierende Eingriffe in die Privatsphäre der beteiligten Personen mit sich. Zudem lässt sich die Ablehnung eines Sozialleistungsanspruchs unter Berufung auf Einkommen oder Vermögen des Partners einer eheähnlichen Gemeinschaft kaum rechtfertigen, da innerhalb der eheähnlichen Gemeinschaft keinerlei Anspruch auf Unterhalt oder sonstige Beteiligung an Vermögenswerten des Partners besteht. Während in der Ehe ein solcher Unterhaltsanspruch gegeben und erforderlichenfalls auch gerichtlich durchsetzbar ist, findet sich eine Person, die in einer eheähnlichen Gemeinschaft lebt, in beiden relevanten Rechtsbeziehungen rechtlos wieder: Ein Anspruch auf öffentlich-rechtliche Sozialleistungen steht ihr auf Grund der eheähnlichen Gemeinschaft nicht zu und innerhalb dieser Gemeinschaft kann sie ebenfalls keine Ansprüche geltend machen (vgl. Trenczek u.a. 2018, 523 ff.).

54 Die eheähnliche Gemeinschaft kann jederzeit **ohne sachliche oder formale Voraussetzungen** von einer der beiden Personen **beendet werden** – sicherlich in vielen Fällen ein Grund für die Wahl dieser Lebensform der Ehe gegenüber. Für das Ende der Gemeinschaft gelten in erster Linie die Vereinbarungen, die die Partner für diesen Fall getroffen haben. Wurden keine solchen Vereinbarungen getroffen, so bestehen zumeist weder Unterhaltsansprüche zwischen den Partnern, noch findet im Regelfall ein nachträglicher Ausgleich von Leistungen statt, die während der bestehenden eheähnlichen Gemeinschaft erbracht wurden. Hat also z. B. eine Person während der Beziehung den überwiegenden Teil des Lebensunterhalts bestritten, um die andere während der Ausbildung zu unterstützen und wurden keine Vereinbarungen über einen Ausgleich im Fall der Trennung getroffen, so kann sie nicht im Nachhinein Ersatz für die betreffenden Aufwendungen verlangen. Eine Ausnahme besteht allerdings, wenn innerhalb der eheähnlichen Gemeinschaft **Vermögenswerte geschaffen** wurden, die formal einem der beiden Partner zugeordnet sind. Hier wird von der Rechtsprechung – zunächst über gesellschaftsrechtliche Konstruktionen (vgl. BGH 25.9.1997 – II ZR 269/96, NJW 1997, 3371), seit 2008 auch aus ungerechtfertigter Bereicherung oder Wegfall der Geschäftsgrundlage (vgl. BGH 9.7.2008 – XII ZR 179/05, BGHZ 177, 193 ff.; 8.5.2013 – XII ZR 132/12, NJW 2013, 2187 ff.; vgl. auch Moes FamRZ 2016, 757 ff.) – ein **Ausgleich zwischen den Partnern** vorgenommen. Ein solcher Fall ist etwa gegeben,

3.4 Die eheähnliche Gemeinschaft

wenn unter Mitwirkung und finanziellem Einsatz beider Partner ein Haus gebaut oder eine sonstige Immobilie angeschafft wurde, für die im Grundbuch nur einer der Partner als Eigentümer eingetragen ist. Ein gesetzlicher **Unterhaltsanspruch** besteht nur, wenn ein **gemeinsames Kind** vorhanden ist. In diesem Fall hat der Vater des Kindes der Mutter für die Dauer von sechs Wochen vor und acht Wochen nach der Geburt des Kindes Unterhalt zu gewähren (vgl. § 1615l Abs. 1 BGB). Der Elternteil, der das Kind anschließend betreut, kann von dem anderen während der ersten drei Lebensjahre des Kindes Unterhalt verlangen. In Ausnahmefällen kann dieser Zeitraum verlängert werden (vgl. § 1615l Abs. 2 BGB).

> *Weiterführende Literatur*
> - Zum Internationalen Familienrecht: Niethammer-Jürgens/Erb-Klünemann 2019 (zur Einführung); Hausmann 2018 (umfangreiches Nachschlagewerk); Andrae 2019; Rauscher 2012
> - Zu Trennung und Scheidung: Gerhardt FamRZ 2013, 834 ff.; Spangenberg FamRZ 2011, 701; Wendl/Dose 2020; Eschenbruch/Schürmann/Menne 2013; Schwab/Ernst/Borth 2019
> - Zur eheähnlichen Gemeinschaft: Grandel/Stockmann/Gurk SWK FamR 2014 Nichteheliche Lebensgemeinschaft; Schwab FamRZ 2011, 1701 ff.; Brudermüller 2017; Grziwotz 2014
> - Zum Versorgungsausgleich: Götsche/Rehbein/Breuers 2018; Bachmann/Borth FamRZ 2020, 1609 ff.

4. Abstammung

4.1 Bedeutung und Funktion des Abstammungsrechts

1 Den – nach der Bürgerlichen Ehe – zweiten großen Abschnitt im Familienrecht widmet das BGB der Verwandtschaft. Die rechtliche Zuordnung der Kinder zu den Eltern, der Generationen zueinander überhaupt, geschieht über die Begriffe der Abstammung und der Verwandtschaft.

2 Die Rechtsordnung knüpft an die Verwandtschaft im Allgemeinen und an das Mutter-Kind-Verhältnis und das Vater-Kind-Verhältnis im Besonderen vielfältige Rechte und Pflichten. Das Abstammungsrecht regelt in der Art eines – wenn auch nicht so bezeichneten – Allgemeinen Teils die **rechtliche Eltern-Kind-Zuordnung** und die Bestandskraft dieser Zuordnung für eine ganz Reihe besonderer Rechtsgebiete. Das Abstammungsrecht definiert also einheitlich und vorweg den **Status** (wer ist Mutter, wer ist Vater eines Kindes?), auf den die Rechtsordnung sodann in den unterschiedlichsten Regelungszusammenhängen zurückgreift (Ernst NZFam 2018, 443).

3 Einige Beispiele für solche Regelungszusammenhänge, in denen die Rechtsordnung auf die Definitionen des Abstammungsrechts zurückgreift:

- im Personenstandsrecht (etwa § 21 PStG: „Eltern"),
- im Namensrecht (§ 1617 BGB: „Eltern", „Vater", „Mutter", „Kind"),
- im Sorge- und Umgangsrecht (§ 1626 BGB: „Eltern", „Kind"; § 1671 BGB: „Mutter", „Vater"),
- im Eheschließungsrecht (§ 1607 BGB: „Verwandte in gerader Linie", „Geschwister"),
- im Recht der religiösen Kindererziehung (§§ 1, 3 KErzG: „Eltern", „Kind", „Vater", „Mutter"),
- im Unterhaltsrecht (§§ 1601, 1589 BGB: „Verwandte in gerade Linie"; § 1615l BGB: "Vater", „Mutter"),
- im Erbrecht (§ 1924 BGB: „Abkömmling"; § 1924 BGB: „Eltern"),
- im Staatsangehörigkeitsrecht (§ 4 StAG: „Kind", „Elternteil"),
- im Recht der Zeugnis- und Aussageverweigerung (§§ 383 ZPO, 52 StPO, 118 SGG, 1589 BGB: „in gerader Linie verwandt"),
- im Steuerrecht (§§ 32 EStG, 1589 BGB: „im ersten Grad mit dem Steuerpflichtigen verwandte Kinder") und
- im Recht des Familiennachzugs (§ 28 Abs. 1 AufenthG: „Kind", „Elternteil").

4 „**Verwandtschaft**" und „**Schwägerschaft**" beruhen auf der Abstammung. Nach § 1589 BGB sind

- **verwandt in gerader Linie:** Personen, die unmittelbar voneinander abstammen (Großeltern, Mutter, Vater, Kinder) und
- **verwandt in der Seitenlinie:** Personen, die einen gemeinsamen Vorfahren haben, also von derselben dritten Person abstammen (Geschwister, Onkel, Nichte).

5 Für den Grad der Verwandtschaft ist die Zahl der die Verwandtschaft vermittelnden Geburten maßgebend. **Schwägerschaft** (§ 1590 BGB) ist die Beziehung zwischen einem Ehegatten und dem Verwandten des anderen Ehegatten; Linie und Grad der Schwägerschaft bestimmen sich nach Linie und Grad von Verwandtschaftslinie/-grad des Ehe-

4.1 Bedeutung und Funktion des Abstammungsrechts

gatten. Die Schwägerschaft besteht auch nach Auflösung (also insbesondere Scheidung) einer Ehe fort (§ 1590 Abs. 2 BGB). Um **Linie und Grad** der Verwandtschaft einer Person festzustellen, geht man von dieser aus und verfolgt die Abstammungslinie bis zu der anderen Person. Um Linie und Grad der Schwägerschaft einer Person zu ermitteln, geht man vom Ehegatten dieser Person aus und folgt den Abstammungslinien dieses Ehegatten zur anderen Person.

Schaubild 1: Verwandtschaftslinie und -grad

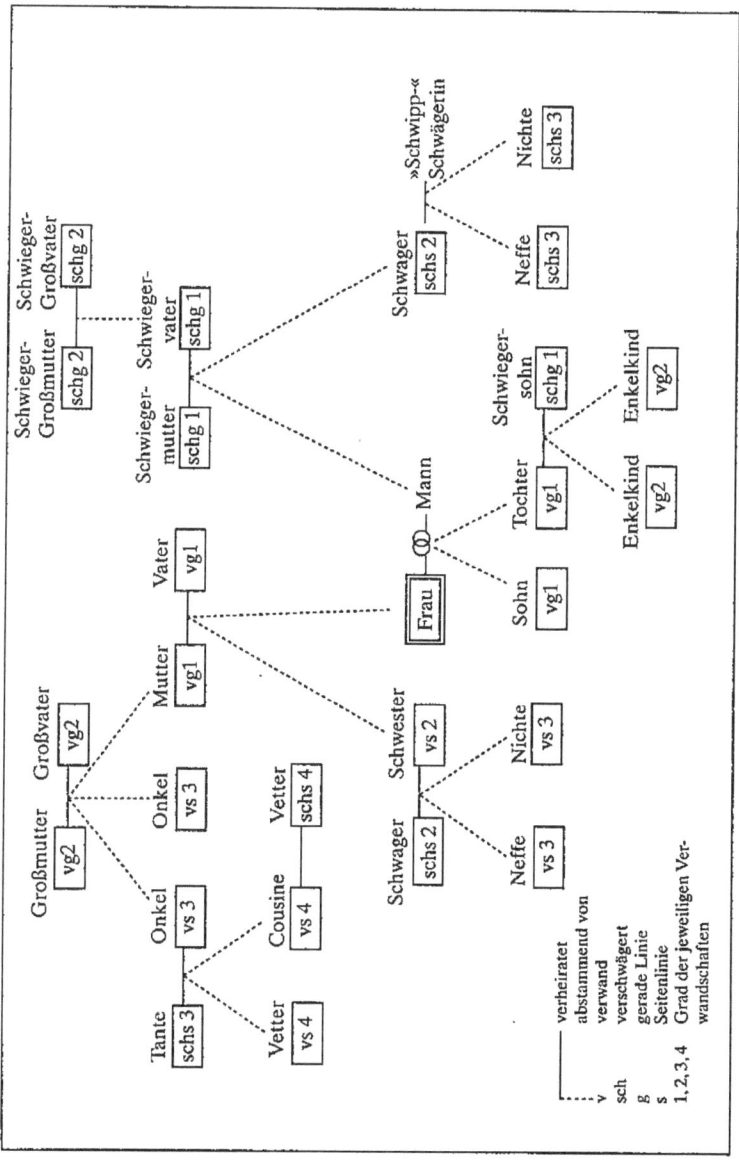

Quelle: Eigene Darstellung J. Münder

4. ABSTAMMUNG

7 Die **Abstammungsvorschriften der §§ 1591 bis 1600 e BGB** sind von zentraler Bedeutung. An die Abstammung knüpft die Verwandtschaft, an diese wiederum die Schwägerschaft an – insgesamt: eine in sich stimmige Regelung. Schaut man genauer hin, entstehen aber auch hier Fragen: Wie passen etwa die Vorschriften auf die Situation von Kindern, die während der Trennung oder des Scheidungsverfahrens der Eltern bzw. außerhalb einer bestehenden Ehe geboren werden? Wie passen die Vorschriften mit den Möglichkeiten der künstlichen Fortpflanzung (Kinderwunschbehandlung mit fremden Keimzellen: Samenspende, Eizellspende, Embryoadoption; Inanspruchnahme einer Leihmutter) zusammen? Und gibt die gesellschaftliche und rechtliche Anerkennung gleichgeschlechtlicher Partnerschaften, gibt die Einführung der „Ehe für alle" Anlass und Notwendigkeit, das Abstammungsrecht neu zu überdenken? (dazu unten 4.5.)

8 Von dem eben beschriebenen Grundsatz, dass das Abstammungsrecht die rechtliche Eltern-Kind-Zuordnung (den Status) regelt und die Rechtsordnung nur an diesen Status entsprechende Rechte knüpft, gibt es allerdings drei Ausnahmen. Zum einen enthält das geltende Recht unter der Titelüberschrift „Abstammung" in den §§ 1591 ff. BGB auch Regelungen, die nicht der Eltern-Kind-Zuordnung dienen, also nicht statusdefinierend, sondern statusunabhängig sind. So bezweckt § 1598a BGB die Klärung der leiblichen Abstammung ohne (unmittelbare) Auswirkung auf den Eltern-Kind-Status (Recht auf Kenntnis der eigenen Abstammung; dazu unten 4.4.). Zum zweiten gewährt die Rechtsordnung Rechte, die sonst typischerweise nur aus dem Eltern-Kind-Status folgen, ausnahmsweise auch solchen Personen, die nicht den Eltern-Status innehaben. Dabei knüpft das Gesetz entweder an die bloß genetische Verbindung an. Beispielsweise stehen gemäß § 1686a BGB unter dort näher genannten Voraussetzungen Auskunfts- und Umgangsrechte auch dem leiblichen Vater zu, der nicht der rechtliche Vater des Kindes ist (die leibliche Vaterschaft wird im Umgangs- oder Auskunftsverfahren inzident und ohne Statuswirkung festgestellt; § 167a Abs. 2 FamFG). Oder das Gesetz knüpft an einen formalisierten sozialen Tatbestand an, so in den §§ 1687b BGB, 9 LPartG: Sorgerechtliche Befugnisse des mit einem Elternteil zusammenlebenden Ehegatten, des mit dem Vater zusammenlebenden Lebenspartners oder der mit der Mutter zusammenlebenden Lebenspartnerin, der bzw. die selbst nicht Elternteil ist (Ernst NZ-Fam 2018, 443). Zum dritten enthält neben dem Abstammungsrecht auch das Adoptionsrecht Regeln über die Eltern-Kind-Zuordnung (siehe insbesondere § 1754 BGB).

> Bis zum 30.6.1998 unterschied das Gesetz beim Status zwischen ehelichen und nichtehelichen Kindern, zwischen ehelicher und nichtehelicher Abstammung. Als nichtehelich galten die Kinder, die nicht innerhalb einer bestehenden Ehe oder innerhalb von 302 Tagen nach Auflösung der Ehe geboren wurden oder deren Ehelichkeit mit Erfolg gerichtlich angefochten wurde. Außerhalb von Ehen wurde über die Jahrhunderte hinweg eine große Zahl von Kindern geboren, dies schon deswegen, weil es bis Mitte des 19. Jahrhunderts umfangreiche Heiratsverbote gab (vgl. oben 3,1,1)..Mit der außerehelichen Geburt war der Makel der Illegitimität verbunden (dazu eingehend: von Buske 2004). Deswegen war die (bevorstehende) Geburt eines Kindes häufig Anlass, die Ehe zu schließen. Seit dem 1.7.1998 spricht das Gesetz nicht mehr von „ehelichen" und „nichtehelichen" Kindern, auch nicht mehr von Anfechtung der „Ehelichkeit". Der Unterschied zwischen ehelicher und nichtehelicher Geburt ist heute personenstandsrechtlich sowie familien- und erbrechtlich ohne Bedeutung (Palandt/Siede Einf. vor § 1591 Rn. 1). An den wenigen Stellen des Gesetzes, an denen der Unterschied noch eine Rolle spielt, spricht das BGB von dem „Kind und seinen nicht miteinander verheirateten Eltern" (siehe die Überschrift vor § 1615a BGB).

4.2 Die Abstammungsregelungen im Einzelnen

4.2.1 Wer ist Mutter, wer ist Vater?

Anders als im naturwissenschaftlichen Sinn sind „Vaterschaft" und „Mutterschaft" als Rechtsbegriffe keine feststehenden, unabänderlichen Größen. Bei der Vater-Kind-Zuordnung ebenso wie bei der Mutter-Kind-Zuordnung geht es nicht um die bloße rechtliche Abbildung biologisch-genetischer Verhältnisse. Wollte das Recht immer, wenn es um „Mutter" und „Vater" geht, streng an die biologisch-genetischen Verhältnisse anknüpfen, bräuchte es überhaupt keine gesetzlichen Abstammungsregeln, also keine Regeln über die Eltern-Kind-Zuordnung. Dann wäre im Rechtsverkehr (also immer, wenn es darauf ankommt, ob jemand Mutter oder Vater eines Kindes ist) der genetische Nachweis stets erforderlich, aber auch ausreichend. Aus vielerlei Gründen hat der Gesetzgeber von einer solchen absoluten Relevanz der genetischen Verhältnisse abgesehen. Seit jeher ist die biologische „Wahrheit" für die rechtliche Definition der Vaterschaft lediglich einer unter mehreren determinierenden Faktoren. Hinzu kommen das Kindesinteresse an der Stabilität gelebter sozialer Bindungen, der Familienfrieden, gegenseitige gefühlsmäßige Bindungen, die Prinzipien der Statusklarheit und Statussicherheit und andere mehr (zum Ganzen historisch und rechtsvergleichend: Ernst 1993; unter dem Blickwinkel der Reformbedürftigkeit des geltenden Rechts: BMJV 2017, S. 23–30). Die Rede ist vom „Abstammungsrecht zwischen Solidarität und genetischer Wahrheit" (Heiderhoff FamRZ 2010, 8, 11).

4.2.1.1 Mutter

§ 1591 BGB bestimmt, wer **Mutter eines Kindes** ist, nämlich die Frau, die es geboren hat. Dies gilt gerade auch dann, wenn die Eizelle nicht von ihr stammt (etwa im Fall Leihmutterschaft), das Kind also genetisch nicht von ihr abstammt. Damit hat der Gesetzgeber eine (Teil-)Antwort auf die aus den Möglichkeiten der modernen Reproduktionsmedizin resultierenden Rechtsprobleme gegeben (vgl. ausführlicher unten 4.5.). Auch die Anonymität einer Geburt (etwa, wenn das Kind in eine „Babyklappe" gelegt wird; dazu unten 4.4.) ändert nichts daran, dass die Gebärende Mutter im Rechtssinne ist. Praktisch weitaus bedeutsamer ist jedoch die rechtliche Definition der Vaterschaft.

4.2.1.2 Vater

a) Ehemann der Mutter

Nach § 1592 Nr. 1 BGB ist **Vater des Kindes** der Mann, der zum Zeitpunkt der Geburt mit der Mutter verheiratet ist. Darauf, ob der Ehemann der Mutter das Kind tatsächlich gezeugt hat, kommt es nicht an. Dies schließt andere Männer aus; weder durch Anerkennung (vgl. § 1594 Abs. 2 BGB) noch durch gerichtliche Feststellung der Vaterschaft eines anderen Mannes (vgl. § 1600d Abs. 1 BGB) kann die Vaterschaft des mit der Mutter verheirateten Mannes ausgehebelt werden. Wenn ein Kind in einer bestehenden Ehe geboren wird, muss erst die rechtliche Vaterschaft des Ehemannes beseitigt werden, regelmäßig durch Anfechtung (vgl. unten 4.2.2.), ausnahmsweise durch die Sonderregelung des § 1599 Abs. 2 BGB (gleich im Folgenden), bevor ein anderer Mann rechtlich als Vater festgestellt werden kann. § 1593 BGB dehnt den „Zeitraum der Ehe" etwas aus und befasst sich mit dem Sonderfall, dass aufgrund einer neuen Eheschließung der Mutter das Kind theoretisch aus „zwei Ehen" stammen könnte. Ansonsten wird mit der Regelung des § 1592 Nr. 1 BGB für alle die Fälle, in denen die

Frau verheiratet ist, zunächst der Ehemann der Frau als rechtlicher Vater des Kindes formal bestimmt.

12   Eine gewisse Entschärfung der Problematik hinsichtlich der **während des Scheidungsverfahrens geborenen Kinder** bringt die pragmatische Regelung des § 1599 Abs. 2 BGB. Wenn Ehemann und Ehefrau voneinander getrennt leben, ihre Ehe aber noch nicht geschieden ist und die Ehefrau von einem anderen Mann ein Kind bekommt, so gilt nach § 1592 Nr. 1 BGB ja zunächst der Ehemann als Vater. Um hier die in aller Regel unzutreffende und nur durch ein gerichtliches Vaterschaftsanfechtungsverfahren zu beseitigende rechtliche Zuordnung zum bisherigen Ehemann der Mutter zu vermeiden, bestimmt § 1599 Abs. 2 BGB: Wird ein Kind nach Anhängigkeit eines Scheidungsantrags geboren, erkennt spätestens bis zum Ablauf eines Jahr nach Rechtskraft des Scheidungsurteils ein anderer Mann die Vaterschaft an und stimmen die Mutter und ihr bisheriger Ehemann diesem Anerkenntnis zu, wird das Kind (nach Rechtskraft der Ehescheidung) automatisch dem anerkennenden Mann statt dem bisherigen Ehemann zugeordnet, obwohl es noch während der Ehe geboren wurde (scheidungsakzessorischer Statuswechsel; BGH 27.3.2013 – XII ZB 71/12, MDR 2013, 656). Liegen diese speziellen Voraussetzungen des § 1599 Abs. 2 BGB allerdings nicht vor, so bleibt es bei der Notwendigkeit eines gerichtlichen Verfahrens der Anfechtung der rechtlichen Vaterschaft des Ehemanns und der dann anschließenden Anerkennung durch den anderen Mann (den mutmaßlichen biologischen Vater des Kindes und häufig neuen Partner der Mutter).

b) Freiwillige Anerkennung

13   Für den Fall, dass die Mutter bei der Geburt des Kindes nicht verheiratet ist, sieht **§ 1592 Nr. 2 BGB** für die Festlegung der Vaterschaft vor, dass die **Vaterschaft (freiwillig) anerkannt** werden kann. Diese Möglichkeit besteht auch dann, wenn die Vaterschaft des Ehemannes (der zunächst nach § 1592 Nr. 1 BGB als Vater gilt) durch die Anfechtung (s. unten 4.2.2.) rechtlich beseitigt wurde. Die Anerkennung bedarf der **Zustimmung** der Mutter (§ 1595 Abs. 1 BGB): Gegen den Willen der Mutter kann ihr für ihr Kind über den Weg der Anerkennung die Vaterschaft nicht aufgenötigt werden. Grundsätzlich bedarf die Anerkennung auch der Zustimmung des Kindes, wenn der Mutter jedoch die elterliche Sorge für das Kind zusteht, ist in der Zustimmung der Mutter sozusagen die Zustimmung des Kindes enthalten (§ 1595 Abs. 2 BGB). Wie bei der Festlegung der Vaterschaft nach § 1591 Nr. 1 BGB kommt es auch bei dem Anerkenntnis nicht darauf an, ob der anerkennende Mann der biologische Vater (Erzeuger) ist. Die Mutter und der anerkennende Mann müssen also nicht etwa einen Vaterschaftstest bei der beurkundenden Behörde vorlegen. Sowohl durch § 1591 Nr. 1 BGB, als auch durch § 1591 Nr. 2 BGB wird die **rechtliche Vaterschaft** festgelegt. Es ist deshalb durchaus möglich, dass – etwa im Zusammenwirken zwischen der Mutter und einem beliebigen Mann – ein bewusst unrichtiges Vaterschaftsanerkenntnis abgegeben wird (kritisch im Hinblick auf Art. 8 EMRK: Frank FamRZ 2021, 1081).

14   Diese voraussetzungsarme (Palandt/Siede § 1597a Rz. 1) Vaterschaftsanerkennung kann genutzt werden, um einem ausländischen Kind die deutsche Staatsangehörigkeit und seiner Mutter einen Aufenthalt in Deutschland zu verschaffen, was vielfach als Missbrauch der Vaterschaftsanerkennung verstanden wird. Um dies zu verhindern, hatte der Gesetzgeber zunächst den Behörden die Möglichkeit der Vaterschaftsanfechtung eingeräumt (§ 1600 Abs. 1 Nr. 5 a.F.). Diese Regelung hat das BVerfG für verfas-

4.2 Die Abstammungsregelungen im Einzelnen

sungswidrig und nichtig erklärt (BVerfG, 17.12.2013 – 1 BvL 6/10 – FamRZ 2014, 449–459 m. Anm. Helms). Daraufhin hat der Gesetzgeber (im Gesetz zur besseren Durchsetzung der Ausreisepflicht vom 20.7.2017, BGBl. I S. 2780) mit § 1597a BGB eine Verbotsnorm geschaffen. Nach Abs. 1 dieser Vorschrift darf die Vaterschaft nicht gezielt gerade zu dem Zweck anerkannt werden, um (beispielsweise durch Erwerb der deutschen Staatsangehörigkeit) die rechtlichen Voraussetzungen für die erlaubte Einreise oder den erlaubten Aufenthalt des Kindes, des Anerkennenden oder der Mutter zu schaffen (sog. missbräuchliche Anerkennung der Vaterschaft). Bestehen konkrete Anhaltspunkte für eine missbräuchliche Anerkennung der Vaterschaft (dazu hat der Gesetzgeber in Abs. 2 Satz 2 einen nicht abschließenden Katalog mit „Anzeichen" formuliert), hat die beurkundende Behörde oder die Urkundsperson (also etwa der Notar) dies der zuständigen Ausländerbehörde mitzuteilen und die Beurkundung auszusetzen, bis das verwaltungsrechtliche Prüfungsverfahren abgeschlossen ist.

Die §§ 1594 bis 1597 BGB enthalten weitere Vorschriften für die Anerkennung der Vaterschaft. Grundsätzlich sind Anerkennung und Zustimmung höchstpersönliche Erklärungen, die durch die jeweiligen Personen selbst vorzunehmen sind. Das gilt auch dann, wenn der anerkennende Mann oder die Mutter noch minderjährig (in ihrer Geschäftsfähigkeit beschränkt) sind, dann allerdings ist die Zustimmung des gesetzlichen Vertreters erforderlich (§ 1596 Abs. 1 BGB). Nur wenn sie geschäftsunfähig sind (§ 104 Nr. 1 BGB), werden sie durch den gesetzlichen Vertreter vertreten. Falls das Kind zustimmen muss (nach § 1595 Abs. 2 BGB nur dann, wenn es nicht unter der elterlichen Sorge der Mutter steht), kommt es auf das Alter des Kindes an: Über 14 kann es nur selbst zustimmen (mit Zustimmung des gesetzlichen Vertreters), darunter (oder bei Geschäftsunfähigkeit) stimmt der gesetzliche Vertreter zu (§ 1596 Abs. 2 BGB). Außerdem sind die Formerfordernisse des § 1597 BGB einzuhalten, wonach die öffentliche Beurkundung erforderlich ist. Diese Beurkundung können Notare (§ 20 BNotO), Standesämter (§ 44 PStG), Amtsgerichte (§ 62 Abs. 1 Nr. 1 BeurkG), in einem Erörterungstermin Familiengerichte (§ 180 FamFG) oder Jugendämter (§ 59 Abs. 1 S. 1 Nr. 1 SGB VIII) sowie – im Ausland – Konsularbeamte (§§ 2, 10 KonsG) vornehmen.

15

> Die freiwillige Anerkennung (ebenso wie die gerichtliche Feststellung der Vaterschaft – § 1600d BGB) hat ihre Hauptbedeutung bei Kindern, die außerhalb einer bestehenden Ehe geboren werden. Da es hier bisweilen komplizierte tatsächliche und rechtliche Fragen gibt, hat der Gesetzgeber (nach Streichung der Amtspflegschaft in den alten Bundesländern) die Unterstützungsmöglichkeit durch die Beistandschaft geschaffen (ausführlich unter Kap. 12.1.).

c) Gerichtliche Feststellung der Vaterschaft

Nach wie vor von Bedeutung, wenn auch in quantitativ deutlich geringerem Umfang als die Anerkennung, ist die **gerichtliche Feststellung** der Vaterschaft – **§ 1592 Nr. 3 BGB**. Sie ist in § 1600d BGB näher geregelt. Das Familiengericht stellt die Vaterschaft **auf Antrag** fest. Damit ist es bei einem außerhalb einer Ehe geborenen Kind möglich, dass dann, wenn die Mutter gar nicht will, dass der Erzeuger als Vater festgestellt wird, dieser durch entsprechenden Antrag zu einer Feststellung der Vaterschaft kommen kann.

16

Bei der gerichtlichen Feststellung der Vaterschaft arbeitet § 1600d Abs. 2 BGB mit einer Beweisvermutung: Als Vater wird der Mann vermutet, der der Mutter während der Empfängniszeit „beigewohnt", mit ihr geschlechtlich verkehrt hat. Angesichts der

17

medizinischen Fortschritte in der Vaterschaftsbegutachtung spielt diese Beweisvermutung nur noch eine untergeordnete Rolle, in der gerichtlichen Praxis erfolgt die Feststellung der Vaterschaft durch Einholung eines medizinischen Abstammungsgutachtens. Von fast ausschließlicher Bedeutung sind inzwischen die DNA-Gutachten.

Die **DNA-Analyse** ist ein genomisches Analyseverfahren, das genetische Aussagen auf statistischer Basis trifft und von hoher Genauigkeit ist (dazu BGH 24.10.1990 – XII ZR 92/89, NJW 1991, 751; BGH 12.1.1994 – XI ZR 155/92, NJW 1994, 749, 1348 f.), sodass es zunächst nur in Kombination mit anderen Gutachtenverfahren verwendet wurde. Wegen der hohen Genauigkeit und nicht zuletzt wegen der wesentlich geringeren Kosten ist die DNA-Analyse inzwischen das zentrale Analyseverfahren bei Vaterschaftsfeststellungen (zum Umfang der Erhebung weiterer Beweise, wenn ein biostatistisches Vaterschaftsgutachten zwar eine sehr hohe Wahrscheinlichkeit der Vaterschaft des Beklagten ergibt, dieser aber bestreitet, der Kindesmutter beigewohnt zu haben, sowie zur Methode biostatistischer Gutachten: BGH 3.5.2006 – XII ZR 195/03, FamRZ 2006, 1745 Wellenhofer 1749; zum „whole genome sequencing"-Verfahren: BVerfG 18.8.2010 – 1 BvR 811/09, FamRZ 2010, 1879 und Rittner FPR 2011, 372). Die Richtlinien der Gendiagnostik-Kommission (GEKO) beruhen auf dem allgemein anerkannten Stand der Wissenschaft und Technik. Sie sollen eine Umsetzung der gesetzlichen Vorgaben bahnen und erleichtern, den Anliegen des GenDG angemessen Rechnung zu tragen, können aber letztlich eine Entscheidung entsprechend den Umständen des jeweiligen Einzelfalles in ärztlicher Verantwortung nicht ersetzen. Sie enthalten insbesondere Anforderungen an die Durchführung genetischer Analysen zur Klärung der Abstammung und an die Qualifikation von ärztlichen und nichtärztlichen Sachverständigen (https://www.rki.de/DE/Content/Kommissionen/GendiagnostikKommission/Richtlinien/Richtlinien_node.html; letzter Abruf 2.9.2021).

18 In der Praxis wird bei außerhalb einer Ehe geborenen Kindern die Vaterschaft zum ganz überwiegenden Teil durch die freiwillige Anerkennung festgestellt, nur zu einem deutlich geringeren Teil wird sie durch gerichtliche Entscheidung festgestellt. Genaue Zahlen darüber haben wir allerdings nicht (mehr), da mit der Abschaffung des gesetzlichen Eintritts der Amtspflegschaft bei nichtehelich geborenen Kindern in den alten Bundesländern durch die Kindschaftsrechtsreform von 1998 auch die diesbezügliche Statistik eingestellt wurde.

Tabelle 4: Abstammung

Mutter verheiratet	Mutter nicht verheiratet
■ Ehemann ist grundsätzlich rechtlicher Vater: § 1592 Nr. 1 BGB	■ oder erfolgreiche Anfechtung der Vaterschaft bei miteinander verheirateten Eltern: §§ 1599 ff. BGB
■ es sei denn erfolgreiche Anfechtung der Vaterschaft: §§ 1599 ff. BGB	Feststellung der Vaterschaft durch:
■ Sonderfall: Trennungs-/Scheidungskinder: § 1599 Abs. 2 BGB	■ Anerkennung: §§ 1594 ff. BGB
	■ gerichtliche Feststellung: §§ 1600d ff. BGB

Quelle: Eigene Darstellung

4.2 Die Abstammungsregelungen im Einzelnen

4.2.2 Anfechtung der Vaterschaft

Die **Anfechtung der Vaterschaft** ist in den §§ 1600–1600 c BGB geregelt. Dass nach § 1600 Abs. 1 Nr. 1, 3, 4 BGB der Mann, der (nach § 1592 Nr. 1 und 2, § 1593 BGB) als **rechtlicher Vater** gilt, die **Mutter** und das **Kind** anfechten können, ist nicht verwunderlich, obwohl dies auch nicht immer so war. Zum 1.4.2004 wurde **§ 1600 Abs. 1 Nr. 2 BGB** eingeführt, wonach ein Mann, der an Eides statt versichert, der Mutter während der Empfängniszeit beigewohnt zu haben – und damit möglicherweise der **biologische Vater** zu sein – anfechten kann. Diese Bestimmung geht auf eine Entscheidung des Bundesverfassungsgerichts zurück (BVerfG 9.4.2003 – 1 BvR 1493/96, 1724/01), in der das Gericht ausgeführt hatte, dass § 1600 BGB mit Art. 6 Abs. 2 S. 2 GG insoweit unvereinbar ist, als dem (möglichen) biologischen Vater (also dem Mann, der die Vaterschaft beansprucht) selbst dann das Recht auf Anfechtung der rechtlichen Vaterschaft vorenthalten wird, wenn zwischen rechtlichem Vater und Kind gar keine soziale Familie besteht. Daraufhin hat der Gesetzgeber die jetzige Nr. 2 in § 1600 Abs. 1 BGB aufgenommen. Dieses Anfechtungsrecht ist jedoch gemäß Abs. 2 nur gegeben, wenn zwischen dem rechtlichen Vater und dem Kind keine **sozial-familiäre Beziehung** besteht (die in Abs. 3 definiert ist), und nur erfolgreich, wenn der anfechtende Mann tatsächlich leiblicher Vater des Kindes ist. Damit wird erreicht, dass das Kind auf jeden Fall einen (rechtlichen) Vater hat: Sei es, dass der bisherige rechtliche Vater Vater bleibt, sei es, dass der anfechtende Mann zum neuen (in diesem Fall dann zugleich rechtlichen und biologischen) Vater wird. Es verstößt nicht gegen Art. 8 EMRK, die Klagen leiblicher oder mutmaßlicher leiblicher Väter auf Anfechtung der Vaterschaft abzuweisen, insbesondere wenn zwischen dem Kind und dem rechtlichen Vater eine enge sozial-familiäre Bindung besteht (EGMR 22.3.2012, FamRZ 2012, 691; siehe auch Frank FamRZ 2021, 1081). Der BGH hat klargestellt, dass bei Bestehen einer sozial-familiären Beziehung zwischen Kind und rechtlichem Vater der Antrag des leiblichen Vaters auf Anfechtung der Vaterschaft stets unbegründet ist. Der BGH hat betont, dass das Zusammenleben in einem Haushalt keine Voraussetzung der sozial-familiären Beziehung ist. Die Übernahme tatsächlicher Verantwortung kann auch in anderer Form erfolgen, indem der rechtliche Vater etwa wesentliche Betreuungsleistungen für das Kind erbringt, ohne mit diesem dauerhaft in einem Haushalt zu leben Dass die Anfechtung dennoch möglich sein soll, wenn der leibliche Vater seinerseits eine sozial-familiäre Beziehung zu dem Kind hat und mit ihm in einer Familie zusammenlebt, lehnt der BGH unter Hinweis auf den eindeutigen Wortlaut der gesetzlichen Regelung ab (BGH 15.11.2017 – XII ZB 389/16, FamRZ 2018, 275). Allerdings hat das BVerfG jüngst entschieden, dass das Verfahren zur Erlangung der rechtlichen Vaterstellung hinreichend effektiv sein muss. Deshalb darf dem leiblichen Vater, der ein gerichtliches Vaterschaftsfeststellungsverfahren zu einem Zeitpunkt eingeleitet hat, zu dem die Voraussetzungen seiner Vaterschaftsfeststellung erfüllt sind, die Erlangung der Vaterstellung grundsätzlich nicht dadurch versperrt werden, dass ein anderer Mann während des laufenden Vaterschaftsfeststellungsverfahrens die Vaterschaft anerkennt (BVerfG 25.9.2018 – 1 BvR 2814/17, FamRZ 2019, 124).

Um auf die unklare Rechtslage zu reagieren, ob bei einer **künstlichen Befruchtung**, die mit Einwilligung des Ehemanns der Mutter durchgeführt wurde, dieser später seine Vaterschaft (im Falle einer heterologen Insemination) anfechten kann, hat der Gesetzgeber (mit Wirkung vom 12.4.2004) **§ 1600 Abs. 4 BGB** geschaffen: Damit ist klargestellt, dass die Anfechtung der Vaterschaft durch den Mann oder die Mutter dann, wenn mit Einwilligung des Mannes eine künstliche Befruchtung mittels Samenspende eines Dritten durchgeführt wurde, ausgeschlossen ist. Das Kind bleibt zur Anfechtung berechtigt.

Die Anfechtung ist eine höchstpersönliche Rechtshandlung, sodass grundsätzlich die Vertretung durch andere Personen ausgeschlossen ist (§ 1600a BGB), das gilt auch für den Fall der beschränkten Geschäftsfähigkeit des Vaters oder der Mutter, nur wenn sie geschäftsunfähig sind, kann ihr gesetzlicher Vertreter anfechten (im Einzelnen § 1600a Abs. 2 BGB). Für das geschäftsunfähige oder in der Geschäftsfähigkeit beschränkte Kind kann nach § 1600a Abs. 2 BGB nur der gesetzliche Vertreter anfechten. In allen Fällen, in denen die gesetzlichen Vertreter tätig sind, haben sie das Wohl des Vertretenen bei der Anfechtung zu beachten (§ 1600a Abs. 4 BGB).

22 Die Anfechtung muss **innerhalb von zwei Jahren**, nachdem der Anfechtungsberechtigte von den Umständen erfahren hat, die gegen die Vaterschaft sprechen, erfolgen (dazu anschaulich: BGH 29.3.2006 – XII ZR 207/03, FamRZ 2006, 771). Wenn der gesetzliche Vertreter eines minderjährigen Kindes die Vaterschaft nicht rechtzeitig angefochten hat, so besteht für das **Kind nach Eintritt der Volljährigkeit** nochmals die Möglichkeit der Anfechtung, wiederum mit einer zweijährigen Frist ab dem Zeitpunkt, ab dem das dann volljährige Kind von den Umständen erfährt, die gegen die Vaterschaft seines bisherigen rechtlichen Vaters sprechen (§ 1600b Abs. 3 BGB). Die Anfechtungsfrist dient der Rechtssicherheit, dem Rechtsfrieden und der Bestandskraft des Kindschaftsstatus (OLG Karlsruhe 30.10.2012 – 2 UF 222/12, FamRZ 2013, 555). Die Fristen sind Ausschlussfristen, sodass selbst dann, wenn die biologische Vaterschaft eines anfechtenden Vaters ausgeschlossen ist, er als Vater gilt, wenn er die maßgeblichen Fristen versäumt hat (OLG Brandenburg 10.5.2001 – 15 UF 95/00, FamRZ 2001, 1630f.).

4.3 Verfahrensrecht

23 Das Abstammungsverfahren ist in den §§ 169–185 FamFG geregelt. Abstammungssachen sind nicht nur Verfahren auf Feststellung oder Anfechtung der Vaterschaft, sondern insbesondere auch Verfahren zur Klärung der Abstammung unabhängig vom Statusverfahren gemäß § 1598a BGB. Das Verfahren wird durch einen Antrag eingeleitet; in diesem sollen das Verfahrensziel und die betroffenen Personen benannt werden. Außerdem sollen rechtlicher Vater, potenzieller biologischer Vater (also der Mann, der die Vaterschaft für sich beansprucht), Mutter und Kind – wenn sie einen Vaterschaftsanfechtungsantrag stellen – die Umstände, die gegen die Vaterschaft sprechen, sowie den Zeitpunkt, in dem ihnen diese Umstände bekannt wurden, angeben. An dem Verfahren zu beteiligen sind Kind, Mutter und rechtlicher Vater. Einen Antragsgegner kennt das Abstammungsverfahren nicht mehr (einseitiges Antragsverfahren). Das Familiengericht hat dem minderjährigen Beteiligten einen Verfahrensbeistand zu bestellen, soweit dies zur Wahrnehmung von dessen Interessen erforderlich ist. Das Jugendamt soll im Verfahren in Abstammungssachen angehört werden, wenn der Vaterschaftsprätendent (also der Mann, der die Vaterschaft beansprucht, § 1600 Abs. 1 Nr. 2 BGB) oder der gesetzliche Vertreter des Kindes (gemäß § 1600 Abs. 1 Nr. 4 BGB) die Vaterschaft anficht; in diesen Fällen ist das Jugendamt auf seinen Antrag förmlich am Verfahren zu beteiligen. Im Übrigen kann das Jugendamt angehört werden, wenn ein Beteiligter minderjährig ist. Mit dem Antrag auf Vaterschaftsanfechtung (§ 171 Abs. 2 S. 2 FamFG) ist nach der Rechtsprechung des BGH für die Schlüssigkeit des Anfechtungsantrags ein **begründeter Anfangsverdacht** dafür vorzutragen, dass die rechtliche Vater-

schaft mit der biologischen Vaterschaft nicht übereinstimmt (BGH 29.3.2006 – XII ZR 207/03, FamRZ 2006, 771; ausführlich Heiderhoff/Schekahn FPR 2011, 360, 363ff.). Wenn ein hinreichender Anfangsverdacht vorliegt, kommt es zum gerichtlichen Verfahren, und in diesem selbst wird die Vaterschaft durch Abstammungsgutachten festgestellt, die inzwischen mit der DNA-Analyse zu sehr genauen und rechtlich anerkannten Ergebnissen kommen. Ein heimlich eingeholter DNA-Vaterschaftsnachweis reicht für den Anfangsverdacht nicht aus. weil es sich dabei um ein in rechtswidriger Weise erlangtes Mittel, das aus dem verfassungsrechtlich geschützten allgemeinen Persönlichkeitsrecht heraus einem Beweisverwertungsverbot unterliegt, handelt (BGH 12.1.2005 – XII ZR 227/03, BGHZ 162, 1; inhaltsgleich mit BGH 12.1.2005 – XII ZR 60/03; Knoche FuR 2005, 348). Diese Rechtsprechung des BGH ist mit dem GG vereinbar (BVerfG 13.2.2007 – 1 BvR 421/05, FamRZ 2007, 441). Eine Verletzung von Art. 2 Abs. 1 Art. 1 Abs. 1 GG stellte es nach dieser Entscheidung des BVerfG dagegen dar, dass das Gesetz bislang kein rechtsförmiges Verfahren bereitgestellt hatte, in dem die Verwirklichung des Grundrechts auf Kenntnis der Abstammung eines Kindes von seinem rechtlichen Vater statusunabhängig ermöglicht wird.

4.4 Recht auf Kenntnis der Abstammung

Unter dem bis zum 30.6.1998 geltenden Recht konnten eheliche Kinder die Vaterschaft des Ehemannes der Mutter regelmäßig nur dann anfechten, wenn die Ehe der Eltern gescheitert war; bestand die Ehe weiter, konnte das eheliche Kind deshalb grundsätzlich keine Kenntnis seiner biologischen Abstammung erlangen. Die Tatsache, dass das Kind deswegen außerhalb der gesetzlichen Anfechtungstatbestände die gerichtliche Klärung seiner Abstammung nicht erreichen konnte, hat das Bundesverfassungsgericht als nicht mit Art. 1 und Art. 2 GG vereinbar und daher verfassungswidrig angesehen (BVerfG 31.1.1989 – 1 BvL 17/87, BVerfGE 79, 256 ff.; BVerfG 26.4.1994 – 1 BvR 1299/89, 1 BvL 6/90, BVerfGE 90, 263) und den Gesetzgeber aufgefordert, eine Regelung zu treffen, die das Recht auf Kenntnis der Abstammung realisiert.

Mit den §§ 1600 Abs. 1 Nr. 4, 1600b Abs. 3 BGB ist das **Recht auf Kenntnis der Abstammung** jedenfalls teilweise umgesetzt, denn nun können Kinder nach Volljährigkeit auch dann, wenn ihre gesetzlichen Vertreter während ihrer Minderjährigkeit die Vaterschaft nicht angefochten haben, dies selbst tun. Ein eigenständiges Recht auf Kenntnis der Abstammung unabhängig von der statusändernden Anfechtung der bestehenden Vaterschaft hat der Gesetzgeber mit der Reform von 1998 allerdings (noch) nicht geschaffen (so auch BGH 6.12.2006 – XII ZR 164/04, FamRZ 2007, 538), sondern dieses „Recht auf Kenntnis der Abstammung" nur über den „Umweg" der Anfechtung der Vaterschaft eingeräumt. Bei der Realisierung des Rechts auf Kenntnis der Abstammung stellt sich auch die Frage, ob das **Kind von seiner Mutter Auskunft** über den oder die in Frage kommenden biologischen Väter verlangen kann – von Bedeutung ist dies vor allem bei außerhalb einer Ehe geborenen Kindern. Ort der Klärung dieses Rechtsproblems ist § 1618a BGB mit der Benennung der gegenseitigen Pflicht zur Beistandschaft und Rücksichtnahme. Das Recht des Kindes auf Kenntnis der eigenen Abstammung ist ein wichtiger Gesichtspunkt im Zusammenhang der Diskussion über die Rechtmäßigkeit von „Babyklappen" und medizinisch assistierten „anonymen Geburten". Um schwangeren Frauen, die Angst vor einer Entbindung bei gleichzeitiger Preisgabe ihres Namens haben, besser zu helfen, hat der Gesetzgeber die „vertrauliche Geburt" im Schwangerschaftskonfliktgesetz besonders gesetzlich geregelt (Gesetz zum

Ausbau der Hilfen für Schwangere und zur Regelung der vertraulichen Geburt; siehe BT-Drs. 17/12814 und 17/13062 sowie die Stellungnahmen in ZKJ 2013, 71 ff.; NDV 2013, 12 ff.). Nach der Rechtsprechung des EGMR verstößt eine gesetzliche Regelung, die es einem Kind, das von seiner Mutter anonym zur Welt gebracht worden ist, unmöglich macht, jemals etwas über seine leiblichen Eltern zu erfahren, die also das Interesse der Mutter, anonym zu bleiben, höher einstuft als das Recht des Kindes auf Kenntnis seiner Abstammung, gegen Art. 8 EMRK (EGMR 25.9.2012, FamRZ 2012, 1935).

26 Auf die Verfassungsbeschwerde eines Vaters, dem eine Vaterschaftsanfechtungsklage verwehrt war, weil sein heimlich eingeholtes DNA-Gutachten den erforderlichen Anfangsverdacht nicht begründen konnte, hat das BVerfG dem Gesetzgeber aufgegeben, einen Verfahrensweg zu eröffnen, der dem Recht auf Kenntnis und Feststellung der Abstammung aus Art. 2 Abs. 1, Art. 1 Abs. 1 GG zur Verwirklichung verhilft, und zwar ohne dies zwingend mit einem Anfechtungsverfahren verbinden zu müssen (BVerfG 13.2.2007 – 1 BvR 421/05, FamRZ 2007, 441; Balthasar 448). Der Gesetzgeber hat in Umsetzung dieses Verfassungsauftrags das Gesetz zur Klärung der Vaterschaft unabhängig vom Anfechtungsverfahren erlassen. Der mit diesem Gesetz eingeführte § 1598a BGB sieht vor, dass zur Klärung der leiblichen Abstammung des Kindes der Vater jeweils von Mutter und Kind, die Mutter jeweils von Vater und Kind sowie das Kind jeweils von beiden Elternteilen verlangen können, dass diese **in eine genetische Abstammungsuntersuchung einwilligen** und die **Entnahme einer für die Untersuchung geeigneten genetischen Probe dulden**. Auf Antrag eines Klärungsberechtigten hat das Familiengericht eine nicht erteilte Einwilligung zu ersetzen und die Duldung einer Probeentnahme anzuordnen. Das Familiengericht setzt allerdings das Verfahren aus, wenn und solange die Klärung der leiblichen Abstammung eine erhebliche Beeinträchtigung des Wohls des minderjährigen Kindes begründen würde, die auch unter Berücksichtigung der Belange des Klärungsberechtigten für das Kind unzumutbar wäre (zum Verfahren: Helms FamRZ 2008, 1033 ff.). Zur Frage, ob der neu geschaffene Anspruch auf Abstammungsklärung und anschließender Vaterschaftsanfechtung dem Familienwohl förderlich ist, aus medizinischer, familiendynamischer Sicht: Klosinski FPR 2007, 385 ff.

4.5 Neue Familienformen und Reproduktionsmedizin: Geltendes Recht und Reformbedarf

27 Die wissenschaftlich-technischen Fortschritte der Medizin haben die natürlichen Zusammenhänge von Zeugung und Empfängnis veränderbar gemacht (zu einer Darstellung der verschiedenen Verfahren der künstlichen Befruchtung sowie der rechtlichen Zulässigkeit der künstlichen Befruchtung ausführlich: Dethloff § 10 Rn. 72–78). Dadurch können die im Abstammungsrecht miteinander verbundenen Aspekte des Geschlechtsverkehrs (Beiwohnung), der Zeugung, der Empfängnis und der Geburt in unterschiedlicher Kombination auftreten. Hinzu kommt, dass die zuletzt verbesserte gesellschaftliche Akzeptanz gleichgeschlechtlicher Beziehungen sowie die Einführung der eingetragenen Lebenspartnerschaft und schließlich die Öffnung der Ehe (§ 1353 Abs. 1 Satz 1 i.d.F. des Gesetzes vom 30.6.2017, BGBl I S. 2787; „Ehe für alle"; s. oben Kap. 3.) faktisch neue Familienformen mit sich gebracht haben („Regenbogenfamilien", „Co-Parenting", „soziale Elternschaft", „Mehrelternfamilien"). In diesem Zusammenhang stellt sich die Frage, wie der Gesetzgeber diese neuen Familienkonstellationen ab-

4.5 Neue Familienformen und Reproduktionsmedizin: Geltendes Recht und Reformbedarf

bilden bzw. regeln soll, um den Interessen von Kindern und Eltern gerecht zu werden. Zu diesem Themenkomplex hat eine vom BMJV eingesetzte Expertenkommission im Jahr 2017 „Empfehlungen für die Reform des Abstammungsrechts"[1] und das BMJV im März 2019 einen Diskussionsteilentwurf vorgelegt.[2]

Einstweilen hat der BGH entschieden, dass die Ehefrau der ein Kind gebärenden Frau weder in direkter noch in entsprechender Anwendung des § 1592 Nr. 1 BGB Mit-Elternteil des Kindes wird (BGH, 10.10.2018 – XII ZB 231/18, FamRZ 2018, 1919). Die direkte Anwendung des § 1592 Nr. 1 BGB komme hier bereits deshalb nicht in Betracht, weil die Norm nach ihrem klaren Wortlaut allein die Vaterschaft regelt und diese einem bestimmten Mann zuweist. Für eine Auslegung gegen diesen Wortlaut sei kein Raum. Allerdings liegen dem BVerfG die Vorlagen (gemäß Art. 100 Abs. 1 GG) zweier Oberlandesgerichte vor, die es für verfassungswidrig halten, dass der Gesetzgeber es unterlässt, einem durch eine ärztlich unterstützte künstliche Befruchtung im Sinne des § 1600d Abs. 4 BGB gezeugten und in der gleichgeschlechtlichen Ehe der Mutter geborenen Kind die Ehefrau der Mutter kraft Gesetzes als Elternteil zuzuordnen, während das Gesetz in § 1592 Nr. 1 BGB einem auf gleiche Weise gezeugten Kind, das in der verschiedengeschlechtlichen Ehe der Mutter geboren wird, den Ehemann der Mutter kraft Gesetzes als Elternteil zuordnet (KG, 24.3.2021 – 3 UF 1122/20, FamRZ 2021, 854; OLG Celle, 24.3.2021 – 21 UF 146/20, FamRZ 2021, 862).

28

Ausdrücklich nicht vom Auftrag des BMJV-Arbeitskreises umfasst (und auch nicht Gegenstand des Diskussionsteilentwurfs) war die Frage der rechtlichen Zulässigkeit bestimmter nach geltendem Recht nicht erlaubter Fortpflanzungsmethoden, etwa der Leihmutterschaft oder der Eizellspende. Mit Teilaspekten dieser Thematik hat sich der Gesetzgeber zuletzt vor knapp 30 Jahren im **Embryonenschutzgesetz (ESchG)** befasst. Nach § 4 ESchG ist die künstliche Befruchtung nicht verboten, wenn die beteiligte Frau und der Samenspender einwilligen. Die Samenspende kann sowohl vom Ehemann stammen (**homologe Insemination**), als auch von einem anderen Mann (**heterologe Insemination**). Die heterologe Insemination darf von dem Arzt nur unter folgenden strengen Voraussetzungen vorgenommen werden:

- Nur ein Samenspender je Befruchtungsvorgang,
- die Gewissheit, dass ein früherer Befruchtungsversuch mit Drittsperma nicht zur Konzeption geführt hat,
- Aufklärung des Samengebers über eine mögliche Vaterschaftsfeststellung und Unterhaltspflicht, wenn das Kind anficht,
- Hinweis, dass der Arzt den Spendernamen nicht geheim halten darf, wenn die Vaterschaft erfolgreich angefochten ist,
- Zustimmung der Ehefrau des Spermaspenders,
- Unterrichtung des Ehegatten der Spermaempfängerin,
- Dokumentation bei Notar oder Rechtsanwalt.

---

[1] https://www.bmjv.de/SharedDocs/Downloads/DE/News/Artikel/07042017_AK_Abstimmung_Abschlussbericht.pdf;jsessionid=9D8D6CBBFFA8F2B817D5C009OD8401F7.2_cid289?__blob=publicationFile&v=4; letzter Abruf 2.9.2021

[2] https://www.bmjv.de/SharedDocs/Gesetzgebungsverfahren/Dokumente/DiskE_Reform_Abstammungsrecht.pdf;jsessionid=9D8D6CBBFFA8F2B817D5C009OD8401F7.2_cid289?__blob=publicationFile&v=1 ; letzter Abruf 2.9.2021

4. ABSTAMMUNG

30   Während bei der heterologen Insemination biologischer und sozialer Vater auseinanderfallen können (gespaltene Vaterschaft), ist eine gespaltene Mutterschaft rechtlich nicht möglich. § 1 Abs. 1 ESchG verbietet die Eizellspende (Nr. 1), den Embryonentransfer (Nr. 6), sowie die Leih- oder Ersatzmutterschaft (Nr. 2, 6, 7).

31   Im Familienrecht stellt sich die Frage, ob die künstliche Befruchtung Auswirkung auf die Abstammung des Kindes hat. Bei der **homologen Insemination** ist die rechtliche Situation unproblematisch: Wird das Kind in einer bestehenden Ehe geboren, so stammt das Kind auch genetisch vom Ehemann der Mutter ab, sodass er gemäß § 1592 Nr. 1 BGB (unanfechtbar) rechtlicher Vater ist. Sind die Eltern des Kindes miteinander nicht verheiratet (z.B. bei nichtehelicher Lebensgemeinschaft), so ist bei einer homologen Insemination klar, dass das Kind vom Partner der Mutter abstammt: Die Vaterschaft kann, selbst wenn der Vater die Anerkennung verweigert, gerichtlich festgestellt werden. Umstrittener ist die Rechtslage bei der **heterologen Insemination**. Erfolgt die heterologe Insemination **in einer bestehenden Ehe**, so gilt der Ehemann nach § 1592 Nr. 1 BGB als der rechtliche Vater, obwohl er nicht der biologische Vater ist. War er mit der heterologen Insemination einverstanden, was Voraussetzung für die Vornahme einer heterologen Insemination ist, so stellt sich die Frage, ob er an das Einverständnis gebunden ist.

> Was die **Vaterschaft** und deren **Anfechtung** anbelangt, so hatte der BGH dem Ehemann das Anfechtungsrecht grundsätzlich auch für den Fall zugebilligt, dass er der Samenspende zugestimmt hat (BGH 7.4.1983 – IX ZR 24/82, BGHZ 87, 169 ff.). Die Anfechtung sollte jedoch regelmäßig nicht zum Wegfall des Unterhaltsanspruchs führen (BGH 3.5.1995 – XII ZR 29/94, BGHZ 129, 297 ff.). Diese umstrittene Frage hat der Gesetzgeber durch **§ 1600 Abs. 4 BGB** klargestellt: Eine Anfechtung durch den einwilligenden Mann und die Mutter ist ausgeschlossen.

32   Was die Anfechtungsmöglichkeiten durch das Kind anbelangt, so ist klar, dass eine Vereinbarung zwischen Ehemann und Ehefrau (und möglicherweise dem Samenspender) das Kind nicht binden kann: Das Kind kann jederzeit die Vaterschaft des Ehemanns anfechten – allerdings soll dies nach der Rechtsprechung die Folge haben, dass mit der Anfechtung der Vaterschaft regelmäßig der Unterhaltsanspruch des Kindes entfällt (BGH 3.5.1995 – XII ZR 89/94, FamRZ 1995, 865). Rechtlich anders und komplizierter ist es bei der heterologen Insemination außerhalb einer bestehenden Ehe (dazu Wehrstedt FPR 2011, 400). Nach den Musterrichtlinien der Bundesärztekammer ist die heterologe Insemination grundsätzlich nur bei Ehepaaren möglich, sodass es in Deutschland nicht zu einer heterologen Insemination nicht verheirateter Frauen kommen könnte – etwa im Rahmen einer nichtehelichen Lebensgemeinschaft. Falls es der Fall ist, so wäre bei einem durch heterologe Insemination außerhalb einer bestehenden Ehe geborenen Kind die – genetisch wahrheitswidrige – Anerkennung der Vaterschaft durch den Partner möglich; erforderlich ist dann auch noch die Zustimmung der Mutter und des Kindes (§ 1595 BGB). Erfolgt keine Anerkennung, käme nur die gerichtliche Feststellung der Vaterschaft in Frage. Und da in diesem Verfahren geklärt wird, wer der biologische Vater ist, könnte der Partner einer nichtehelichen Lebensgemeinschaft, da er eben nicht biologischer Vater ist, auch nicht als rechtlicher Vater festgestellt werden, obwohl doch mit durch seine Entscheidung das Leben des Kindes überhaupt erst entstanden ist. Jenseits des Familienrechts liegt die Frage, ob ein Kind, das im Wege heterologer Insemination gezeugt wurde, **vom behandelnden Arzt Auskunft** über seine genetische Abstammung **verlangen** kann.

Dazu hat der BGH (28.1.2015 – XII ZR 201/13, FamRZ 2015, 642) entschieden, dass das mittels künstlicher heterologer Insemination gezeugte Kind gegen den Reproduktionsmediziner einen aus den Grundsätzen von Treu und Glauben folgenden Anspruch auf Auskunft über die Identität des Samenspenders haben kann. Die hierfür erforderliche rechtliche Sonderverbindung folgt aus dem Behandlungsvertrag, bei dem es sich um einen Vertrag mit Schutzwirkung zugunsten des Kindes handelt. Der Anspruch setzt kein bestimmtes Mindestalter des Kindes voraus. Machen die Eltern diesen Anspruch als gesetzliche Vertreter des Kindes geltend, ist aber erforderlich, dass die Auskunft zum Zweck der Information des Kindes verlangt wird. Ob es dem Reproduktionsmediziner zumutbar ist, Auskunft über die Identität des Samenspenders zu erteilen, ist durch eine auf den konkreten Einzelfall bezogene, umfassende Abwägung der durch die Auskunftserteilung berührten rechtlichen, insbesondere grundrechtlichen, Belange zu klären. Dabei können auch die durch die ärztliche Schweigepflicht geschützten rechtlichen Belange des Samenspenders Berücksichtigung finden. Der Rechtsposition des Kindes, der sein verfassungsrechtlich geschütztes allgemeines Persönlichkeitsrecht zugrunde liegt, wird regelmäßig ein erhebliches Gewicht im Rahmen der Abwägung zukommen. 33

Der Gesetzgeber hat mit dem am 1.7.2018 in Kraft getretenen Samenspenderegistergesetz (SaRegG vom 17.7.2017, BGBl I 2513) ein Register geschaffen, bei dem Kinder, die im Wege heterologer Insemination mit Hilfe einer ärztlich unterstützten fortpflanzungsmedizinischen Behandlung gezeugt wurden, Informationen über den genetischen Vater einholen können. Es wird beim Deutschen Institut für Medizinische Dokumentation und Information (DIMDI) geführt. Das SaRegG enthält Vorschriften über die Erhebung von Daten bei der Überlassung von Sperma zur Durchführung der Behandlung, die sicherstellen sollen, dass nachvollzogen werden kann, von welcher Person das bei einer reproduktionsmedizinischen Behandlung verwendete Sperma stammt. Außerdem normiert es die Auskunftsvoraussetzungen und das Verfahren der Auskunft. Gleichzeitig hat der Gesetzgeber in § 1600d Abs. 4 BGB geregelt, dass der Samenspender – wenn das Kind durch eine ärztlich unterstützte künstliche Befruchtung in einer Einrichtung der medizinischen Versorgung i.S.v. § 1a Nr. 9 des Transplantationsgesetzes unter heterologer Verwendung von Samen gezeugt worden ist, der vom Spender einer Entnahmeeinrichtung im Sinne von § 2 Abs. 1 S. 1 des SaRegG zur Verfügung gestellt wurde – nicht als Vater des Kindes festgestellt werden kann. 34

Dagegen sind die Fragen, wie das deutsche Abstammungsrecht mit Fällen umgeht, in denen Menschen im Ausland die (dort erlaubten) Möglichkeiten der Leihmutterschaft oder Eizellspende in Anspruch nehmen, vom Gesetzgeber bislang nicht ausdrücklich geregelt. Einstweilen bleibt dies der Rechtsprechung überlassen (s. unten 4.6.2). 35

4.6 Internationales Abstammungsrecht

4.6.1 Internationale Zuständigkeit

Da hinsichtlich des Abstammungsrechts (noch) keine europarechtliche Regelung besteht und auch staatsvertragliche Regelungen mit Vorrang nicht vorhanden sind, richtet sich die internationale Zuständigkeit nach § 100 FamFG: Danach ist die internationale Zuständigkeit deutscher Gerichte gegeben, wenn einer der Beteiligten (Kind, Mutter, Vater, Vaterschaftsprätendent) Deutscher ist oder seinen gewöhnlichen Aufenthalt in Deutschland hat. 36

4.6.2 Anwendbares Recht

37 Auch das Internationale Familienrecht unterscheidet nicht mehr zwischen ehelicher und nichtehelicher Abstammung, sodass sowohl für die innerhalb als auch außerhalb einer Ehe geborenen Kinder das anwendbare Recht einheitlich bestimmt wird. Geregelt wird nicht nur die Abstammung vom Vater, sondern ausdrücklich auch die von der Mutter. **Art. 19 Abs. 1 EGBGB** sieht drei Möglichkeiten vor, welches Recht hinsichtlich der **Abstammung von Kindern** zur Anwendung kommen kann:

- An erster Stelle kommt das Recht des Staates zur Anwendung, in dem das Kind seinen gewöhnlichen Aufenthalt hat;
- außerdem kann sich hinsichtlich jedes Elternteils (also hinsichtlich Vater und Mutter ggf. unterschiedlich) die Abstammung nach dem Recht des Staates richten, dem der jeweilige Elternteil angehört;
- und schließlich kann sich dann, wenn die Mutter verheiratet ist, die Frage der Abstammung auch nach dem Recht richten, das für die allgemeinen Ehewirkungen (Art. 14 Abs. 1 EGBGB) gilt (vgl. Kap. 3.1.3.).

> Beispiel: Vater ist Türke, Mutter ist Italienerin, sie sind verheiratet und leben in Deutschland, das Kind wird in Deutschland geboren. Nach der 1. Variante (gewöhnlicher Aufenthalt) richtet sich die Frage der Vaterschaft nach deutschem Recht, wonach der Ehemann gemäß § 1592 Nr. 1 BGB als Vater gilt. Nach der 2. Variante richtet sich die Frage der Vaterschaft sich nach türkischem Recht, wohingegen die Frage der Mutterschaft sich nach italienischem Recht richtet. Und da sie miteinander verheiratet sind, kommt auch die 3. Variante in Frage. Praktisch bedeutet dies, dass die deutschen Standesbeamten bei Kindern, die ihren gewöhnlichen Aufenthalt in Deutschland haben, deutsches Recht anwenden können und die anderen Rechtsordnungen nicht zu ermitteln brauchen.

38 Das Verhältnis der drei Anknüpfungsmöglichkeiten zueinander ist durch das Günstigkeitsprinzip gekennzeichnet. Deshalb können die Standesämter, soweit es um die Abstammung von einer Person geht, unter den Anknüpfungsmöglichkeiten wählen, aus denen sich positiv die Vater- bzw. Mutterschaft ergibt (Andrae § 7 Rn. 31). Die Vorschrift des Art. 19 EGBGB stellt bei der Frage der Abstammung generell auf den gewöhnlichen Aufenthalt und nicht etwa auf den gewöhnlichen Aufenthalt zum Zeitpunkt der Geburt des Kindes ab. Das bedeutet, dass der **Abstammungsstatus des Kindes wandelbar ist**, da sich der gewöhnliche Aufenthalt des Kindes im Laufe der Jahre verändern kann.

> Beispiel: Die Mutter und ihr Partner leben mit dem Kind in nichtehelicher Lebensgemeinschaft in Italien, nach einigen Jahren ziehen sie nach Deutschland. Hier ist dann eine Anerkennung der Vaterschaft nach § 1592 Nr. 2 BGB möglich – auch wenn das Kind nicht in Deutschland geboren wurde. Es kommt auf den Zeitpunkt an, zu dem die Anerkennungserklärung abgegeben wird.

39 Sofern **Zustimmungen** erforderlich sind, gilt gemäß **Art. 23 EGBGB zusätzlich das Heimatrecht des Kindes**, sodass ggf. zusätzlich zu den nach deutschem Recht erforderlichen Erklärungen noch weitere Zustimmungen notwendig sind.

> Beispiel: Nach dem Heimatrecht des Kindes ist zur Anerkennung der Vaterschaft die ausdrückliche Zustimmung auch des unter elterlicher Sorge stehenden minderjährigen Kindes (also anders als § 1595 Abs. 2 BGB) erforderlich. Dann muss nach Art. 23 EGBGB auch diese Zustimmung des minderjährigen Kindes eingeholt werden.

4.6 Internationales Abstammungsrecht

Bezüglich der **Anfechtung der Abstammung** enthält **Art. 20 EGBGB** eine ausdrückliche Regelung. Danach kann die Abstammung nach jeder **Rechtsordnung**, die nach **Art. 19 EGBGB für die Abstammung maßgebend** wäre, angefochten werden, nach dem Heimatrecht der Mutter, dem Heimatrecht des Vaters, dem Heimatrecht des Kindes. Satz 2 stellt darüber hinaus klar, dass das Kind die Abstammung auf jeden Fall nach dem Recht des Staates des **gewöhnlichen Aufenthaltes** anfechten kann.

40

Große Bedeutung kommt dem Internationalen Abstammungsrecht auch in den Fällen neuer Familienformen unter Inanspruchnahme der Möglichkeiten der Reproduktionsmedizin zu, wenn diese Konstellationen Berührung zu einer ausländischen Rechtsordnung haben.

41

So hatte der BGH einen Fall zu entscheiden, in dem ein in Südafrika in einer „civil union type marriage" lebendes lesbisches Paar, bei dem die eine der beiden Frauen auch die deutsche Staatsangehörigkeit hatte und aufgrund eines gemeinsamen Entschlusses beider ein mittels künstlicher Befruchtung gezeugtes Kind geboren hatte, bei dem deutschen Standesamt die Eintragung als Eltern des Kindes begehrte. Nach südafrikanischem Recht ist auch die Partnerin/Ehefrau der genetischen Mutter als Elternteil (Co-Mutter) anzusehen Das Standesamt hat die Beurkundung abgelehnt. Der BGH hat gemäß Art. 19 Abs. 1 Satz 1 EGBGB südafrikanisches Abstammungsrecht angewandt und festgestellt, dass das Standesamt verpflichtet ist, die Beurkundung vorzunehmen (BGH, 20.4.2016 – XII ZB 15/15 –, BGHZ 210, 59-77).

42

Gegenstand eines weiteren vom BGH entschiedenen Falles war die Beurkundung eines deutschen schwulen Paares (eingetragene Lebenspartner) als Eltern eines in Kalifornien von einer Leihmutter geboren Kindes. Das Standesamt lehnte die Beurkundung ab. Der BGH hat entschieden, dass das Urteil des Superior Court of the State of California, wonach die Lebenspartner die Eltern des von der Leihmutter geborenen Kindes sind (nicht aber die Leihmutter), gemäß § 109 FamFG in Deutschland anzuerkennen und das Standesamt zur Beurkundung verpflichtet ist (BGH, 10.12.2014 – XII ZB 463/13, FamRZ 2015, 240).

43

Weiterführende Literatur:
- Beurkundung von Geburten mit Auslandsbezug: Hilpert JAmt 2019, 605 ff.
- Scheinvaterschaften zwecks Aufenthaltssicherung / missbräuchliche Vaterschaftsanerkennungen: Knittel JAmt 2017, 339 ff.; Kaesling NJW 2017, 3686 ff.; Stern NZFam 2017, 740 f.; Balzer NZFam 2018, 5.
- Siede, Vertretung des Kindes in Vaterschaftsanfechtungsverfahren, FamRZ 2018, 149-156.
- Helms/Kieninger/Rittner, Abstammungsrecht in der Praxis, 2010
- Taupitz/Theodoridis, Das Gesetz zur Regelung des Rechts auf Kenntnis der eigenen Abstammung bei heterologer Verwendung von Samen, MedR 2018, 457-466.

Weitere wichtige Entscheidungen:
- BGH 20.3.2019 – XII ZB 320/17, FamRZ 2019, 890, und BGH 20.3.2019 – XII ZB 530/17, FamRZ 2019, 892 (in beiden Fällen deutsche Wunscheltern und in der Ukraine von einer Leihmutter geborenes Kind)

5. Unterhalt: Allgemeines und Verwandtenunterhalt

1 Inhaltlich geht das BGB von einem privaten **Unterhaltstauschverhältnis** aus, entsprechend den auch ansonsten im BGB geregelten Äquivalenzverhältnissen: Umfassende Unterhaltspflicht der Eltern während der Zeit des Aufziehens der Kinder gegen umfassende Unterhaltspflicht der Kinder im Alter der Eltern. Faktisch ist diese Konzeption heute erheblich relativiert: Insbesondere durch Sozialleistungen für das Alter (Renten, Pflegeversicherung) ist der individuelle Unterhalt der Kinder für die Eltern zunehmend bedeutungslos geworden. Fast unverändert geblieben sind dagegen die rechtlichen Grundstrukturen.

2 Neben dem Ehegattenunterhalt (§ 1360 BGB – vgl. Kap. 3 Rn. 9; bei Getrenntleben § 1361 BGB – vgl. Kap. 3 Rn. 20; bei Scheidung §§ 1569 ff. BGB – vgl. Kap. 3 Rn. 25 ff.; zur Berechnung des Unterhalts vgl. Kap. 7) kennt das BGB den Verwandtenunterhalt (§§ 1601–1615 BGB; zum Kindesunterhalt vgl. Kap. 6) sowie den Sonderfall des Betreuungsunterhalts der nicht miteinander verheirateten Eltern (§§ 1615a, 1615l bis 1615n BGB). Es finden sich generelle Vorschriften, die für alle Formen des Verwandtenunterhalts gelten, sowie spezielle Regelungen für einzelne Unterhaltskonstellationen.

Ausführlich behandelte Bestimmungen

- Voraussetzungen des Unterhalts: §§ 1601–1603 BGB
- Rangfolge: § 1609 BGB
- Höhe des Unterhalts: § 1610 BGB
- Betreuungsunterhalt nicht miteinander verheirateter Eltern: § 1615l BGB
- Internationales Unterhaltsrecht: HUntProt und EuUntVO

Wichtige, interessante Entscheidungen

- Zum Einsatz der Arbeitskraft des Unterhaltsverpflichteten und zur Anrechnung fiktiver Einkünfte: BVerfG 18.3.2008 – 1BvR 125/06, FamRZ 2008, 1145; OLG Hamm 10.4.2018 – II-1 UF 186/17, FamRZ 2018, 1311 ff.
- Zum Unterhalt bei einem Auslandsfall: BGH 29.4.1992 – XII ZR 40/91, FamRZ 1992, 1060 ff.; EuGH 20.9.2018 – C-214/17, FamRZ 2018, 1753 ff.

3 Die **§§ 1601–1615 BGB** befassen sich abstrakt mit dem **Verwandtenunterhalt**. Unter den Begriff fallen – obwohl in der Rechtswirklichkeit von ganz unterschiedlicher Bedeutung – sowohl der **Kindesunterhalt** (Unterhaltsanspruch der Kinder gegenüber ihren Eltern, dazu Kap. 6) als auch der **Elternunterhalt** (Unterhaltsanspruch der Eltern gegenüber ihren Kindern). In der Realität von zentraler Bedeutung sind die **Unterhaltsansprüche** minderjähriger (aber auch volljähriger) Kinder gegen ihre Eltern (dazu Kap. 6). Die **Unterhaltsansprüche (alt und pflegebedürftig gewordener) Eltern** gegen ihre (mittelalten) Kinder spielten bis zum Ende des Jahres 2019 eine nicht unerhebliche Rolle, da diese Unterhaltsansprüche im Fall der Leistung von Sozialhilfe an den Elternteil auf das Sozialamt übergingen. Durch das Angehörigenentlastungsgesetz gilt dies ab 1.1.2020 nur noch, wenn das unterhaltspflichtige Kind über ein Jahreseinkommen von mehr als 100.000 Euro verfügt. Damit haben diese Unterhaltsansprüche erheblich an Relevanz verloren (Rn. 17). Die Unterhaltsansprüche von Kindern sind besonders im Zusammenhang mit Trennung und Scheidung von Bedeutung (dazu Kap. 6), oder

wenn Institutionen Unterhaltsansprüche, die auf sie übergegangen sind, geltend machen. Hier kommen insbesondere die Leistungsträger der Grundsicherung für Arbeitsuchende nach § 33 SGB II, die Sozialhilfeträger nach § 94 SGB XII oder die Träger der Ausbildungsförderung nach § 37 BAföG in Frage.

5.1 Grundstrukturen des privaten Verwandtenunterhalts

5.1.1 Voraussetzungen: Verwandtschaft in gerader Linie, Bedürftigkeit, Leistungsfähigkeit

Alle Voraussetzungen des gesetzlichen Verwandtenunterhaltsanspruches sind in den §§ 1601–1603 BGB genannt: 4

- Verwandtschaft in gerader Linie, § 1601 BGB;
- Bedürftigkeit der Unterhaltsberechtigten, § 1602 BGB;
- Leistungsfähigkeit der Unterhaltsverpflichteten, § 1603 BGB.

Verwandtschaft in gerader Linie zwischen zwei Personen besteht gemäß § 1589 S. 1 BGB, wenn eine Person direkt von der anderen abstammt (vgl. Kap. 4). Dies ist der Fall zwischen Kindern und Eltern, Enkeln und Großeltern, nicht aber zwischen Geschwistern (Verwandtschaft in der Seitenlinie) und Stiefeltern/Stiefkindern (verschwägert). Es spielt keine Rolle, ob das Verwandtschaftsverhältnis abstammungsrechtlich (vgl. Kap. 4) oder durch Adoption (vgl. Kap. 13) begründet worden ist. Die Unterhaltspflicht ist unabhängig von sonstigen familiären Zusammenhängen: So haben etwa der Entzug des Personensorgerechts (§ 1666 BGB – vgl. Kap. 9) und die Erziehung außerhalb des Elternhauses keine Auswirkung hierauf. Abzustellen ist allein auf die Verwandtschaft. Dabei können die Rechtswirkungen der Vaterschaft grundsätzlich nach § 1600d Abs. 5 BGB erst vom Zeitpunkt ihrer Feststellung an geltend gemacht werden. Allerdings lässt der BGH die Inzidentfeststellung der Vaterschaft im Rahmen eines Prozesses über den Scheinvaterregress in besonders gelagerten Einzelfällen zu, um den Scheinvater nicht der Willkür der Kindesmutter und des wahren Erzeugers auszuliefern, die u.U. davon absehen, die Vaterschaft anzuerkennen bzw. gerichtlich feststellen zu lassen (seit BGH 16.4.2008 – XII ZR 144/06, BGHZ 176, 327 = FamRZ 2008, 1424).

Bedürftigkeit liegt nach § 1602 BGB nur vor, wenn die potenziell unterhaltsberechtigte Person nicht in der Lage ist, selbst ihren Unterhalt zu bestreiten. Ob sie dies kann, beurteilt sich nach 5

- ihrem Vermögen,
- ihrem Einkommen,
- ihrer Arbeitskraft.

Für den **Vermögenseinsatz** gilt, dass grundsätzlich das gesamte Vermögen einzusetzen ist, und nicht nur die Erträge (z.B. Zinsen). Eine nicht minderjährige unterhaltsberechtigte Person (zu den Minderjährigen Kap. 6 Rn. 4) ist im Verhältnis zur unterhaltsverpflichteten Person gehalten, ihr vorhandenes Vermögen zu verwerten, soweit ihr dies – auch unter Wirtschaftlichkeitsgesichtspunkten – zumutbar ist. Der bedürftigen Person ist jedoch eine gewisse Vermögensreserve als sogenannter „Notgroschen" für Fälle plötzlich auftretenden (Sonder-)Bedarfs zu belassen (BGH 23.11.2005 – XII ZR 155/03, FamRZ 2006, 935; OLG Zweibrücken 16.10.2015 – 2 UF 107/15, FamRZ 2016, 726). 6

7 Zum **einzusetzenden Einkommen** gehören regelmäßig alle Einkünfte, die der bedürftigen Person zufließen, also insbesondere Arbeitseinkünfte, aber auch Ausbildungsvergütungen (nach Abzug ausbildungsbedingten Aufwands) sowie (Sozial-)Leistungen Dritter, soweit sie geeignet sind, den Lebensbedarf der unterhaltsberechtigten Person zu decken.

8 Die Unterhaltsberechtigten sind grundsätzlich zu **umfassendem Einsatz der Arbeitskraft** verpflichtet. Sie haben äußerste Anstrengungen zu unternehmen (BGH 6.12.1984 – IVb ZR 53/83, BGHZ 93, 123 ff.), müssen praktisch jede Arbeit aufnehmen, auch Arbeiten, die unterhalb ihres bisherigen Lebensstandards liegen (OLG Oldenburg 12.2.1991 – 12 UF 136/90, NJW-RR 1992, 261; OLG Hamm 20.4.1990 – 12 UF 430/89, NJW-RR 1991, 580). Von ihnen wird eine intensive Suche nach Arbeitsplätzen verlangt, die Meldung bei der Arbeitsagentur allein genügt – unterhaltsrechtlich – nicht. Für die Nutzung der Arbeitskraft gelten ähnliche Maßstäbe wie für die Haftung der Eltern gegenüber minderjährigen Kindern. Auch aus dem Bezug von Leistungen der Hilfe zum Lebensunterhalt nach dem Dritten Kapitel des SGB XII ergibt sich nicht automatisch die vollständige Unfähigkeit zur Erzielung jeglichen Erwerbseinkommens. Kommt eine volljährige unterhaltsberechtigte Person der Erwerbsobliegenheit nicht nach, so entfällt die Bedürftigkeit in Höhe des durch die ihr obliegende Erwerbstätigkeit erzielbaren Erwerbseinkommens (OLG Frankfurt 2.10.2019 – 4 UF 209/18). Anders stellt sich die Situation bei Minderjährigen und bei volljährigen Kindern dar, die sich in der Ausbildung befinden (Kap. 6).

9 Nach § 1603 BGB besteht eine Unterhaltsverpflichtung nur bei **Leistungsfähigkeit der unterhaltsverpflichteten Person**, also dann, wenn sie ohne Gefährdung ihres eigenen angemessenen Unterhalts (Eigenbedarf) den Unterhalt leisten kann. Dabei sind nach § 1603 Abs. 1 BGB auch **sonstige Verpflichtungen** der unterhaltspflichtigen Person zu berücksichtigen, etwa öffentlich-rechtliche Verpflichtungen (Sozialversicherungsbeiträge, Steuern), andere gleichrangige oder vorrangige Unterhaltsverpflichtungen oder sonstige privatrechtliche Verpflichtungen. Bei der Frage der Berücksichtigung von **Schulden** ist eine umfassende Abwägung nötig (ausführlich Viefhues in: Herberger u.a. jurisPK-BGB § 1603 BGB Rn. 236 ff.; Clausius in: Herberger u.a. jurisPK-BGB § 1581 BGB Rn. 58): So werden während der Ehe eingegangene Schulden (im Rahmen eines vernünftigen Tilgungsplanes) regelmäßig berücksichtigt (BGH 6.2.2002 – XII ZR 20/00, BGHZ 150, 12), Schulden dagegen, die in Kenntnis der (bestehenden oder eintretenden) Unterhaltsverpflichtung gemacht werden, werden regelmäßig nicht anerkannt (BGH 15.11.1989 – IVb ZR 3/89, BGHZ 109, 211 ff.). Sie sind nur dann zu berücksichtigen, wenn sie unausweichlich notwendige und nicht durch anderweitige Mittel finanzierbare Anschaffungen oder Dienstleistungen betreffen (BGH 10.7.2013 – XII ZB 297/12, FamRZ 2013, 1558 ff.). Außerdem muss der **Unterhalt der verpflichteten Person selbst sichergestellt** werden. Wie viel ihr verbleibt, hängt davon ab, wem gegenüber sie unterhaltsverpflichtet ist (vgl. Kap. 7).

10 Was die Leistungsfähigkeit der Unterhaltsverpflichteten anbelangt, so sind **Einsatz des Vermögens, Einsatz des Einkommens** und **Einsatz der Arbeitskraft** von entsprechender Bedeutung – wie bei der Bedürftigkeit der Unterhaltsberechtigten (Rn. 5 ff.). Schwerpunkt sind auch hier die **Einkünfte** der Unterhaltsverpflichteten: Grundsätzlich sind sämtliche Einnahmen zu berücksichtigen. Besonders wichtig ist dabei das Einkommen aus Arbeit: Nebenverdienste, auch Einkünfte aus Mehrarbeit, Überstundenvergütungen, Übergangsbeihilfen, Abfindungen (wobei diese allerdings auf eine angemessene

5.1 Grundstrukturen des privaten Verwandtenunterhalts

Zeit zu verteilen sind) und Gratifikationen sind zu berücksichtigen. Der Einkommensbegriff geht aber über Arbeitseinkünfte hinaus. So zählt – z.B. bei einem wiederverheirateten Elternteil – der sogenannte „Taschengeldanspruch", der ihr innerhalb der (neuen) Ehe zusteht (5 bis 7 Prozent des Nettoeinkommens des neuen Ehegatten) zu den Einkünften des Elternteils. Er ist also unter Umständen entsprechend gegenüber einem Kind aus erster Ehe unterhaltspflichtig (OLG Frankfurt 29.4.2014 – 7 UF 2/14, FamRZ 2014, 1927; vgl. Kap. 6). Auch die unterhaltsverpflichtete Person hat ihre **Arbeitskraft einzusetzen**. Tut sie das nicht, so kann sie sich nicht auf mangelnde Leistungsfähigkeit berufen. Es werden ihr **fiktive Einkünfte** zugerechnet (Viefhues FuR 2015, 66 ff.), mit der Folge, dass Schulden auflaufen. Die unterhaltspflichtige Person hat ihre Ausbildung und ihren beruflichen Werdegang darzulegen, um eine Prüfung zu ermöglichen, ob Einkommen, das aus der Sicht der Unterhaltsberechtigten möglich wäre, tatsächlich nicht erzielt werden kann (OLG Brandenburg 27.6.2019 – 10 UF 139/17; zur sog. Hausfrauen-/Hausmannrechtsprechung vgl. Kap. 6 Rn. 5). Die Anrechnung fiktiver Einkünfte erfolgt etwa auch bei einem nicht zwingend gebotenen Arbeitsplatz- oder Berufswechsel in eine weniger gut bezahlte Stellung (BGH 9.7.2003 – XII ZR 83/00, FamRZ 2003, 1471 ff.) oder bei der Herabsetzung der bisherigen wöchentlichen Arbeitszeit (BGH 11.1.1984 – IVb ZR 10/82, FamRZ 1984, 374). Nach der Rechtsprechung des BVerfG ist allerdings die durch Art. 2 Abs. 1 GG geschützte wirtschaftliche Handlungsfreiheit des Unterhaltsschuldners verletzt, wenn ihm fiktive Einkünfte zugerechnet werden, die er nach Ausbildung, Berufserfahrung, Alter und Gesundheitszustand objektiv nicht erzielen kann (BVerfG 18.6.2012 – 1 BvR 2867/11, JAmt 2012, 417; BVerfG 9.11.2020 – 1 BvR 697/20, NZFam 2021, 74 ff.).

5.1.2 Die Höhe des Unterhalts – der Bedarf

Unter dem Stichwort des Bedarfs ist zu klären, welche Höhe der volle Unterhalt der potenziell unterhaltsberechtigten Person haben müsste. § 1610 Abs. 1 BGB stellt abstrakt auf die Lebensstellung der Bedürftigen ab. Unterhaltsbedürftige Kinder haben in der Regel keine eigene Lebensstellung, ihre Lebensstellung bestimmt sich durch die Lebensstellung der Familie. § 1610 Abs. 2 BGB macht ausdrücklich klar, dass auch die Ausbildungskosten zum Unterhalt gehören (im Einzelnen Kap. 6 Rn. 8 ff.).

5.1.3 Gestaltung, Beginn und Ende des Unterhaltsanspruches

Es kommen zwei **Arten des Unterhalts** in Betracht: Barunterhalt und Naturalunterhalt. In welcher Weise der Unterhalt geleistet wird, kann durch Vereinbarung zwischen den Beteiligten geregelt werden. Das Gesetz sieht nach § 1612 Abs. 1 S. 1 BGB als Regelfall **Barunterhalt** in Form der **Geldrente** vor, die monatlich im Voraus zu zahlen ist. **Naturalunterhalt** wird gesetzlich nur aus besonderen Gründen zugelassen. Auf Grundlage oft stillschweigender Vereinbarungen wird Unterhalt demgegenüber für minderjährige Kinder, die mit beiden Elternteilen zusammenleben, zumeist in Form von Naturalunterhalt geleistet, d.h. durch Zurverfügungstellung von Wohnung, Essen, die Anschaffung von Bekleidung, benötigten Gegenständen (vgl. Kap. 6). Der Anspruch auf Unterhalt **beginnt**, sobald die gesetzlichen Voraussetzungen vorliegen. Aber erst, wenn die Unterhaltsberechtigten den Anspruch gegenüber dem Unterhaltsverpflichteten geltend machen, muss dieser leisten. Da der Unterhalt grundsätzlich gegenwartsbezogen ist, kann für die **Vergangenheit** nur im Falle des **§ 1613 BGB** Unterhalt verlangt werden. Der Anspruch auf Unterhalt verjährt gemäß § 195 BGB nach drei Jahren (zum Beginn der dreijährigen Verjährungsfrist: § 199 BGB). Ist ein Unterhaltsanspruch rechtskräftig festgestellt, so beträgt die Verjährungsfrist für die bis zur Rechtskraft des Beschlusses aufgelaufenen Unterhaltsraten 30 Jahre (§ 197 Abs. 1 Nr. 3 BGB); die nach Rechtskraft fällig werdenden Unterhaltsraten unterliegen gemäß § 197 Abs. 2 BGB der regelmäßigen Verjährungsfrist (3 Jahre). Der Anspruch **endet**, wenn die Voraussetzungen entfallen sind. Dies ist der Fall, wenn

- beim Verwandten-/Kindesunterhalt das Verwandtschaftsverhältnis nicht mehr besteht (der Todesfall ist in § 1615 BGB ausdrücklich erwähnt; für die Adoption gilt nach Einwilligung der Eltern des Kindes die Sonderregelung des § 1751 Abs. 4 BGB),
- die Unterhaltsberechtigten nicht mehr bedürftig sind,
- oder die Unterhaltsverpflichteten nicht mehr leistungsfähig sind.

13 Nach § 1614 Abs. 1 BGB kann auf den **Unterhalt für die Zukunft nicht verzichtet** werden. Es handelt sich dabei um eine zwingende Vorschrift, was bedeutet, dass entsprechende Verträge gemäß § 134 BGB nichtig sind. Zulässig sind allerdings Unterhaltsverträge über die Höhe des Unterhalts (zur Beilegung eines Rechtsstreites). Diese müssen sich aber innerhalb des Spielraums der Angemessenheit halten, was von den Gerichten nachgeprüft werden kann.

14 Der Verwandtenunterhalt kann aus **Billigkeitsgründen** nach § 1611 BGB beschränkt werden **oder** unter Umständen ganz **wegfallen** (zum Sonderfall bei den Ausbildungskosten vgl. Kap. 6 Rn. 8 ff.). Es muss eine objektiv und subjektiv schwere Verfehlung der an sich unterhaltsberechtigten Person vorliegen. Ein distanziertes Verhältnis zwischen den Verwandten ist hingegen kein Grund für eine Einschränkung oder gar den Wegfall der Unterhaltsverpflichtung. Bei der Beurteilung ist grundsätzlich eine umfassende Abwägung aller maßgeblichen Umstände notwendig, insbesondere ist auch das Verhalten der unterhaltspflichtigen Person zu berücksichtigen. Liegen die Voraussetzungen des § 1611 BGB vor, so kann sich die (ehemals) unterhaltsberechtigte Person in diesem Fall nicht an andere Unterhaltsverpflichtete halten (§ 1611 Abs. 3 BGB), es bleibt hier nur die Inanspruchnahme öffentlicher Leistungen. Die in § 1611 Abs. 1 BGB vorgesehene Minderung oder **Verwirkung** des Unterhaltsanspruchs gibt es bei **minderjährigen, unverheirateten Kindern** nicht – § 1611 Abs. 2 BGB (vgl. Kap. 6 Rn. 3).

5.1.4 Reihenfolge der Unterhaltsverpflichteten und der Unterhaltsberechtigten

15 Bei Vorliegen der allgemeinen Voraussetzungen kann eine unterhaltsberechtigte Person nicht unter mehreren Verwandten „auswählen", von wem sie Unterhalt verlangen möchte und eine unterhaltsverpflichtete Person kann sich nicht „aussuchen", an wen sie leistet. Mit der **Reihenfolge der Unterhaltsverpflichteten** wird geklärt, welcher Ehegatte/Verwandte von mehreren leistungsfähigen Personen unterhaltspflichtig ist:

- **§ 1608 BGB – Ehegatte/eingetragener Lebenspartner:** Sofern die unterhaltsberechtigte Person verheiratet ist oder in eingetragener Lebenspartnerschaft lebt, haftet ihr Ehegatte/Lebenspartner vor allen in Frage kommenden Verwandten (bei geschiedenen Ehegatten: § 1584 BGB; bei aufgehobener Lebenspartnerschaft: § 16 S. 2 LPartG).
- **§ 1606 Abs. 1 BGB – die Abkömmlinge:** Sie haften generationsweise, zunächst die Kinder, dann Enkelkinder; innerhalb einer Generation haften sie anteilig (§ 1606

Abs. 3 S. 1 BGB); der auf den einzelnen entfallende Teil richtet sich nach den jeweiligen Einkommens- und Vermögensverhältnissen;
- **§ 1606 Abs. 1 BGB – Verwandte aufsteigender Linie:** Auch sie haften generationsweise, d.h. die Eltern vor den Großeltern, anteilig nach ihren Einkommens- und Vermögensverhältnissen – § 1606 Abs. 3 S. 1 BGB.

Ist eine vorrangig unterhaltsverpflichtete Person nicht leistungsfähig, so besteht kein Unterhaltsanspruch gegen sie, und die in der Rangfolge an nächster Stelle stehende Person hat Unterhalt zu leisten (§ 1607 Abs. 1 BGB). Diese hat keinen Rückgriffsanspruch gegen die vorrangig verpflichtete Person, wenn diese etwa später vermögend wird. Eine nachrangig verpflichtete Person muss auch Unterhalt leisten, wenn die Rechtsverfolgung gegen die vorrangig verpflichtete Person in Deutschland ausgeschlossen oder erheblich erschwert ist, etwa bei unbekanntem Aufenthalt oder Aufenthalt im Ausland (§ 1607 Abs. 2 S. 1 BGB). In diesem Fall hat die nachrangig verpflichtete Person einen Rückgriffsanspruch, weil hier ja eine Unterhaltspflicht besteht, die nur nicht realisiert werden kann.

Bei der **Reihenfolge der Unterhaltsberechtigten** (§ 1609 BGB) geht es darum, welcher Person jemand, der von mehreren Personen in Anspruch genommen wird, Unterhalt zu leisten hat. Praktisch relevant ist diese Frage im sogenannten **Mangelfall** (vgl. Kap. 7 Rn. 6 ff.), also wenn das bei der unterhaltspflichtigen Person vorhandene Einkommen und Vermögen nicht ausreicht, um alle Unterhaltsansprüche zu bedienen. Die wachsende Zahl getrennt lebender Eltern, die Gründung von Zweitfamilien und die Veränderungen auf dem Arbeitsmarkt haben die Zahl der Mangelfälle ansteigen lassen (vgl. Kap. 7). Es gilt, dass **Kindesunterhalt** der **Vorrang vor den Unterhaltsansprüchen aller anderen Beteiligten** eingeräumt wird. Hinsichtlich der Rangfolge gilt seit dem Unterhaltsrechtsänderungsgesetz (UÄndG) nach § 1609 BGB Folgendes: 16

- Nr. 1: minderjährige, unverheiratete Kinder und Kinder im Sinne von § 1603 Abs. 2 S. 2 BGB;
- Nr. 2: Elternteile bei Betreuung eines Kindes oder langer Ehe;
- Nr. 3: sonstige (alle: geschiedenen und gegenwärtigen – so BGH 13.4.1988 – IVb ZR 34/87, BGHZ 104, 158) Ehegatten;
- Nr. 4: andere Kinder: Das sind die minderjährigen verheirateten wie die volljährigen Kinder;
- Nr. 5: die übrigen Abkömmlinge: Enkel, Urenkel etc. als eine Gruppe;
- Nr. 6: die Eltern;
- Nr. 7: weitere Verwandte der aufsteigenden Linie: Hier muss der Unterhaltsanspruch der jeweils dem Grade nach näheren Verwandten voll erfüllt sein, bevor die Verwandten des entfernten Grades Unterhalt beanspruchen können.

5.2 Unterhaltsanspruch der (alten) Eltern gegen die (mittelalten) Kinder

Nach § 1601 BGB sind Verwandte in gerader Linie verpflichtet, einander Unterhalt zu gewähren. Unterhaltsansprüche bestehen somit nicht nur seitens der Kinder gegenüber ihren Eltern (ausführlich Kap. 6), sondern auch seitens der Eltern gegenüber ihren Kindern. Die Ansprüche werden insbesondere dann relevant, wenn die Eltern pflegebedürftig werden und die Kosten der Pflege nicht selbst tragen können. Die Leistungen der Pflegeversicherung haben nicht den Anspruch, die Kosten der Pflege vollständig abzudecken. Insbesondere bei stationärer Pflege bleibt ein nicht unerheblicher unge- 17 deckter Betrag, der von der pflegebedürftigen Person selbst aufzubringen ist. Sofern die eigenen Einkünfte (in der Regel Renten, im Pflegefall ggf. Leistungen der sozialen Pflegeversicherung nach dem SGB XI) nicht ausreichen, um den **Bedarf**, der sich aus den Kosten für Unterbringung, Verpflegung und ggf. Pflege in einem Alten- oder Pflegeheim bestimmt, zu decken, kommen Unterhaltsansprüche zum Tragen. Der Pflegesatz eines Pflegeheimes mittlerer Art und Güte mit einem an örtlichen Preisen ausgerichteten durchschnittlichen Pflegesatz ist unterhaltsrechtlich als **angemessener Bedarf** anzusehen und deswegen von den Unterhaltspflichtigen zu decken (BGH 23.10.2002 – XII ZR 266/99, BGHZ 152, 217; BGH 28.7.2010 – XII ZR 140/07, BGHZ 186, 350). Darüber hinaus umfasst der Bedarf einen Barbetrag für die Bedürfnisse des täglichen Lebens (BGH 27.4.2016 – XII ZB 485/14, BGHZ 210, 124 ff.). Hinsichtlich der **Bedürftigkeit** der Eltern ist zunächst deren Einkommen zu berücksichtigen. Bei Personen, die die Altersgrenze erreicht haben, sind ggf. Leistungen der **Grundsicherung im Alter und bei Erwerbsminderung** nach §§ 41 ff. SGB XII einzusetzen (ausführlich Thie in Bieritz-Harder LPK-SGB XII § 41 ff.). Diese Mittel sind vorrangig und sie mindern die Bedürftigkeit der Eltern (BGH 20.12.2006 – XII ZR 84/04, FamRZ 2007, 1158; OLG Hamm 30.1.2004 – 11 WF 207/03, NJW 2004, 1604). Für die Unterhaltsberechtigten besteht grundsätzlich die Obliegenheit zur Inanspruchnahme von Grundsicherungsleistungen. Eine Verletzung dieser Obliegenheit kann zur Anrechnung fiktiver Einkünfte in der Höhe der entgangenen Grundsicherungsleistungen führen (BGH 8.7.2015 – XII ZB 56/14, BGHZ 206, 177 ff.). Ebenso ist vorrangig das **Vermögen** (Rücklagen, Immobilien etc.) einzusetzen. Auch in einem Pflegeheim lebenden Unterhaltsberechtigten ist jedoch eine Notreserve zu belassen, für die regelmäßig zumindest der Schonbetrag nach § 90 Abs. 2 Nr. 9 SGB XII in Verbindung mit der Durchführungsverordnung anzusetzen ist (BGH 17.12.2003 – XII ZR 224/00, FamRZ 2004, 370). Reichen die Mittel nicht aus, können die Betroffenen Leistungen der Sozialhilfe (insbesondere Hilfe zur Pflege) in Anspruch nehmen. Die notwendigen Leistungen werden dann zunächst von den **Sozialleistungsträgern** übernommen, auf die damit die Unterhaltsansprüche der bedürftigen Personen übergehen (§ 94 SGB XII). Die Träger der Sozialhilfe nehmen dann aufgrund der übergegangenen Unterhaltsansprüche die unterhaltspflichtigen Kinder in Anspruch. Nicht zuletzt angesichts gestiegener Lebenserwartung und hoher Kosten in den Pflege- und Altenheimen sowie der gesellschaftlichen Problematik der „doppelten Inanspruchnahme" der sogenannten „Sandwich"-Generation, die sowohl für ihre Kinder als auch für die Eltern unterhaltspflichtig ist, stellt sich seit mehreren Jahren die Frage, inwiefern die unterhaltsrechtliche Inanspruchnahme der Kinder (noch) angemessen ist. Im Bereich der Grundsicherung im Alter nach dem SGB XII bleiben Unterhaltsansprüche bereits seit Inkrafttreten des Gesetzes im Jahr 2005 unberücksichtigt, wenn das Jahreseinkommen des unterhaltsverpflichteten Kindes 100.000 Euro nicht überschreitet. Durch das **Angehörigenentlastungsgesetz** ist diese **Einkommensgrenze** zum 1. Januar 2020 auf sämtliche Leistungsbereiche der Sozialhilfe übertragen worden (dazu Hauß GuP 2019, 214 f.; Brandmaier/Gühlstorf ZfF 2020, 107 ff.). Damit sind auch zur Deckung von Pflegekosten Unterhaltsansprüche von Kindern durch das Sozialamt nur noch dann zu berücksichtigen, wenn das unterhaltspflichtige Kind über ein **Jahreseinkommen von mehr als 100.000** Euro verfügt (§ 94 Abs. 1a SGB XII).

18 Während der **angemessene Selbstbehalt** gegenüber den Eltern nach der Düsseldorfer Tabelle aus dem Jahr 2020 für ein **unterhaltspflichtiges Kind**, das nicht in einer Partnerschaft lebt, mindestens monatlich 2.000 Euro (einschließlich 700 Euro Warmmiete) zuzüglich der Hälfte des darüber hinausgehenden Einkommens betrug, benennt die

Fassung ab 1. Januar 2021 keine konkreten Beträge mehr. Danach ist den Unterhaltspflichtigen der angemessene Eigenbedarf zu belassen, bei dessen Bemessung Zweck und Rechtsgedanken des Angehörigenentlastungsgesetzes zu beachten sind. Die Relevanz der Unterhaltsverpflichtung ergab sich in der Vergangenheit aufgrund des Anspruchsübergangs auf die Träger der Sozialhilfe (Rn. 17), der nun durch die einheitliche Einkommensgrenze von 100.000 Euro praktisch keine Rolle mehr spielt. Die in der Vergangenheit bedeutenden Rechtsfragen hinsichtlich der Leistungsfähigkeit der Kinder, etwa im Hinblick auf Abzüge vom Einkommen für die Altersvorsorge oder für Verbindlichkeiten bzw. auf den Einsatz des Vermögens, haben daher an Bedeutung verloren.

5.3 Betreuungsunterhalt zwischen nicht miteinander verheirateten Eltern

Zwischen nicht miteinander verheirateten Eltern gibt es weder durch die Ehe noch durch die Verwandtschaft begründete Unterhaltsansprüche. Diese Lücke füllt seit 1998 die Anspruchsgrundlage des § 1615l BGB. Nach Abs. 1 hat die **Mutter** eines Kindes gegen dessen Vater für die Dauer von **sechs Wochen vor** und **acht Wochen nach der Geburt** des Kindes einen **Unterhaltsanspruch**. Ist die Mutter infolge der Schwangerschaft oder einer durch die Schwangerschaft oder die Entbindung verursachten Krankheit außerstande, einer Erwerbstätigkeit nachzugehen, ist der Vater verpflichtet, auch über die genannte Zeitdauer hinaus Unterhalt zu leisten (§ 1615l Abs. 2 S. 1 BGB). Wenn von der Mutter oder dem Vater wegen der Pflege oder Erziehung des Kindes eine Erwerbstätigkeit nicht erwartet werden kann, hat der **betreuende Elternteil** gegen den jeweils anderen Elternteil während der ersten drei Lebensjahre des Kindes ebenfalls einen Unterhaltsanspruch (§ 1615l Abs. 2 Sätze 2 bis 5, Abs. 4 BGB; zum möglichen Anspruch gegen Erben des verstorbenen unterhaltspflichtigen Elternteils BGH 15.5.2019 – XII ZB 357/18, BGHZ 222, 88 ff.). Für die Zeit ab Vollendung des dritten Lebensjahres des Kindes steht dem betreuenden Elternteil dann ein fortdauernder Anspruch auf Betreuungsunterhalt zu, wenn dies der Billigkeit entspricht. Das Gesetz verlangt allerdings keinen abrupten Wechsel von der elterlichen Betreuung zu einer Vollzeiterwerbstätigkeit (BT-Drs. 16/6980 S. 9). Insbesondere nach Maßgabe der im Gesetz ausdrücklich genannten kindbezogenen Gründe ist unter Berücksichtigung der bestehenden Möglichkeiten der Kinderbetreuung (§ 1615l Abs. 2 S. 5 BGB) ein gestufter Übergang bis hin zu einer Vollzeiterwerbstätigkeit möglich; für die Voraussetzungen einer Verlängerung des Betreuungsunterhalts über die Dauer von drei Jahren hinaus trägt die unterhaltsberechtigte Person die Darlegungs- und Beweislast. Sie hat also zunächst darzulegen und zu beweisen, dass keine kindgerechte Einrichtung für die Betreuung des gemeinsamen Kindes zur Verfügung steht oder dass aus besonderen Gründen eine persönliche Betreuung erforderlich ist (BGH 13.1.2010 – XII ZR 123/08, FamRZ 2010, 444; BGH 10.6.2015 – XII ZB 251/14, BGHZ 205, 341 ff.).

5.4 Internationales Unterhaltsrecht

5.4.1 Internationale Zuständigkeit

Auf der Ebene der EU wird die internationale Zuständigkeit für Unterhaltsklagen-/verfahren von der Verordnung (EG) Nr. 4/2009 des Rates über die Zuständigkeit, das anwendbare Recht, die Anerkennung und Vollstreckung von Entscheidungen und die Zusammenarbeit in Unterhaltssachen (**EuUntVO** vom 18.12.2008, ABL EU 2009 L 7/1) geregelt. Nach Art. 3 EuUntVO ist für Entscheidungen in Unterhaltssachen in den

EU-Mitgliedstaaten das Gericht des Ortes zuständig, an dem der Beklagte seinen gewöhnlichen Aufenthalt hat oder an dem die berechtigte Person ihren gewöhnlichen Aufenthalt hat (Einzelheiten bei Streicher, in: Schwab/Ernst, § 11 Rn. 16-28).

5.4.2 Anwendbares Recht

21 Die EuUntVO enthält keine eigenständigen Kollisionsnormen, sondern verweist für die Mitgliedstaaten, die durch das am 23.11.2007 abgeschlossene **HUntProt** gebunden sind, auf eben dieses (Art. 15 EuUntVO). Das HUntProt wird seit dem 18.6.2011 in den Mitgliedstaaten der EU (mit Ausnahme Dänemarks und des Vereinigten Königreichs) angewandt. Durch die Verweisung macht sich die EuUntVO die Kollisionsregeln des HUntProt zu Eigen (Dose, in: Wendl/Dose § 9 Rn. 2). Art. 3 HUntProt sieht als Regelanknüpfungspunkt für das anzuwendende Recht den gewöhnlichen Aufenthalt des Unterhaltsberechtigten vor. Diese Grundregel beruht auf dem Gedanken, dass das Recht am gewöhnlichen Aufenthalt das Recht mit den engsten Verbindungen zu den tatsächlichen Lebensumständen des Unterhaltsberechtigten ist (Dose, in: Wendl/Dose § 9 Rn. 13). Nach Art. 4 HUntProt ist, wenn die berechtigte Person nach dem in Art. 3 vorgesehenen Recht von der verpflichteten Person keinen Unterhalt erhalten kann, das am Ort des angerufenen Gerichts geltende Recht (lex fori) anzuwenden. Neben den allgemeinen und besonderen Regeln für die Ermittlung des anwendbaren materiellen Rechts enthält das HUntProt in Art. 14 auch eine Vorschrift über die Bemessung des Unterhalts. Danach sind bei der Bemessung des Unterhalts die Bedürfnisse der berechtigten Person (= Bedarf und Bedürftigkeit) und die wirtschaftlichen Verhältnisse der verpflichteten Person (= Leistungsfähigkeit) zu berücksichtigen, selbst wenn das anzuwendende nationale Recht etwas anderes bestimmt. Unabhängig von der Anwendbarkeit deutschen oder ausländischen Unterhaltsrechts bereitet die Unterhaltsbemessung zusätzliche Schwierigkeiten, wenn der Unterhaltsberechtigte und der Unterhaltsverpflichtete nicht in demselben Staat leben und in den beiden Ländern Unterschiede in der Kaufkraft bestehen (Beispielsfall: BGH 9.5.1990 – XII ZB 133/88, FamRZ 1990, 992).

22 Von praktischer Bedeutung ist ferner das **Auslandsunterhaltsgesetz** (AUG), das der Durch- bzw. Ausführung der EuUntVO dient sowie der Erleichterung der Geltendmachung von Unterhaltsansprüchen im Ausland. Das AUG regelt dazu die Zusammenarbeit mit ausländischen Gerichten und Behörden; es enthält keine kollisionsrechtlichen oder materiellrechtlichen Regelungen.

Weiterführende Literatur:
- Allgemein zum Unterhaltsrecht: Eschenbruch/Schürmann/Menne 2020
- Zum Elternunterhalt: Hauß 2020
- Zu Auslandsbezügen im Unterhaltsrecht: Streicher/Borth, in: Schwab/Ernst 2019 § 11; Dose, in: Wendl/Dose 2019 § 9

6. Der Unterhalt der Kinder

Gesetzessystematisch betrachtet ist der Kindesunterhalt nur ein Unterfall des allgemeinen Unterhalts unter Verwandten, so, wie er im voranstehenden Kap. 5 besprochen wurde. In rechtstatsächlicher Hinsicht jedoch ist er der Hauptanwendungsfall des Verwandtenunterhalts. Dies umso mehr, als eine zweite bisher praktisch bedeutsame Fallkonstellation, der Unterhalt der „mittelalten" Kinder für ihre alten, zumal pflegebedürftigen Eltern, in Folge des zum 1.1.2020 in Kraft getretenen „Angehörigen-Entlastungsgesetzes" statistisch gesehen an Bedeutung verlieren wird. Die mit ihm vorgenommene Neuregelung in § 94 Abs. 1a SGB XII nämlich wird faktisch vor allem in Bezug auf diese Gruppe von Unterhaltsberechtigten zu einer Entlastung der Leistungsverpflichteten führen, zumindest dann, wenn sie über ein jährliches Einkommen von nicht mehr als 100.000 Euro verfügen. Zu erwähnen ist allerdings, dass es sich hierbei, weil dies eine Regelung aus dem Sozialrecht ist, um einen Bruttobetrag handelt, während im familienrechtlichen Unterhaltsrecht ansonsten Nettobeträge zugrunde gelegt sind.

1

Ausführlich behandelte Bestimmungen

- §§ 1602 Abs. 2, 1603 Abs. 3, 1611 Abs. 2, 1612 Abs. 2 BGB: Dies sind die jeweiligen einschlägigen Spezialvorschiften in den allgemeinen Unterhaltsbestimmungen zu Bedürftigkeit, Leistungsfähigkeit, Verwirkung des Unterhaltsanspruchs und Form der Unterhaltsleistung.
- § 1606 Abs. 3 S. 2 BGB: Erfüllung der Unterhaltspflicht durch Pflege und Erziehung des Kindes (Betreuungsunterhalt)
- § 1610 BGB Maß des Unterhalts in Abhängigkeit von der Lebensstellung des Berechtigten; Ausbildungsunterhalt
- §§ 1612a BGB; §§ 249 ff. FamFG: Mindestunterhalt und vereinfachtes Verfahren

Wichtige, interessante Entscheidungen

- Zur gesteigerten Unterhaltspflicht gegenüber dem minderjährigen und dem ihm gleichgestellten Kind: BGH 5.10.2006 – XII ZR 197/02
- Zur Zugrundelegung eines fiktiven Einkommens: BGH 9.7.2003 – XII ZR 83/00. Zur Verfassungsmäßigkeit der Bildung eines fiktiven Einkommens: BVerfG 18.3.2008 – 1 BvR 125/06
- Unterhalt bei paritätischem Wechselmodell: 5.11.2014 – XII ZB 599/13 und bei erweitertem Umgang: BGH 12.3.2014 – XII ZB 234/13.
- Unterhalt bei Zweitausbildung: BGH 8.3.2017 – XII 192/16
- Verfassungsmäßigkeit des Mindestunterhalts: BVerfG 14.7.2011 – 1 BvR 932/10

6.1 Kindesunterhalt im Allgemeinen

Unbeschadet der gesetzessystematischen Lösung verfügt der Kindesunterhalt über eine Reihe von Besonderheiten, die teils gesetzlich geregelt, teils von der Rechtsprechung entwickelt worden sind. Dabei kann die Problematik des Kindesunterhalts allerdings nicht auf den Unterhalt *der Eltern* für ihre *minderjährigen* Kinder verkürzt werden. Denn *zum einen* besteht die Unterhaltspflicht, wie in Kap. 5 dargestellt, grundsätzlich zwischen Verwandten in gerader Linie (§ 1601 BGB). Praktisch gesehen könnte dies

2

vor allem auch die *Großeltern* betreffen, und zwar dann, wenn bei beiden Elternteilen Unterhaltsleistungen nicht erlangt werden können (§ 1607 Abs. 2 BGB). Allerdings wird den Großeltern dann ein höherer Selbstbehalt zugestanden (im Einzelnen: BGH 20.12.2006 - XII ZR 137/04). *Zum anderen* erlischt die Unterhaltspflicht gegenüber den Kindern nicht mit Erreichen der Volljährigkeit (OLG München 29.2.2016 – 34 Wx 19/16). Demzufolge hat ein minderjähriges Kind auch einen Anspruch auf Erstellung eines unbefristeten, also über das Erreichen der Volljährigkeit hinaus geltenden Unterhaltstitels (OLG Bamberg 14.5.2018 – 2 UF 14/18).

3   So lange das Kind minderjährig ist und in einem gemeinsamen Haushalt mit seinen Eltern lebt, werden Unterhaltsfragen kaum thematisiert werden, denn die elterliche Sorge, insbesondere Pflege und Erziehung des Kindes, und das Aufbringen des Unterhalts hierfür gehen praktisch Hand in Hand. Deshalb ist es in diesen Fällen auch den Eltern selbst überlassen, in welchen Formen sie den Unterhalt erbringen, sofern sie sorgeberechtigt sind (§ 1612 Abs. 2 BGB). In der Regel wird es sich dabei um sog. Naturalunterhalt handeln. Bekommen minderjährige Kinder bspw. ein „Taschengeld" von ihren Eltern, dann geschieht dies nicht etwa in Erfüllung eines Rechtsanspruchs des minderjährigen Kindes hierauf im Rahmen der elterlichen Unterhaltsverpflichtung. Vielmehr besteht der rechtliche Bezug in diesem Fall zu § 1626 Abs. 2 BGB, der den Eltern aufgibt, ihr Kind zu selbständigem und verantwortungsbewusstem Handeln zu erziehen, wozu eben auch der Umgang mit insoweit frei verfügbaren finanziellen Mitteln gehört. Ausdrücklich wird auf Erziehungskosten als Bestandteil der Unterhaltsverpflichtung in § 1610 Abs. 2, 2. HS BGB verwiesen. Zumindest im Grundsatz ebenfalls aus dem Gedanken der Elternverantwortung abzuleiten ist, dass minderjährige Kinder – in der Realität würde dies wohl am ehesten Kinder im Teenager-Alter betreffen – selbst bei gravierendem Fehlverhalten gegenüber den Eltern ihren Unterhaltsanspruch nicht verwirken können (§ 1611 Abs. 2 BGB). Allerdings gilt dies auch dann, wenn unterhaltspflichtige Eltern(-teile) nicht die elterliche Sorge innehaben bzw. nicht mit dem Kind zusammenleben.

4   Auch die in Kap. 5 dargestellten Grundsätze von **Bedürftigkeit** und **Leistungsfähigkeit** der unterhaltsverpflichteten Eltern sind mit Bezug auf minderjährige Kinder modifiziert. Die Sonderregelung zur Bedürftigkeit in § 1602 Abs. 2 BGB besteht darin, dass minderjährige Kinder beim Unterhaltsanspruch gegen die Eltern den sogenannten Stamm des Vermögens nicht einzusetzen haben, sondern nur die Einkünfte aus dem Vermögen.

> Beispiel: Das minderjährige und unverheiratete Kind hat von der Oma einen Sparbrief mit 10.000 Euro geschenkt bekommen. Hier braucht es diesen Sparbrief nicht einzusetzen. Allerdings müssen die anfallenden Zinsen eingesetzt werden. Insofern wird die Bedürftigkeit des Kindes um die Zinsen gemindert.

Ein minderjähriges Kind trifft in der Regel auch keine Erwerbsobliegenheit; es gilt als bedürftig. Etwas anderes kann allenfalls gelten, wenn es nach Erfüllung der vollzeitlichen Schulpflicht weder eine Ausbildung noch eine Erwerbstätigkeit aufnimmt (HK-FamR/Pauling/J. Maier § 1602 Rn. 7).

5   Auch bei der **Leistungsfähigkeit der unterhaltsverpflichteten Eltern** gibt es eine Ausnahme: Sind die Eltern nicht hinreichend leistungsfähig, können sie also ihren angemessenen Unterhalt i.S.v. § 1603 Abs. 1 BGB (2021: 1.400 Euro) selbst nicht sichern, so entfällt gegenüber minderjährigen Kindern ihre Unterhaltspflicht nicht: Die Eltern sind nach **§ 1603 Abs. 2 S. 1 BGB** verpflichtet, alle ihnen zur Verfügung stehenden

Mittel einzusetzen. Hierfür sind auch bspw. Nebentätigkeiten zumutbar, sofern der Unterhaltsverpflichtete eine wöchentliche Arbeitszeit von unter 40 Stunden hat. Auch für einen Unterhaltspflichtigen, der als Hausmann die Pflege und Erziehung der Kinder aus einer neuen Partnerschaft übernommen hat, gilt die sog. gesteigerte Erwerbsobliegenheit. Auch ihm ist die Übernahme eines Nebenjobs zumutbar (BGH 5.10.2006 – XII ZR 197/02). Bei dieser gesteigerten Unterhaltspflicht bleibt den Eltern nur der sog. notwendige Eigenbedarf (Selbstbehalt), der (2021) bei erwerbstätigen Unterhaltspflichtigen monatlich 1.160 Euro, bei nicht erwerbstätigen Unterhaltspflichtigen 960 Euro beträgt (im Einzelnen vgl. Kap. 7). Von dieser Ausnahme sieht § 1603 Abs. 2 S. 3 BGB wiederum Ausnahmen vor, sodass sich bei minderjährigen Kindern Folgendes ergibt:

- Einsatz der eigenen Einkünfte (Einkommen, Erträge des Vermögens),
- Unterhaltspflicht der Eltern im normalen Umfang,
- Einsatz des Stammvermögens des Kindes,
- Unterhalt durch andere nachrangige Unterhaltsverpflichtete,
- „Notgemeinschaft" zwischen Eltern und Kind.

6.2 Volljährige Kinder

Nach § 1603 Abs. 2 S. 2 BGB werden zunächst **volljährige unverheiratete** Kinder **bis zur Vollendung des 21. Lebensjahres**, solange sie **im Haushalt der Eltern** oder eines Elternteils **leben** und sich in der **allgemeinen Schulausbildung** befinden, minderjährigen unverheirateten Kindern gleichgestellt. Das bedeutet, dass die in Rn. 5 dargestellten Besonderheiten auch für diese volljährigen Kinder gelten. Grund dieser Erweiterung war die Überlegung, dass die Lebensstellung dieser Kinder, solange sie eben zu Hause wohnen und von dort der allgemeinen Schulpflicht (also nicht z.B. Hochschule, Berufsausbildung usw.) nachgehen, – ungeachtet der Tatsache, dass sie nunmehr volljährig sind – mit der Lebensstellung minderjähriger Kinder vergleichbar ist. Darüber hinaus erstreckt sich der allgemeine Grundsatz für unverheiratete Kinder in § 1612 Abs. 2 S. 1, 1 HS BGB, wonach die Eltern die **Art des Unterhalts bestimmen** und ihn insbesondere auch in Form des **Naturalunterhalts** erbringen können, auch auf die Volljährigkeit. Dies gilt allerdings nur, wenn die Eltern bei der Festlegung auf die Art des Unterhalts in gebotener Weise Rücksicht auf die Belange des Kindes nehmen (§ 1612 Abs. 2 S. 1, 2. HS BGB). Anderenfalls ist die Unterhaltsbestimmung unwirksam (Obermann in Schwab/Ernst § 9 Rn. 219). Voraussetzung für die Bestimmung des Unterhalts in Naturalform ist ohnehin, dass das Kind im Haushalt der Eltern bzw. des die Bestimmung treffenden Elternteils lebt. (Für das minderjährige Kind gilt die spezielle Regelung in § 1612 Abs. 2 S. 2 BGB.) Hat das Kind während der Minderjährigkeit mit nur einem Elternteil gelebt, so kann der andere nicht bei Eintritt der Volljährigkeit verlangen, dass das Kind nunmehr in seinem Haushalt leben und sich im Wege des Naturalunterhalts versorgen lassen solle (BGH 27.4.1988 – IVb ZR 56/87).

Die Wirksamkeitsprüfung einer Unterhaltsbestimmung kann zwar prinzipiell auch das minderjährige Kind betreffen, das in realen Anwendungsfällen aber zumindest schon an der Schwelle zur Volljährigkeit stehen dürfte. Wirkliche praktische Relevanz erlangt sie bei volljährigen Kindern. Denn das Problem besteht hier darin, dass durch die Bestimmung der Unterhaltsgewährung zugleich – zum Teil bewusst – Einfluss auf die Lebensführung genommen und damit versucht werden kann, „Erziehung nach Volljährigkeit" zu realisieren. Eine noch größere Rolle werden allerdings wirtschaftliche Überlegungen spielen, insofern das im Elternhaus verbleibende volljährige Kind mittels Naturalunterhalts für die Eltern kostengünstiger versorgt werden kann als durch die Leistung von Barunterhalt. Damit können die wirtschaftlichen Interessen der Eltern in einen Gegensatz zu einer selbstbestimmten Lebensgestaltung des volljährigen Kindes geraten. Bis zur Gesetzesänderung durch das UÄndG zum 1.1.2008 haben die Gerichte die Bestimmung der Eltern nur aus besonderen Gründen abgeändert, die regelmäßig schwerer wiegen mussten, als die dem Bestimmungsrecht der Eltern zugrunde liegenden Motive (z.B.: OLG Düsseldorf 22.2.1993 – 3 Wx 520/92: Wiederholte Züchtigung der fast volljährigen Tochter). Nunmehr ist in Fällen eines Dissenses zur Art des Unterhalts regelmäßig eine *Interessenabwägung* zwischen Eltern und Kind vorzunehmen, in der es zu berücksichtigen gilt, dass beide Teile einander zu Beistand und Rücksichtnahme verpflichtet sind (§ 1618a BGB). Jedoch gilt nach der Spruchpraxis der Gerichte immer noch, dass das Recht des volljährigen Kindes auf Selbstbestimmung hinter dem elterlichen Bestimmungsrecht grundsätzlich zurücktritt und nur ausnahmsweise Vorrang genießt (OLG Brandenburg 15.3.2017 – 9 WF 288/17). Bei der Beurteilung dessen, wann eine derartige Besonderheit vorliegen soll, die ein Überwiegen des Kindesinteresses rechtfertigt, wird aber mittlerweile das Interesse des Kindes an einer selbstständigen Lebensführung stärker berücksichtigt. Wenn bspw. der Studienplatz in der gewünschten Studienrichtung nicht am Ort bzw. in zumutbarer Entfernung von der elterlichen Wohnung zu erlangen ist, hat das Kind einen Anspruch auf Barunterhalt, weil sein Recht auf eine selbstbestimmte Ausbildung hier überwiegen würde. Zugunsten von volljährigen Kindern haben die Gerichte, allerdings bereits vor der Gesetzesänderung durch das UÄndG, u.a. auch bei tiefgreifender Entfremdung zwischen Eltern und Kind, beengten, für das volljährige Kind unzumutbaren Wohnverhältnissen, Misshandlungen u.ä. entschieden (i.E. Obermann in Schwab/Ernst § 9 Rn. 223). Andererseits verliert aber ein volljähriges Kind seinen Unterhaltsanspruch, wenn es einem wirksam ausgeübten Bestimmungsrecht der Eltern keine Folge leistet, so das OLG Brandenburg in der zitierten Entscheidung.

6.3 Erziehungs- und Ausbildungskosten

8   Unter Kap. 5.1.2. ist die Höhe des Unterhalts, der Bedarf, allgemein angesprochen. Für die Situation von Kindern sind die Kosten der Erziehung und der Schul- oder Berufsausbildung noch einmal von besonderer Bedeutung. Sie sind ausdrücklich in **§ 1610 Abs. 2 BGB** benannt. Die **Erziehungskosten** umfassen etwa die in einer Kindertagesstätte anfallenden Verpflegungskosten, nach aktueller Rechtsprechung des BGH jedoch nicht mehr die Kindergartenbeiträge; letztere werden jetzt als Mehrbedarf des Kindes angesehen (BGH 26.11.2008 – XII ZR 65/07). Von Bedeutung ist die Einstufung als Erziehungskosten oder Mehrbedarf deshalb, weil die Erziehungskosten in den in den Unterhaltstabellen ausgewiesenen Unterhaltsbeträgen enthalten sind, der Mehrbedarf jedoch nicht (siehe Kap. 7). Ebenfalls zum Mehrbedarf gehören Kosten für Heim- bzw. Internatsunterbringung, sofern sie etwa durch besonderen Erziehungsbedarf, Lernschwierigkeiten, Behinderungen oder (chronische) Erkrankungen veranlasst sind. Ein Sonderbedarf, der also zum angemessenen Unterhalt zusätzlich hinzutritt, liegt hingegen i.d.R. vor, wenn das Kind an einer Privatschule unterrichtet wird (Obermann in Schwab/Ernst § 9 Rn. 95). Für ihn muss nicht nur der barunterhaltspflichtige Elternteil (s.u. Kap. 6.4), sondern müssen die Eltern gemeinsam entsprechend ihrer wirtschaftlichen Situation und dadurch bedingten Leistungsfähigkeit aufkommen.

6.3 Erziehungs- und Ausbildungskosten

Die **Schul- und Berufsausbildungskosten** hat der Gesetzgeber besonders erwähnt, um deutlich zu machen, dass unabhängig von der Volljährigkeit diese Kosten zum Unterhalt gehören. Der Anspruch auf Finanzierung einer angemessenen, der Begabung, Neigung und dem Leistungswillen entsprechenden Berufsausbildung ist vom Gegenseitigkeitsprinzip geprägt: Der Unterhaltsverpflichtung steht die Verpflichtung des Unterhaltsberechtigten gegenüber, mit Zielstrebigkeit in der angemessenen und üblichen Zeit seine Ausbildung zu beenden, d.h. der Unterhaltsberechtigte hat seine Ausbildung planvoll und zielstrebig durchzuführen. Ansonsten büßt er u.U. den Unterhaltsanspruch ein und muss dann seinen Lebensunterhalt durch Erwerbstätigkeit selbst bestreiten (BGH 4.3.1998 – XII ZR 173/96).

In der Praxis treten Probleme vor allem bei der Beantwortung der Frage auf, was eine angemessene Vorbildung für einen Beruf i.S.v. § 1610 Abs. 2 BGB sei. Während bei minderjährigen Kindern das Bestimmungsrecht hierzu Bestandteil der elterlichen Sorge ist, freilich mit der Maßgabe, dass bei seiner Ausübung auf Eignung und Neigung des Kindes Rücksicht zu nehmen sei (§ 1631a BGB), bestimmen Volljährige in eigener Verantwortung, welchen Ausbildungsgang sie nehmen. Jedoch gilt auch hier das Gebot gegenseitiger Rücksichtnahme. So sind die Eltern nicht verpflichtet, Unterhalt für Zeiten zu leisten, während derer das Kind nur pro forma an einer Hochschule eingeschrieben ist, um etwa auf einen interessanteren, aber schwerer zu erlangenden Studienplatz zu warten (sog. Parkstudium). Für eine solche Wartezeit kann vom Kind die Ausübung einer Erwerbstätigkeit erwartet werden. Auch mit außergewöhnlichen Kosten verbundene Ausbildungen, etwa an privaten Bildungseinrichtungen oder im Ausland, von den Eltern finanzieren zu lassen, kann das Kind nur mit Rücksicht auf deren konkrete wirtschaftliche Verhältnisse verlangen.

Die Ausbildung ist an den für den Ausbildungsgang aufgestellten Plänen auszurichten (BGH 12.5.1993 – XII ZR 18/92), d.h. die Unterhaltspflicht reicht grundsätzlich bis zur Erreichung des Regelabschlusses, danach allenfalls nur noch in eingeschränktem Umfang. Die Verpflichtung zur Finanzierung einer sogenannten **Zweitausbildung** besteht grundsätzlich nicht. Jedoch gibt es hiervon Ausnahmen, z.B., wenn eine Ausbildung aus gesundheitlichen Gründen abgebrochen werden musste, der zunächst erlernte Beruf keine ausreichende Lebensgrundlage bietet oder das minderjährige Kind gegen seinen Willen von den Eltern in eine bestimmte Ausbildung hineingedrängt wurde und, nunmehr volljährig, eine seinen Neigungen und Fähigkeiten angemessene Ausbildung anstrebt (BGH 17.5.2006 XII ZR 54/04). Weiterhin besteht im Grundsatz auch die Verpflichtung, eine andere Ausbildung zu finanzieren, wenn sich für den Studierenden herausstellt, dass die gewählte Studienrichtung nicht seinen Neigungen und Begabungen entspricht. Allerdings kommt es hier darauf an, dass der Studienwechsel noch möglichst in der Orientierungsphase, also zu einem relativ frühen Zeitpunkt stattfindet (jedoch sind auch hier einzelfallbezogene Ausnahmen anerkannt worden!) und der Studierende sich rechtzeitig mit seinen unterhaltspflichtigen Eltern hierzu ins Benehmen setzt.

Eine Fallkonstellation von besonderer praktischer Relevanz liegt mit dem **Ausbildungsgang Abitur-Lehre-Studium** vor: Nach Abschluss einer Lehrausbildung besteht ein Anspruch auf Finanzierung eines Hochschulstudiums, wenn dieses mit dem vorausgegangenen Ausbildungsabschnitt in einem engen sachlichen und zeitlichen Zusammenhang steht und die Finanzierung des Ausbildungsganges den Eltern wirtschaftlich zumutbar ist.

Beispiel: Die Tochter hatte eine berufliche Ausbildung als Bauzeichnerin gemacht und war dann kurze Zeit als Bauzeichnerin tätig. Anschließend hat sie das Architekturstudium aufgenommen. Dieses steht in einem engen sachlichen Zusammenhang mit der Ausbildung als Bauzeichnerin. Da auch ein zeitlicher Zusammenhang zwischen Bauzeichnertätigkeit und Architekturstudium gegeben war und die Eltern außerdem wirtschaftlich in der Lage waren, ein solches Studium zu finanzieren, stand der Tochter ein entsprechender Unterhaltsanspruch gegen die Eltern zu (so BGH 7.6.1989 – IVb ZR 51/88., vgl. auch BGH 23.5.2001 – XII ZR 148/99).

Das bedeutet, dass die Studierenden in diesen Fällen einen Unterhaltsanspruch gegen die Eltern haben – was wiederum dazu führt, dass bei Leistungen der Ausbildungsförderung derartige Unterhaltsansprüche nach § 37 BAföG übergehen. Die Rechtsprechung stellt bei der Beurteilung, ob zwischen den beiden Ausbildungen ein sachlicher Zusammenhang besteht, vor allem darauf ab, ob von vornherein nach der ersten beruflichen Ausbildung ein Hochschulstudium geplant war. Dies wird z.B. auch angenommen, wenn nach dem Abitur zunächst eine Banklehre absolviert und anschließend ein Jura-Studium aufgenommen wird (BGH 23.10.1991 – XII ZR 174/90). Unter Bezugnahme auf diese Entscheidung präzisierte der BGH später, dass selbst dann, wenn der Studienentschluss erst nach Beendigung der Lehre gefasst wird, ein solcher Zusammenhang bestehen kann, „weil es gerade der Eigenart des vom herkömmlichen Bild abweichenden Ausbildungsverhältnisses entspricht, dass sich der Abiturient bei Aufnahme der praktischen Ausbildung vielfach noch nicht über ein anschließendes Studium schlüssig ist" (BGH 17.5.2006 – XII ZR 54/04, BGH 8.3.2017 – XII ZB 192/16). Die Planung eines Hochschulstudiums wird jedoch in aller Regel nicht angenommen, wenn das Kind *nach einem Realschulabschluss* eine Lehre absolviert, selbst wenn es anschließend noch ein Fachabitur ablegen und an einer Fachhochschule studieren möchte (i.E. Obermann in Schwab/Ernst § 9 Rn. 99f.). Zu der Frage, ob bzw. inwieweit ein Masterstudium Teil einer einheitlichen Erstausbildung ist oder ob es sich nach Abschluss eines Bachelorstudienganges um ein Zweitstudium handelt, hat der BGH noch nicht gesondert entschieden. Er verweist jedoch in dem angegebenen Beschluss vom 8.3.2017 u.a. auf eine Entscheidung des OLG Celle, wonach von einer mehrstufigen einheitlichen Ausbildung jedenfalls dann ausgegangen werden muss, wenn der Masterabschluss für das angestrebte berufliche Ziel erforderlich ist, und zwar unabhängig davon, dass auch bereits ein Abschluss als Bachelor einen Eintritt in das Berufsleben ohne Weiteres schon ermöglicht (OLG Celle 2.2.2010 – 15 WF 17/10, ebenso OLG Brandenburg 18.1.2011 – 10 UF 161/10). Hiernach und auch im Lichte von § 7 Abs. 1 BAföG sowie der Rechtsprechung des Bundesfinanzhofes zum Anspruch auf Kindergeld während des Masterstudiums (BFH 3.9.2015 – VI R 9/15) kann davon ausgegangen werden, dass jedenfalls ein zeitlich und inhaltlich mit dem Bachelorstudiengang abgestimmtes (konsekutives) Masterstudium auch unterhaltsrechtlich als Teil einer einheitlichen berufsvorbereitenden Ausbildung anzuerkennen ist.

6.4 Minderjährige Kinder in Einelternfamilien

6.4.1 Naturalunterhalt. Baruntherhalt

13 Leben Kinder in einer Einelternfamilie, dann leistet der Elternteil, bei dem das Kind lebt, seinen Anteil am Unterhalt durch die Pflege und Erziehung des Kindes, § 1606 Abs. 3 S. 2 BGB (sog. **Naturalunterhalt**). Der andere Elternteil hingegen leistet Unterhalt in Geld (sog. **Baruntherhalt**). Diese Regelung besteht unabhängig davon, ob die El-

6.4 Minderjährige Kinder in Einelternfamilien

tern miteinander verheiratet sind oder waren, ob sie jemals mit dem Kind zusammengelebt haben oder nicht oder ob ihnen das Sorgerecht gemeinsam oder teilweise gemeinsam zusteht oder ob es ein Elternteil allein innehat. Etwas anderes als für dieses **Residenzmodell** gilt lediglich für das sog. **paritätische Wechselmodell** (Rn. 17). Ist das Kind bspw. zu Ausbildungszwecken, wegen der Inanspruchnahme von Leistungen der Rehabilitation und Teilhabe i.S.v. SGB IX nicht oder nur an den Wochenenden in der Betreuung eines Elternteils, dann sind beide Elternteile insoweit verpflichtet, jeweils anteilig entsprechend ihrer wirtschaftlichen Lage Barunterhalt zu leisten. Bei stationär erbrachten Hilfen zur Erziehung gilt der Unterhalt des Kindes für die Dauer der Leistungen als gesichert, sodass kein Barunterhalt zu leisten ist. Nachträglich kommen allerdings Forderungen des Jugendhilfeträgers in Form einer Beteiligung an den Kosten der Leistung nach § 10 Abs. 2 SGB VIII in Betracht.

Hinsichtlich des Maßes des Unterhalts, das sich gem. § 1610 Abs. 1 BGB nach der **Lebensstellung des Bedürftigen** bestimmt, ergibt sich für das minderjährige Kind die Besonderheit, dass seine Lebensstellung noch untrennbar mit der seiner Eltern verbunden ist. Wird das Kind von einem Elternteil gepflegt und erzogen, dann ist die Lebensstellung des Kindes grundsätzlich auf die Einkommens- und Vermögensverhältnisse des barunterhaltspflichtigen Elternteils begrenzt (BGH 12.3.2014 – XII ZB 234/13). Für die Berechnung der konkreten Höhe des Barunterhalts ist insbesondere die sog. „Düsseldorfer Tabelle" maßgeblich, die nach Einkommensgruppen und Altersstufen gestaffelte Unterhaltsbeträge ausweist (s. Anhang; i.E. Kap. 7). Die Tabelle sieht allerdings bei Überschreiten der höchsten Einkommensstufe (2021: 5.500 Euro netto) Festlegungen „nach den Umständen des Falles" vor. Dies bedeutet, dass es bei höheren Einkommen bzw. überdurchschnittlich hohen Vermögenswerten zwar keine absolute Unterhaltsgrenze gibt, der Unterhalt aber nicht mehr linear zum Einkommen erhöht wird. Vielmehr ist dann der tatsächlich notwendige Bedarf zu ermitteln (BGH 13.10.1999 – XII ZR 16/98). Dies soll gewährleisten, dass das Kind zwar entsprechend seines Alters an einer besonders günstigen wirtschaftlichen Situation der Eltern teilhaben soll, gleichwohl der Kindesunterhalt seine Kernfunktion der angemessenen Versorgung behält und nicht etwa zur Finanzierung einer besonders luxuriösen Lebensführung beansprucht wird (BGH 16.9.2020 – XII ZB 499/19).

In der Praxis sind gelegentlich Strategien anzutreffen, mittels denen der Unterhaltspflichtige die Höhe der (Netto-) Einkünfte zu reduzieren versucht, um weniger oder, bei Unterschreitung der Selbstbehaltsgrenze, gar keinen Unterhalt leisten zu müssen. Wechselt der Unterhaltspflichtige bspw. aus diesem Grunde die Steuergruppe, verkürzt er in einer solchen Absicht seine Arbeitszeit, wechselt in eine geringer vergütete Tätigkeit oder beendet das Arbeitsverhältnis durch Kündigung, kann **ein fiktives Einkommen** für die Festlegung des Unterhalts herangezogen werden (BGH 9.7.2003 – XII ZR 83/100; jüngst: OLG Brandenburg 27.6.2019 – 10 UF 139/17), das allerdings auch objektiv erzielbar sein muss (BVerfG 18.3.2008 – 1BvR 125/06).

Der Barunterhalt ist zunächst auch dann zu leisten, wenn sich das Kind für einige Zeit, z.B. zur Betreuung während einer Erkrankung des anderen Elternteils oder in den Schulferien bzw. zur Verbringung eines gemeinsamen Urlaubs, bei dem barunterhaltspflichtigen Elternteil aufhält. Übernimmt der barunterhaltspflichtige Elternteil zusätzlich noch die Betreuung des Kindes, weil der ansonsten betreuende Elternteil für längere Zeit wegen eines Klinikaufenthalts o.ä. nicht zur Verfügung steht, dann steht ihm unter Umständen ein sog. **familienrechtlicher Ausgleichsanspruch** gegenüber dem anderen Elternteil zu, das krankheitsbedingt insoweit an der Leistung seiner Unterhaltspflicht gehindert ist. Diese Rechtsfigur wurde zwar vom BGH für den umgekehrten Fall entwickelt, dass der betreuende Elternteil, weil der andere seiner Barunterhaltspflicht nicht nachkommt, auch noch diesen Teil des Unterhalts aufbringen muss, um das Kind angemessen zu versorgen. Sie könnte allerdings auch in der zuvor dargestellten Fallkonstellation zur Anwendung kommen (i.E. HK-FamR/Pauling/Maier § 1606 Rn. 10 f.). In anderen Fällen, in denen sich das Kind häufiger beim Barunterhaltspflichtigen aufhält, spricht man von einem sog. **erweiterten Umgangsrecht**. Hier kommt zwar u.U. eine **Minderung des Barunterhalts** in Betracht, jedoch niemals seine auch nur teilweise Umwandlung in Naturalunterhalt. Ohnehin bedürfen die Voraussetzungen dafür, ob der Fall eines erweiterten Umgangsrechts vorliegt, jedes Mal einer genauen Prüfung. Ein erweiterter Umgang liegt bspw. noch nicht vor, wenn die Zahl der Übernachtungen bei dem barunterhaltspflichtigen Elternteil noch unter 25 Prozent liegt; dies befände sich, so das OLG Brandenburg, noch im Rahmen üblicher Umgangskontakte (OLG Brandenburg 26.10.2006 – 15 UF 64/06). Bei einem Betreuungsanteil der Eltern von einem Drittel zu zwei Dritteln hingegen ist dieser Rahmen zwar erkennbar überschritten. Jedoch hält auch in diesem Fall der BGH weiterhin an dem Grundsatz fest, dass der schwerpunktmäßig betreuende Elternteil Naturalunterhalt, der andere Barunterhalt zu leisten verpflichtet ist, weil dies, insbesondere wegen des notwendigen Vorhaltens von Wohnraum, nicht zwangsläufig zu Ersparnissen des betreuenden Elternteils führen müsse. Hier käme aber dann eine Minderung des Unterhalts in Betracht, etwa wenn der Barunterhaltspflichtige in Absprache mit dem betreuenden Elternteil auch Kleidung für das Kind anschafft (BGH 28.2.2007 – XII ZR 161/04). Zu einer Reduzierung des Barunterhalts bei tatsächlichem erweitertem Umgang kann es auch kommen, wenn die damit in Zusammenhang stehenden Kosten (v.a. Fahrt- und Unterbringungskosten) besonders hoch sind (BGH 12.3.2014 – XII ZB 234/13). Jedoch darf selbst bei erweitertem Umgang eine Kürzung nicht zu einem Betrag unterhalb der durch den Mindestunterhalt (hierzu unten 6.4.2) gezogenen Grenze führen (KG 11.12.2015 – 13 UF 164/15).

17   Etwas anderes gilt nur für das **paritätische Wechselmodell**. In ihm lebt das Kind bei jedem Elternteil für einen jeweils gleich langen Zeitraum, z.B. im wöchentlichen oder monatlichen Wechsel. Das Wechselmodell kommt i.d.R. auf Grundlage einer Vereinbarung der (gemeinsam sorgeberechtigten) Eltern zustande. Es kann jedoch seit einer Entscheidung des BGH vom 1.2.2017 (XII ZB 601/15) auch im Rahmen einer gerichtlichen Umgangsregelung ohne bzw. gegen den Willen der Eltern oder eines Elternteils durch das Familiengericht angeordnet werden, sofern dies kindeswohldienlich ist (vgl. Kap. 11 Rn. 2). Im paritätischen Wechselmodell erfüllen beide Eltern ihre Unterhaltsverpflichtung durch Betreuung des Kindes teilweise. Sie haben aber auch beide anteilig für den Barunterhalt einzustehen. Der angemessene Unterhaltsbedarf des Kindes, d.h. seine Lebensstellung, bemisst sich hier nach dem Einkommen beider Elternteile. Er umfasst auch den Mehrbedarf infolge der Anwendung des Wechselmodells, z.B. wegen erhöhter Wohnkosten, Fahrtkosten oder dem doppelten Erwerb persönlicher Gegenstände für das Kind (BHG 5.11.2014 – XII ZB 599/13). Aus den beiden Einkommen der Eltern ist **ein** Betrag zu bilden, entsprechend dem dann der jeweilige Unterhalsbedarf der Düsseldorfer Tabelle zu entnehmen ist. Gegenüber dem besserverdienenden Elternteil besteht dann ein interner Ausgleichsanspruch. Hierbei handelt es sich jedoch nicht um einen oben (Rn. 16) angesprochenen familienrechtlichen Ausgleichsanspruch des anderen Elternteils, sondern um einen Anspruch des Kindes. Soll er in einem fami-

6.4 Minderjährige Kinder in Einelternfamilien

liengerichtlichen Verfahren geltend gemacht werden, kann dann aber die Regelung des § 1629 Abs. 2 S. 2 BGB zum Sonderfall der alleinigen Vertretungsbefugnis in Unterhaltssachen nicht zur Anwendung kommen, da es an der hierfür notwendigen Voraussetzung fehlt, dass sich das Kind in der Obhut (nur) eines Elternteils befindet. Es wäre hier also ein Ergänzungspfleger nach § 1909 Abs. 1 BGB (vgl. Kap. 12.3) zu bestellen. Die andere Möglichkeit bestünde darin, dass das FamG einem Elternteil die Entscheidung zur Geltendmachung von Unterhalt nach § 1628 BGB allein überträgt (BGH 12.3.2014 – XII ZB 234/14, Streicher in Schwab/Ernst § 10 Rn. 10). Darüber, wer von den beiden Elternteilen das Kindergeld beziehen soll, wird im Zweifel nach dem Kindeswohlprinzip (vgl. Kap. 12.1) entschieden. Jedenfalls muss sichergestellt sein, dass das Kindergeld auch tatsächlich zum Wohl des Kindes verwendet wird (OLG Celle 25.5.2018 – 19 UF 24/18). Auch bei der Anwendung von § 1612b BGB (hierzu unten Rn. 22) ergeben sich Modifikationen: Die eine Hälfte des Kindergelds ist zwar – wie üblich – dem Barunterhalt zuzurechnen. Die auf die Betreuung des Kindes fallende andere Hälfte ist hingegen zwischen den Eltern auszugleichen. Dieser Ausgleichsanspruch beträgt demnach ein Viertel des Kindergeldes. Der Ausgleich kann nach einer Entscheidung des BGH in Form der Verrechnung mit dem Kindesunterhalt erfolgen (BGH 20.4.2016 – XII ZB 45/15).

6.4.2 Mindestunterhalt

18 Die aus den Einkommens- und Vermögensverhältnissen des Barunterhaltspflichtigen abgeleiteten jeweiligen Unterhaltsbeträge entsprechend der bisherigen Darstellung können, sofern sie in gerichtlichen Entscheidungen oder Vergleichen festgelegt sind, im Fall sich verändernder Umstände in der Lebensstellung des Kindes – also bei Einkommensveränderungen des Pflichtigen – nur im Wege eines Abänderungsantrages nach § 238 oder § 239 FamFG verändert werden. Ansonsten bleiben sie konstant. Sie werden daher auch als **statische Unterhaltsbeträge** bezeichnet. Mit dem UÄndG ist mit § 1612a BGB aber eine Regelung gefunden worden, die eine **Dynamisierung des Unterhaltsanspruchs** minderjähriger Kinder, die nur von einem Elternteil betreut werden, innerhalb eines bestimmten Bedarfsspektrums ermöglicht. Hier wird der Unterhaltsbetrag dem jeweils geltenden Mindestunterhalt angepasst, ohne dass eine Abänderung des Unterhaltstitels notwendig würde. Der Mindestunterhalt kann zudem im Wege eines vereinfachten Verfahrens (s.u. Kap. 6.4.3) erlangt werden, das zeitlich kürzer und auch weniger kostenintensiv ist als eine gerichtliche Auseinandersetzung sonst. Freilich ist ein Rückgriff auf diese Möglichkeit nur dann zu empfehlen, wenn die Einkommensverhältnisse des Barunterhaltspflichtigen nicht einen deutlich über dem Mindestunterhalt liegenden Betrag erwarten lassen.

19 Der Mindestunterhalt des § 1612a BGB ist derjenige Barunterhaltsbetrag, auf den das minderjährige Kind ohne Weiteres, d.h. ohne weitere Darlegungs- und Beweispflicht, einen Anspruch hat (Obermann in Schwab/Ernst 2019 § 9 Rn. 26). Die Festlegung des **Mindestunterhalts des minderjährigen Kindes** erfolgt durch das Einkommensteuerrecht und die dort enthaltene Bezugnahme auf das **Existenzminimum** des Kindes. Dieses Existenzminimum wird von der Bundesregierung alle zwei Jahre in einem Existenzminimumbericht auf der Grundlage der durchschnittlichen sozialhilferechtlichen Regelsätze der Bundesländer und der pauschalierten Wohn- und Heizkosten festgelegt und bildet die Orientierungsgröße für die Höhe des einkommensteuerrechtlichen Existenzminimums. Für das Jahr 2021 wurde es auf 5.412 Euro und für 2022 auf 5.460 Euro festgelegt.

Mit § 1612a BGB sind altersstufenabhängige Prozentsätze dieses steuerfrei zu stellenden tatsächlichen Existenzminimums des Kindes als Mindestunterhalt festgelegt worden, und zwar

- für die Zeit bis zur Vollendung des 6. Lebensjahres (erste Altersstufe) 87 Prozent,
- für die Zeit vom 7. bis zur Vollendung des 12. Lebensjahres (zweite Altersstufe) 100 Prozent und
- für die Zeit vom 13. Lebensjahr an (dritte Altersstufe) 117 Prozent.

In der nach § 1612a Abs. 4 BGB erlassenen Mindestunterhaltsverordnung (MinUhV) vom 3.11.2020 ist der 100 Prozent-Satz für das Jahr 2021 auf 451 Euro festgesetzt.

6.4.3 Verfahren über den Unterhalt. Vereinfachtes Verfahren

20 Das Verfahren in Unterhaltssachen richtet sich nach dem 2. Buch, 9. Abschnitt FamFG. Als Verfahrensspezifik hervorzuheben ist zunächst die gerichtliche Möglichkeit, bei Vorliegen der gesetzlichen Voraussetzungen sogar die Verpflichtung, von den Verfahrensbeteiligten Auskunft über ihre Einkünfte, das Beibringen von Belegen hierüber bzw. die Abgabe einer schriftlichen Erklärung darüber, dass die gemachten Angaben wahrheitsgemäß erfolgt sind, zu verlangen (§ 235 FamFG). Führt dies nicht zum Ziel, kann das FamG bzw. bei Vorliegen der in § 236 FamFG genannten Voraussetzungen nach pflichtgemäßem Ermessen entsprechende Auskünfte und Belege hierzu von im Gesetz bezeichneten Dritten einfordern. Wird dies von einem der Verfahrensbeteiligten beantragt, so ist das FamG hierzu sogar verpflichtet. Geht es um den Unterhalt für ein minderjähriges Kind, kann das Jugendamt auf Antrag desjenigen Elternteils, dem die elterliche Sorge zusteht bzw. in dessen Obhut es sich im Fall der gemeinsamen elterlichen Sorge befindet, im Rahmen einer Beistandschaft (§ 234 FamFG) als Beistand auftreten, § 1712 BGB ff. (vgl. Kap. 12.1). Besondere Regelungen bestehen schließlich noch für die einstweilige Anordnung. Gem. § 246 FamFG kann ein Unterhaltstitel bereits auf diesem Wege erlangt werden. Dies ist auch bereits vor der Geburt (§ 247 FamFG) und bei rechtshängigem Vaterschaftsfeststellungsverfahren nach § 1600d BGB (hierzu Kap. 4.2.1.2) möglich (§ 248 FamFG).

21 Im vereinfachten Verfahren kann ein Kindesunterhalt in Höhe bis zum **1,2-fachen des Mindestunterhalts** in vereinfachter Weise geltend gemacht werden (§§ 249–260 FamFG). Das vereinfachte Verfahren ist nur möglich bei der Erstfestsetzung von Mindestunterhalt. Hat schon einmal eine gerichtliche Entscheidung stattgefunden oder ist ein gerichtliches Verfahren anhängig, so kommt es nicht in Betracht (§ 249 Abs. 2 FamFG). In diesen Fällen ist ein Abänderungsantrag nach § 238 FamFG zu stellen. Auch wenn die getrenntlebenden Eltern ein paritätisches Wechselmodell praktizieren, ist das Verfahren zur vereinfachten Unterhaltsfestsetzung unzulässig (OLG Brandenburg 29.8.2017 - 9 WF 160/17). Um das vereinfachte Verfahren durchzuführen, sind gewisse Voraussetzungen erforderlich.

Erforderlich ist der **Antrag** des minderjährigen Kindes bzw. des ihn vertretenden Elternteils. Der Antrag muss u.a. (vgl. i. E. § 250 FamFG) Angaben über Kindergeld oder andere zu berücksichtigende Leistungen und die Erklärung, dass ein Eltern-Kind-Verhältnis zwischen dem Kind und dem Antragsgegner besteht, enthalten. Dies bedeutet insbesondere bei einem nicht in einer Ehe geborenen Kind, dass das Vaterschaftsanerkenntnis oder

6.4 Minderjährige Kinder in Einelternfamilien

die gerichtliche Vaterschaftsfeststellung angegeben werden muss. Wenn die in § 250 Abs. 1 FamFG geforderten Angaben im Antrag nicht enthalten sind oder der Antrag nicht den Vorschriften des § 249 FamFG entspricht, wird er (§ 250 Abs. 2 FamFG) zurückgewiesen. Diese **Zurückweisung** ist mit Rechtsmitteln nicht angreifbar (§ 250 Abs. 2 S. 3 FamFG), der Antragsteller kann aber seinen Antrag korrigieren und einen erneuten Antrag stellen. **Bejaht** das Gericht die Zulässigkeit des Antrages, so hat es den **Antragsgegner** in der in § 251 FamFG im Einzelnen geschilderten Weise **zu beteiligen**. Werden seitens des Antragsgegners keine Einwendungen innerhalb der Monatsfrist (§ 251 Abs. 1 S. 2 Nr. 3 FamFG) geltend gemacht, so setzt der **Rechtspfleger** (§§ 3 Nr. 3g, 25 Nr. 2c RPflG) den **Unterhalt durch Beschluss** fest (§ 253 FamFG). Macht der Antragsgegner **Einwendungen** geltend, so unterscheidet § 252 FamFG diese nach den verschiedenen Arten der Einwendung. Am wichtigsten ist der Einwand der mangelnden Leistungsfähigkeit des Antragsgegners. Dieser kann nur erhoben werden, wenn zugleich über die in § 252 Abs. 2 S. 3 FamFG genannten Umstände Auskünfte erteilt werden. Die **Ablehnung der Einwendungen** erfolgt konkludent dadurch, dass der Unterhalt durch Beschluss festgesetzt wird (§ 252 Abs. 1 S. 3, § 253 Abs. 1 FamFG): Damit sind zugleich die Einwendungen verworfen. Gegen den Festsetzungsbeschluss findet gemäß § 256 FamFG die Beschwerde statt. Werden die **Einwendungen bejaht**, so ist das dem Antragsteller nach § 254 FamFG mitzuteilen. Wenn der Antragsgegner bei den Einwendungen nach § 252 Abs. 2 FamFG erklärt hat, inwieweit er zu Unterhaltsleistungen (oder zur Begleichung des Unterhaltsrückstandes) bereit ist, so ist in diesem Umfang auf Antrag des Antragstellers der Unterhalt durch Beschluss festzusetzen. Die **Korrektur des festgelegten Unterhalts durch Abänderungsantrag** ist in allen Fällen des vereinfachten Verfahrens nach § 240 FamFG gegeben: So kann zunächst das vereinfachte Verfahren zur Festsetzung des Unterhalts durchgeführt werden und gleich anschließend Antrag auf Abänderung der Entscheidung gestellt werden.

6.4.3 Die Anrechnung von Kindergeld und kindbezogenen Leistungen auf den Unterhalt

§§ 1612b, 1612c BGB enthalten Anrechnungsregelungen für kindbezogene Leistungen. Sie gelten für den statischen wie auch für den dynamischen Unterhalt. Angerechnet werden das **Kindergeld** (§ 1612b BGB) und regelmäßig wiederkehrende **kindbezogene Leistungen**, durch die der Anspruch auf Kindergeld ausgeschlossen ist (§ 1612c BGB). Solche das Kindergeld ausschließende Leistungen sind in § 65 EStG und in § 4 Abs. 1 BKKG aufgeführt (z.B. Kinderzulagen aus der gesetzlichen Unfallversicherung, Kinderzuschüsse aus der gesetzlichen Rentenversicherung). Das Kindergeld steht nach dem Einkommensteuergesetz den Eltern zu und soll mittelbar das Existenzminimum des Kindes sichern. § 1612b BGB bestimmt, dass das Kindergeld zur Deckung des Barbedarfs des Kindes zu verwenden ist und führt damit eine unterhaltsrechtliche Zweckbindung des Kindergeldes ein (Scholz FamRZ 2007, 2021 ff.; zur Verfassungsmäßigkeit von § 1612b BGB: BVerfG 14.7.2011 – 1 BvR 932/10). Demgemäß mindert das Kindergeld den Barbedarf des Kindes. Wenn der Elternteil, bei dem das Kind lebt und an den gemäß § 64 Abs. 2 S. 1 EStG das Kindergeld in voller Höhe (2021: jeweils 219 Euro für das erste und zweite Kind, 225 Euro für das dritte Kind, 250 Euro für jedes weitere Kind) ausgezahlt wird, seine Unterhaltspflicht gemäß § 1606 Abs. 3 S. 2 BGB durch Pflege und Erziehung des Kindes erfüllt, führt die bedarfsdeckende Berücksichtigung der Hälfte des Kindergeldes dazu, dass dem minderjährigen Kind nur ein Anspruch auf den Tabellenunterhalt abzüglich 109,50 Euro für das erste und zweite, abzüglich 112,50 Euro für das dritte und abzüglich 125 Euro für jedes weitere Kind zusteht. Besonderheiten der Anrechnung sind beim paritätischen Wechselmodell zu beachten (hierzu vgl. oben Rn. 17).

Weiterführende Literatur:
- K. Eschenbruch/H. Schürmann/M. Menne 2020
- D. Schwab/R. Ernst 2019
- P. Wendl/H.-J. Dose 2019

7. Die Berechnung, Geltendmachung und Durchsetzung von Unterhalt

In vielen Fällen besteht ein Unterhaltsanspruch, sowohl für den ehemaligen Ehegatten als auch für die Kinder. Für die konkrete Berechnung des Unterhalts haben die Gerichte Tabellen entwickelt. Die verbreitetste Tabelle ist die Düsseldorfer Tabelle. Entscheidende Größe für die Berechnung des Unterhalts ist das Nettoeinkommen des Unterhaltsverpflichteten; um dies ermitteln zu können, besteht ein Auskunftsrecht. Kinder, die trotz rechtlicher Ansprüche real keinen Unterhalt bekommen, können Sozialleistungen nach dem UVG erhalten. Die Jugendämter haben bei der Geltendmachung von Unterhaltsansprüchen eine Beratungs- und Unterstützungspflicht.

Ausführlich behandelte Bestimmungen

- Der Auskunftsanspruch: § 1605 BGB
- Die Vertretung des minderjährigen Kindes: § 1629 BGB
- Unterhaltsvorschuss- und -ausfallleistungen: §§ 1–7 UVG
- Unterstützung durch die Kinder- und Jugendhilfe: §§ 18, 56, 60 SGB VIII; §§ 1712–1717 BGB

7.1 Die Düsseldorfer Tabelle

Für die Berechnung des konkreten Unterhaltsbetrages gilt es, die rechtlich abstrakten Begriffe des Bedarfs, der Bedürftigkeit, der Leistungsfähigkeit, des angemessenen Unterhalts (vgl. Kap. 5 und 6) in konkrete Zahlen zu übersetzen. Damit das Ergebnis nicht von Familiengericht zu Familiengericht unterschiedlich ausfällt, haben die Oberlandesgerichte Tabellen und ergänzende Leitlinien entwickelt. Federführend war und ist das OLG Düsseldorf (zur Entwicklung der Struktur der Düsseldorfer Tabelle, Schürmann FamRZ 2019, 493). Auch vom BGH wird die Düsseldorfer Tabelle „anerkannt" (etwa BGH 16.9.2020 – XII ZB 499/19, FamRZ 2021, 28; BGH 22.5.2019 – XII ZB 613/16, FamRZ 2019, 1415). Die Tabellen und Leitlinien sind für den Trennungs- und Scheidungsfall entwickelt worden und differenzieren nach:

A) Kindesunterhalt,
B) Ehegattenunterhalt,
C) Mangelfällen, wenn das zur Verfügung stehende Einkommen nicht zur Deckung des Bedarfs ausreicht,
D) Regelungen für den sonstigen Verwandtenunterhalt (insbesondere: Selbstbehalt gegenüber den Eltern) und für den Betreuungsunterhalt nach § 1615 l BGB,
E) Übergangsregelung (aus Anlass der Einführung des neuen Unterhaltsrechts zum 1.1.2008).

Aus der Gesamtanwendung der Tabellen ergibt sich der jeweils konkrete Unterhaltsanspruch. Die Tabellen werden i.d.R. jährlich der wirtschaftlichen Entwicklung angepasst. Sie werden in allen einschlägigen Fachzeitschriften (zum Beispiel NJW, FamRZ, FuR) und im Internet veröffentlicht. Die Tabellen zum Kindesunterhalt sind auf den Fall zugeschnitten, dass zwei Unterhaltsberechtigte vorhanden sind. Ausgangspunkt für alle Unterhaltsberechnungen ist das **unterhaltsrechtlich maßgebende Einkommen** des Unterhaltspflichtigen. Es berechnet sich grob wie folgt: Bruttoeinkommen (inkl. Weihnachts-, Urlaubsgeld und Überstundenvergütungen) zuzüglich Einkommen aus Vermietung, Verpachtung und Kapitalvermögen, Steuererstattungen. Außerdem sind sonstige Geldeinnahmen zu berücksichtigen (etwa geldwerte Zuwendungen des Arbeitgebers, Sozialleistungen mit Einkommensersatzfunktion, Elterngeld), ggf. der Wohnvorteil durch mietfreies Wohnen. Diese gesamten Einnahmen sind in einem zweiten Schritt zu bereinigen, es sind abzuziehen: Steuern und Vorsorgeaufwendungen (Aufwendungen für die gesetzliche Kranken- und Pflegeversicherung, Rentenversicherung, und Arbeitslosenversicherung), berufsbedingte Aufwendungen (Werbungskosten; hier arbeitet die Praxis bei Einkünften aus nichtselbstständiger Arbeit mit Pauschalen) und berücksichtigungswürdige Schulden (wegen der Einzelheiten sind die zur Ergänzung der Unterhaltstabellen herausgegebenen sogenannten **Unterhaltsrechtlichen Leitlinien** der Familiensenate des jeweiligen Oberlandesgerichts zu beachten

3 Entsprechend den **Anmerkungen zu A.** lässt sich nun der **Kindesunterhalt** errechnen. Die Tabelle baut auf dem Existenzminimum nach § 1612a BGB auf (erste Einkommensgruppe), die Angabe der Prozentsätze erlaubt die dynamisierte Festsetzung, insbesondere im vereinfachten Verfahren (vgl. Kap. 6.4.3.). Der Bedarfskontrollbetrag dient der Kontrolle, ob insgesamt eine ausgewogene Verteilung des Einkommens zwischen dem Unterhaltspflichtigen und den unterhaltsberechtigten Kindern vorliegt. Er ist nicht identisch mit dem **Selbstbehalt**, der als **notwendiger Eigenbedarf** (bei minderjährigen Kindern bzw. bei Kindern nach § 1603 Abs. 2 S. 2 BGB) im Jahr 2021 1.160 Euro (bei Nichterwerbstätigkeit: 960 Euro) und bei volljährigen Kindern 1.400 Euro beträgt. Zur grundlegenden Kritik an den Selbstbehaltssätzen: Lipp FamRZ 2012, 1 ff.

4 Von diesem sich so ergebenden Kindesunterhaltsbetrag ist gemäß § 1612b BGB das Kindergeld zur Hälfte abzusetzen (siehe unten Tabelle Zahlbeträge).

5 Unter der **Anmerkung B.** wird der **Ehegattenunterhalt** berechnet. Nach den Tabellen beträgt der **Unterhaltsanspruch des Ehegatten** 3/7 des anrechnungsfähigen Nettoeinkommens (nachdem vorab ggf. der volle Kindesunterhalt (und zwar nicht der Tabellenbetrag, sondern der sich nach Abzug des Kindergeldanteils ergebende Zahlbetrag; BGH – XII ZR 160/08, FamRZ 2010, 1318) abgezogen wurde; dem unterhaltspflichtigen Ehegatten verbleiben somit 4/7 des Nettoeinkommens. Begründet wird dies mit einem Erwerbstätigenbonus. Klar ist, dass dieser Erwerbstätigenbonus nur bezüglich des Erwerbseinkommens gilt, nicht bei anderen Einkünften wie Miete, Zinsen. Wenn keiner der Ehegatten eine Erwerbstätigkeit ausübt, ist eine ungleiche Aufteilung ebenfalls unzulässig. Auch hier ist der **Selbstbehalt**, allerdings in Höhe des **eheangemessenen Eigenbedarfs** des Unterhaltspflichtigen (BGH 7.12.2011 – XII ZR 151/09, FamRZ 2012, 281) zu berücksichtigen, dieser beträgt (2021) mindestens 1.280 Euro.

6 Von besonderer Bedeutung sind die in **Anmerkung C.** behandelten **Mangelfälle**, wenn das Einkommen des Unterhaltspflichtigen zur Deckung seines eigenen notwendigen Bedarfs, des Bedarfs der Kinder und des Bedarfs des Ehegatten nicht ausreicht. In diesen Fällen wird der notwendige Eigenbedarf des Unterhaltspflichtigen vorab abgezogen, da er eben nur zum Unterhalt verpflichtet ist, wenn er entsprechend leistungsfähig ist. Die dann verbleibende Verteilungsmasse wird auf die Unterhaltsberechtigten im Verhältnis ihrer jeweiligen Einsatzbeträge unter Beachtung der Rangfolge verteilt. In der **Anmerkung D.** heißt es, dass dem gegenüber seinen Eltern unterhaltspflichtigen (mittelalten) Kind der angemessene Eigenbedarf zu belassen ist. Bei dessen Bemessung

7.1 Die Düsseldorfer Tabelle

sind Zweck und Rechtsgedanken des Angehörigenentlastungsgesetzes (vgl. Kap. 5.2.) zu beachten. Schließlich wird unter Anmerkung D. auf die besondere Situation des § 1615 l BGB eingegangen.

https://www.olg-duesseldorf.nrw.de/infos/Duesseldorfer_Tabelle/Tabelle-2021/Duesseldorfer-Tabelle-2021.pdf[1]

Bei Betrachtung der Tabelle wird schon erkennbar, dass dann, wenn das Einkommen eines Unterhaltspflichtigen nach der Trennung oder Scheidung auf nunmehr zwei Haushalte verteilt werden muss, nicht selten die Situation des **Mangelfalls** eintritt, das Einkommen also nicht für beide Haushalte hinreicht. Während man in einem ersten Rechengang feststellt, wie das Einkommen zu verteilen wäre, muss man, wenn das Einkommen nicht ausreicht (also ein sogenannter Mangelfall vorliegt), in einem zweiten Rechengang nochmals berechnen, wie die Verteilung konkret aussieht. Das soll an zwei Beispielen (in Anlehnung an Beispielsfälle der Düsseldorfer Tabelle) erläutert werden: Bei den folgenden Beträgen handelt es sich um monatliche Beträge.

BEISPIEL 1: Bereinigtes Nettoeinkommen des unterhaltsverpflichteten Ehemannes und Vaters: 3.050 Euro. Unterhaltsberechtigt sind: eine nicht erwerbstätige Ehefrau und zwei in ihrem Haushalt lebende gemeinsame minderjährige Kinder der 1. und 2. Altersstufe; die Ehefrau und Mutter bezieht das staatliche Kindergeld. Daraus ergibt sich folgende Berechnung (gerundet):

Unterhalt für Kinder: ((452 Euro – 109,50 Euro =) 342,50 Euro
+ (519 Euro – 109,50 Euro =) 409,50 Euro) = 752 Euro

Ehegattenunterhalt:

$3/7$ von (3.050 Euro – 752 Euro = 2.298 Euro) = 984,86 Euro

Dem Mann verbleiben also:

(3.050 Euro – 752 Euro – 984,86 Euro) = 1.313.14 Euro.

Sein monatlicher Eigenbedarf (Selbstbehalt) i.H.v. 1.280 Euro ist gewahrt.

Frau und Kinder haben zur Verfügung 1.736,86 Euro.

Hier haben beide Haushalte nach der Düsseldorfer Tabelle ein hinreichendes Einkommen, sodass kein Mangelfall vorliegt.

BEISPIEL 2: Dieselbe Ausgangslage wie beim ersten Beispiel, nur beträgt hier das bereinigte Nettoeinkommen des unterhaltspflichtigen Ehemannes und Vaters 1.850 Euro. Bei einem ersten Rechendurchgang ergibt sich, dass das Einkommen für beide Haushalte nicht ausreicht. Denn wenn man vom Einkommen die beiden Kindesunterhaltsbeträge abzieht und dann das verbleibende Einkommen im Verhältnis $3/7$: $4/7$ teilt, so ergibt sich, dass dem unterhaltspflichtigen Vater der eheangemessene Selbstbehalt nicht verbleibt. Deswegen ist nun ein zweiter Rechendurchgang zu machen, wobei hier jeweils Einsatzbeträge für den Kindesunterhalt anzusetzen sind. Der Einsatzbetrag für den Kindesunterhalt entspricht dem Zahlbetrag (Tabellenunterhalt abzüglich Kindergeldanteil) des Unterhaltsverpflichteten. Veränderungen gegenüber der früheren Rechtslage ergeben sich hier seit dem 1.1.2008 aus dem absoluten Vorrang des Kindesunterhalts gemäß § 1609 BGB. Die seit dem 1.1.2008 geänderte Rangfolge wirft eine Reihe von Fragen auf, die in Literatur und Rechtsprechung nicht einheitlich beantwortet werden (sehr instruktiv mit weiterem Berechnungsbeispiel: Ehinger//Rasch/Schwonberg/Siede 2018 Rn. 1.454 ff., 1.459): Die vorzugswürdige Berechnungsvariante soll hier dargestellt werden:

---

[1] Die Düsseldorfer Tabelle finden Sie ebenfalls im Anhang auf S. 213.

Notwendiger Gesamtbedarf der Kinder auf der Basis der Einsatzbeträge (voller Tabellenunterhalt abzüglich Kindergeldanteil):
(393 Euro – 109,50 Euro =) 283,50 Euro (Kind 1) + (451 Euro – 109,50 Euro =) 341,50 Euro (Kind 2) = 625 Euro

Notwendiger Eigenbedarf des Vaters: 1.160

Verteilungsmasse: 1.850 – 1.16 = 690 Euro

Beide Kinder erhalten vorweg ihren vollen Kindesunterhalt.

Rechnerischer Quotenunterhalt der Ehefrau: (1.850 – 625 Euro =) 1.225 Euro x $^3/_7$ = 525 Euro.

Eheangemessener Eigenbedarf (Selbstbehalt) gegenüber der Ehefrau: 1.280 Euro

1.850 Euro – 625 Euro – 525 Euro = 700 Euro. Der Selbstbehalt ist nicht gewahrt. Gemäß § 1609 BGB wird einseitig der Unterhaltsanspruch der Ehefrau gekürzt, hier bleibt für die Ehefrau: 0 Euro.

Danach hat der Vater zu zahlen:	Kind 1:	283,50 Euro
	Kind 2:	341,50 Euro
	Ehefrau:	0 Euro
	Summe:	625 Euro

9 Kein Wunder, dass Trennung und Scheidung manchmal der letzte Anstoß sind, dass aus verschuldeten Haushalten überschuldete Haushalte werden.

7.2 Durchsetzung und praktische Realisierung: Einige Verfahrenshinweise

10 Wie die Beispiele deutlich gemacht haben, ist die Berechnung des Unterhalts kompliziert. Und auch wenn er berechnet ist, wird noch lange nicht tatsächlich gezahlt. Deswegen einige Hinweise zur rechtlichen Durchsetzung, zum **Verfahren**:

11 Damit die Unterhaltsberechtigten überhaupt wissen, wie die Situation ist, steht ihnen nach § 1605 BGB ein **Auskunftsanspruch** zu (für die geschiedenen Ehegatten ist er in § 1580 BGB geregelt). Die Auskunft über das Einkommen erfolgt bei Arbeitnehmern meist durch eine detaillierte Verdienstbescheinigung des Arbeitgebers oder durch Vorlage von Lohn- bzw. Gehaltsabrechnungen über einen Zeitraum der letzten zwölf Monate oder des letzten Kalenderjahres, bei Selbstständigen durch die Aufschlüsselung von Einnahmen und Ausgaben, die Vorlage von Bilanzen, Steuerbescheiden, Steuererklärungen (wegen der Schwankungen) für einen Zeitraum von i.d.R. drei Jahren.

12 Zur Einleitung eines familiengerichtlichen Unterhaltsverfahrens ist **Verfahrensfähigkeit** erforderlich. Bei Minderjährigen müssen die **gesetzlichen Vertreter** tätig werden (§ 113 Abs. 1 Satz 2 FamFG, §§ 52, 51 Abs. 1 ZPO, §§ 104 ff. BGB). Sofern **alleinige elterliche Sorge** eines Elternteils besteht, gibt es keine Probleme: Dieser alleinsorgeberechtigte Elternteil ist gesetzlicher Vertreter des Kindes und macht dementsprechend den Unterhalt geltend. Anders ist die Situation bei **gemeinsamer elterlicher Sorge**: Sie kann bestehen, sowohl bei Trennung als auch bei Scheidung, wenn kein Antrag auf alleinige elterliche Sorge gestellt wurde (vgl. Kap. 10). Sie kann auch bestehen bei außerhalb einer bestehenden Ehe geborenen Kindern, wenn die Eltern gemeinsame Sorgeerklärungen nach § 1626a Abs. 1 Nr. 1 BGB abgegeben haben oder das Familiengericht den Eltern die elterliche Sorge nach § 1626a Abs. 1 Nr. 3 BGB gemeinsam übertragen hat (vgl. Kap. 8.2.). In diesen Fällen muss der Unterhaltsanspruch also gegen einen (mit-)sorgeberechtigten Elternteil geltend gemacht werden. **§ 1629 Abs. 2 S. 2 BGB**

7.2 Durchsetzung und praktische Realisierung: Einige Verfahrenshinweise

stellt hier sicher, dass der **Elternteil**, der die gemeinsame elterliche Sorge mit dem anderen Elternteil hat und in dessen Obhut sich das Kind befindet, ein **Alleinvertretungsrecht** bei der Geltendmachung von Unterhaltsansprüchen besitzt.

Der Begriff der Obhut knüpft an die tatsächlichen Betreuungsverhältnisse an. Ein Kind befindet sich in der Obhut desjenigen Elternteils, bei dem der Schwerpunkt der tatsächlichen Fürsorge und Betreuung liegt, der mithin die elementaren Lebensbedürfnisse des Kindes nach Pflege, Verköstigung, Kleidung, ordnender Gestaltung des Tagesablaufs und ständig abrufbereiter emotionaler Zuwendung vorrangig befriedigt oder sicherstellt. Leben die Eltern in verschiedenen Wohnungen und regeln sie den gewöhnlichen Aufenthalt des Kindes dergestalt, dass es vorwiegend in der Wohnung eines Elternteils lebt und dies durch regelmäßige Besuche in der Wohnung des anderen Elternteils unterbrochen wird (Eingliederungs- oder Residenzmodell), so ist die Obhut i.S.d. § 1629 Abs. 2 S. 2 BGB dem erstgenannten Elternteil zuzuordnen. Nur wenn die Eltern ihr Kind in der Weise betreuen, dass es in etwa gleich langen Phasen abwechselnd jeweils bei dem einen und dem anderen Elternteil lebt (paritätisches Wechselmodell), lässt sich ein Schwerpunkt der Betreuung nicht ermitteln. Das hat zur Folge, dass kein Elternteil die Obhut i.S.v. § 1629 Abs. 2 S. 2 BGB innehat. Dann muss der Elternteil, der den anderen für barunterhaltspflichtig hält, entweder die Bestellung eines Pflegers für das Kind herbeiführen, der dieses bei der Geltendmachung seines Unterhaltsanspruchs vertritt, oder der Elternteil muss beim FamG beantragen, ihm gem. § 1628 BGB die Entscheidung zur Geltendmachung von Kindesunterhalt allein zu übertragen (BGH 12.3.2014 – XII ZB 234/13, FamRZ 2014, 917).

Wird ein minderjähriges Kind zu etwa zwei Dritteln von dem einen und etwa zu einem Drittel von dem anderen Elternteil betreut, liegt der Schwerpunkt der tatsächlichen Betreuung und damit der Obhut im Sinne des § 1629 Abs. 2 S. 2 BGB bei Ersterem; dieser ist berechtigt, bei gemeinsamer Sorge das Kind im Unterhaltsrechtsstreit gegen den anderen Elternteil zu vertreten (BGH 28.2.2007 – XII ZR 161/04, FamRZ 2007, 707). § 1629 Abs. 3 S. 1 BGB sieht die sogenannte **gesetzliche Verfahrensstandschaft** des allein vertretungsberechtigten Elternteils vor, wenn die Eltern getrennt leben oder zwischen ihnen eine Ehesache anhängig ist. Verfahrensstandschaft bedeutet, dass dieser Elternteil den Unterhaltsanspruch (nur) im eigenen Namen geltend machen kann. Damit wird verhindert, dass das Kind in den Streit der Eltern oder in das Scheidungsverfahren als Beteiligter einbezogen wird. Für den Antrag ist zu unterscheiden, ob es sich um Unterhalt des Ehegatten oder um Unterhalt der Kinder handelt.

Zu der lange Zeit umstrittenen Frage nach dem Verhältnis von Beistandschaft und Verfahrensstandschaft hat der BGH entschieden, dass auch bei getrenntlebenden, verheirateten und gemeinsam sorgeberechtigten Eltern eine Vertretung des Kindes durch das Jugendamt als Beistand zur gerichtlichen Geltendmachung von Kindesunterhalt zulässig ist (BGH 29.10.2014 – XII ZB 250/14, NJW 2015, 232).

Für den Ehegattenunterhalt steht das reguläre Unterhaltsverfahren (§§ 231 ff. FamFG; ggf. als Folgesache im Scheidungsverbund unter den Voraussetzungen des § 137 Abs. 2 S. 1 Nr. 2 FamFG) zur Verfügung, insbesondere muss ein konkreter Unterhaltsbetrag geltend gemacht werden. Auskunftsantrag und Unterhaltsantrag können im Weg des sogenannten Stufenverfahrens (§ 254 ZPO §§ 113 Abs. 1, 112, 231 Abs. 1 FamFG) verbunden werden: Es werden Auskunft und Unterhalt zugleich anhängig gemacht, die Bezifferung des genauen Unterhaltsbetrages bleibt noch offen und wird erst nach der Auskunftserteilung vorgenommen. Eine wesentliche Veränderung brachte das FamFG dadurch, dass das Gericht unter bestimmten Voraussetzungen zur Einholung der für die Unterhaltsberechnung erforderlichen Auskünfte vom Gegner und ggf. auch von Dritten verpflichtet ist; Hintergrund ist, dass der Gesetzgeber hier von einem über das private Interesse des Unterhaltsgläubigers hinausgehenden öffentlichen Interesse an einer sachlich richtigen Unterhaltsentscheidung ausgeht, weil einerseits Unterhaltsleistungen oftmals von existenzieller Bedeutung für den Berechtigten sind und andererseits ungenügende Unterhaltszahlungen zu einem erhöhten Bedarf an öffentlichen Leistungen führen können. Für das Verfahren der Kinder auf Unterhalt gegen den nicht mit ihnen im Haushalt lebenden Elternteil steht außerdem das vereinfachte Verfahren zur Verfügung (ausführlich Kap. 6.4.3.). **Sachlich** zuständig ist (ohne Rücksicht auf den Streitwert) das Amtsgericht (§ 23a Abs. 1 S. 1 Nr. 1 GVG). Nach § 23 b Abs. 1 GVG ist beim Amtsgericht das Familiengericht zuständig. **Beschwerden** gegen Entscheidungen des Familiengerichts gehen – § 119 Abs. 1 Nr. 1a, Abs. 2 GVG – zum Oberlandesgericht. **Rechtsbeschwerde** (das heißt Nachprüfung der Entscheidung nur in rechtlicher Hinsicht) ist gegen Entscheidungen des Oberlandesgerichts möglich, sie geht zum Bundesgerichtshof (§ 133 GVG). Bei Unterhaltsansprüchen ist oft eine möglichst **schnelle Sicherung** nötig. Dies kann durch **einstweilige Anordnung** (§§ 246 ff., 49 ff. FamFG) geschehen. Das FamFG sieht in allen Unterhaltsverfahren einen **Anwaltszwang** vor (§§ 114 Abs. 1, 112, 231 Abs. 1 FamFG); für verschiedene Fälle sind Ausnahmen vom Anwaltszwang vorgesehen, insbesondere im Verfahren der einstweiligen Anordnung, für das vereinfachte Unterhaltsverfahren und dann, wenn ein Beteiligter durch das Jugendamt vertreten wird. Wie in allen Familiensachen sind auch in Unterhaltssachen die Gerichtsverhandlungen nicht öffentlich (§ 170 Abs. 1 S. 1 GVG).

7.3 Das Unterhaltsvorschussgesetz

17 Selbst wenn rechtlich bezüglich des Unterhaltsanspruches alles klar ist, bedeutet das noch nicht, dass Unterhalt tatsächlich stets geleistet wird. Insbesondere minderjährige Kinder können so in finanziell schwierige Situationen kommen. Darauf reagierte das **Gesetz zur Sicherung des Unterhalts von Kindern** alleinstehender Mütter und Väter durch Unterhaltsvorschüsse oder -ausfallleistungen (Unterhaltsvorschussgesetz (UVG); teilweise reformiert zum 1.7.2017, dazu: Schürmann FamRZ 2017, 1380). Unter den dort genannten Voraussetzungen bestehen Ansprüche gegen die öffentliche Hand. Die wesentlichen Voraussetzungen sind in § **1** UVG genannt. Leistungen nach dem UVG stehen den **Kindern** zu, die das **18. Lebensjahr** noch nicht vollendet haben (insoweit neu geregelt in § 1 Abs. 1a UVG seit dem 1.7.2017; früher nur bis zum vollendeten 12. Lebensjahr) und im Geltungsbereich des Gesetzes leben, also ihren Wohnsitz oder gewöhnlichen Aufenthalt in Deutschland haben. Die deutsche Staatsangehörigkeit ist nicht erforderlich (zum Sonderfall: Ausländer ohne Aufenthaltsgenehmigung, vgl. § 1 Abs. 2a UVG). Ab dem zwölften Geburtstag ist der Leistungsbezug allerdings an weitere Voraussetzungen geknüpft (§ 1 Abs. 1a UVG), um von diesem Zeitpunkt an einen längeren Parallelbezug von Unterhaltsvorschuss und Sozialgeld nach dem SGB II möglichst zu vermeiden (Schürmann, FamRZ 2017, 1380, 1381). Leben müssen die Kinder bei einem **alleinstehenden** – ledigen, verwitweten, geschiedenen oder dauernd getrenntlebenden – **Elternteil**. Lebt der ledige Elternteil mit dem anderen Elternteil in nichtehelicher Gemeinschaft zusammen, so ist wegen § 1 Abs. 3 UVG der Anspruch ausdrücklich ausgeschlossen. Lebt der alleinstehende Elternteil dagegen mit einer anderen dritten Person in nichtehelicher Lebensgemeinschaft zusammen, so ist das unschädlich (BVerwG 2.6.2005 – 5 C 24/04, FamRZ 2005, 1742). Dritte Voraussetzung: Das Kind

erhält nicht oder nicht regelmäßig **Unterhalt** mindestens in Höhe des Mindestunterhalts. Die **Höhe** des Unterhaltsvorschusses folgt aus dem nach § 1612a BGB festgesetzten Mindestunterhalt (vgl. Kap. 6.4.2.). Der Betrag wird um das volle Kindergeld gekürzt, wenn der Elternteil, bei dem das Kind lebt, vollen Kindergeldanspruch hat. Mit dem Wegfall der Höchstfrist von 72 Monaten (§ 3 UVG a.F.) kann ein Kind vom 1.7.2017 an Unterhaltsvorschuss ohne zeitliche Beschränkung in Anspruch nehmen. Die Leistungen werden rückwirkend längstens für den letzten Monat vor dem Monat der Antragstellung gezahlt, laufende Leistungen werden monatlich im Voraus gezahlt (§§ 4, 9 Abs. 3 UVG). Der Elternteil, bei dem das Kind lebt, ist verpflichtet, die für die Durchführung des Gesetzes notwendigen Auskünfte zu erteilen (§ 6 Abs. 1 UVG). Weigert sich der alleinerziehende Elternteil oder erteilt er die Auskünfte nicht in erforderlichem Umfang, so verliert das Kind seinen Anspruch auf entsprechende Leistungen (§ 1 Abs. 3 UVG) – eine atypische Regelung, denn danach wird das Verhalten des alleinerziehenden Elternteils dem Kinde zugerechnet.

> Weigert sich zum Beispiel die Mutter eines außerhalb einer bestehenden Ehe geborenen Kindes, den Namen des Vaters anzugeben, weil das ihre Privatangelegenheit sei, so kann sie dies zwar tun, aber es hat (im UVG) Folgen: Zahlt der Vater dieses Kindes keinen Unterhalt, so hat das Kind keinen Anspruch gegen das Land auf Unterhaltsvorschuss bzw. Unterhaltsausfallleistung. Wegen § 1 Abs. 3 UVG verliert das Kind seinen eigenen Anspruch gegen das Land.

Zahlt das Land Unterhaltsvorschuss oder -ausfall, so geht nach § 7 UVG der Unterhaltsanspruch zusammen mit dem Auskunftsanspruch gegen den unterhaltsverpflichteten Elternteil auf das Land über. Dieses kann nun den Anspruch gegen den Unterhaltspflichtigen geltend machen. Je nachdem, ob dieser Anspruch faktisch realisiert wird, handelt es sich um eine Vorschuss- oder um eine Ausfallleistung. Mehr als 800.000 Kinder erhielten Ende 2018 den Unterhaltsvorschuss, weil sie keinen laufenden Unterhalt von ihren getrenntlebenden Elternteilen erhielten. Das sind fast doppelt so viele Kinder wie vor der Reform https://www.bmfsfj.de/resource/blob/138166/4c4ec28b9ed03cbd5034b773b751d4f7/statistik-unterhaltsvorschussgesetz-data.pdf (letzter Abruf 2.9.2021)

7.4 Unterstützung durch die Kinder- und Jugendhilfe

Die öffentlichen Jugendhilfeträger hatten im Zusammenhang mit dem Unterhalt schon immer die Verpflichtung, Unterstützung zu leisten. In besonderem Maße war dies bei nichtehelichen Kindern der Fall, da hier die Jugendhilfeträger in vielen Fällen Amtspfleger waren (vgl. Kap. 12.1; Münder/Trenczek/von Boetticher/Tammen, Kap. 13.2). Nunmehr bestehen die **Beratungs- und Unterstützungsaufgaben bei der Geltendmachung von Unterhaltsansprüchen** nach § 18 Abs. 1 SGB VIII für alle Kinder und Jugendlichen (Münder/Trenczek/von Boetticher/Tammen, Kap. 7.2). Darüber hinaus haben die öffentlichen Jugendhilfeträger konkrete Unterstützungsaufgaben, wenn das Jugendamt auf schriftlichen Antrag eines Elternteils **Beistand für das Kind** mit dem Aufgabenkreis der Geltendmachung von Unterhaltsansprüchen wird (§ 1712 BGB – ausführlich Kap. 12.1.). Damit können seitens der Alleinerziehenden und der Minderjährigen sachkundiger Rat und sachkundige Unterstützung eingeholt werden. Von nicht zu unterschätzender Bedeutung sind die in §§ 59, 60 SGB VIII geregelten Möglichkeiten der **Beurkundung** und **Vollstreckung**. Nach § 59 Abs. 1 S. 1 Nr. 3 (und Nr. 4) SGB VIII kann beim Jugendamt die Verpflichtung zur Erfüllung von Unterhaltsansprüchen – und die konkrete Festlegung der Höhe des zu zahlenden Unterhalts – beurkundet werden. Von besonderer praktischer Bedeutung ist dies dann, wenn zugleich die Anerkennung der Vaterschaft bei einem außerhalb einer bestehenden Ehe geborenen Kind im Jugendamt vorgenommen wird (§ 59 Abs. 1 S. 1 Nr. 1 SGB VIII). Aus diesen Urkunden kann dann gemäß § 60 SGB VIII unmittelbar vollstreckt werden. Damit ist eine einfache und kostengünstige Möglichkeit gegeben, vollstreckbare Titel zu erreichen.

Weiterführende Literatur
- Handbücher zu allen Detailfragen: Schwab/Ernst (2019) §§ 8-10; Wendl/Dose (2017); Koch (2017)

8. Das Rechtsverhältnis Eltern-Kinder – Allgemeines und elterliche Sorge

Auf die Regelungen zur Abstammung und zum Unterhalt folgen im Gesetz die Aussagen, die im weitesten Sinne mit der Erziehung zu tun haben (§§ 1616–1698b BGB), einschließlich der flankierenden Regelungen für die Beistandschaft, für die Adoption, für die Vormundschaft und Pflegschaft (§§ 1712–1895, 1909–1921 BGB). Rechtlicher Kernbereich des Eltern-Kind-Verhältnisses ist die elterliche Sorge. Hier werden die Rechtsbeziehungen zwischen Eltern und Kindern auf privatrechtlicher Ebene geregelt; das Rechtsverhältnis ist geprägt durch einen Überhang elterlicher Rechtskompetenzen.

Ausführlich behandelte Bestimmungen

- Geburtsname des Kindes: §§ 1616–1618 BGB
- Sorgeerklärungen und gerichtliche Übertragung der gemeinsamen Sorge: §§ 1626a bis 1626e BGB
- Allgemeine Bestimmungen zur elterlichen Sorge: §§ 1626, 1627, 1628, 1687 BGB
- Personensorgerecht: §§ 1631b, 1631c, 1631d BGB
- Aufsicht: §§ 828, 832, 1631 BGB
- Aufenthaltsbestimmungsrecht, Herausgabeverlangen: §§ 1631, 1632 BGB
- Herausgabeverlangen im internationalen Bereich: Art. 3, 12, 3 HKÜ
- Internationales Eltern-Kind-Rechtsverhältnis: Art. 21, Art. 10 EGBGB; KSÜ
- Alltägliche Erziehung: §§ 1687b, 1688 BGB
- Eigenständige Rechtstellung der Minderjährigen: § 1, §§ 104–113 BGB
- Verfahrensrecht: §§ 155 ff. FamFG

Wichtige, interessante Entscheidungen

- Zum eigenständigen Entscheidungsspielraum urteilsfähiger Minderjähriger: BGH 10.10.2006 – VI ZR 74/05, NJW 2007, 217 ff.; LG München II 22.9.2020 – 1 O 4890/17 Hei, GesR 2020, 805 ff.
- Zum Recht der Minderjährigen, einen Schwangerschaftsabbruch vornehmen zu lassen, unterschiedliche Entscheidungen: AG Schlüchtern 29.4.1997 – X 17/97, NJW 1998, 832; OLG Naumburg 19.11.2003 – 8 WF 152/03, FamRZ 2004, 1806; OLG Hamm 29.11.2019 – II-12 UF 236/19, FamRZ 2020, 340 ff.
- Zum erforderlichen Co-Konsens von Eltern und Minderjährigen über die Zirkumzision eines Minderjährigen: OLG Frankfurt 16.7.2019 – 8 U 228/17, FamRZ 2020, 336
- Zum Recht Minderjähriger am eigenen Bild: LG Frankfurt 29.8.2019 – 2-03 O 454/18, AfP 2019, 548 ff.
- Zur geschlossenen Unterbringung eines Kindes in der Psychiatrie: BVerfG 14.6.2007 – 1 BvR 338/07, FamRZ 2007, 1627 ff.
- Zum Herausgabeverlangen bei einer „sozialen Familie": BVerfG 17.10.1984 – 1 BvR 284/84, BVerfGE 68, 176 ff.; BVerfG 31.3.2010 – 1 BvR 2910/09, FamRZ 2010, 865 ff.

8. Das Rechtsverhältnis Eltern-Kinder – Allgemeines und elterliche Sorge

- Zur Rückführung bei Entführungen aus dem Ausland: BVerfG 29.10.1998 – 2 BvR 1206/98, BVerfGE 99, 145 = NJW 1999, 631 f.; EuGH 19.11.2020 – C-454/19, juris
- Zur Aufsicht bei minderjährigen Kindern: BGH 5.12.1983 – II ZR 252/, BGHZ 89, 153 ff.; OLG Celle 19.2.2020 – 14 U 69/19, NJW-RR 2020, 407 ff.; LG Frankfurt 29.10.2020 – 2-03 O 15/19, juris (Filesharing)

8.1 Einige allgemeine Rechtsbestimmungen des Eltern-Kind-Verhältnisses – Geburtsname, Beistandschaftspflicht

8.1.1 Geburtsname

2   Von den allgemeinen Regelungen des Eltern-Kind-Verhältnisses der §§ 1616–1625 BGB sind zunächst die namensrechtlichen Bestimmungen des Nachnamens von Bedeutung. Führen die Eltern zum Zeitpunkt der Geburt des Kindes einen **gemeinsamen elterlichen Ehenamen**, so ist Geburtsname des Kindes dieser Name (§ 1616 BGB). Diese Regelung ist nur bei Kindern, die in Ehen geboren werden, von Bedeutung.

3   Sofern es **keinen gemeinsamen Ehenamen** gibt, weil die Eltern nicht miteinander verheiratet sind oder keinen gemeinsamen Ehenamen gewählt haben (vgl. Kap. 3 Rn. 9), ist Anknüpfungspunkt in erster Linie die elterliche Sorge. Bei **gemeinsamer elterlicher Sorge** bestimmen die Eltern, welchen der Elternnamen das Kind als Geburtsnamen erhält (§ 1617 Abs. 1 BGB). Können sie sich innerhalb eines Monats nach der Geburt nicht einigen, sieht § 1617 Abs. 2 BGB vor, dass das Familiengericht die Entscheidung über den Geburtsnamen des Kindes einem Elternteil überträgt. Nimmt dieser innerhalb der vom Gericht gesetzten Frist die Benennung nicht vor, so erhält das Kind den Namen des Elternteils, dem das Bestimmungsrecht übertragen wurde. Damit ist ein aus dem Namen des Vaters und der Mutter zusammengesetzter Doppelname als Familienname des Kindes nicht möglich. § 1617 Abs. 1 S. 3 BGB sichert die Namenseinheit von Geschwistern: Ist für ein Kind bereits ein Name festgelegt, so gilt dieser Geburtsname auch für weitere gemeinsame Kinder (zur Verfassungsmäßigkeit BVerfG 18.3.2002 – 1 BvR 2297/96, NJW 2002, 2861 = FamRZ 2002, 877).

4   Bei **alleiniger elterlicher Sorge** erhält das Kind nach § 1617a BGB den Namen, den der alleinsorgeberechtigte Elternteil zum Zeitpunkt der Geburt des Kindes führt. Allerdings kann der alleinsorgeberechtigte Elternteil stattdessen gemäß § 1617a Abs. 2 BGB den Namen des anderen Elternteils für das Kind wählen. Voraussetzung ist, dass das Kind und der andere Elternteil einwilligen. Bezüglich der Erklärung des Kindes sieht das Gesetz eine – auch an anderen Stellen übernommene – **Altersstufenregelung** vor:

- Für das Kind unter 5 Jahren handelt der sorgeberechtigte Elternteil,
- ab Vollendung des 5. Lebensjahres bedarf es der Einwilligung des Kindes (das gesetzlich durch den alleinsorgeberechtigten Elternteil vertreten wird),
- ab Vollendung des 14. Lebensjahres kann das Kind die Erklärung nur selbst abgeben, bedarf dazu jedoch der Zustimmung seines gesetzlichen Vertreters.

Aus internationalem Recht können sich abweichende Regelungen zum Namensrecht ergeben (vgl. Rn. 44 ff.).

8.1 Einige allgemeine Rechtsbestimmungen des Eltern-Kind-Verhältnisses 8.

8.1.2 Namensänderungen

§§ 1617b–1618 BGB befassen sich mit Entwicklungen, die zu einem Zeitpunkt eintreten, an dem das Kind bereits seinen Geburtsnamen hat, und ggf. **Auswirkungen auf den Geburtsnamen** haben. Dies sind zunächst die Anfechtung der Scheinvaterschaft (§ 1617b Abs. 2 BGB), die nachträgliche Wahl eines Ehenamens durch die Eltern (§ 1617c Abs. 1 BGB) sowie die Änderung des Ehenamens oder des Familiennamens des namensgebenden Elternteils (§ 1617c Abs. 2 BGB). Häufigster Fall ist hier eine Namensänderung nach § 1617b Abs. 1 BGB, wenn gemeinsame elterliche Sorge erst dann begründet wird, wenn das Kind bereits einen Geburtsnamen führt.

Hauptfall der Namensänderungen ist § **1618 BGB**, der sich mit der **Einbenennung von Stiefkindern** befasst. Die Einbenennung ist die Auswechselung des Familiennamens eines Kindes, dessen Elternteil (wieder) heiratet und dem Kind zusammen mit dem Stiefelternteil den (neuen) gemeinsamen Ehenamen erteilen will. Die Einbenennung ist sowohl bei alleiniger wie bei gemeinsamer elterlicher Sorge möglich. Sie bedarf der Zustimmung des anderen Elternteils (§ 1618 S. 3 BGB), bei alleiniger elterlicher Sorge des die Einbenennung begehrenden Elternteils allerdings nur in den Fällen, in denen das Kind den Namen des anderen Elternteils führt. Die **Einwilligung des anderen Elternteils** kann durch das Familiengericht **ersetzt werden**, wenn die Erteilung des Namens zum Wohl des Kindes erforderlich ist. Dies wird regelmäßig nur dann bejaht, wenn konkrete Umstände vorliegen, die das Kindeswohl gefährden, und die Einbenennung daher unerlässlich ist, um Schäden von dem Kind abzuwenden (BGH 30.1.2002 – XII ZB 94/00, FamRZ 2002, 1331 f.). Die Einbenennung ist als zusätzliches Integrationsmittel zudem nicht erforderlich, wenn das Kind bereits unter seinem bisherigen Namen ausreichend in die „Stieffamilie" integriert ist (OLG Hamm 28.94.2020 – II-2 WF 14/20, FamRZ 2020, 1918 ff.). Bei der Interessenabwägung ist zu berücksichtigen, dass es heute nicht ungewöhnlich ist, wenn Familiennamen von Eltern und Kind auseinanderfallen; insofern ist die Einbenennung gegen den Willen des nicht zustimmenden Elternteils heute zum Ausnahmefall geworden.

Namensänderungen sind auch nach dem **Namensänderungsgesetz** möglich. Erforderlich ist hier nach § 3 Abs. 1 NÄG ein „**wichtiger Grund**", der nur dann vorliegt, wenn eine entsprechende Namensänderung für das Wohl des Kindes **erforderlich** ist (BVerwG 11.1.2011 – 6 B 65/10, StAZ 2001, 285 f.). Änderungen nach dem Namensänderungsgesetz sind nachrangig und haben Ausnahmecharakter. Sie dienen nicht dazu, die Wertungen des bürgerlich-rechtlichen Namensrechts zu revidieren. Ist eine Namensänderung grundsätzlich auf der Grundlage des BGB möglich, so ist dieser Weg zu verfolgen (vgl. etwa BayVGH 11.3.2019 – 5 ZB 18.408).

8.1.3 Beistands- und Rücksichtspflicht

Nach § **1618a BGB** sind Eltern und Kinder einander Beistand und Rücksicht schuldig. Die 1980 durch die Neuregelung des Rechts der elterlichen Sorge eingeführte Norm sollte nach dem Willen des Gesetzgebers vor allem Leitbildfunktion haben, eine Sanktion für die Verletzung der Norm lehnte der Gesetzgeber ab. Allerdings wurde die Regelung von der Rechtsprechung als Grundlage für den **Anspruch** eines Kindes gegen seine Mutter auf **Nennung des leiblichen Vaters** (LG Passau 15.7.1987 – 11 C 724/87, FamRZ 1988, 210) bzw. gegen den Vater auf Benennung der leiblichen Mutter (AG Schöneberg 22.2.2018 – 87 F 245/17) herangezogen. In der Folgezeit entwickelte sich die Rechtsprechung dahin gehend, dass im Rahmen des § 1618a BGB eine Abwägung zwischen den Interessen des Kindes auf Kenntnis seiner Abstammung und den Interessen der Mutter, keine Auskünfte zu erteilen, vorzunehmen sei, wobei den Gerichten in diesen Fällen ein weiter Auslegungsspielraum zugestanden wurde (BVerfG 6.5.1997 – 1 BvR 409/90; BVerfG 19.4.2016 – 1 BvR 3309/13, BVerfGE 141, 186 ff.; zur Abwägung der Rechtsgüter vgl. Kap. 4. Rn. 24 ff.). Die gegenseitige Beistandspflicht entfaltet über das Familienrecht hinaus auch Wirkung in anderen Rechtsbereichen. So ist sie auch Grundlage strafrechtlicher Einstands- und Garantenpflichten (BGH 2.8.2017 – 4 StR 169/17, juris Rn. 14) und kann sozialrechtlich zur Begründung einer familiären Einstandsgemeinschaft relevant sein (LSG Saarland 4.4.2019 – L 11 SO 14/17).

8.2 Elterliche Sorge – die Inhaber der elterlichen Sorge

9   Die **elterliche Sorge** (§§ **1626 bis 1698b BGB**) bezeichnet die Pflichten und Rechte von Eltern gegenüber ihren Kindern. Für die Erziehung ist das Personensorgerecht von besonderer Bedeutung (vgl. Rn. 18 ff.). Die elterliche Sorge liegt zumeist bei beiden Eltern gemeinsam oder bei einem Elternteil. Inhaber der Sorge kann jedoch auch ein Vormund oder Pfleger des Kindes sein (ausführlich Kap. 12).

10 § 1626 Abs. 1 BGB legt fest, dass die Eltern (im rechtlichen Sinn, vgl. Kap. 4) Inhaber der elterlichen Sorge sind. Wie ein Blick auf die folgenden Bestimmungen der §§ 1626a ff. BGB zeigt, gilt die Aussage des **§ 1626 BGB** jedoch nur für die Eltern, die bei der Geburt des Kindes **miteinander verheiratet** sind. Hier zeigt sich (an einer der letzten wenigen verbliebenen Stellen), dass das Kindschaftsrecht des BGB ursprünglich von der Konzeption miteinander verheirateter Eltern ausging. Bei nicht miteinander verheirateten Eltern steht die elterliche Sorge nicht automatisch beiden Elternteilen gemeinsam zu.

11 Für den Fall, dass die **Eltern bei der Geburt des Kindes nicht miteinander verheiratet** sind, ist zunächst von Gesetzes wegen die Mutter Inhaberin der alleinigen elterlichen Sorge (§ 1626a Abs. 3 BGB). (Erst) seit 1998 besteht die Möglichkeit nicht miteinander verheirateter Eltern, die gemeinsame elterliche Sorge zu begründen. Gemeinsame elterliche Sorge nicht miteinander verheirateter Eltern entsteht nach § 1626a Abs. 1 BGB, wenn

- sie einander heiraten,
- sie eine Sorgeerklärung abgeben, oder
- das Familiengericht ihnen die elterliche Sorge gemeinsam überträgt.

12 Die **Sorgeerklärung** nach § 1626a Abs. 1 Nr. 1 BGB muss den Willen der Eltern zum Ausdruck bringen, gemeinsam Inhaber der elterlichen Sorge werden zu wollen. Eine Sorgeerklärung ist auch vorgeburtlich möglich (§ 1626b Abs. 2 BGB). Falls ein Elternteil in seiner Geschäftsfähigkeit beschränkt ist (z.B. ein minderjähriger Elternteil), ist für die Sorgeerklärung die Zustimmung des gesetzlichen Vertreters erforderlich (§ 1626c BGB). Die Sorgeerklärungen (und ggf. die Zustimmungen) müssen (§ 1626d BGB) öffentlich beurkundet werden. Zur Beurkundung befugt ist unter anderem gemäß § 59 Abs. 1 S. 1 Nr. 8 SGB VIII das Jugendamt. Zuständig ist jedes Jugendamt, unabhängig davon, wo die Eltern ihren Wohnsitz oder gewöhnlichen Aufenthalt haben (§ 87e SGB VIII).

13 Bis 2013 gab es nicht die Möglichkeit, dass der Vater des Kindes gegen den Willen der Mutter die gemeinsame elterliche Sorge erlangen konnte, auch nicht auf der Basis einer gerichtlichen Entscheidung. Ob dies verfassungsgemäß war, war heftig umstritten. Im

Jahr 2009 entschied der EGMR, dass die Anwendung des § 1626a Abs. 2 BGB a.F., der gemeinsame elterliche Sorge miteinander nicht verheirateter Eltern nur durch Abgabe einer Sorgeerklärung durch beide Eltern ermöglichte, den nicht mit der Mutter seines Kindes verheirateten Vater in seinem Recht auf Achtung des Familienlebens diskriminierte und damit Art. 14 i.V.m Art. 8 EMRK verletzte (EGMR 3.12.2009 – 22028/04, Zaunegger ./. Deutschland, JAmt 2010, 156). Dem folgte das BVerfG im Jahr 2010 (BVerfG 21.7.2010 – 1 BvRL 420/09, JAmt 2010, 313). Mit dem Gesetz zur Reform der elterlichen Sorge nicht miteinander verheirateter Eltern vom 16.4.2013 wurde daraufhin die Möglichkeit der **familiengerichtlichen Übertragung der gemeinsamen elterlichen Sorge** aufgenommen.

Erforderlich für die Übertragung ist ein Antrag eines Elternteils (i.d.R., aber nicht zwingend, des Vaters). Es muss nicht nachgewiesen werden, dass die gemeinsame Sorge dem Wohl des Kindes besser entspricht als die alleinige Sorge der Mutter. Ausreichend ist, dass die **Übertragung dem Kindeswohl nicht widerspricht**. Gemäß § 1626a Abs. 2 S. 2 BGB geht das Gesetz davon aus, dass es keine widersprechenden Gründe gibt, wenn der andere Elternteil keine vorträgt oder solche ansonsten nicht ersichtlich sind. Damit wird deutlich, dass die gemeinsame elterliche Sorge als Regelfall betrachtet wird. Als Gründe, die gegen die gemeinsame elterliche Sorge sprechen, kommen nicht nur solche in Betracht, die ausschließlich in der Person des Antragstellers liegen. So erfolgt keine Übertragung der gemeinsamen Sorge auf beide Elternteile, wenn diese nach der anzustellenden Prognose praktisch nicht funktionieren wird, weil mit überwiegender Wahrscheinlichkeit zwischen den Eltern auch künftig keine Kooperation stattfindet und sich dieser Umstand – bereits in der Phase des Erprobens – erheblich belastend auf das Kind auswirken würde (OLG Karlsruhe 10.6.2020 – 20 UF 14/20, FamRZ 2020, 1920 ff.). Die Antragstellung kann auch durch die Mutter erfolgen, sodass der Vater des Kindes auch gegen seinen Willen Inhaber der elterlichen Sorge werden kann, sofern dies trotz seiner ablehnenden Haltung dem Kindeswohl nicht widerspricht.

14

Die verfahrensrechtliche Umsetzung der Übertragung der gemeinsamen elterlichen Sorge findet sich in **§ 155a FamFG**:

15

- Das Gericht stellt den Antrag auf Übertragung der elterlichen Sorge dem anderen Elternteil zu,
- es setzt eine Frist zur Stellungnahme (für die Mutter frühestens sechs Wochen nach der Geburt),
- es soll (i.d.R.) im schriftlichen Verfahren (ohne Anhörung des Jugendamtes, ohne persönliche Anhörung der Eltern) entscheiden,
- es teilt dem zuständigen Jugendamt die Entscheidung mit.

Von einer Entscheidung im schriftlichen Verfahren hat das Gericht abzusehen, wenn Gründe, die der gemeinsamen elterlichen Sorge entgegenstehen, dem Gericht durch die Beteiligten oder in sonstiger Weise bekannt werden. Es hat dann gemäß § 155 FamFG im beschleunigten Verfahren regelmäßig spätestens einen Monat nach Bekanntwerden der Gründe zu entscheiden.

8.3 Elterliche Sorge – Inhalt und rechtliche Bedeutung

Die elterliche Sorge umfasst die **Personen- und die Vermögenssorge**. Sie besteht in beiden Fällen jeweils aus der tatsächlichen faktischen Sorge und aus dem – für den Rechtsverkehr wichtigen – gesetzlichen Vertretungsrecht der Eltern: §§ 1626 Abs. 1,

16

8. Das Rechtsverhältnis Eltern-Kinder – Allgemeines und elterliche Sorge

1629 BGB. Die **Vermögenssorge** ist die Fürsorge für die Erhaltung, Vermehrung und Verwaltung des Kindesvermögens (Erwerb, Verfügung über Vermögensgegenstände, Begründung von Verbindlichkeiten, Eingehung von Verträgen). Die **Personensorge** (Rn. 18 ff.) umfasst alle persönlichen Angelegenheiten des Kindes: Zu ihr gehören etwa alle Schutz- und Fürsorgemaßnahmen (Impfen, Vornahme von Operationen), die Regelung des Umgangs mit Dritten, die Geltendmachung von Unterhaltsansprüchen. Schwerpunkte der gesetzlichen Bestimmungen sind die Regelungen über die Vermögenssorge. Die Bestimmungen über die **gesetzliche Vertretung** gelten für die Personen- und Vermögenssorge gleichermaßen.

17 Systematisch ist bei der elterlichen Sorge zwischen Innenverhältnis (Verhältnis zwischen Eltern und Kindern) und Außenverhältnis (Verhältnis gegenüber Dritten) zu unterscheiden. Im **Außenverhältnis** stellt sie ein **subjektives, absolutes Recht** dar: So haben die Eltern etwa einen Herausgabeanspruch gegenüber dritten Personen (§ 1632 Abs. 1 BGB Rn. 24 ff.) und sie können mit Wirkung gegenüber Dritten den Umgang des Kindes regeln (§ 1632 Abs. 2 BGB). Ihre elterliche Sorge ist gegenüber Dritten auch deliktisch im Sinne von § 823 BGB geschützt. Ausgehend von dem im Innenverhältnis besonders betonten **Pflichtcharakter des Elternrechts** wird die elterliche Sorge als **unverzichtbar** und **unübertragbar** angesehen. Übertragbar ist allerdings die **Ausübung** der elterlichen Sorge.

8.3.1 Grundlage für die Erziehung – die Personensorge

18 Für die **Erziehung** ist die **Personensorge** von Bedeutung. Die rechtlichen Regelungen finden sich in §§ 1631 ff. BGB. Konzeptionell ist die Personensorge der Eltern grundsätzlich umfassend, nur an ganz wenigen Stellen können die Eltern personensorgerechtlich nicht für ihre Kinder handeln (§§ 1631b, 1631c BGB). Ansonsten wird die grundsätzlich umfassende Personensorge durch staatliche Maßnahmen nur dann eingeengt, wenn das Kindeswohl nach § 1666 BGB gefährdet ist (ausführlich Kap. 9).

8.3.1.1 Personensorge: Regelungsgehalt und Grenzen

19 § **1631 BGB** nennt nur einige wenige Bestandteile des Personensorgerechts. Einzelheiten sind vom Gesetzgeber nur ausnahmsweise, meist auch nicht sehr präzise, angesprochen. Nach langen Auseinandersetzungen wurde im Jahr 2000 in § **1631 Abs. 2 BGB** eine Präzisierung vorgenommen. Hier wird ausdrücklich festgehalten, dass Kinder ein **Recht auf gewaltfreie Erziehung** haben. Körperliche Bestrafungen, seelische Verletzungen und andere entwürdigende Maßnahmen werden als unzulässig erklärt. Damit ist klargestellt, dass jegliche Art körperlicher Bestrafung, aus welchen Motiven auch immer (auch bei religiösen, OLG Nürnberg 11.6.2015 – 9 UF 1430/14; EGMR 22.3.2018 – 68125/14, Wetjen u.a. ./. Deutschland, juris Rn. 65 ff.), zivilrechtlich unzulässig ist (zur strafrechtlichen Seite vgl. Roxin JuS 2004, 177 ff.). Die Schwelle zur Misshandlung im strafrechtlichen Sinn (§ 223 StGB) muss dabei nicht überschritten werden. Eine körperliche Bestrafung ist nicht erst ab einer bestimmten Intensität unzulässig. Eine Berufung auf ein angeblich bestehendes gewohnheitsrechtliches Züchtigungsrecht der Eltern kommt nicht in Frage (Oberloskamp ZfJ 2004, 267 ff.; Schruth ZKJ 2012, 181 ff.; Peschel-Gutzeit FPR 2012, 195).

20 Als **Erziehungsziel** lässt sich die Entwicklung der Minderjährigen zu selbstständigen und autonomen Persönlichkeiten benennen, sowie die Achtung ihrer eigenständigen Persönlichkeit, die Entwicklung von Verantwortungsbewusstsein und Autonomie.

Aber auch die (leichte) Präzisierung in § 1631 Abs. 2 BGB führt nicht zu unmittelbaren Rechtsfolgen, wenn die Eltern dagegen verstoßen – auch hier findet der Schutz der Kinder zivilrechtlich nur über den Kindesschutz nach § 1666 BGB statt (Kap. 9). Ausdrücklich angesprochen sind in **§ 1631a BGB Ausbildung und Beruf**. Die Bestimmung trifft ebenfalls keine detaillierten Regelungen, auch hier stellt (wiederum) § 1666 BGB die Grenze elterlicher Erziehungsbefugnis dar. Nur in zwei konkreten Einzelfällen hat der Gesetzgeber das elterliche Personensorgerecht beschränkt:

- Eine **freiheitsentziehende Unterbringung** des Kindes (etwa in der Psychiatrie) ist nach **§ 1631b BGB** nur möglich, wenn eine ausdrückliche familiengerichtliche Genehmigung vorliegt. Wegen des mit einer geschlossenen Unterbringung verbundenen massiven Eingriffs in das Freiheitsrecht des Art. 2 Abs. 2 GG ist vor Erlass (auch einer einstweiligen Anordnung) das Kind – regelmäßig in Anwesenheit des Verfahrensbeistands (BGH 18.7.2012 – XII ZB 661/11, JAmt 2013, 45 f.) – stets mündlich anzuhören. Dies hat den Zweck, dass sich das Gericht einen persönlichen Eindruck von dem betroffenen Kind und dem Grund der Unterbringung verschafft. Die persönliche Anhörung ist deswegen einer der wichtigsten Verfahrensgrundsätze des Unterbringungsrechts, die Nichtbeachtung macht entsprechende Beschlüsse rechtswidrig (BVerfG 14.6.2007 – 1 BvR 338/07, FamRZ 2007, 1627 ff.). Rechtlich ist die Unterbringung zulässig, wenn sie zum Wohl des Kindes erforderlich ist (ausführlich OLG Naumburg 11.7.2012 – 8 UF 144/12, JAmt 2013, 48 ff.). Hierzu sind entsprechende Fachgutachten notwendig, bei Minderjährigen insbesondere solche von „in Fragen der Heimerziehung ausgewiesenen Psychotherapeuten, Psychologen, Pädagogen oder Sozialpädagogen" (§ 167 Abs. 6 FamFG). Außerdem ist rechtlich notwendig, dass der Gefahr für das Wohl des Kindes nicht auf andere Weise, insbesondere durch öffentliche Hilfen, begegnet werden kann. Dies werden in erster Linie Hilfen zur Erziehung nach § 27ff. SGB VIII sein (ausführlich Münder/Trenczek 2020, Kap. 9), sodass stets zu prüfen ist, inwiefern solche Hilfen (Heimerziehung in einer offenen Einrichtung) aussichtslos sind (BGH 18.7.2012 – XII ZB 661/11, FamRZ 2012, 1556 ff.). Mit dem Gesetz zur Einführung eines familiengerichtlichen Genehmigungsvorbehalts für **freiheitsentziehende Maßnahmen** bei Kindern, das am 1.10.2017 in Kraft getreten ist, ist der gerichtliche Genehmigungsvorbehalt auch auf freiheitsentziehende Maßnahmen (Fixierungen etc.) erstreckt worden, wenn das Kind sich in einem Krankenhaus, einem Heim oder einer sonstigen Einrichtung aufhält. Es gelten dann dieselben Anforderungen wie für die Genehmigung einer freiheitsentziehenden Unterbringung (§ 1631b Abs. 2 BGB; dazu Vogel FF 2018, 356 ff.; ders. NZFam 2019, 1041 ff.; Hoffmann JAmt 2017, 353 ff.).
- In die **Sterilisation** eines Kindes können nach **§ 1631c BGB** weder Eltern noch Kind einwilligen. Auch über den Weg einer Ergänzungspflegschaft nach § 1909 BGB ist die Sterilisation Minderjähriger nicht möglich, sie ist ausdrücklich verboten. § 1613c BGB enthält somit ein absolutes Verbot der Sterilisation Minderjähriger.

Seit November 2020 liegt der „Entwurf eines Gesetzes zum **Schutz von Kindern mit Varianten der Geschlechtsentwicklung**" als Regierungsentwurf vor. Mit dem Gesetz soll „das Recht auf geschlechtliche Selbstbestimmung von Kindern mit Varianten der Geschlechtsentwicklung geschützt werden und diese Kinder sollen vor unnötigen Behandlungen an den inneren und äußeren Geschlechtsmerkmalen bewahrt werden" (BT-Drs. 19/24686, 1).

21 Aus Anlass der Diskussion um die mögliche Strafbarkeit der nach muslimischem oder mosaischem Ritus vorgenommenen **Beschneidung männlicher Kinder** wurde Ende 2012 **§ 1631d BGB** aufgenommen. Dadurch wird gesetzlich geregelt, dass die Einwilligung in eine medizinisch nicht erforderliche Beschneidung männlicher Kinder zur Personensorge gehört und der Eingriff damit bei Veranlassung durch die Eltern rechtlich zulässig ist. Voraussetzung ist, dass es sich um nicht einsichts- und urteilsfähige männliche Kinder handelt und dass das Kindeswohl nicht gefährdet wird. Die Beschneidung ist von Ärzten durchzuführen. Nur in den ersten sechs Monaten nach der Geburt des Kindes dürfen von Religionsgesellschaften dafür vorgesehene Personen diese Beschneidung durchführen, wenn sie hierfür besonders ausgebildet sind (§ 1631d Abs. 2 BGB, dazu OLG Hamm 21.11.2017 – III-5 RVs 125/17, FamRZ 2018, 722 ff.; OLG Frankfurt 16.7.2019 – 8 U 228/17, FamRZ 2020, 336 ff., Wohlgemuth FamRZ 2020, 981; Krüger JR 2019, 427 ff.). Die Regelung bezieht sich nur auf männliche Kinder. Die **Verstümmelung weiblicher Genitalien (female genital mutilation – FGM)** wird als Verbrechen nach § 226a StGB mit Freiheitsstrafe nicht unter einem Jahr bestraft. Die begründete Gefahr einer bevorstehenden Genitalverstümmelung stellt eine Kindeswohlgefährdung nach § 1666 BGB dar (BGH 15.12.2004 – XII ZB 166/03; ausführlich Wüstenberg RW 2020, 262 ff.; Behn Kriminalistik 2020, 433 ff.). Die besondere Schwere der dabei möglicherweise eintretenden Verletzungen rechtfertigen die Anordnung von Maßnahmen zum Schutz des Kindes (teilweiser Entzug der elterlichen Sorge, Verpflichtung zur Herausgabe der Ausweispapiere des Kindes, Verbot, das Kind außerhalb des Landes zu verbringen, Androhung eines Ordnungsgeldes, Amtshilfeersuchen an die Grenzpolizeibehörden) auch schon vor Anhörung der Beteiligten (AG Delmenhorst 10.7.2012 – 18 F 146/12).

22 Abgesehen von diesen konkreten Regelungen arbeitet das Gesetz weitgehend mit **unbestimmten Rechtsbegriffen**. Eine andere Regelungsstruktur ist auch nicht sinnvoll, denn unbestimmte Rechtsbegriffe erlauben die für die Weiterentwicklung nötige Flexibilität und ermöglichen die notwendige Einzelfallgerechtigkeit. Bei der Anwendung der unbestimmten Rechtsbegriffe können nicht umstandslos die klassischen juristischen Methoden der Gesetzesauslegung eingesetzt werden. Damit sind unbestimmte Rechtsbegriffe im hohen Maße außerjuristischen Einflussfaktoren ausgesetzt (Ollmann FamRZ 1997, 321 ff.). Hier ist es nicht möglich, von abstrakten Regelungen auf konkrete Einzelfälle zu deduzieren. Es bleibt nur der schwierige Weg, die konkrete, individuelle Lebenslage der Eltern und der Kinder auszuloten. Deswegen ist Skepsis gegenüber Verallgemeinerungen angebracht, gegenüber Entscheidungen, die aus „allgemeinen Grundsätzen", „objektiven Wert- und Ordnungsvorstellungen", „allgemeinen Erkenntnissen", aus der „eigenen Lebenserfahrung" Entscheidungen in konkreten Einzelfällen begründen.

8.3.1.2 Aufenthaltsbestimmungsrecht, Herausgabeverlangen, Verbleibensanordnung

23 § 1631 BGB nennt als Teil der Personensorge das **Recht, den Aufenthalt des Kindes** zu bestimmen. Das minderjährige Kind teilt grundsätzlich den Aufenthaltsort der Eltern; im Falle der Trennung der beiden sorgeberechtigten Eltern hat das Kind einen von beiden Eltern abgeleiteten Doppelwohnsitz (st. Rspr. BGH 30.11.1983 – IVb ARZ 50/83, FamRZ 1984, 162; Frauen können mit dem Kind im Frauenhaus einen Wohnsitz begründen: OLG Nürnberg 15.11.1996 – 10 WF 3644/96, FuR 1997, 212 f.). Mit der Festlegung des Aufenthaltsortes wird faktisch auch der „Erziehungsort" festgelegt: Wenn – nach Trennung – der Aufenthaltsort bei einem Elternteil ist, dann übt dieser

8.3 Elterliche Sorge – Inhalt und rechtliche Bedeutung

die alltägliche Erziehung aus und gestaltet damit faktisch weitgehend die Erziehung des Kindes (zur Abgrenzung zwischen Angelegenheiten des alltäglichen Lebens und Grundsatzangelegenheiten in der Erziehung vgl. Kap. 10 Rn. 19 f.).

Das Aufenthaltsbestimmungsrecht ist Grundlage des **Herausgabeverlangens** nach § 1632 BGB. Dieser kann Anwendung finden, wenn Minderjährige nicht bei den Personensorgeberechtigten leben und dann ggf. rechtliche Elternschaft und realer Aufenthalt auseinanderfallen, wie bei Trennung der Eltern, aber auch, wenn das Kind etwa bei Großeltern oder Pflegepersonen lebt (OLG Karlsruhe 19.12.2003 – 20 UF 47/02, FamRZ 2004, 722). Wegen der rechtsdogmatischen Konstruktion (vgl. Rn. 17) – keine Übertragung der elterlichen Sorge, nur Übertragung der elterlichen Sorge zur Ausübung – wird die Position vertreten, dass die Sorgeberechtigten die Kinder jederzeit herausverlangen könnten. Voraussetzung für eine solche Herausgabe ist allerdings, dass das Kind den Eltern oder dem Elternteil **widerrechtlich** vorenthalten wird. Die Widerrechtlichkeit kann entfallen, wenn die Eltern mit dem anderweitigen Aufenthalt des Kindes einverstanden waren. Relevant für die Frage der Widerrechtlichkeit ist regelmäßig das Kindeswohl, das insofern Richtschnur für das Herausgabeverlangen ist (OLG Brandenburg 5.3.2007 – 9 UF 214/06, FamRZ 2007, 1350 ff.).

24

In **§ 1632 Abs. 4 BGB** wird die Herausgabe bei **längerer Familienpflege** angesprochen. Die längere Familienpflege setzt nicht voraus, dass sie in Form von Hilfe zur Erziehung nach §§ 27, 33 SGB VIII erfolgt (dazu Münder/Trenczek 2020, Kap. 9.2.3.6). Gemeint ist jede familien- und personenbezogene Betreuung und Erziehung durch Pflegepersonen und Pflegeeltern (zum Pflegekinderwesen Salgo 1987). Die Langfristigkeit ist abhängig vom altersspezifischen kindlichen Zeitbegriff (Heilmann 1998). Entscheidend ist, ob die Familienpflege die „soziale Familie" des Kindes geworden ist. In diesen Fällen ist eine **Verbleibensanordnung** aus Kindeswohlgründen möglich, womit inhaltlich das Herausgabeverlangen der Sorgeberechtigten am Maßstab des § 1666 BGB zu prüfen ist. Wenn das Kind nicht seit „längerer Zeit in Familienpflege" lebt, jedoch an einem entsprechend anderen Ort seine soziale Familie gefunden hat, ist die Kindeswohlprüfung direkt über § 1666 BGB vorzunehmen (vgl. Kap. 9). Die Entscheidung des Gesetzgebers für die Anerkennung einer sozialen Elternschaft (ausführlich Salgo 1987, 210 ff.) wurde vom Bundesverfassungsgericht ausdrücklich als verfassungsmäßig akzeptiert (BVerfG 14.4.1987 – 1 BvR 332/86, BVerfGE 75, 201 ff.), es hat die soziale Elternschaft in den Schutzbereich des Art. 6 GG aufgenommen. Nach wie vor ist aber auf die jeweilige konkrete Einzelsituation abzustellen. Letztlich bestimmt ist (wie stets) das Wohl des Kindes (BVerfG 25.11.2003 – 1 BvR 1248/03, FamRZ 2004, 771). Wesentlich für die rechtliche Beurteilung ist auf der einen Seite das Elternrecht, das besonders deutlich vom Europäischen Gerichtshof für Menschenrechte betont wird (EGMR 8.4.2004 – 11057/02, Haase ./. Deutschland, NJW 2004, 3401 ff.). Auf der anderen Seite muss „in der Beziehung zum Kind ... das Kindeswohl die oberste Richtschnur der elterlichen Pflege und Erziehung sein" (BVerfG 20.6.2011 – 1 BvR 303/11, FamRZ 2012, 433 f.). Das erlaubt es, die gewachsenen sozialen Beziehungen des Kindes zu berücksichtigen und zu prüfen, welche Beeinträchtigungen die Herausnahme des Kindes nach sich ziehen würde (BVerfG 31.3.2010 – 1 BvR 2910/09, FamRZ 2010, 865 ff.). Dabei ist auch die konkrete Herausgabesituation, die Gestaltung des Übergangs von der Pflegestelle zu den Eltern zu berücksichtigen, denn durch ein übergangsloses Herausgabeverlangen wird regelmäßig das Wohl der Kinder gefährdet (OLG Frankfurt/M. 18.6.2010 – 6 UF 13/10, FamRZ 2011, 382). In besonderer Weise ist dabei auch der Wille der jeweiligen Kinder zu berücksichtigen, unabhängig vom

25

konkreten Lebensalter (zwölfjähriges Kind OLG Frankfurt/M. 13.11.2008 – 1 UF 72/08, FamRZ 2009, 990 ff.; zehnjähriges Kind OLG Hamm 31.1.2012 – II-1 UF 278/11, 1 UF 278/11, FamRZ 2012, 1401). Dabei geht es stets um eine sehr genaue Befassung mit der konkreten Situation, abstrakte Annahmen genügen nicht, um eine Kindeswohlgefährdung festzustellen (zur möglichen Rückfallgefahr einer ehemals drogenabhängigen Mutter: OLG Hamm 8.6.2011 – II 8 UF 140/11, 8 UF 140/11, FamFR 2011, 578).

26 Im Rahmen des **Kinder- und Jugendstärkungsgesetzes (KJSG)** ist am 10.6.2021 in **§ 1632 Abs. 4 S. 2 BGB** nach langen kontroversen Diskussionen eine Regelung zur sog. **Dauerverbleibensanordnung** in Kraft getreten. Danach kann das Familiengericht in Verfahren zum Erlass einer Verbleibensanordnung von Amts wegen oder auf Antrag der Pflegeperson zusätzlich anordnen, dass der Verbleib des Kindes bei der Pflegeperson auf Dauer ist, wenn sich innerhalb eines im Hinblick auf die Entwicklung des Kindes vertretbaren Zeitraums trotz angebotener geeigneter Beratungs- und Unterstützungsmaßnahmen die Erziehungsverhältnisse bei den Eltern nicht nachhaltig verbessert haben, eine derartige Verbesserung mit hoher Wahrscheinlichkeit auch zukünftig nicht zu erwarten ist und die Anordnung zudem zum Wohl des Kindes erforderlich ist. Die Regelung erfolgt vor dem Hintergrund, dass Kinder, die dauerhaft in Pflegefamilien leben, in besonderer Weise auf ein **stabiles und kontinuierliches Erziehungsumfeld** angewiesen sind (BT-Drs. 19/26107, 128). Sie steht im Zusammenhang mit verschiedenen Neuregelungen im SGB VIII in Bezug auf die Fremdunterbringung von Minderjährigen. Ziel ist die Stärkung von Kindern und Jugendlichen, die in Pflegefamilien oder in Einrichtungen der Erziehungshilfe aufwachsen (BT-Drs. 19/26107, 4; zu den Neuregelungen in Beug auf Pflegekinder: Zeller Dialog Erziehungshilfe 2021, 22, 25). Die Anordnung ist allerdings ebenso wie die einer vorübergehenden Verbleibensanordnung nach **§ 1696 Abs. 3 BGB** auf Antrag der Eltern aufzuheben, wenn die Wegnahme des Kindes von der Pflegeperson das Kindeswohl nicht gefährdet. Damit ergibt sich für das Kind nach wie vor keine dauerhafte Sicherheit, was den Verbleib in der Pflegefamilie angeht. Laut Gesetzesbegründung kann „auch eine Dauerverbleibensanordnung ... nicht unaufhebbar sein, denn sonst käme sie in ihrer Wirkung für das Aufenthaltsbestimmungsrecht der Adoption des Kindes durch die Pflegeeltern nahe, die gegen den Willen der Eltern nur unter den engen Voraussetzungen des § 1748 BGB möglich ist" (BT-Drs. 19/26107, 130). Insofern ist fraglich, ob die Regelung zur Dauerverbleibensanordnung tatsächlich geeignet ist, zu einer nennenswerten Verbesserung der Stabilität und Kontinuität des Erziehungsumfeldes zu führen. Eine signifikante Änderung hätte sich hier ergeben, wenn die Anordnung nicht bereits bei Wegfall der Gefährdung aufzuheben wäre, sondern erst dann, wenn eine Rückführung zu den Eltern dem Wohl des Kindes gerade dienen würde (Beckmann/Lohse 2021, 6). Allerdings wird die Überprüfung und Abänderung der Verbleibensanordnung nach § 1696 Abs. 3 BGB unter die Voraussetzung eines Antrags der Eltern gestellt. Dem liegt der Gedanke zugrunde, dass vor allem der dauerhafte Verbleib des Kindes bei seiner Pflegeperson nicht durch ein Tätigwerden des Gerichts ohne entsprechendes Begehren der aufenthaltsbestimmungsberechtigten Eltern in Frage gestellt werden soll, um eine mit einem solchen Verfahren verbundene Verunsicherung des Kindes zu vermeiden (BT-Drs. 19/26107,131). Zudem wird eine spezielle Regelung in **§ 1697a Abs. 2 BGB** für den Fall getroffen, dass das Kind in Familienpflege lebt oder im Rahmen einer Hilfe nach § 34 SGB VIII (Heimerziehung, sonstige betreute Wohnform) oder 35a Abs. 2 Nr. 4 SGB VIII (Eingliederungshilfe in Einrichtungen über Tag und Nacht sowie sonstigen Wohnformen) erzogen und

8.3 Elterliche Sorge – Inhalt und rechtliche Bedeutung

betreut wird. In diesen Fällen hat das Gericht, soweit nichts anderes bestimmt ist, auch zu berücksichtigen, ob und inwieweit sich innerhalb eines im Hinblick auf die Entwicklung des Kindes vertretbaren Zeitraums die Erziehungsverhältnisse bei den Eltern derart verbessert haben, dass diese das Kind selbst erziehen können. Liegen die Voraussetzungen des § 1632 Abs. 4 S. 2 Nr. 1 BGB vor, so hat das Gericht bei seiner Entscheidung ausdrücklich auch das Bedürfnis des Kindes nach kontinuierlichen und stabilen Lebensverhältnissen zu berücksichtigen. Die normverdeutlichende Erwähnung soll dazu beitragen, dass dieser Aspekt bei der Kindeswohlbestimmung nicht übergangen wird (BT-Drs. 19/26107,133).

Eine ähnliche Regelung wie die des § 1632 BGB findet sich in § **1682 BGB**: Wenn aufgrund tatsächlicher Verhinderung oder nach dem Tod des bisher sorgeberechtigten Elternteils **der andere Elternteil** die elterliche Sorge erlangt, das Kind jedoch mit seinem bisher sorgeberechtigten Elternteil beim Stiefelternteil, bei Großeltern oder Geschwistern lebte, ist nach § 1682 BGB eine **Verbleibensanordnung möglich**. In allen anderen, nicht ausdrücklich in § 1632 Abs. 4, § 1682 BGB genannten Fällen bleibt es bei einem Herausgabeverlangen der rechtlichen Inhaber der elterlichen Sorge bei der Grundregelung des § 1632 Abs. 1 BGB: Ein Herausgabeverlangen ist anhand des Kriteriums der Widerrechtlichkeit und damit des Kindeswohls zu prüfen. Maßstab ist stets das Wohl des Kindes, sowohl in den in § 1632 Abs. 4 und § 1682 BGB ausdrücklich genannten Fällen als auch in den sonstigen Fällen.

Für die Verbringung von Kindern in das und aus dem Ausland ist das Haager Übereinkommen über die zivilrechtlichen Aspekte **internationaler Kindesentführungen** – das **HKÜ** vom 25. Oktober 1980 – von Bedeutung. Dieses Übereinkommen gilt nur zwischen den Staaten, die diesem Vertrag beigetreten sind. Wegen dieser nur beschränkten Gültigkeit zwischen den Vertragsstaaten regelt die **Brüssel IIa-VO** (Rieck NJW 2008, 182 ff.; vgl. dazu auch Rn. 44 f.) Kindesentführungen von einem EU-Staat in einen anderen (mit Ausnahme Dänemarks). Inhaltlich sind die Voraussetzungen zum großen Teil identisch (Solomon FamRZ 2004, 1416). Zweck der Abkommen ist die **schnelle Rückführung** eines widerrechtlich (unter Verletzung eines faktisch ausgeübten Sorgerechts) entführten oder zurückgehaltenen Kindes und damit die Wiederherstellung des Status quo. Orientierungspunkt ist dabei das Kindeswohl, wobei davon ausgegangen wird, dass die sofortige Rückführung an den bisherigen Aufenthaltsort grundsätzlich dem Kindeswohl dient. Anwendbar ist das HKÜ in persönlicher Hinsicht auf Kinder, die das 16. Lebensjahr noch nicht vollendet haben, während die Brüssel IIa-VO für die von ihr erfassten Kinder kein Höchstalter festlegt. **Zuständig** sind die **Gerichte des Herkunftsstaates** (Ursprungsstaates). Alternativ werden die Gerichte des gewöhnlichen Aufenthaltsortes des Kindes zuständig, wenn sich das Kind mindestens ein Jahr lang im Zufluchtstaat aufgehalten und dort eingelebt hat, nachdem die sorgeberechtigten Personen (Behörden oder Stellen) seinen Aufenthalt kannten oder hätten kennen müssen.

Voraussetzung für die Anordnung der Rückführung ist die **Widerrechtlichkeit der Entführung**. Gemäß **Art. 3 HKÜ** liegt eine solche Widerrechtlichkeit bei Verletzung des Sorgerechts einer Person (wobei dies nach dem Recht des Staates definiert wird, in dem das Kind unmittelbar vor der Entführung seinen gewöhnlichen Aufenthalt hatte) und tatsächlicher Ausübung des Sorgerechtes vor der Entführung (OLG Dresden 21.1.2002 – 10 UF 753/01, FamRZ 2002, 1136) vor. Entsprechend **Art. 12 HKÜ** ist die Rückführung anzuordnen, wenn seit der Entführung weniger als ein Jahr verstrichen ist. Auch nach Ablauf eines Jahres ist die Rückführung anzuordnen, es sei denn, dass erwiesen ist, dass sich das Kind in seine neue Umgebung eingelebt hat. Eine Rückführung kann gemäß **Art. 20 HKÜ** wegen des Schutzes der Menschenrechte und der Grundfreiheiten, bzw. dann vom Gericht abgelehnt werden, wenn einer der in **Art. 13 HKÜ** genannten Gründe vorliegt. Danach braucht die Rückführung nicht angeordnet zu werden, wenn eine **ungewöhnlich schwerwiegende Beeinträchtigung**, die **Gefahr** eines körperlichen oder seelischen **Schadens für das Kind** in erheblichem, konkretem und aktuellem Umfang vorliegt (BVerfG 29.10.1998 – 2 BvR 1206/98, NJW 1999, 631 f.). Art. 13 HKÜ ist als Ausnahmevorschrift eng auszulegen, da sonst das Hauptziel des HKÜ durchkreuzt werden könnte, möglichst schnell den alten Zustand wiederherzustellen. Bloße Belange des Kindeswohls (die bei einer Sorgerechtsentscheidung zu prüfen sind) genügen für das Vorliegen einer solchen überwiegenden Gefahr nicht (BVerfG 15.8.1996 – 2 BvR 1075/96, NJW 1996, 3145). Die Rückführung kann außerdem abgelehnt werden, wenn sich das Kind selbst der Rückgabe widersetzt und es „ein Alter und eine Reife erreicht hat, angesichts deren es angebracht erscheint, seine Meinung zu berücksichtigen", wenn sich also ein urteilsfähiges Kind selbst aus freien Stücken, ernsthaft und unbeeinflusst durch die entführende Person der Rückführung widersetzt. Dies setzt voraus, dass das Kind nachhaltigen Widerstand leistet. Die Regelung soll dem Kind kein freies Wahlrecht gewähren, insofern ist es nicht ausreichend, dass es eine klare Präferenz hinsichtlich seines Aufenthalts äußert (OLG Düsseldorf 30.11.2018 – 1 UF 150/18). Art. 13 selbst sieht keine Altersgrenze vor, sondern stellt auf die Urteilsfähigkeit des Kindes ab, das Gericht hat also zu entscheiden, ob eine entsprechende Urteilsfähigkeit vorliegt. Dies wird gegenwärtig etwa bei 8 Jahren angenommen (OLG Karlsruhe 16.10.2001 – 2 UF 282/01 und 2 UF 204/01, FamRZ 2002, 1141; OLG Schleswig 3.2.2005 – 12 UF 20/05, FamRZ 2005, 1703). Am 26.6.2019 hat der Europäische Rat eine **Überarbeitung der Brüssel IIa-Verordnung** angenommen, die bereits 2016 von einer Expertengruppe der Europäischen Kommission vorgelegt worden war. Die Änderungen sehen klarere Regelungen und ein beschleunigtes Verfahren vor (vgl. Kohler/Pintens FamRZ 2016, 1509 ff.). Sie werden überwiegend drei Jahre nach ihrer Veröffentlichung wirksam, somit also Mitte des Jahres 2022. Zu berücksichtigen sind ferner die §§ 37-42 IntFamRVG.

8.3.1.3 Aufsicht: Erziehung zur Mündigkeit

30 § 1631 Abs. 1 BGB legt fest, dass die Personensorgeberechtigten zur Aufsicht verpflichtet sind. Die Aufsicht über Minderjährige dient sowohl dem Schutz des Kindes als auch dem Schutz Dritter vor Schädigungen durch das Kind. Das Gesetz selbst nennt keine Aspekte für die Aufsicht. Die Rechtsprechung hat umfangreiche Kriterien entwickelt. Wichtigstes ist, dass die **Aufsichtspflicht** nur **Nebenpflicht der Erziehung** ist, **vorrangig** bleibt die **Erziehung** der Minderjährigen **zur Selbstständigkeit und Mündigkeit**. **Aspekte für die Aufsicht** ergeben sich aus der Person der Minderjährigen, deren Reife, Alter, aus der Art der Beschäftigung, aus der örtlichen Umgebung (geringe Anforderungen bei Spielstraße OLG Hamm 9.6.2000 – 9 U 226/99, NJW-RR 2002, 236) oder aus situativen Momenten (Bernau 2005). Hierauf ist die Intensität der Aufsicht abzustellen, die vom Informieren, Belehren, über das Überwachen und Kontrollieren, über Gebote und Verbote bis hin zum Eingreifen und Verhindern reichen kann. Das bedeutet, dass nicht von vornherein bestimmte Tätigkeiten ausgeschlossen sind, sondern dass sich das Maß der Aufsicht vor allem nach der Person des Kindes und der Art der Beschäftigung richtet. So sind auch pädagogische Konzepte möglich, die bewusst

8.3 Elterliche Sorge – Inhalt und rechtliche Bedeutung

„gelegentliche Aktionen, die nicht frei von einem freilich möglichst gering zu haltenden Risiko" sind, beinhalten (BGH 5.12.1983 – ZR 252/82, BGHZ 89, 153 ff.; OLG Zweibrücken 28.9.2006 – 4 U 137/05, NJW-RR 2007, 173 f.). Somit ist die Aufsicht jeweils auf die konkrete Situation abzustellen, besonders intensiv wird sie in Situationen sein, in denen Kinder mit gefährlichen Gegenständen spielen oder sich in gefährlichen Situationen bewegen. Immer wieder spielt dabei der Umgang mit Feuer eine Rolle. Hier stellt die Rechtsprechung grundsätzlich strenge Anforderungen an die Aufsichtspflicht (BGH 20.3.2012 – VI ZR 3/11, FamRZ 2012, 1134 ff.).

Weil die Aufsichtspflicht nur Nebenpflicht der generellen Erziehungsaufgabe ist, kann von den Sorgeberechtigten allerdings **kein erzieherisch unzumutbares Verhalten** verlangt werden. Die Aufsicht findet ihre Grenze in der pädagogischen Zumutbarkeit. Dem Minderjährigen ist ein ständig steigendes Maß an Freiheit zu gewähren:

> „Jede Freiheitsgewährung ist aber bei unausgereiften Menschen mit Gefahren verbunden, diese müssen im Rahmen der Erziehung in Kauf genommen werden, da anderenfalls die weit schwerwiegendere Gefahr besteht, dass ein ständig beaufsichtigtes Kind, wenn es bei Erreichen der Volljährigkeit aus der Aufsicht entlassen wird, plötzlich vor Aufgaben gestellt wird, denen es in keiner Weise gewachsen ist" (OLG Hamburg 7 U 38/65, abgedruckt bei Münder 1991, 103).

Gerade bei älteren Jugendlichen kann die vorauszusehende Erfolglosigkeit einer Aufsichtsmaßnahme schon die Anordnung für untunlich erscheinen lassen. Diese richtigerweise auf pädagogische Aspekte abstellende Grundlinie hat der BGH allerdings bei Minderjährigen mit geistiger Behinderung, Verhaltensauffälligkeiten und psychischen Störungen eingeschränkt, eine sehr umfassende Aufsichtspflicht der Eltern in diesen Fällen betont und deutlich gemacht, dass bei solchen Kindern strengere Maßstäbe anzulegen sind. Faktisch hat er hier aus der Aufsichtspflicht eine „engmaschige Überwachung" der Kinder gefolgert (BGH 10.10.1995 – VI ZR 219/94, NJW 1995, 3385; BGH 27.2.1996 – VI ZR 86/95, NJW 1996, 1404 f. = FamRZ 1996, 601; zur Kritik Fuchs 1995).

Schädigen Minderjährige eine dritte Person, so kommt neben einer möglichen Haftung der aufsichtspflichtigen Person auch eine Haftung der minderjährigen Person in Frage. Hierbei kommt es auf deren Alter und Einsichtsfähigkeit an. Nach § 828 BGB **haften Minderjährige bis zur Vollendung des 7. Lebensjahres überhaupt nicht** (Abs. 1). Zwischen dem 7. und der Vollendung des 10. Lebensjahres haften Minderjährige nach § 828 Abs. 2 S. 1 BGB insbesondere nicht bei Unfällen mit einem Kfz. Damit soll der typischen Überforderungssituation von Kindern durch die spezifischen Gefahren des motorisierten Verkehrs begegnet werden, sodass es nicht darauf ankommt, ob sich das konkrete 7- bis 10-jährige Kind verkehrsgerecht verhalten konnte, sondern eine typisierende Regelung vorliegt, die auf die Komplexität und Übersichtlichkeit im motorisierten Straßenverkehr abstellt (BGH 16.10.2007 – VI ZR 42/07, NJW 2008, 147 f.). Dieses Haftungsprivileg greift allerdings dann nicht, wenn es sich nicht um Situationen der Überforderung durch den motorisierten Straßenverkehr handelt, also bei der Beschädigung geparkter Autos (BGH 30.11.2004 – VI ZR 335/03, NJW 2005, 354 ff.; zum Schadensersatz bei Unfällen mit Minderjährigen ausführlich Scheffen/Pardey 2003). Außerhalb des motorisierten Straßenverkehrs haftet die minderjährige Person dann, wenn sie bei der Begehung der schädigenden Handlung die zur Erkenntnis der Verantwortlichkeit erforderliche Einsicht hat (verneint für 11-jähriges Kind in Bezug auf Filesharing: LG Frankfurt 29.10.2020 – 2-03 O 15/19, juris). Verletzt eine aufsichtspflichtige Person ihre Pflicht und kommt es zu einem Schaden des Kindes bzw. schädigt aufgrund der Aufsichtspflichtverletzung das Kind eine dritte Person, so haftet die aufsichtspflichtige Person für den eingetretenen Schaden. Diese **Haftung der Aufsichtspflichtigen** ist in § 832 BGB angesprochen und kann sich zudem aus vertraglichen Verpflichtungen ergeben. Liegt keine Verletzung der Aufsichtspflicht vor, kommt es nicht zur Haftung der aufsichtspflichtigen Person. Dies gilt auch für die Eltern. Sie haften nicht automatisch für Schäden, die durch ihr Kind verursacht worden sind.

8.3.2 Ausübung der elterlichen Sorge: Konsens und Einigung

33 Wesentliches Ziel der Reformen im Kindschaftsrecht war die Stärkung der Elternautonomie: Eltern sollen selbstständig und eigenverantwortlich ihre Elternverantwortung wahrnehmen, sich in Bezug auf die elterliche Sorge verständigen. So ist auch die Wahrnehmung jeder Form von **gemeinsamer elterlicher Sorge** im BGB vom **Konsens- und Einigungsprinzip** geprägt, und zwar sowohl in Richtung der Kinder als auch des anderen Elternteils. Dass die elterliche Sorge im **Konsens mit den Kindern** auszuüben ist, spricht § 1626 Abs. 2 BGB ausdrücklich an; in manchen Fällen enthält das Gesetz Sonderregelungen (etwa § 1631a BGB). Einigung ist auch bei der Ausübung der elterlichen Sorge **mit dem anderen Elternteil** anzustreben; § 1627 BGB verpflichtet die (sorgeberechtigten!) Eltern bei Meinungsverschiedenheit ausdrücklich dazu, sich zu einigen. Die gemeinsame Wahrnehmung der elterlichen Sorge schließt eine Aufgabenteilung, die einvernehmliche Überlassung einzelner Aufgabenbereiche an einen Elternteil allein nicht aus. Eine Einigung der Eltern wird nicht stets erreichbar sein. Falls – auch mithilfe staatlicher Unterstützung (vgl. Rn. 34) – bei Angelegenheiten, die für das Kind von erheblicher Bedeutung sind, kein Konsens erzielt werden kann, kann nach **§ 1628 BGB** das Familiengericht auf Antrag eines Elternteils die Entscheidung in dieser Angelegenheit einem Elternteil übertragen. Das Gericht kann aber nicht anstelle der Eltern eine eigene Sachentscheidung treffen (BVerfG 4.12.2002 – 1 BvR 1870/02, NJW 2003, 1031 f.) Bei Entscheidungen in Angelegenheiten des täglichen Lebens gilt § 1687 BGB (vgl. Kap. 10 Rn. 19 f.). Bei gemeinsamer elterlicher Sorge sieht **§ 1629 BGB** die gemeinsame **Vertretung des Kindes** vor. Bei Gefahr im Verzuge ist allerdings jeder Elternteil berechtigt, das Kind allein zu vertreten (§ 1629 Abs. 1 S. 4 BGB). § 1629 BGB regelt, dass der Elternteil, in dessen Obhut sich das Kind befindet, **Unterhaltsansprüche** des Kindes gegen den anderen Elternteil geltend machen kann (§ 1629 Abs. 3 BGB). Bei beiderseitiger Betreuung ist darauf abzustellen, bei welchem Elternteil das Schwergewicht der tatsächlichen Betreuung liegt. Betreuen die Eltern ihr Kind in gleichem Umfang („Wechselmodell", dazu Kap. 11 Rn. 2), so steht keinem Elternteil eine Alleinvertretungsbefugnis nach § 1629 Abs. 2 S. 2 BGB zu (OLG München 12.8.2002 – 26 UF 1103/02, FamRZ 2003, 248). Durch das Familiengericht kann jedoch einem Elternteil gemäß § 1628 BGB die Entscheidung zur Geltendmachung von Kindesunterhalt übertragen werden (OLG Celle 20.8.2014 – 10 UF 163/14, FamRZ 2015, 590 f.).

34 Aufgrund der hohen Bedeutung einvernehmlicher Lösungen im Interesse des Kindes hat der Gesetzgeber Regelungen geschaffen, mit denen die Erreichung von **Einvernehmen der Eltern unterstützt** werden kann. Diese Bestimmungen finden sich nicht im BGB, sondern in § 17 SGB VIII und im Verfahrensrecht des FamFG (beide 2012 durch das MediationsG weiterentwickelt und konkretisiert). **§ 17 SGB VIII** steht im Zentrum der Unterstützungsleistungen der Jugendhilfe. Im Interesse der Kinder sollen hier die Eltern in der konfliktminimierenden Bearbeitung partnerschaftlicher Probleme und

8.3 Elterliche Sorge – Inhalt und rechtliche Bedeutung

Krisen unterstützt werden (im Einzelnen Tammen/Trenczek in Münder FK-SGB VIII, § 17 Rn. 11 ff.). In den Bestimmungen des **FamFG,** die ihre besondere Bedeutung in Trennungs- und Scheidungsfällen haben (vgl. Kap. 10), aber auch ansonsten für den elterlichen Konsens relevant sind, finden sich mehrere Regelungen zur Unterstützung einer einvernehmlichen Lösung des Konflikts (dazu Rn. 52 ff.).

8.3.3 Beginn, Ende, Ruhen, Entzug der elterlichen Sorge

Die elterliche Sorge **beginnt** mit der Geburt des Kindes und **endet** mit seiner Volljährigkeit (§ 2 BGB). Sie endet zudem auf Seiten der Eltern durch Tod bzw. Todeserklärung (§§ 1677, 1680, 1681 BGB). Die elterliche Sorge endet für einen Elternteil, wenn sie bei Getrenntleben gemäß § 1671 BGB auf den anderen übertragen wurde. Die **elterliche Sorge** kann Eltern **entzogen** werden, und zwar sowohl die gesamte elterliche Sorge als auch einzelne Bestandteile (§ 1632 Abs. 4 BGB: Aufenthaltsbestimmungsrecht; § 1666 Abs. 3 Nr. 6 BGB: z.B. Personensorge); eine Anzahl weiterer Bestimmungen befasst sich insbesondere mit der Einschränkung (§§ 1629a, 1638 ff. BGB) oder Entziehung der Vermögenssorge (§§ 1667 BGB).

35

§§ 1673 bis 1675 BGB regeln das **Ruhen** der elterlichen Sorge. Von Bedeutung ist § 1673 Abs. 2 BGB insbesondere bei **minderjährigen Müttern außerhalb einer bestehenden Ehe geborener Kinder.** Diese sind wegen ihrer Minderjährigkeit gemäß § 106 BGB in ihrer Geschäftsfähigkeit beschränkt. Damit braucht das Kind gemäß § 1773 BGB einen Vormund. I.d.R. wird dies gemäß § 1791c BGB das Jugendamt (vgl. auch Kap. 12 Rn. 21). Solange die Mutter des Kindes noch minderjährig ist, steht ihr nach § 1673 Abs. 2 S. 2 aber die tatsächliche Personensorge zu. Kommt es zwischen der minderjährigen Mutter des Kindes und dem (Amts-)Vormund zu Meinungsverschiedenheiten, geht die Meinung der Mutter vor (§ 1673 Abs. 2 S. 3 BGB). Die elterliche Sorge ruht auch bei tatsächlicher Verhinderung (§ 1674 BGB; etwa langfristige Inhaftierung – OLG Dresden 27.2.2003 – 10 UF 760/02, FamRZ 2003, 1038; OLG Brandenburg 21.5.2008 – 9 UF53/08, FamRZ 2009, 237) oder etwa bei der Einwilligung in die Adoption gemäß § 1751 BGB. Die **Folge** der Beendigung, des Ruhens oder des Entzugs der elterlichen Sorge ist grundsätzlich, dass der andere Elternteil Inhaber der nunmehr alleinigen elterlichen Sorge ist (§§ 1680, 1681 BGB). Kommt dieser als Inhaber der elterlichen Sorge nicht in Frage (§ 1671 Abs. 3 BGB), so ist bei völligem Entzug der elterlichen Sorge ein Vormund, bei Entzug von Teilen der elterlichen Sorge ein Pfleger zu bestellen (vgl. Kap. 12).

36

8.3.4 Die „kleinen Sorgerechte" – Beteiligung Dritter bei der Erziehung der Kinder

Bei der Erziehung sind nicht immer nur die rechtlich zuständigen Eltern tätig. Stiefeltern (rechtliche oder faktische), Pflegepersonen, Erziehungs- und Betreuungspersonen können in unterschiedlicher Weise an der Erziehung beteiligt sein. Das Gesetz regelt deren Rechte nicht systematisch, sondern punktuell an verschiedenen Stellen und zum Teil unterschiedlich. Soweit gesetzliche Regelungen vorhanden sind, regelt der Gesetzgeber für die betroffenen Personengruppen in Bezug auf sorgerechtliche Befugnisse die **Mitwirkung und Mitentscheidung in der Erziehung bei Angelegenheiten des täglichen Lebens.** Diese Rechtsverhältnisse lassen sich als „kleine Sorgerechte" bezeichnen. Darüber hinaus wird die Möglichkeit von Verbleibensanordnungen (Rn. 25 f.) sowie ein Umgangsrecht zugunsten von Bezugspersonen (vgl. Kap. 11) geregelt. Unabhängig von

37

den gesetzlichen Regelungen können die Inhaber der elterlichen Sorge einzelne Befugnisse durch Vollmacht übertragen.

38 **Stiefeltern** sind im rechtlichen Sinn nicht Elternteile der Stiefkinder. Stiefkinder sind nur mit ihrem Elternteil verwandt, mit dem Ehegatten des Elternteils sind sie im 1. Grad verschwägert (§ 1590 Abs. 1 BGB). Es besteht keine gesetzliche Unterhaltspflicht und auch keine elterliche Sorge. **Umfassende rechtliche Kompetenzen** kann der Stiefelternteil nur durch die **Adoption** des Stiefkindes (vgl. Kap. 13) erreichen, die die Einwilligung beider Eltern des Kindes voraussetzt. Für einen „echten" Stiefelternteil, also einen Ehepartner oder einen Lebenspartner eines Elternteils im Sinne des Lebenspartnerschaftsgesetzes (dazu Kap. 3) ist allerdings nach § 1687b BGB eine **Beteiligung bei Angelegenheiten des täglichen Lebens** möglich. Voraussetzung ist, dass der Elternteil des Kindes – also der nunmehrige Ehegatte des Stiefelternteils – allein sorgeberechtigt ist. Der Begriff „Angelegenheiten des täglichen Lebens" ist identisch mit dem im Falle der Trennung/Scheidung in § 1687 BGB verwendeten Begriff (im Einzelnen Kap. 10). Hinsichtlich der **Namenserteilung** ermöglicht zudem die Einbenennung nach § 1618 BGB Namensgleichheit zwischen Stiefelternteil und Stiefkind (vgl. Rn. 6). Für Personen, die mit dem Elternteil des Kindes in eheähnlicher Gemeinschaft zusammenleben, gelten die betreffenden Regelungen nicht.

39 Lebt das Kind außerhalb seiner Herkunftsfamilie, ist § 1688 BGB von Bedeutung. Danach kann eine **Pflegeperson** (Abs. 1) bzw. **Erziehungsperson** bei den in Abs. 2 genannten Fällen der Hilfe zur Erziehung in **Angelegenheiten des täglichen** Lebens selbst entscheiden, den Arbeitsverdienst für das Kind verwalten und Unterhalts- sowie Sozialleistungsansprüche für das Kind geltend machen (ausführlich Hoffmann NZFam 2019, 1 ff.). Familienpflege bedeutet nicht nur Pflegefamilie, sondern es sind alle familienähnlichen Erziehungs- und Betreuungsformen gemeint. § 1688 Abs. 1 und Abs. 2 BGB gelten jedoch nach Absatz 3 nicht, wenn die Inhaber der elterlichen Sorge etwas anderes erklären. Diese Kompetenz in Alltagsangelegenheiten ist gemäß § 1688 Abs. 4 BGB auch dann gegeben, wenn das Gericht eine Verbleibensanordnung nach § 1632 Abs. 4 BGB oder § 1682 BGB ausgesprochen hat (dazu Rn. 25 f.). Die Pflegeperson kann zudem gemäß § 161 FamFG nach gerichtlichem Ermessen auch **Beteiligte im kindschaftsrechtlichen Verfahren** sein und ist dann mit allen Rechten und Pflichten ausgestattet, die sich aus dieser förmlichen Verfahrensposition herleiten. Dies gilt auch für Personen, etwa Stiefelternteile, bei denen sich das Kind aufgrund einer Verbleibensanordnung nach § 1682 BGB aufhält.

8.4 Minderjährige als eigenständige Rechtssubjekte

40 Mit der elterlichen Sorge hat der Gesetzgeber den Eltern umfassende Kompetenzen eingeräumt. Die Verpflichtung des Gesetzgebers, die Persönlichkeitsentfaltung des Kindes auch im Verhältnis zu den Eltern zu gewährleisten (ausführlich Kap. 2), geschieht zum einen dadurch, dass das staatliche Wächteramt bei Kindeswohlgefährdungen durch (ggf. auch) gerichtliche Maßnahmen realisiert wird (Kap. 9), und zum anderen dadurch, dass für Minderjährige eigene subjektive Rechtspositionen begründet werden. In diesen Bereichen erlangen damit die Kinder **Teilmündigkeit** (umfassend Moritz ZfJ 2002, 405 ff., 466 ff.).

41 Nach **§ 1 BGB** beginnt mit der Vollendung der Geburt die **Rechtsfähigkeit** des Menschen. Für rechtlich bedeutsames Handeln ist im **privaten Rechtsleben** zudem die **Geschäftsfähigkeit** erforderlich. Hier sieht das Gesetz bei Minderjährigen Einschränkun-

8.4 Minderjährige als eigenständige Rechtssubjekte

gen vor. Bis zur Vollendung des 7. Lebensjahres sind Minderjährige nach § 104 Nr. 1 BGB **geschäftsunfähig**. Nach Vollendung des 7. Lebensjahres sind sie **beschränkt geschäftsfähig** (§ 106 BGB) und können Willenserklärungen selbst abgeben, brauchen aber die Einwilligung oder nachträgliche Genehmigung der gesetzlichen Vertreter, sofern sie durch die Willenserklärung nicht lediglich einen rechtlichen Vorteil erlangen (§§ 107, 108 BGB). Wenn Minderjährige die ihnen aus dem Vertrag obliegende Leistung jedoch mit eigenen Mitteln erfüllen, die ihnen zur freien Verfügung überlassen wurden, so ist ein solcher Vertrag von vornherein wirksam (§ 110 BGB – sogenannter Taschengeldparagraf). Wirtschaftlich orientierte Teilmündigkeit sehen auch §§ 112, 113 BGB vor. Ansonsten ist das Recht mit der Etablierung von **Teilmündigkeit** zurückhaltend. Es gibt nur wenige Fälle. Klassisches Beispiel ist die gestufte Mündigkeit des Gesetzes über die religiöse Kindererziehung (RKEG bzw. nun KErzG) von 1921, das sich mit der weltanschaulichen (§ 6 KErzG) bzw. religiösen Erziehung des Minderjährigen beschäftigt (dazu Schwab FamRZ 2021, 1 ff.):

- Ab dem vollendeten 10. Lebensjahr sind Minderjährige bei einem Wechsel der weltanschaulichen/religiösen Erziehung zu hören, wenn während einer bestehenden Ehe ein Elternteil das Bekenntnis des Kindes wechseln will, der andere Elternteil nicht zustimmt und dessen Zustimmung durch das Familiengericht ersetzt werden soll – § 2 Abs. 3 S. 5 KErzG;
- ab dem vollendeten 12. Lebensjahr können Minderjährige gegen ihren Willen in keiner anderen Weltanschauung/Religion erzogen werden als bisher – § 5 S. 2 KErzG;
- ab dem vollendeten 14. Lebensjahr können die Minderjährigen selbst ihre Weltanschauung/Religion bestimmen – § 5 S. 1 KErzG.

Der Schwerpunkt von Teilmündigkeiten (vgl. Tabelle 5) liegt im verfahrensrechtlichen Bereich, etwa im FamFG. Nach § 36 SGB I haben Minderjährige ab dem 15. Lebensjahr eine (allerdings durch die Sorgeberechtigten einschränkbare) sozialrechtliche **Handlungsfähigkeit**. Nach § 8 SGB VIII können sie selbstständig Jugendhilfeberatung in Anspruch nehmen (im Einzelnen Meysen in Münder FK-SGB VIII, § 8 Rn. 9 ff.).

42

8. Das Rechtsverhältnis Eltern-Kinder – Allgemeines und elterliche Sorge

Tabelle 5: Mündigkeitsstufen

Alter	Rechtspositionen	Folgen
Vollendung der Geburt	Rechtsfähigkeit § 1 BGB	Minderjährige sind Träger von Rechten und Pflichten; die Eltern sind die gesetzlichen Vertreter §§ 1626 Abs. 2, 164 ff. BGB
	Parteifähigkeit § 50 Abs. 1 ZPO	Minderjährige können klagen und verklagt werden, Prozesshandlungen werden durch Eltern als gesetzliche Vertreter vorgenommen § 51 Abs. 1 ZPO
Vollendung des 7. Lebensjahres	beschränkte Geschäftsfähigkeit §§ 106 bis 113 BGB	Minderjährige können selbstständig Willenserklärungen abgeben, brauchen zu ihrer Rechtsverbindlichkeit aber die Einwilligung der Eltern
	beschränkte Schadensverantwortlichkeit § 828 Abs. 1-3 BGB	Haftung der Minderjährigen gegenüber Geschädigten (nicht im Straßenverkehr, vgl. § 828 Abs. 2 BGB: 10 Jahre)
Vollendung des 10. Lebensjahres	beschränktes Anhörungsrecht bei Weltanschauungs-/Religionswechsel § 2 Abs. 3 KErzG	Anhörungsrecht, wenn (nur) ein Elternteil Weltanschauungs-/Religionswechsel des Kindes möchte
	Beschränkte Schadensverantwortlichkeit § 828 Abs. 2 BGB	Haftung auch bei Unfällen im Straßenverkehr, falls die minderjährige Person die erforderliche Einsicht besitzt
Vollendung des 12. Lebensjahres	beschränkte Weltanschauungs-/Religionsmündigkeit § 5 S. 2 KErzG	gegen den Willen der Minderjährigen kein Weltanschauungs-/Religionswechsel
Vollendung des 14. Lebensjahres	Weltanschauungs-/Religionsmündigkeit § 5 S. 1 KErzG	Minderjährige können Weltanschauung/Religion selbst bestimmen
	beschränkte Strafmündigkeit §§ 1, 3 JGG	bei strafbaren Handlungen und bei Einsichtsfähigkeit der Minderjährigen Verhandlung vor dem Jugendgericht
	§ 9 Abs. 1 Nr. 3 FamFG	Verfahrensfähigkeit im Verfahren vor dem Familiengericht, wenn ein Recht geltend gemacht wird, das der minderjährigen Person nach bürgerlichem Recht zusteht
	Beschwerderecht § 60 FamFG	Minderjährige können selbst Beschwerde gegen Entscheidungen des FamG in Angelegenheiten, die ihre Person betreffen, einlegen
	Zustimmungsrecht §§ 1617a ff. BGB	Minderjährige können nur noch selbst zustimmen bei Geburtsnamensänderung (Namenserteilung, Einbenennung)
	Übertragung der elterlichen Sorge § 1671 Abs. 1 Nr. 1, Abs. 2 Nr. 1 BGB	Widerspruchsmöglichkeit der Minderjährigen bezüglich der Übertragung der alleinigen elterlichen Sorge
	Einwilligung § 1746 BGB	nur selbstständige Einwilligung der Minderjährigen in die Adoption
	Antragsrecht § 1887 Abs. 2 BGB	selbstständiges Antragsrecht auf Bestellung eines anderen Pflegers/Vormunds
Vollendung des 15. Lebensjahres	Antragsrecht § 36 SGB I	grundsätzlich selbstständiges Recht, Anträge auf Sozialleistungen zu stellen und zu verfolgen
Vollendung des 16. Lebensjahres	beschränkte Testierfähigkeit § 2229 Abs. 1 BGB	Minderjährige können selbstständig ein Testament errichten, jedoch nur in bestimmter Form § 2233 Abs. 1 BGB

8.4 Minderjährige als eigenständige Rechtssubjekte

Alter	Rechtspositionen	Folgen
	Eidesfähigkeit §§ 393, 455 ZPO	Minderjährige sind eidesfähig
	in einigen Bundesländern Wahlrecht nach landesrechtlichen Vorschriften	
Vollendung des 18. Lebensjahres	Volljährigkeit § 2 BGB	Eintritt der Volljährigkeit, volle Geschäftsfähigkeit
Vollendung des 21. Lebensjahres	Ende der Anwendbarkeit des Jugendstrafrechts § 1 Abs. 2 JGG	ab diesem Jahr findet allgemeines (Erwachsenen-) Strafrecht Anwendung

Quelle: Eigene Darstellung

Neben solchen gesetzlich formulierten Teilmündigkeiten wurde (seit BGH 5.12.1958 – VI ZR 266/57, BGHZ 29, 33 ff.; neuer OLG Naumburg 11.1.2000 – 3 WF 220/99, DAVorm 2000, 495) die Rechtsfigur der sogenannten **urteilsfähigen Minderjährigen** entwickelt: Wo es um höchstpersönliche Angelegenheiten geht, können Minderjährige, wenn sie hinreichende Urteilsfähigkeit in die konkrete, zur Entscheidung anstehende Angelegenheit haben, selbst die entsprechende Entscheidung treffen. Das bedeutet zugleich, dass die Zuständigkeit der Eltern diesbezüglich eingeschränkt ist bzw. die Minderjährigen ein Vetorecht gegen die Einwilligung ihrer gesetzlichen Vertreter bei Maßnahmen haben, die ihre höchstpersönliche Rechtssphäre berühren (BGH 10.10.2006 – VI ZR 74/05, NJW 2007, 217 ff.; LG München II 22.9.2020 – 1 O 4890/17 Hei, GesR 2020, 805 ff. bei medizinischen Eingriffen mit erheblichen Folgen für ihre künftige Lebensgestaltung). Ein gesetzlich geregeltes Beispiel dieser Teilmündigkeit findet sich in § 52 Abs. 2 StPO: Die Formulierung geht davon aus, dass Minderjährige bei entsprechender Verstandesreife hinsichtlich der Bedeutung des Zeugnisverweigerungsrechtes selber über die Frage ihrer Aussage oder Zeugnisverweigerung entscheiden können. Andere Beispiele sind etwa die Einwilligung in ärztliche Eingriffe, die Entbindung des medizinischen Personals von der Schweigepflicht, die Einwilligung in eine psychiatrische Untersuchung, Recht am eigenen Bild (dazu LG Frankfurt 29.8.2019 – 2-03 O 454/18, AfP 2019, 548 ff.) usw. Liegt die Einsichtsfähigkeit nicht vor, bleiben die Eltern zuständig, bei Interessenskonflikten ist dann ggf. ein Verfahrensbeistand zu bestellen.

Da es sich bei der Teilmündigkeit um eine von Rechtslehre und Rechtsprechung entwickelte Rechtsfigur handelt, fehlen strikte Altersgrenzen wie in Gesetzen, es ist auf die konkrete jeweilige Einsichtsfähigkeit der Minderjährigen abzustellen; als Orientierungspunkte kann von einem Alter von etwa 14/15 ausgegangen werden (BGH 10.10.2006 – VI ZR 74/05, NJW 2007, 17 ff.). Zu kontroversen Diskussionen kommt es insbesondere hinsichtlich der Entscheidungsbefugnis über den **Abbruch der Schwangerschaft bei Minderjährigen** (dazu Bergmann/Wever KH 2019, 139 f. sowie unterschiedliche Entscheidungen: OLG Hamm 16.7.1998 – 15 W 274/98, NJW 1998, 3424 f.; LG Berlin 20.11.1979 – 83 T 395/79, FamRZ 1980, 285; AG Schlüchtern 29.4.1997 – X 17/97, NJW 1998, 832; OLG Naumburg 19.11.2003 – 8 WF 152/03, FamRZ 2004, 1806; OLG Hamm 29.11.2019 – II-12 UF 236/19, FamRZ 2020, 340 ff., dazu Stockmann jurisPR-FamR 7/2020 Anm. 4; vgl. auch OLG Köln 26.1.2009 – 5 U 179/08; zur möglichen Kindeswohlgefährdung bei Schwangerschaft einer Minderjährigen vgl. Kap. 9 Rn. 14).

8.5 Internationales Recht im Eltern-Kind-Rechtsverhältnis

45 Für die Frage, ob und inwieweit **deutsche Gerichte zuständig** sind, sind zwei Regelungen maßgeblich: die Verordnung (EG) Nr. 2201/2003 (sogenannte Brüssel IIa-VO, s. dazu auch Rn. 28 f.) und das KSÜ. Nach Art. 1 Abs. 1 b) der generell bedeutsamen **Brüssel IIa-VO** ist diese Verordnung auch maßgebend für die Ausübung der elterlichen Verantwortung; hierzu gehört das Sorgerecht (Art. 1 Abs. 2 a). Gemäß Art. 8 sind die Gerichte des Mitgliedstaates zuständig, in dem **das Kind** zum Zeitpunkt der Antragstellung **seinen gewöhnlichen Aufenthalt** hat. Damit sind bei Kindern mit gewöhnlichem Aufenthalt in der Bundesrepublik die deutschen Gerichte für die allgemeinen Sorgerechtsangelegenheiten zuständig, wie etwa für die Namensbenennung, die Übertragung von Entscheidungen auf einen Elternteil, oder für die Frage, inwiefern Kinder selbstständig Rechte ausüben können (Coester-Waltjen FamRZ 2005, 241 ff.). Die Abkürzung **KSÜ** steht für das Haager Übereinkommen über die Zuständigkeit, das anzuwendende Recht, die Anerkennung, Vollstreckung und Zusammenarbeit auf dem Gebiet der elterlichen Verantwortung und der Maßnahmen zum Schutz von Kindern. Dieses Übereinkommen ist in Deutschland am 1.1.2011 in Kraft getreten, es hat das Haager MSA abgelöst. Auch das KSÜ knüpft hinsichtlich der Zuständigkeit am **gewöhnlichen Aufenthaltsort des Kindes** an.

46 Das **materiell anzuwendende Recht** ergibt sich aus den Kollisionsbestimmungen (vgl. Kap. 1 Rn. 22 f.) des internationalen Privatrechts. Für das Eltern-Kind-Verhältnis im Allgemeinen ist Art. 21 EGBGB von Bedeutung, soweit nicht das KSÜ eingreift. Für den Familiennamen des Kindes gilt Art. 10 Abs. 3 EGBGB. Für das **Eltern-Kind-Verhältnis allgemein** stellt **Art. 21 EGBGB** allein auf den **gewöhnlichen Aufenthalt des Kindes** ab. Da an den gewöhnlichen Aufenthalt angeknüpft wird, ist das Statut des Eltern-Kind-Verhältnisses **wandelbar**. Leben beispielsweise die miteinander nicht verheirateten Eltern eines Kindes in Belgien oder Italien, so steht ihnen kraft Gesetzes die elterliche Sorge gemeinsam zu (Art. 373 Abs. 1 Cc belge; Art. 26 Abs. 1 Art. 316 Abs. 2 Cc italia). Ziehen sie nach Deutschland um, so würde eine gemeinsame elterliche Sorge nur bestehen, wenn eine Sorgeerklärung abgegeben wird oder eine entsprechende familiengerichtliche Entscheidung vorliegt. Hier allerdings greift die Sonderregelung des Art. 16 Abs. 3 und Abs. 4 KSÜ ein: Nach Art. 16 Abs. 3 KSÜ bleibt die elterliche Sorge, die nach dem Recht des gewöhnlichen Aufenthaltsortes des Kindes bestanden hat, weiterhin bestehen, in diesem Fall besteht also die gemeinsame elterliche Sorge fort. Art. 16 Abs. 4 KSÜ regelt den Fall, dass nach einem Wechsel des gewöhnlichen Aufenthaltsortes des Kindes das Recht des nunmehr zuständigen Staates den Eltern oder dem Elternteil zusätzliche Kompetenzen einräumt: In diesem Fall erhalten sie diese zusätzlichen Kompetenzen (Finger FuR 2012, 347 ff.). Bei der **Namensfrage** ist **Art. 10 Abs. 1 und Abs. 3 EGBGB** maßgeblich. Danach bestimmt sich der Kindesname grundsätzlich (Abs. 1) nach der **Staatsangehörigkeit des Kindes**. Allerdings sind nach Abs. 3 Modifikationen möglich. Hiernach gibt es drei Anknüpfungsmöglichkeiten nebeneinander: das Recht des Staates, dem ein Elternteil angehört, deutsches Recht, wenn ein Elternteil seinen gewöhnlichen Aufenthalt in Deutschland hat, und das Recht des Staates, dem die Person angehört, die (ggf.) den Namen erteilt.

8.6 Verfahrenshinweise

8.6.1 Allgemeine Verfahrenshinweise in Sorgerechtsangelegenheiten

Für Streitigkeiten zu kindschaftsrechtlichen Fragen sind die **Familiengerichte** zuständig. Neben verschiedenen spezifischen Verfahrensbestimmungen gibt es einige allgemeine Verfahrensgrundsätze, die in Sorgerechtsangelegenheiten generell von Bedeutung sind. Die Regelungen über das Verfahren in Kindschaftssachen, also bei der elterlichen Sorge, beim Umgangsrecht und bezüglich der Kindesherausgabe finden sich seit 1.9.2009 weitgehend im Gesetz über das Verfahren in Familiensachen und in den Angelegenheiten der freiwilligen Gerichtsbarkeit – FamFG. Für das Verfahren sind die **Amtsgerichte** (§ 23a GVG) und an den Abteilungen der Amtsgerichte die Familienrichter (§ 23b Abs. 1 Nr. 2–4 GVG) **sachlich zuständig**. Örtlich zuständig ist das Gericht, in dessen Bezirk das Kind seinen gewöhnlichen Aufenthalt hat (§ 152 Abs. 2 FamFG). Wenn bereits eine sogenannte Ehesache anhängig ist (Scheidungsverfahren), dann soll die „Gesamtproblematik" vor einem Gericht verhandelt werden, und gemäß § 152 Abs. 1 FamFG ist das Gericht zuständig, bei dem die Ehesache bereits anhängig ist (vgl. Kap. 3 Rn. 43).

47

Tätig wird das FamG grundsätzlich im Verfahren der sogenannten freiwilligen Gerichtsbarkeit. Das Verfahren des FamFG unterscheidet sich von dem der ZPO, die ansonsten zumeist im Zivilprozess gilt. So wird das FamG in Kindschaftssachen in einigen Verfahren tätig, auch **ohne**, dass es einen **ausdrücklichen Antrag** braucht (§ 24 FamFG). In manchen Verfahren besteht hingegen ein Antragserfordernis, so etwa bei dem Verfahren zur Aufhebung der gemeinsamen elterlichen Sorge und Übertragung auf einen Elternteil nach § 1671 BGB. Während im Verfahren nach der ZPO die jeweils beteiligten Parteien „Herren des Verfahrens" sind und damit von ihrem Agieren abhängig ist, was geschieht, wird das Gericht im FamFG-Verfahren teilweise von Amts wegen tätig, es entscheidet selbstständig über die Einleitung, über den Gegenstand und über den Umfang des Verfahrens (**Offizialmaxime**). Das Gericht muss gemäß § 26 FamFG von Amts wegen die erforderlichen Tatsachen feststellen (**Inquisitionsmaxime**).

48

Für das Verfahren in Kindschaftssachen sieht § 29 FamFG vor, dass das Gericht die erforderlichen Beweise in geeigneter Form erhebt, ohne an das Vorbringen der Beteiligten gebunden zu sein. Es ist somit frei bei der Ermittlung der tatsächlichen Entscheidungsgrundlagen (sog. **Freibeweis**). Nach § 30 Abs. 1 FamFG kann das Gericht jedoch nach pflichtgemäßem Ermessen entscheiden, eine förmliche Beweisaufnahme entsprechend der ZPO durchzuführen (sog. **Strengbeweis**). Sofern Strengbeweis erforderlich ist, findet das Verfahren **beteiligtenöffentlich** statt. Die am Verfahren Beteiligten können in allen Stadien des Verfahrens anwesend sein (Beweisaufnahme, Aussagen der anderen Beteiligten). Darüber hinaus besteht das Recht zur Akteneinsicht nach § 13 FamFG. Das bedeutet, dass sämtliche Unterlagen des Verfahrens den Beteiligten zugänglich zu machen sind, etwa Berichte des Jugendamtes, Berichte psychologischer Stellen oder von Erziehungsberatungsstellen. Hierauf ist bereits bei der Erstellung der Berichte zu achten. Das Akteneinsichtsrecht besteht allerdings nur, soweit nicht schwerwiegende Interessen eines Beteiligten oder eines Dritten entgegenstehen. Ferner gebietet es der Grundsatz des rechtlichen Gehörs (Art. 103 Abs. 1 GG), den Verfahrensbeteiligten alle Tatsachen mitzuteilen, die bei der Behandlung der Angelegenheiten zu Tage treten und der Entscheidung zugrunde gelegt werden sollen, und ihnen eine Möglichkeit zur Stellungnahme zu geben.

49

50 Das Verfahren vor Gericht wird durch **Beschluss des Familiengerichts** abgeschlossen (§ 38 FamFG). Gegen die Entscheidung des FamG ist eine **Beschwerde** (§ 58 FamFG) an das Oberlandesgericht möglich. Gegen die Entscheidung des OLG ist die **Rechtsbeschwerde** (das heißt Nachprüfung der Entscheidung in rechtlicher Hinsicht) möglich, aber grundsätzlich nur, wenn sie vom OLG zugelassen wird (§§ 70 ff. FamFG). Die Rechtsbeschwerde geht zum Bundesgerichtshof. Beschwerdeberechtigt sind alle, die durch einen Beschluss des Gerichtes in ihren Rechten beeinträchtigt sind. Ausdrücklich ist festgehalten, dass Minderjährige, die das 14. Lebensjahr vollendet haben, selbstständig beschwerdeberechtigt sind (§ 60 FamFG). Auch im Beschwerdeverfahren gelten grundsätzlich die umfangreichen Anhörungspflichten (Rn. 52 f.).

51 Bei den Entscheidungen der Gerichte in Personensorgerechtsangelegenheiten handelt es sich um Entscheidungen mit Dauerwirkung. Sie bleiben bestehen, ggf. bis zur Volljährigkeit des Kindes. Ändern sich aber die Verhältnisse, die einer Entscheidung zu Grunde lagen, so ist gemäß **§ 1696 BGB** jederzeit eine **Änderung möglich** (zur Aufhebung einer Verbleibensanordnung Rn. 26). Das Verfahren nach § 1696 BGB ist ein neues, selbstständiges Verfahren, das nicht von dem Gericht des Ursprungverfahrens durchgeführt werden muss (wenn sich der Wohnsitz geändert hat). Eine Abänderung nach § 1696 BGB setzt triftige, das Kindeswohl nachhaltig berührende Gründe voraus, die nach der Erstregelung eingetreten bzw. bekannt geworden sind (Durchführung einer Therapie: AG Tempelhof-Kreuzberg 5.6.2003 – 159 F 11853/01, FamRZ 2004, 134; wiederholte Verletzung des Rechts auf gewaltfreie Erziehung durch den Elternteil, dem die elterliche Sorge übertragen wurde: OLG Jena 22.3.2004 – 1 UF 354/03, FamRZ 2005, 52; fehlende Kooperationsbereitschaft der Eltern: KG 10.5.2010 – 19 UF 7/09, FamRZ 2011, 122 ff.). Generell gilt in Verfahren über Angelegenheiten der elterlichen Sorge das **Kindeswohlprinzip**: Nach **§ 1697a Abs. 1 BGB** trifft das Gericht diejenige Entscheidung, die unter Berücksichtigung der tatsächlichen Gegebenheiten und Möglichkeiten sowie der berechtigten Interessen der Beteiligten dem Wohl des Kindes am besten entspricht. Für den Fall, dass das Kind in Familienpflege lebt oder im Rahmen einer Hilfe nach § 34 oder § 35a Abs. 2 Nr. 4 SGB VIII erzogen und betreut wird, ist bei der Entscheidung des FamG nach **§ 1697 Abs. 2 BGB** ausdrücklich das **Bedürfnis des Kindes** nach **kontinuierlichen und stabilen Lebensverhältnissen** zu berücksichtigen (Rn. 26).

8.6.2 Persönliche Anhörung – §§ 159 ff. FamFG

52 Von besonderer Bedeutung ist – in allen Verfahrensstadien – die **persönliche Anhörung**. Gemäß **§ 159 FamFG** ist die **persönliche Anhörung des Kindes** und gemäß **§ 160 FamFG** die **persönliche Anhörung der Eltern** vorgeschrieben. Diese Anhörungen sind zwingend vorgeschrieben, von ihnen kann nach §§ 159 Abs. 3, 160 Abs. 3 FamFG nur aus schwerwiegenden Gründen abgesehen werden. Besonders wichtig ist die **Anhörung des Kindes** (zu Inhalt und Gestaltung der Anhörung ausführlich Stötzel/Meysen in Meysen FamFG § 159 Rn. 12 ff.), ihr kommt besondere Bedeutung zu. „Anhörung" ist hier der notwendige persönliche Kontakt der Richterin oder des Richters mit dem Kind, um sich selbst einen persönlichen Eindruck zu verschaffen, denn der persönliche Eindruck der entscheidenden Personen ist ein Kernstück des Amtsermittlungsgrundsatzes und damit eine der wichtigsten Verfahrensgrundsätze (BVerfG K. 14.6.2007 – 1 BvR 338/07, FamRZ 2007, 1627 ff.). Dies ist generell, auch bei jüngeren Kindern, not-

8.6 Verfahrenshinweise

wendig. Um Zugang zu den Kindern zu gewinnen, kommt der Gestaltung der Anhörung (Ort, Umgebung) besondere Bedeutung zu.

Nach der bis 30. Juni 2021 geltenden Rechtslage waren Minderjährige nach Vollendung des 14. Lebensjahres stets anzuhören (§ 159 Abs. 1 FamFG a.F.). Unabhängig von jeder Altersgrenze waren sie (nur) dann anzuhören, wenn Neigungen, Bindungen oder ihr Wille für die Entscheidung maßgebend waren – das ist in Personensorgerechtsangelegenheiten faktisch immer der Fall, sodass Kinder hier stets persönlich anzuhören waren (seit BGH 12.7.1984 – IV b ZB 95/83, FamRZ 1984, 1084; BGH 12.2.1992 – XII ZR 53/91, DAVorm 1992, 499 für ein dreijähriges Kind; für Kinder ab vier Jahren: OLG Brandenburg 10.6.2020 – 9 UF 42/20, NJ 2021, 27; zur Empfehlung, während der COVID-19-Pandemie von einer Anhörung von Kindern unter sechs Jahren abzusehen Ernst/Meysen FamRZ 2020, 827 f.; dazu vgl. auch Lack NJW 2020, 1255 ff.). Durch das **Gesetz zur Bekämpfung sexualisierter Gewalt gegen Kinder** (ausführlich Ernst FamRZ 2021, 993 ff.), das zum 1.7.2021 in Kraft getreten ist, ist die Pflicht zur persönlichen Anhörung des Kindes stärker betont und erweitert worden. In § 159 Abs. 1 FamFG ist nun eine **grundsätzliche, altersunabhängige Pflicht zur persönlichen Kindesanhörung** und zur **Verschaffung eines unmittelbaren Eindrucks vom Kind** in allen Kindschaftssachen geregelt. § 159 Abs. 2 FamFG benennt abschließend vier Ausnahmetatbestände, bei denen abweichend von der grundsätzlichen Verpflichtung nach Absatz 1 von der Anhörung und Verschaffung des persönlichen Eindrucks abgesehen werden kann. Diese Ausnahmen wiederum finden in kinderschutzrechtlichen Verfahren nach §§ 1666, 1666a BGB, die die Person des Kindes betreffen, nur eingeschränkt Anwendung. Hier darf das Gericht nach § 159 Abs. 2 S. 2 und 3 FamFG nur dann von der persönlichen Anhörung des Kindes und der Verschaffung eines persönlichen Eindrucks absehen, wenn diesen Verfahrenshandlungen ein schwerwiegender Grund nach § 159 Abs. 2 S. 1 Nr. 1 FamFG entgegensteht (zur Begründung BT-Drs. 19/23707, 57 f.). Es ist Aufgabe des Gerichts, das Verfahren, insbesondere die Umstände sowie die Art und Weise der Kindesanhörung, unter Berücksichtigung des Alters, des Entwicklungsstands und der sonstigen Fähigkeiten des Kindes so zu gestalten, dass das Kind seine persönlichen Beziehungen zu den Eltern erkennbar werden lassen kann. Selbst wenn das Kind seine Wünsche nicht unmittelbar zum Ausdruck bringen kann, können sich möglicherweise aus dem Verhalten des Kindes Rückschlüsse auf dessen Wünsche oder Bindungen ziehen lassen (BGH 15.6.2016 – XII ZB 419/15, BGHZ 211, 22 ff.). Eine Vernehmung des Kindes als Zeuge oder Beteiligter findet nicht statt (§ 163a FamFG).

Auch die persönliche **Anhörung der Eltern** ist in Kindschaftssachen (dazu § 151 FamFG) zwingend vorgeschrieben (§ 160 Abs. 2 FamFG). Sie dient der Sachverhaltsaufklärung und der Beachtung des verfassungsrechtlich geschützten Elternrechts (BVerfG 18.2.2003 – 1 BvR 1140/03, FamRZ 2004, 354 f.). Die Gerichte müssen sich selbst einen persönlichen Eindruck verschaffen (BGH 11.7.1984 – IV b ZB 73/83, FamRZ 1985, 169 ff.). Im Rahmen seiner Ermittlungen kann das Familiengericht die **Anhörung weiterer Personen vornehmen.** Dies bezieht sich insbesondere auf Personen, die mit der Sozialisationssituation des Minderjährigen vertraut sind (pädagogische Fachkräfte aus Kindertageseinrichtungen, Lehrende aus der Schule, Freunde, Bekannte). Besonders erwähnt ist in § 161 FamFG die Beteiligung der **Pflegepersonen**, nach § 161 Abs. 2 FamFG sind sie anzuhören, wenn das Kind seit längerer Zeit in Familienpflege lebt (vgl. § 1632 Abs. 4 BGB).

55 Eine besondere Stellung in den Kindschaftsverfahren hat das **Jugendamt**. Hintergrund ist die Tatsache, dass das Jugendamt als eine spezifische fachkundige Behörde in allen Angelegenheiten mit Kindschaftsbezug besonders kompetent ist und deswegen in all diesen Verfahren angehört wird. Das Jugendamt soll als sozialpädagogische Fachbehörde eingeschaltet werden, um die erforderliche pädagogische Kompetenz in das Verfahren zu bringen (ausführlich Münder/Trenczek 2020, Kap. 12.2; Ernst FF 2020, 195 ff.). Während das Jugendamt nach § 162 Abs. 2 FamFG zunächst nur auf Antrag an den Verfahren zu beteiligen war, ist die Beteiligung des Jugendamtes in Verfahren nach den §§ 1666, 1666a BGB seit dem 1.1.2013 zwingend.

8.6.3 Gutachten

56 Reichen die durch die Anhörung gewonnen Informationen nicht aus, kann das Gericht **Gutachten** (§§ 30 Abs. 1 FamFG, 402 ff. ZPO; Salzgeber/Fichtner FamRZ 2011, 945 ff.) insbesondere psychologischer Natur (was grundsätzlich nur mit Zustimmung der Sorgeberechtigten möglich ist, BGH 17.10.2010 – XII ZB 68/09, BGHZ 184, 269 ff.; BVerfG 20.5.2003 – 1 BvR 2222/01, FamRZ 2004, 523 ff.) anfordern. Im Gutachten sind die für die Erstellung relevanten Feststellungen zu treffen, jedoch kann dadurch dem Gericht die Entscheidung nicht abgenommen werden (dazu Ernst FamRB 2016, 361 ff.; Bergmann FamRB 2016, 364 ff.). Will das Gericht jedoch von einem Gutachten abweichen, so muss es seine Abweichung sorgfältig begründen und hinreichende Sachgründe erkennen lassen (BVerfG 2.6.1999 – 1 BvR 1689/96, FamRZ 1999, 1417 ff.). Das gilt auch für den Verzicht auf die Einholung eines Sachverständigengutachtens. Wenn sie davon absehen, müssen die Gerichte anderweitig über eine möglichst zuverlässige Entscheidungsgrundlage verfügen, ansonsten ist die Einholung eines Sachverständigengutachtens – gerade dann, wenn die Grundrechtspositionen berührt sind – verfassungsrechtlich geboten (BVerfG 19.12.2007 – 1 BvR 2681/07, FamRZ 2008, 492 f.). Für Verfahren über die elterliche Sorge, das Umgangsrecht und die Kindesherausgabe sind mit dem **Sachverständigenrechtsänderungsgesetz** (SachVRÄndG; dazu Stößer FamRZ 2016, 1902 ff.) zum 15.10.2016 Anforderungen an die **Qualifikation der sachverständigen Personen** geregelt worden. Sie sollen mindestens über eine psychologische, psychotherapeutische, kinder- und jugendpsychiatrische, psychiatrische, ärztliche, pädagogische oder sozialpädagogische Berufsqualifikation verfügen. Verfügen sie über eine pädagogische oder sozialpädagogische Berufsqualifikation, ist der Erwerb ausreichender diagnostischer und analytischer Kenntnisse durch eine anerkannte Zusatzqualifikation nachzuweisen (§ 163 Abs. 1 FamFG). Der Auftrag kann über die Erstellung des Gutachtens hinaus erweitert werden. So kann das Gericht in Verfahren, die die Person des Kindes betreffen, anordnen, dass die sachverständige Person bei der Erstellung des Gutachtens auch auf die Herstellung des Einvernehmens zwischen den Beteiligten hinwirken soll (§ 163 Abs. 2 FamFG). Wird eine schriftliche Begutachtung angeordnet, setzt das Gericht dem Sachverständigen eine Frist, innerhalb derer er das von ihm unterschriebene Gutachten zu übermitteln hat. Versäumt der Sachverständige die Frist, soll gegen ihn ein Ordnungsgeld festgesetzt werden (§ 411 ZPO).

8.6.4 Verfahrensdauer – Vorrang- und Beschleunigungsgebot – § 155 FamFG

57 Insbesondere durch die vorgeschriebenen Anhörungen und die Einholung von Gutachten, aber auch durch Versuche, eine einvernehmliche Lösung zu erzielen (dazu Rn. 59),

8.6 Verfahrenshinweise

besteht die Gefahr, dass Verfahren in Kindschaftsrechtsangelegenheiten sich über lange Zeit erstrecken. Die Beachtung der Kindesinteressen erfordert jedoch, Kinder vor Belastungen, die jedes Gerichtsverfahren mit sich bringt, weitgehend zu schützen. Von besonderer Bedeutung ist hier das **kindliche Zeitempfinden** (ausführlich Heilmann 1998; BVerfG 11.12.2000 – 1 BvR 661/00, FamRZ 2001, 753; BVerfG 24.7.2008 – 1 BvR 547/06, FamRZ 2008, 2258 ff.). Dies führt zu einer hohen Belastung des Kindes durch eine lange Verfahrensdauer. Zudem kann jede Verfahrensverzögerung zu einer (weiteren) Entfremdung zwischen Eltern und Kindern führen und damit zu einer faktischen (Vor-)Entscheidung, noch bevor dann die eigentliche richterliche Entscheidung ergeht. Denn bei zunehmenden Zeitabläufen verändert sich – gerade aufgrund des kindlichen Zeitempfindens – die unter dem Gesichtspunkt des Kindeswohls zu beachtende Situation der Kinder. Damit kann der Anspruch auf effektiven Rechtsschutz faktisch unterlaufen werden (BVerfG 25.11.2003 – 1 BvR 834/03, FamRZ 2004, 689).

Aus diesem Grund ist in § 155 FamFG ausdrücklich das **Vorrang- und Beschleunigungsgebot** aufgenommen (dazu Flindt GVRZ 2020, 13). Danach sind alle Kindschaftssachen, die den Aufenthalt des Kindes, das Umgangsrecht oder die Herausgabe des Kindes betreffen sowie die Verfahren wegen Kindeswohlgefährdung (vgl. Kap. 9) vorrangig und beschleunigt durchzuführen. Demgemäß hat das Gericht nach Abs. 2 mit allen Beteiligten binnen eines Monats einen ersten Erörterungstermin durchzuführen, in diesem Termin ist das Jugendamt anzuhören, eine Verlegung wäre nur aus zwingenden Gründen zulässig. Um sicherzustellen, dass in diesem ersten Termin eine Erörterung mit allen Beteiligten stattfindet, soll nach Abs. 3 das persönliche Erscheinen aller verfahrensfähigen Beteiligten zu diesem Termin angeordnet werden. Das Gericht kann die Teilnahme des Jugendamts an dem Termin nicht erzwingen. Die fachliche Verantwortung des Jugendamts gebietet es jedoch, zur Erfüllung seiner gesetzlichen Verpflichtung zur Mitwirkung in Verfahren vor den Familiengerichten nach § 50 SGB VIII die organisatorischen Vorkehrungen zu treffen, die es ermöglichen, dass eine Fachkraft an dem Termin teilnehmen und sich mündlich zum aktuellen Sachstand äußern kann (Ernst NZFam 2020, 313 ff.). Um dem Vorrang- und Beschleunigungsgebot verstärkt Rechnung zu tragen, sind mit dem SachVRÄndG vom 11.10.2016 mit der **Beschleunigungsrüge** und der **Beschleunigungsbeschwerde** zwei neue Rechtsbehelfe eingeführt worden (dazu Keuter FamRZ 2016, 1817 ff.; Schneider FamRB 2016, 479 ff.). Alle Beteiligten in einer in § 155 Abs. 1 bestimmten Kindschaftssache können geltend machen, dass die bisherige Verfahrensdauer nicht dem Vorrang- und Beschleunigungsgebot nach der genannten Vorschrift entspricht (Beschleunigungsrüge, § 155b FamFG). Das Gericht hat über die Beschleunigungsrüge spätestens innerhalb eines Monats nach deren Eingang zu entscheiden und im Falle der Begründetheit unverzüglich geeignete Maßnahmen zur vorrangigen und beschleunigten Durchführung des Verfahrens zu ergreifen, insbesondere den Erlass einer einstweiligen Anordnung zu prüfen. Der Beschluss über die Beschleunigungsrüge kann mit der Beschleunigungsbeschwerde angefochten werden (§ 155c FamFG). Das Bundesverfassungsgericht hat allerdings in Umgangssachen eine Pflicht zur „maximalen Verfahrensbeschleunigung" verneint (BVerfG 6.9.2019 – 1 BvR 1763/18, FamRZ 2019, 1929 f.).

8.6.5 Einvernehmen der Beteiligten – § 156 FamFG

Die Beteiligten sollten Regelungen, die sie persönlich betreffen, gerade wenn sie in die Zukunft wirken sollen, akzeptieren können. Deswegen ist oft das Einvernehmen der

Beteiligten für die Tragfähigkeit einer Lösung wichtiger als eine noch so „richtige" (einseitige) Entscheidung des Gerichtes. Wissend um den hohen Stellenwert einvernehmlicher Regelungen hat der Gesetzgeber in § 156 FamFG dem Gericht dezidiert die Aufgabe auferlegt, in Kindschaftssachen, die die elterliche Sorge bei Trennung und Scheidung, den Aufenthalt des Kindes, das Umgangsrecht oder die Herausgabe des Kindes betreffen, auf das **Einvernehmen der Beteiligten** hinzuwirken (Abs. 1 S. 1), wenn dies dem Kindeswohl nicht widerspricht. Ausdrücklich wird (in Abs. 1 S. 2) auf die Inanspruchnahme von außergerichtlicher Beratung, insbesondere von Beratung durch die Beratungsstellen und Beratungsdienste der Jugendhilfeträger verwiesen. Hier ist eine enge Zusammenarbeit zwischen den Beratungsstellen und den Familiengerichten sinnvoll. Ebenso kann (in Abs. 1 S. 3) das Gericht die Teilnahme an einem Informationsgespräch über **Mediation** oder anderen Möglichkeiten außergerichtlicher Konfliktbeilegung anordnen (zu allem ausführlich Meysen in Meysen FamFG, § 156 Rn. 4 ff.; Trenczek 2017). Nach § 156 Abs. 1 S. 4 FamFG kann das Gericht sogar anordnen, dass die Eltern an einer **Beratung** in einer Beratungsstelle bei einem Träger der Kinder- und Jugendhilfe teilnehmen. Wenn jedoch die Beteiligten bereits außergerichtliche Beratung in Anspruch genommen haben und wenn dies trotz ernsthaften Bemühens gescheitert ist, dann hat es keinen Sinn, nochmals eine Beratung nach § 156 Abs. 1 S. 4 FamFG anzuordnen. Wird das Verfahren zur Durchführung einer Mediation oder eines anderen Verfahrens der außergerichtlichen Konfliktbeilegung ausgesetzt, nimmt das Gericht das Verfahren i.d.R. nach drei Monaten wieder auf, wenn die Beteiligten keine einvernehmliche Regelung erzielen (§ 155 Abs. 4 FamFG).

Weiterführende Literatur
- Zur elterlichen Sorge und zum Umgangsrecht: Fröschle 2018; Völker/Clausius 2016
- Zur Personensorge: Hoffmann 2018
- Zur Kindesentführung: Schweppe 2001
- Zum Verfahrensrecht: Heilmann 1998, 2015; Meysen u.a. 2014
- Zu Mediation und Gerichtsverfahren: Greger 2010; Trenczek 2017
- Zur Praxis des Kindschaftsrechts in Jugendhilfe und Justiz: Münder/Mutke u.a. 2007

9. Der zivilrechtliche Kindesschutz – das Wohl des Kindes

Das Grundgesetz räumt den Eltern im Art. 6 Abs. 2 GG eine umfassende Kompetenz für die Pflege und die Erziehung ihrer Kinder ein. Die verfassungsrechtliche Gewährleistung des Elternrechts dient in erster Linie dem Schutz des Kindes. Dort, wo der Schutz des Kindes durch die Eltern und ihr Elternrecht nicht gewährleistet ist, hat der Staat sein in Art. 6 Abs. 2 S. 2 GG verankertes Wächteramt auszuüben. Im Zivilrecht wird dies zentral durch § 1666 BGB umgesetzt. Das dort an hervorgehobener Stelle genannte **Kindeswohl** ist die zivilrechtliche Konkretisierung dieser verfassungsrechtlichen Vorgaben. Das Kindeswohl ist auch in anderen Bestimmungen angesprochen (§§ 1632 Abs. 4, 1682, 1684, 1685 BGB), inhaltlich stimmen diese mit § 1666 BGB überein, insofern ist § 1666 BGB die zentrale zivilrechtliche Kindesschutznorm.

Ausführlich behandelte Bestimmungen

- Zur Gefährdung des Kindeswohls: §§ 1666, 1666 a BGB
- Zum Verfahren: §§ 155, 157, 159, 160 FamFG
- Zum Verfahrensbeistand: § 158 FamFG

Wichtige, interessante Entscheidungen

- Zum Elternrecht und zum Kindesrecht: BVerfG K 1.4.2008 – 1 BvR 1620/04
- Zum Verhältnismäßigkeitsgrundsatz des § 1666a BGB: BVerfG K 13.7.2017 – BvR 1202/17
- Zur Aufklärungs- und Anhörungspflicht der Gerichte: BVerfG 19.11.2011 – BvR 178/14
- Zur Aufgabe und Bedeutung des Verfahrensbeistands: BVerfG 18.6.1986 – 1 BvR 857/85,

9.1 Struktur und Voraussetzungen

Wegen der verfassungsrechtlichen Verankerung des Elternrechts kann in dieses nicht einfach durch die Verwaltung, durch eine Behörde, durch das Jugendamt eingegriffen werden, sondern ein solcher Eingriff muss durch ein Gericht, das Familiengericht erfolgen. § 1666 BGB enthält eine Vielzahl sogenannter unbestimmter Rechtsbegriffe: „körperliches, geistiges oder seelisches Wohl des Kindes", „gefährdet", „nicht gewillt oder nicht in der Lage", „Maßnahmen", „Gefahr nicht auf andere Weise… begegnet werden kann", „Abwendung der Gefahr erforderlich". Erforderlich ist deswegen bei jeder gerichtlichen Entscheidung nach § 1666 BGB die konkrete und sorgfältige Auslotung des **Einzelfalls** und die detaillierte, auf sozialpädagogischer, human- und sozialwissenschaftlicher Basis nachvollziehbare **Feststellung der konkreten Gefahr** für das Wohl des Kindes. Stets gilt es zwischen Tatsachen und Meinungen zu unterscheiden, professionelle Erkenntnis und persönliche Überzeugungen zu entflechten. Orientierungslinie ist ausschließlich **das Wohl des Kindes**. Dabei sind zwei Aspekte von besonderer Bedeutung: Zum einen ist das Wohl des Kindes Maßstab dafür, **ob interveniert wird**, und zum anderen ist es Maßstab dafür, **mit welchen Maßnahmen** interveniert wird.

Bei dem „Ob" stellt sich die **Frage, ob ein Eingriff stattfinden** soll. Das staatliche Wächteramt kann nicht die für das Kind beste Erziehung (wer sollte das auch definieren?) sichern, sondern es soll das Kind vor Schaden bewahren. So ist es zunächst Aufgabe der Jugendämter und dann von Jugendämtern und Familiengerichten, alle Möglichkeiten sozialpädagogischen und sozialstaatlichen Handelns auszuschöpfen, um „Diesseits des Kindeswohls" (Goldstein 1982, 23 ff.) das Kindeswohl zu sichern: Insbesondere soll zunächst die Erziehungsfähigkeit der Eltern gestärkt werden. Dies wird ausdrücklich durch **§ 1666 a BGB** zum Ausdruck gebracht. Aber auch dieser wichtige Gedanke darf nicht – wie stets im Kindschaftsrecht – zu einem unumstößlichen Prinzip werden: Nach wie vor wird es Situationen geben, die eine unmittelbare gerichtliche Intervention erfordern. Entscheidend ist, ob für die Zukunft eine Gefährdung des Kindeswohls anzunehmen ist (Münder 2017, 66 f.). Eine Gefährdung liegt vor, wenn durch die psychosoziale Sozialisationssituation, in der sich der Minderjährige gegenwärtig befindet, konkret benennbare Schädigungsfolgen wahrscheinlich eintreten, sodass sich bei einer Nichtveränderung der Situation eine erhebliche Schädigung des körperlichen, geistigen und seelischen Wohls des Kindes mit ziemlicher Sicherheit voraussehen lässt. Die befürchtete Gefahr muss im Einzelfall konkret benannt und eine weniger schädliche Alternative entwickelt werden.

4   Bei dem „Wie" ist das Wohl des Kindes **Maßstab für die konkrete familiengerichtliche Maßnahme**. Der unbestimmte Rechtsbegriff des Wohls des Kindes (Rn 2) ermöglicht es, die unterschiedlichen und individuellen Bedingungen des Einzelfalles zu berücksichtigen und flexibel und problemangemessen Hilfen zu entwickeln. Prognoseentscheidungen für die Zukunft bedeuten die Abklärung, was in der konkreten Situation **die am wenigsten schädliche Alternative** für die Minderjährigen ist (Goldstein 1982, 49 ff.). Das ist die Abwägung verschiedener Alternativen gegeneinander, auch mit dem Risiko (wie bei allen Prognoseentscheidungen) von Fehleinschätzungen. Aus diesem Grunde ist die Überprüfung einer einmal getroffenen Entscheidung durch das Familiengericht in regelmäßigen Abständen notwendig und in § 1696 Abs. 2 BGB ausdrücklich angesprochen.

5   **§ 1666 Abs. 1 BGB** nennt als **Voraussetzung** zwei Aspekte: die **Kindeswohlgefährdung** (oder die Gefährdung des Kindesvermögens) und die **nicht vorhandene Bereitschaft oder Fähigkeit der Eltern, die Gefahr abzuwehren**. Es handelt sich hierbei um eine Häufung unbestimmter Rechtsbegriffe. Hilfreich ist es deshalb, typische Merkmale, Fallgruppen für die verschiedenen Gefährdungslagen zu beschreiben (Rn 9 ff.).

6   Ein Verschulden der Sorgeberechtigten ist nicht erforderlich, es kommt allein darauf an, ob und inwieweit die objektiven Tatbestandsvoraussetzungen einer Kindeswohlgefährdung vorliegen. Da § 1666 BGB eine **Generalklausel** mit **unbestimmten Begriffen** (Rn 2) eine komplizierte Norm ist, verführt dies immer wieder dazu, eigene Wertvorstellungen, Lebenserfahrungen, Vorverständnisse und Vorurteile in die Entscheidungen einfließen zu lassen. Bisweilen – gerade, wenn ein Konflikt von Erwachsenen im Hintergrund steht – wie z.B. bei Zuordnungskonflikten (Rn 9 ff. 11) – versuchen die beteiligten erwachsenen Akteure, über den Begriff „Kindeswohl" zu einer Entscheidung in ihrem Sinn zu kommen. Bei § 1666 BGB geht es nicht um die Berechtigung oder Richtigkeit von bestimmten Werten oder Normen, schichtenspezifische Vorurteile dürfen nicht in die Würdigung des Kindeswohls einfließen. Deswegen ist es wichtig, sich auf einer solch weitmöglichst versachlichten Ebene an der Perspektive des Wohls des Kindes zu orientieren.

7   Als zweite Voraussetzung familiengerichtlicher Gefahrenabwehrmaßnahmen muss hinzukommen, dass die **Eltern nicht gewillt oder nicht in der Lage sind, die Gefahr abzu-**

9.2 Die realen Gefährdungslagen

wenden. Ob dies aus Gründen der Unfähigkeit, Gleichgültigkeit oder Unwilligkeit geschieht, spielt dabei keine Rolle. Entscheidend ist die Zukunftsprognose: Muss davon ausgegangen werden, dass die Eltern auch zukünftig nicht gewillt oder nicht in der Lage sind, die Gefahr abzuwehren? Erst wenn prognostiziert wird, dass die Eltern auch in der Zukunft für die Sicherstellung des Schutzes des Kindes ausfallen – aus welchen Gründen auch immer – ist die Möglichkeit familiengerichtlicher Eingriffe gegeben.

An dieser Stelle wird der **Kern des § 1666 BGB** deutlich: Da in der Regel die Jugendämter über die Situation Bescheid wissen und in den meisten Fällen den Eltern Hilfen anbieten (Rn 23), kommt es entscheidend darauf an, **ob die Eltern bereit sind**, die ihnen angebotenen **Hilfen anzunehmen**. Ist dies der Fall, so findet trotz Vorliegen entsprechender Gefährdungslagen keine gerichtliche Intervention nach § 1666 BGB statt. In der überwiegenden Mehrzahl der Fälle ist es möglich, einer bestehenden oder unmittelbar drohenden Kindeswohlgefährdung zu beggnen, indem mit Zustimmung der Sorgeberechtigten Hilfen zur Erziehung nach § 27 ff. SGB VIII realisiert werden (Münder u.a., 2020 Kap. 9.2). Sind die Eltern nicht bereit oder nicht in der Lage, die Gefahr abzuwenden, so wird regelmäßig seitens des Jugendamtes das Familiengericht informiert, damit es entsprechende Maßnahmen treffen kann (Münder u.a. 2020, Kap. 9.2).

9.2 Die realen Gefährdungslagen

Wie die Realität der Problemlagen bei Kindeswohlgefährdung ist, wurde Ende der 1970er-Jahre von Simitis (1979) und Zenz (1979) untersucht. Ende der 1990er-Jahre wurden die Erkenntnisse durch das Forschungsprojekt „Kindeswohl zwischen Jugendhilfe und Justiz" (Münder/Mutke/Schone 2000) vertieft. In den Jahren 1989-2015 gab es zahlreiche Gesetzesänderungen zum Kinderschutz und zu §§ 1666, 1616a BGB. In einem zweiten Forschungsprojekt „Kindeswohl zwischen Jugendhilfe und Justiz" (Münder 2017; Seidenstücker/Münder ZKJ 2019, 7 ff.) wurde untersucht, was sich dadurch verändert hat. Zugleich konnten typisierte Gefährdungslagen von Kindern und Jugendlichen herausgearbeitet werden. Diese Typisierungen können nicht alle Bereiche abdecken, sodass es immer wieder Einzelfälle geben wird, die nicht in diese Kategorien einzuordnen sind. Solche Untersuchungen können immer nur das „Hellfeld", also die bekannt gewordenen Fälle analysieren, das „Dunkelfeld" bleibt unbekannt. Veränderungen, die sich in den knapp 20 Jahren zwischen den beiden letzten Untersuchungen zum Kindeswohl ergeben haben, können so tatsächlich stattgefundene Veränderungen wiedergeben, sie können aber auch dadurch entstanden sein, dass es zu Verschiebungen zwischen dem Hellfeld und dem Dunkelfeld gekommen ist.

9.2.1 Vernachlässigung

Hierbei handelt es sich um eine andauernde oder wiederholte **Unterlassung der physischen** (Ernährung, Pflege, Gesundheitsfürsorge) oder **psychischen** (Zuwendung, Förderung und Bereitstellung von Entfaltungsmöglichkeiten) **Versorgung des Kindes**. Aufgrund von Unfähigkeit oder fehlender Bereitschaft sorgeberechtigter Personen werden kindliche Lebensbedürfnisse nicht wahrgenommen oder nicht befriedigt, sodass die Entwicklung des Kindes beeinträchtigt oder geschädigt wird. In quantitativer Hinsicht stellt die Vernachlässigung mit etwa 50 Prozent der Fälle, bei denen die Jugendhilfe bei Gericht mitwirkt, die hauptsächliche Gefährdungslage dar (Münder/Mutke/Schone

2000, 99 ff. Münder 2017, 136 ff.; Seidenstücker/Münder ZKJ 2019,10/). Betroffen sind hier vorwiegend kleinere Kinder beiden Geschlechts. Häufig sind die Sorgeberechtigten aufgrund ihrer konkreten Lebenslage damit überfordert, die Versorgung ihres Kindes angemessen sicherzustellen. Deshalb können gerade in diesen Fällen materielle und sozialpädagogische Hilfen von besonderer Bedeutung sein, weswegen gründlich zu prüfen ist, ob nicht der Einsatz von Hilfen, anstelle eines familiengerichtlichen Eingriffs, die für alle Beteiligten sinnvollere Lösung darstellt.

9.2.2 Seelische Misshandlung

11 Bei der seelischen Misshandlung erfährt das Kind Ablehnung, wird terrorisiert oder isoliert, in der Entwicklung seines Selbstwertgefühls beeinträchtigt, von den Eltern abwertend behandelt, psychisch unter Druck gesetzt, verängstigt, überfordert oder zurückgewiesen. Zur seelischen Misshandlung zählt auch die extreme Überbehütung oder die symbiotische Fesselung der Kinder. Im familiengerichtlichen Verfahren ist diese Form der Misshandlung besonders schwer nachzuweisen: Eine mögliche Gefährdung müsste als solche erkannt werden, auch wenn die schädigenden Auswirkungen noch nicht offensichtlich feststellbar sind. Folglich spielen hier Prognosen (und die damit verbundenen Unsicherheiten) über die voraussichtliche Entwicklung des Kindes in der Familie eine besondere Rolle. Die seelische Misshandlung wurde in etwa 13 Prozent der Fälle in beiden Untersuchungen als hauptsächlicher Gefährdungstatbestand definiert (vgl. jeweils a.a.O. Rn 10).

9.2.3 Kind als Objekt von Erwachsenenkonflikten

12 Juristisch firmiert dieses soziale Problem bisweilen unter dem Stichwort „Missbrauch des Herausgabeverlangens" nach § 1632 BGB (z.B. BVerfGK 3.2.2017 – 1 BvR 2569/16). Hier wachsen Minderjährige in einem Beziehungsgeflecht auf, in dem die rechtlichen Inhaber der Personensorge keine bestimmende Rolle (mehr) spielen, oftmals sich jedoch emotionale Beziehungen zu der formal nicht zuständigen Person entwickelt haben, was wesentlich vom Zeitfaktor und vom Alter des Kindes abhängig ist. So kann es beispielsweise zu Konflikten zwischen Pflegeeltern und Eltern kommen (vgl. Kap. 8.3.1.), zwischen Eltern und Verwandten (Großeltern) oder zwischen Elternteilen, bei denen nur ein Elternteil sorgeberechtigt ist. Häufig ist in diesen Fällen die Dialogfähigkeit zwischen den Erwachsenen (Eltern, Großeltern, Pflegeeltern) stark gestört, sodass das Kind fast unvermeidlich in den Konflikt zwischen den Erwachsenen einbezogen und dadurch in seiner Entwicklung beeinträchtigt wird. Nicht selten wird einer solchen sozialen Beziehung Vorrang vor der formalen Elternbeziehung einzuräumen sein (vgl. Kap. 8.3.1.2.). Aus den rechtstatsächlichen Untersuchungen (Rn. 10) ergibt sich, dass diese Problemlagen zwischen den beiden Kindeswohluntersuchungen von 4 Prozent auf über 10 Prozent gestiegen sind (Münder 2017,137; Seidenstücker/ Münder ZKJ 2019,10)

9.2.4 Körperliche Misshandlung

13 Als körperliche Misshandlung werden Verletzungen des Kindes bezeichnet, die aktiv durch Erwachsene (meist Sorgeberechtigte) verübt werden. Sie umfasst alle gewaltsamen Handlungen, die dem Kind körperliche Schäden und Verletzungen zufügen, dabei stehen körperliche Misshandlungen von Kindern oft im Kontext genereller familiärer Gewalt. Mit den körperlichen Misshandlungen sind regelmäßig auch psychische

Misshandlungen verbunden, das Kind erfährt nicht ausschließlich den körperlichen Schmerz: Es erlebt Bedrohung, Feindseligkeit und Gewalt seitens einer Person, die es dennoch liebt und auf die es in jeder Hinsicht angewiesen ist. Die Folgen von Misshandlungen sind neben körperlichen Verletzungen und psychischen Krankheiten Kontakt- und Konzentrationsstörungen, auffälliges Sozialverhalten u.v.m. In den knapp 20 Jahren zwischen den beiden Kindeswohlstudien ist es zu einem Anstieg von 6,6 Prozent auf 10,4 Prozent körperlicher Misshandlungen bei den (Haupt-)Gefährdungslagen gekommen (vgl. die Angaben Rn. 10).

9.2.5 Autonomiekonflikte

Hierunter versteht man Konflikte, bei denen sich unterschiedliche Lebensauffassungen von Eltern und jugendlichen Minderjährigen gegenüberstehen. Insbesondere ab der Pubertät findet bei den Jugendlichen ein Streben nach Autonomie und ein Einüben in selbstständige (und damit ggf. auch gegen die Position der Eltern gerichtete) Handlungen und Entscheidungen statt. Wird dieser Prozess unterbunden oder wird die Eigenentscheidung des Minderjährigen grob missachtet, kann dessen seelisches und geistiges Wohl erheblich beeinträchtigt werden (vgl. Staudinger/Coester § 1666 Rn. 134). Besonders betroffen sind jugendliche Mädchen, nicht selten in Migrantenfamilien: hier kann es zum Konflikt zwischen der Entwicklung autonomer weiblicher Lebensentwürfe und Vätern mit patriarchalischen Wertvorstellungen kommen, wo neben der altersbedingten Ablösungsproblematik unterschiedliche kulturelle Entwicklungen der älteren und der jüngeren Generation eine Rolle spielen. Autonomiekonflikte wurden in den erwähnten Untersuchungen (Rn. 10) in etwa 6 Prozent der Fälle als Hauptgefährdungslage benannt. Wie schwer sich Richter auch bei Autonomiekonflikten damit tun, nicht ihre Wertvorstellungen als Maßstab zu nehmen, sondern die konkrete Kindeswohlgefährdung, zeigt sich bei dem normativ hochbesetzten Fragebereich des Schwangerschaftsabbruchs: Richter haben bisweilen selbst eine positive oder negative Einstellung zum Schwangerschaftsabbruch (was eine individuell zulässige Wertung ist), und nehmen diese (ihre individuelle) Position zum Ausgangspunkt ihrer Entscheidung, anstelle sich in der konkreten Situation um die Klärung zu bemühen, was für das jeweilige Mädchen dieser konkrete Schwangerschaftsabbruch an Gefährdung oder Nichtgefährdung bedeutet.

9.2.6 Sexueller Missbrauch

Als sexueller Missbrauch wird jede sexuelle Handlung bezeichnet, die an oder vor einem Kind oder Jugendlichen entweder gegen dessen Willen vorgenommen wird, oder der Minderjährige aufgrund körperlicher, psychischer, kognitiver oder sprachlicher Unterlegenheit nicht wissentlich zustimmen kann. Die erwachsene Person nutzt ihre Macht- und Autoritätsposition aus, um seine eigenen Bedürfnisse auf Kosten des Minderjährigen zu befriedigen. Bei der Kindeswohlgefährdung durch sexuellen Missbrauch tritt oft das Problem auf, dass ein Verdacht besteht, dieser jedoch ebenso wenig wie das Gegenteil bewiesen werden kann. So handelt es sich hier nicht selten um eine Gratwanderung, Kinder unbegründet von ihren Eltern(teilen) zu trennen und evtl. Unschuldige zu stigmatisieren bzw. zu dulden, dass Kinder missbraucht werden. Soweit nach Ausschöpfung aller Erkenntnisquellen eine Klärung nicht möglich ist, ist von Seiten des Familiengerichts eine umfassende Risikoabwägung erforderlich, wobei es im Verfahren nach § 1666 BGB nicht um strafrechtliche Fragen geht, sondern um die Sicherung des Kindeswohls. Bei Gefährdung des Kindeswohls durch sexuellen Missbrauch waren fast ausschließlich Mädchen betroffen. Die Altersspanne reichte von 3 bis 18 Jahren. Im Zeitraum der knapp 20 Jahre zwischen den beiden Kindeswohluntersuchungen ist der sexuelle Missbrauch als Hauptgefährdungslage der Kinder von 7,9 Prozent auf 1,6 Prozent zurückgegangen (a.a.O. Rn. 10).

9.3 Die gerichtliche Entscheidung

16 Liegt eine Gefährdung des Kindeswohls vor, so hat das Familiengericht nach § 1666 Abs. 1 BGB „die Maßnahmen zu treffen, die zur Abwendung der Gefahr erforderlich sind". Inhaltlich will der Gesetzgeber damit ganz bewusst dem Familiengericht einen großen Handlungsspielraum, ein Auswahlermessen, einräumen. So haben die Gerichte die Möglichkeit, auf die ganz spezifischen Bedingungen der jeweiligen Einzelfälle abgestimmt, die erforderlichen Maßnahmen zu treffen. § 1666 Abs. 3 BGB zählt beispielhaft („insbesondere") auf: Gebote, öffentliche Hilfe (der Kinder- und Jugendhilfe, der Gesundheitsfürsorge) in Anspruch zu nehmen, Gebote, für die Einhaltung der Schulpflicht zu sorgen, Verbote die Familienwohnung zu nutzen oder sich im Umkreis der Wohnung aufzuhalten, Verbindung mit dem Kind aufzunehmen (im Einzelnen Ernst FPR 2008, 602 ff.). Damit sollte insbesondere auf Maßnahmen unterhalb der Schwelle einer Einschränkung oder eines Entzugs des Sorgerechts hingewiesen werden.

17 Wenn so auch über den Begriff der erforderlichen Maßnahme für die Gerichte ein fast uneingeschränkter Handlungsspielraum besteht, so ist dieser durch den in **§ 1666a BGB** genannten **Grundsatz der Verhältnismäßigkeit** beschränkt. Dieser Grundsatz bedeutet, dass nur die Maßnahmen möglich sind, die einerseits das Kindeswohl sichern, andererseits aber zugleich den geringstmöglichen Eingriff in das Elternrecht bedeuten. Wie schwierig hier Entscheidungen der Gerichte in Einzelfällen sind, zeigen die unterschiedlich Schwerpunkt setzenden Entscheidungen des BGH (BGH 6.2.2019 – XII ZB 408/18, FamRZ 2019, 598 m. Anm. Hammer) einerseits und die des BVerfG (BVerfG 21.9.2020 – 1 BvR 528/19, FamRZ 2021, 104 m. Anm. Hammer) andererseits. Wegen des Eingriffs in das Elternrecht ist der Grundsatz der Verhältnismäßigkeit strikt zu beachten, bei den in Betracht zu ziehenden Maßnahmen muss das Mittel gewählt werden, das am wenigsten die Elternposition beeinträchtigt, Vorrang haben stets helfende, unterstützende Maßnahmen. Nach § 1666 a Abs. 1 BGB ist bei **familientrennenden Maßnahmen** stets zu prüfen, ob durch andere öffentliche Hilfen die Trennung vermieden werden kann. Und nach § 1666 a Abs. 2 BGB ist der Entzug der **gesamten Personensorge** unter Verhältnismäßigkeitsgesichtspunkten nur dann möglich, wenn andere Gefahrenabwehrmaßnahmen nicht ausreichen. Dabei kommt es stets auf die genaue Analyse des Einzelfalls an, ein schematisches Vorgehen darf nicht stattfinden. So kann der Entzug der gesamten Personensorge in einem Fall unverhältnismäßig und damit unzulässig (BVerfGK 13. 7. 2007 – 1 BvR 1202/17), in einem anderen Fall aber die durchaus geeignete und damit verhältnismäßige Maßnahme (BVerfGK 24.4.2018 – 1 BvR383/18) sein.

18 Von besonderer Bedeutung ist der Verhältnismäßigkeitsgrundsatz bei Maßnahmen, die eine **Trennung von Eltern und Kindern**, die Herausnahme aus der Familie, zur Folge haben. Denn wegen der verfassungsrechtlichen und menschenrechtlichen Dimension solcher Maßnahmen sind sie nach Auffassung des EGMR grundsätzlich als vorübergehende Maßnahmen anzusehen, die aufzuheben seien, sobald die Umstände es gebieten (EGMR 26.2.2002 – 46544/99). Aber auch hier gilt der Vorrang des Kindeswohls,

9.3 Die gerichtliche Entscheidung

was dazu führen kann, dass bei zunehmender Dauer einer Fremdunterbringung nicht einfach eine Herausgabe an die Eltern erfolgen kann, sondern eine Abwägung stattzufinden hat (BVerfGK 3.2.2017 – 1 BvR 2569/16). Wegen dieser verfassungsrechtlichen Dimension muss das Gericht selbst in seiner Entscheidung deutlich machen, dass es diese Abwägung zwischen Kindeswohl und Elternrecht vorgenommen hat, welche anderen Maßnahmen unter dem Aspekt der Verhältnismäßigkeit, des mildesten Mittels in Erwägung gezogen wurden, eine Bezugnahme auf den Antrag des Jugendamtes oder auf das Gutachten eines Sachverständigen reicht dafür nicht aus.

Welche Maßnahme in Frage kommt, lässt sich deswegen nie generell, sondern immer nur unter genauester Berücksichtigung der konkreten Umstände der jeweiligen Einzelfälle ermitteln

19

- Als mildestes Mittel richterlicher Maßnahmen erscheinen **Auflagen, Gebote** wie die Verpflichtung der Eltern, Hilfe zur Erziehung, kinderpsychotherapeutische Behandlungen in Anspruch zu nehmen. Eine solche Maßnahme bleibt unterhalb der Schwelle des Eingriffes, bestimmt aber punktuell das erzieherische Handeln der Eltern. Wenn es allerdings nicht gelingt, die Eltern über eine bloße formale Befolgung der Verpflichtung hinaus für die Mitwirkung am erzieherischen Prozess ihres Kindes zu gewinnen, handelt es sich regelmäßig nicht um eine geeignete Maßnahme.
- Gem. § 1666 Abs. 3 BGB kann das Gericht **Erklärungen** der Inhaber der elterlichen Sorge **ersetzen**. Damit wird das Gericht in die Lage versetzt, in den Fällen, in denen eine Erklärung der Eltern oder eines Elternteils notwendig ist (z.B. Einwilligung in einen operativen Eingriff), um eine Gefahr für das Kind abzuwenden, diese Erklärung zu ersetzen. Auch hier handelt es sich um punktuelle Maßnahmen. Wenn es um Entscheidungen geht, die für den Minderjährigen längerfristige Auswirkungen haben (z.B. Gewährung längerfristiger jugendhilferechtlicher Leistungen), wird in den meisten Fällen eine entsprechende Ersetzung der elterlichen Erklärung nicht ausreichend sein.
- Da nicht selten die nicht (mehr) vorhandene Bereitschaft der Personensorgeberechtigten, Hilfe zur Erziehung (§§ 27 ff. SGB VIII) in Anspruch zu nehmen, der Grund für das Tätigwerden des Familiengericht ist (vgl. Kap. 9.1.), ist der Entzug des **Rechts, Hilfen zu Erziehung zu beantragen**, eine familiengerichtliche Maßnahme, die in besonderer Weise dem Verhältnismäßigkeitsgrundsatz entspricht: Sie ist treffgenau, zielführend und nicht so eingriffsintensiv wie der Entzug der Personensorge.
- Ein schwerwiegender Eingriff in das elterliche Erziehungsrecht ist der **Entzug der Personensorge** und die Bestellung eines Pflegers an Stelle der Eltern. In solchen Fällen wird schon wegen § 1666 a Abs. 2 BGB zu prüfen sein, ob der Entzug der gesamten Personensorge notwendig ist.
- Der insgesamt schwerwiegendste Eingriff ist der **Entzug der gesamten elterlichen Sorge** und die Bestellung eines Vormundes.

In vielen Fällen und gerade auch dann, wenn die Eltern angebotene öffentliche Hilfen nicht akzeptierten, wurde von den Gerichten als „Standardmaßnahme" das **Aufenthaltsbestimmungsrecht entzogen**, hierfür ein Pfleger bestellt (meistens das Jugendamt), der dann die notwendige außerfamiliale Unterbringung der Minderjährigen einleiten kann. Trotz weiterhin bestehenden Sorgerechts im Übrigen haben die Eltern hier in allen Erziehungsangelegenheiten nur wenig Einwirkungsmöglichkeiten. Somit ist der faktische Eingriff größer als der rechtliche. Hinzu kommt, dass die Entziehung des Aufenthaltsbestimmungsrechts allein nicht ausreicht, um entsprechende Hilfen zur Erziehung zu beantragen. Deswegen muss in diesen Fällen auch das Recht, Hilfen zur Erziehung zu beantragen, den Eltern entzogen werden (vgl. dazu Tammen in Münder u.a. FK-SGB VIII, § 27 Rn. 36)

20 Während in der Kindeswohl-Untersuchung vom Ende des letzten Jahrhunderts der Entzug des Aufenthaltsbestimmungsrechts (29 Prozent), der Entzug des Personensorgerechts (27 Prozent) und der Entzug der elterlichen Sorge (12 Prozent) die häufigsten Maßnahmen waren, Auflagen dagegen (z.B. Auferlegung, Leistungen der Kinder- und Jugendhilfe in Anspruch zu nehmen) nur in wenigen Fällen (8 Prozent) vorkamen, hat sich dies, sicherlich auch wegen der Änderung des § 1666a Abs. 3 BGB, inzwischen deutlich geändert, wie die folgende Tabelle zeigt.

Tabelle 6: Maßnahmen des Familiengerichts bei Gefährdung des Kindeswohls (2012–2019)

	2012	2015	2018	2019
Anrufung des FamG durch das JA nach § 8a SGB VIII wg. akuter KWG	16.875	20.806	24.939	27.980
Maßnahmen des Familiengericht (gesamt)	28.797	29.405	31.504	32.591
Auferlegung der Inanspruchnahme von Leistungen der Kinder- u. Jugendhilfe (§ 1666 Abs. 2 Nr. 1 BGB)	8.970	8.730	9.081	9.542
Teilweise Übertragung der elterl. Sorge auf das Jugendamt oder einen Dritten als Pfleger (§ 1666 Abs. 3 Nr. 6 BGB)	7.605	7.818	8.523	8.670
Vollständige Übertragung der elterl. Sorge auf das Jugendamt oder einen Dritten als Vormund (§ 1666 Abs. 3 Nr. 6 BGB)	6.795	7.585	7.512	7.787
Gebote od. Verbote gegenüber Personensorgeberechtigten oder Dritten (§ 1666 Abs. 3 Nr. 2 bis 4 BGB)	3.355	3.637	4.479	4.678
Ersetzung von Erklärungen der Personensorgeberechtigten (§ 1666 Abs. 3 Nr. 5)	2.102	1.635	1.909	1.914

Quelle: Statistisches Bundesamt Destatis 2021-04-17; Statistiken der Kinder- und Jugendhilfe Gefährdungseinschätzungen nach § 8a Absatz 1 SGB VIII 2019

21 Die **Aufgabe des Familiengerichts** ist es, genau und präzise auf die Gefährdung des Kindeswohls einzugehen und zu eruieren, welches die geeignete Maßnahme, auch in Form von Hilfe und Unterstützung, sein könnte. Das Gericht hat damit auch eine rechtsstaatliche Kontrollaufgabe wahrzunehmen, nicht nur wegen der verfassungsrechtlichen Rechtsstaatsgarantie, sondern auch in Bezug auf die europarechtliche Perspektive zur Sicherung von Menschenrechten. Im Ergebnis muss dies dazu führen, dass die Gerichte in phantasievollerer und differenzierter Weise Maßnahmen in Erwägung ziehen und anwenden. So ist es in vielen Fällen innerfamiliärer Gewaltproblematik (Misshandlung, sexueller Missbrauch) möglicherweise eher kontraproduktiv, das Kind aus der Familie herauszunehmen. Sinnvoller könnte es sein, die misshandelnde, missbrauchende Person aus der Familie herauszunehmen, zu verweisen – was inzwischen zunehmend in solchen Situationen getan wird. In vielen Fällen der Vernachlässigung verfügen die Sorgeberechtigten nicht über hinreichende Kompetenzen, um eine hinreichende Versorgung der Kinder sicherzustellen. Hier kann die Herausnahme der Kinder

nicht das einzige Mittel sein, sondern erforderlich ist die Unterstützung der familiären Ressourcen bis hinein in den materiellen Bereich. Es wird jedoch immer Fälle geben, in denen eine Trennung der Kinder von ihren Eltern und der damit verbundene Entzug elterlicher Sorgerechte die einzige Möglichkeit bietet, die Kinder wirksam zu schützen.

9.4 Die Stellung des Jugendamtes

In den meisten Fällen erfahren die Familiengerichte durch die Jugendämter über die Kindeswohlgefährdung. Hier ist es zunächst primäre Aufgabe von Jugendhilfe, frühzeitig Jugendhilfeleistungen zu erbringen. Zugleich ist die Jugendhilfe verpflichtet, wenn sie es für erforderlich hält, das Familiengericht wegen einer Kindeswohlgefährdung zu informieren (§ 8 a Abs. 3 SGB VIII – ausführlich Münder u.a. 2020, Kap. 4.3.). Kommt es zu einer Information des Familiengerichts, so unterrichtet es insbesondere über angebotene und erbrachte Leistungen, bringt erzieherische und soziale Gesichtspunkte zur Entwicklung des Minderjährigen ein und weist auf weitere Möglichkeiten der Hilfe hin (§ 50 Abs. 2 SGB VIII). Aufgrund der gerichtlichen Entscheidungen wird das Jugendamt in vielen Fällen zum Pfleger und Vormund bestellt. Entsprechend seiner Mitwirkung im familiengerichtlichen Verfahren (§ 50 SGB VIII) hat das Jugendamt im Verfahren vor dem Familiengericht eine durchaus beachtliche Position: Nach § 162 FamFG ist es anzuhören, hat die Stellung eines Beteiligten, ist von den Terminen rechtzeitig zu benachrichtigen, die Entscheidungen des Gerichtes sind ihm bekannt zu machen und gegen Beschlüsse des Gerichts steht dem Jugendamt die Beschwerde zu.

22

Damit hat das Jugendamt im Zusammenhang der Kindeswohlgefährdung eine dominierende Stellung (dazu Ernst FF 2020, 195 ff.): regelmäßig werden die Familiengerichte durch die Jugendämter über Kindeswohlgefährdungen informiert, Jugendämter geben oft entsprechende Stellungnahmen ab, berichten über erzieherische und soziale Gesichtspunkte zur Entwicklung des Minderjährigen und ihnen wird in vielen Fällen anschließend das Personensorgerecht (ganz oder teilweise) übertragen. Insbesondere nach der Entscheidung des Familiengerichts kommt dem Jugendamt nicht selten eine doppelte Aufgabe zu: Einerseits tritt das Jugendamt selbst als Amtspfleger/-vormund in die den Eltern entzogenen Rechte und Pflichten ein. Andererseits muss das bislang mit den Eltern nicht mögliche Hilfekonzept für den Minderjährigen umgesetzt werden. So befindet sich das **Jugendamt** oft in einem **institutionellen Rollenkonflikt**. Der Gesetzgeber ist dem durch die Einführung des Verfahrensbeistands (vgl. Kap. 9.6.) begegnet.

23

Tabelle 7: Sorgerechtliche Maßnahmen

Jahr	Anrufung des Familiengerichts	Gerichtliche Maßnahmen zum vollständigen oder teilweisen Entzug der elterlichen Sorge	Gerichtliche Maßnahmen pro 100.000 Minderjährige
1991	8.759	6.998	45
2000	8.496	7.505	48
2010	16.252	12.771	96

Quelle: Münder 2017, 110; sowie eigene Berechnungen

9.5 Verfahrenshinweise bei § 1666 BGB

24 Wenn ein öffentliches Interesse besteht, dann hat der Gesetzgeber auch im Zivilrecht das Verfahren als ein sogenanntes Amtsverfahren vorgesehen. So sind Verfahren nach §§ 1666 a f. BGB **Amtsverfahren**. Entsprechend § 24 FamFG hat das Familiengericht deswegen Hinweisen, Informationen, Anregungen – unabhängig woher sie kommen – von sich aus, von Amts wegen nachzugehen. Bei der Entscheidungsfindung des Familiengerichts geht es nicht darum (wie etwa bei klassisch schuldrechtlichem Denken), von abstrakt formulierten und allgemein anwendbaren Konfliktlösungsgrundsätzen auf Einzelfälle zu deduzieren oder die Vorschläge des Jugendamtes allein nach formell rechtlichen Aspekten (Erforderlichkeit, Geeignetheit, Verhältnismäßigkeit der vorgeschlagenen Maßnahme) zu kontrollieren. Gerichtliches Handeln ist hier (stärker als sonst) eine problemergründende und problemanalysierende Tätigkeit, um zu einer in die Zukunft gerichteten Entscheidung zu kommen. Die ansonsten im juristischen Bereich dominierende Subsumtions- und Ableitungstechnik stößt bei der Entscheidungsfindung im Bereich von Familienkonflikten an ihre Grenzen. Die Feststellung der familiären Situation, der Interessenlagen der Beteiligten, die Überprüfung möglicher Alternativen sind für die richterliche Entscheidung zentral. Damit findet die Sicherung des Kindeswohls entscheidend durch Verfahren statt.

25 Die Verfahren nach § 1666 BGB sind Verfahren in Personensorgerechtsangelegenheiten. Deswegen gelten hier die allgemeinen, für Personensorgerechtsverfahren maßgeblichen Verfahrensvorschriften (ausführlich Kap. 8.6.). Jedoch sehen die einschlägigen Vorschriften des Familienverfahrengesetzes (FamFG) zusätzliche, spezielle Bestimmungen bei Kindeswohlverfahren vor.

26 So sind Verfahren wegen Gefährdung des Kindeswohls nach **§ 155 FamFG vorrangig und beschleunigt** durchzuführen. Das bedeutet, dass Verfahren bei Kindeswohlgefährdung allen anderen familiengerichtlichen Verfahren vorgehen, sie sind auch vorrangig zu anderen Kindschaftsverfahren, die nicht den Aufenthalt des Kindes, das Umgangsrecht oder die Herausgabe des Kindes betreffen (§ 155 Abs. 1 FamFG). Nach § 155 Abs. 2 FamFG bedeutet dies, dass spätestens einen Monat nach Beginn des Verfahrens ein erster Termin anzusetzen ist, in dem eine Erörterung mit den Beteiligten stattfindet. In diesen Verfahren ist das Jugendamt zwingend anzuhören. In § 155 Abs. 3 FamFG ist das persönliche Erscheinen der verfahrensfähigen Beteiligten (z.B. Eltern) vorzusehen. Das bedeutet, dass Kinder unter 14 Jahren an diesem Termin nicht teilnehmen müssen, da sie nicht verfahrensfähig sind. Daraus folgt jedoch nicht, dass sie von diesem Erörterungstermin ausgeschlossen sind, es liegt im Rahmen der Verfahrensgestaltung des Familiengerichts, ob es die unter 14-jährigen Kinder einbezieht.

27 **§ 157 FamFG** sieht ausdrücklich die **Erörterung der Kindeswohlgefährdung** vor. Hierbei geht es um die Klärung einer möglichen Kindeswohlgefährdung, insbesondere auch darum, wie eine solche Kindeswohlgefährdung – vornehmlich durch öffentliche Hilfen – abgewendet werden kann. Wegen der Formulierung, dass das Gericht die Kindeswohlgefährdung erörtern „soll", ist die Erörterung der Kindeswohlgefährdung als Regelfall vorgeschrieben. Bei einer solchen Erörterung, die auch eine „Warnfunktion" für die Eltern haben soll, werden die Eltern verpflichtend mit einbezogen, sie haben an diesem Termin persönlich teilzunehmen und können sich nicht etwa anwaltlich vertreten lassen; deswegen hat das Gericht nach § 157 Abs. 2 Satz 1 FamFG das persönliche Erscheinen der Eltern anzuordnen. Nach Abs. 1 Satz 2 „soll" das Jugendamt geladen werden, dies scheint auf einen begrenzten Entscheidungsspielraum des Gerichtes hin-

9.5 Verfahrenshinweise bei § 1666 BGB

zuweisen. Bei Kindeswohlgefährdung ist es aber nicht vorstellbar, dass das Jugendamt nicht geladen wird. Nicht nur, weil es in den meisten Fällen möglicher Gefährdungseinschätzung selbst das Gericht eingeschaltet hat, sondern auch beteiligt werden muss, wenn erörtert wird, wie eine mögliche Kindeswohlgefährdung abgewendet werden kann. Zudem haben die Jugendämter in diesen Fällen die entsprechenden sozialpädagogischen Aspekte einzubringen – § 50 Abs. 2 Satz 1 SGB VIII. Auch hier ist die Einbeziehung des Kindes in die Entscheidung des Familiengerichts gestellt, allerdings mit dem Hinweis, dass „in geeigneten Fällen" die Erörterung über eine mögliche Kindeswohlgefährdung auch mit dem Kind stattfinden soll.

Von besonderer Bedeutung ist die **persönliche Anhörung des Kindes** nach § 159 FamFG. Hiernach sind die Kinder persönlich anzuhören, wenn sie das 14. Lebensjahr vollendet haben (Abs. 1), wenn sie dieses Lebensjahr noch nicht vollendet haben, so sind sie (Abs. 2) anzuhören, wenn ihre Neigungen, Bindungen oder der Wille des Kindes für die Entscheidung von Bedeutung sind – das wird bei Kindeswohlgefährdungsverfahren regelmäßig der Fall sein. Bei der „Anhörung" geht es nicht (nur) darum, dass dem Kind zugehört wird, sondern darum, dass sich das Familiengericht einen persönlichen Eindruck von dem Kind und dessen Situation verschafft. Dem Kind ist die Gelegenheit zur Äußerung zu geben (Abs. 4 S. 2). Es ist über den Gegenstand, den Ablauf und den möglichen Ausgang des Verfahrens in entsprechender Weise zu informieren; dies geschieht in der Praxis regelmäßig durch den Verfahrensbeistand (Kap. 9.6) und wenn ein Verfahrensbeistand bestellt ist, so soll diese persönliche Anhörung des Kindes in Anwesenheit des Verfahrensbeistandes stattfinden. 28

Von hoher Bedeutung in einem Verfahren nach § 1666 BGB ist die **Anhörung der Eltern – § 160 FamFG**. Wegen der Bedeutung des Elternrechts in diesem Zusammenhang sieht § 160 Abs. 1 S. 2 FamFG vor, dass die Eltern nicht nur – wie in anderen Personensorgerechtsverfahren – angehört werden sollen, sondern sie sind anzuhören, die Anhörung der Eltern ist zwingend, liegt eine solche Anhörung nicht vor, ist stets ein Verfahrensfehler gegeben. 29

In solchen Verfahren wegen Gefährdung des Kindeswohls ist vom Gericht schon im Anhörungs- und Erörterungstermin (§ 157 FamG) stets auch eine **einstweilige Anordnung** zu prüfen § 157 Abs. 3 FamFG. Das einstweilige Anordnungsverfahren ist in §§ 49 ff. FamFG geregelt. Voraussetzung für eine einstweilige Anordnung ist die Tatsache, dass Gefahr im Verzug ist: Unverzügliches Einschreiten ist erforderlich, wenn nicht abgewartet werden kann, um die notwendigen Ermittlungen durchzuführen und der Kindeswohlgefährdung nicht auf andere Weise begegnet werden kann. In diesem Zusammenhang ist § 42 SGB VIII zu beachten: Hiernach haben die Jugendämter die Möglichkeit, vorläufige Schutzmaßnahmen für Minderjährige zu ergreifen (Inobhutnahme bzw. Herausnahme des Minderjährigen – dazu Münder u.a. 2020, Kap. 10.1). Beim Verfahren der einstweiligen Anordnung kann auf bestimmte, das Verfahren in die Länge ziehende, Verfahrensweisen verzichtet werden: 30

- Beweise brauchen nicht im üblichen Beweisverfahren erbracht zu werden, es genügt hier die Glaubhaftmachung (§ 51 Abs. 1 S. 2 FamFG – durch das Jugendamt);
- von der vorherigen Anhörung der Beteiligten kann ebenso abgesehen werden (§ 160 Abs. 3 FamFG) wie von einer mündlichen Verhandlung (§ 51 Abs. 2 S. 2 FamFG).

Durch „vorläufige" Entscheidungen (etwa der – teilweisen – Entziehung des Sorgerechts verbunden mit der Bestellung eines Pflegers oder Vormunds) können nicht selten Tatsachen geschaffen werden, die die Chancen der Eltern auf die Wiedererlangung 31 ihres Sorgerechts verschlechtern und insofern faktisch eine endgültige Entscheidung vorwegnehmen. Deswegen muss das Gericht sich, trotz des Bemühens zur Beschleunigung, um weitmögliche Aufklärung bemühen. Gerade von der Anhörung der Verfahrensbeteiligten sollte deswegen nur in ganz dringenden Ausnahmefällen abgesehen werden (ausführlich zu der Verfahrensgestaltung durch das Gericht; BVerfGK 7.4.2014 – BvR 3121/13.). Unterbleibt beim Erlass einer einstweiligen Anordnung wegen Gefahr im Verzuge die Anhörung des sorgeberechtigten Elternteils, so muss die zwingend vorgeschriebene mündliche Anhörung unverzüglich nachgeholt werden (§ 160 Abs. 4 FamFG).

9.6 Der Verfahrensbeistand – Anwalt des Kindes – § 158 FamFG

32   In Fällen der Kindeswohlgefährdung besteht nicht selten auch ein Interessengegensatz zwischen Eltern/Personensorgeberechtigten und Kindern. Das gerichtliche Verfahren zur Sicherung des Kindeswohls richtet sich deswegen – insbesondere in der Wahrnehmung der Personensorgeberechtigten – in der Sache auch **gegen sie** als **die Eltern/Personensorgeberechtigten**. Dem Jugendamt und dem Gericht als den beteiligten Institutionen sind in gewisser Weise jedoch die Hände gebunden für eine eindeutige, allein am Kind orientierte Interessenvertretung: Das Jugendamt hat auch mit den Eltern und der Familie zu arbeiten, selbst nach der Entscheidung des Familiengerichts. Und dem Familiengericht ist es untersagt, im Verfahren allein die Interessensposition eines Beteiligten zu vertreten. Deswegen wurde rechtspolitisch seit langer Zeit eine Interessensvertretung für das Kind gefordert, der „Anwalt des Kindes" (Salgo 1993; Salgo 1995). Gewicht erhielten diese Forderungen durch Entscheidungen des Bundesverfassungsgerichts, das ausführte, dass das Kind als Träger eigener Grundrechte in Verfahren der Verfassungsbeschwerden bezüglich seiner Interessensposition eigenständig vertreten sein müsse (BVerfG 18.6.1986–1 BvR 857/85; Salgo 1993, BVerfGE 72, 122 ff.; BVerfG 14.4.1987 – 1 BvR 332/86, BVerfGE 75, 201 ff.). Mit der **Etablierung des Verfahrenspflegers** (seit 2009 **Verfahrensbeistand**) durch das Kindschaftsrecht (1.7.1998) in § 158 FamFG kam der Gesetzgeber diesen Forderungen nach (ausführlich Salgo 2019). Im Zusammenhang mit dem Gesetz zur Bekämpfung sexualisierter Gewalt gegen Kinder wurden (mit Wirkung vom 16.6.2021) u. a. die **Bestimmungen zur Verfahrensbeistandschaft wesentlich geändert** (Menne NZFam 2020, 1033 ff.). § 158 Abs. 1 FamG legt fest, dass dem Kind in Kindschaftssachen ein Verfahrensbeistand, der fachlich und persönlich geeignet ist, zu bestellen ist. § 158 a FamG enthält Ausführungen zu der fachlichen Geeignetheit des Verfahrensbeistandes: insbesondere entsprechende berufliche Qualifikationen, die gegebenenfalls nachzuweisen sind, und regelmäßige, mindestens alle zwei Jahre stattfindende, Fortbildungen.

33   § 158 Abs. 2 FamFG legt nunmehr verbindlich fest, dass das Familiengericht für das minderjährige Kind in Kindschaftssachen einen **Verfahrensbeistand** u.a. in allen Fällen **der §§ 1666, 1666 a BGB zu bestellen hat**, und nicht mehr nur, wie ehedem, wenn dies zur Interessenswahrnehmung des Kindes erforderlich war. Generell werden in § 158 Abs. 2 FamFG alle die Fälle aufgezählt, in denen die Bestellung zwingend rechtlich erforderlich ist. § 158 Abs. 3 FamFG regelt nun die Fälle, in denen in der Regel die Bestellung eines Verfahrensbeistandes erforderlich ist, so bei:

- Erheblichem Interessensgegensatz zwischen gesetzlichem Vertreter und Kind;
- Trennung des Kindes von der Person, in deren Obhut es sich befindet;

- Verfahren zur Herausgabe des Kindes;
- wesentlicher Beschränkung des Umgangsrechts.

In all diesen Fällen ist in der Regel ein Verfahrensbeistand zu bestellen. Sieht das Gericht in diesen Fällen von einer Bestellung ab, ist eine (ausführliche) Begründung notwendig – § 158 Abs. 3 S. 2 FamFG. Wird ein Verfahrensbeistand nicht bestellt und fehlt es an einer solchen Begründung, so ist das Verfahren fehlerhaft. Die Bestellung des Verfahrensbeistandes hat so früh wie möglich zu erfolgen.

Hinsichtlich der **Aufgaben des Verfahrensbeistands** gab es ehedem unterschiedliche Auffassungen (vgl. 6. Aufl. Kap. 12.5.2), was dazu führte, dass die ehemalige Verfahrenspflegschaft durch Ungleichzeitigkeiten und Unterschiedlichkeiten gekennzeichnet war (vgl. die grundlegende Untersuchung zur Verfahrenspflegschaft von Münder/Hannemann/Bindel-Kögel 2009). Die **Aufgaben** sind nun in § 158 b FamG ausführlicher und klarer geregelt. So ist die zentrale Aufgabe des Verfahrensbeistands, die Interessen des Kindes festzustellen und sie im gerichtlichen Verfahren zu vertreten. In seiner nun ausdrücklich schriftlich anzufertigenden Stellungnahme gegenüber dem Gericht hat der Verfahrensbeistand sowohl den Willen des Kindes (also dessen subjektives Interesse), als auch das Kindeswohl (das als das objektive Interesse des Kindes bezeichnet werden kann) einzubeziehen. Er hat das Kind über das Verfahren zu informieren, es ihm zu erklären und dem Kind damit die Möglichkeit zu geben, das Verfahren zu verstehen. Ausdrücklich ist vorgesehen, dass der Verfahrensbeistand die gerichtliche Entscheidung mit dem Kind zu erörtern hat. Über diese Aufgaben hinaus kann das Gericht ihm nach § 158 b Abs. 2 FamFG ausdrücklich zusätzliche Aufgaben übertragen (Gespräche mit den Eltern und weiteren Bezugspersonen, Mitwirkung an einvernehmlichen Regelungen); diese zusätzlichen Aufgaben hat das Gericht konkret festzulegen und es hat die Beauftragung zu begründen.

Die **Rechtsstellung** der Verfahrensbeistand ist vornehmlich in § **158b** FamFG geregelt. Er ist in eigenem Namen tätig, er ist also nicht gesetzlicher Vertreter o. ä. des Kindes. Er ist (§ 158b Abs. 3 FamFG) **Beteiligter** und hat damit die Rechte eines Beteiligten, das Recht auf Akteneinsicht (§ 13 FamFG), das Recht auf Teilnahme am Gerichtstermin, es muss ihm die Möglichkeit gegeben werden, an Kindesanhörungen teilzunehmen. Ausdrücklich ist auch festgelegt, dass er die Möglichkeit hat, im Interesse des Kindes **Rechtsmittel** einzulegen (§ 158b Abs. 34 S. 25 FamFG). Festgelegt ist, dass der ehrenamtlich tätige Verfahrensbeistand einen Aufwendungsersatz erhält, Der berufsmäßige Verfahrensbeistand erhält eine **Vergütung**, die pauschaliert ist: Für die normale Tätigkeit als Verfahrenspfleger zurzeit je Rechtszug 350 Euro, im Fall des § 158 b Abs. 2 FamFG (Rn. 34) 550 Euro. Die nicht berufsmäßig tätigen Verfahrensbeistände erhalten einen Ersatz ihrer Aufwendungen nach § 277 Abs. 1 FamFG.

9.7 Internationales Recht und Kindeswohlgefährdung

Bezüglich des internationalen Rechts bei Kindeswohlgefährdung kann weitgehend auf die allgemeinen Ausführungen im internationalen Recht im Eltern/Kind-Rechtsverhältnis in Kap. 8.5. verwiesen werden.

So gilt für die **Zuständigkeit der Gerichte** das in Deutschland seit 1.1.2011 gültige **KSÜ** und die seit 1.3.2005 in Deutschland gültige **Verordnung (EG) Nr. 2201/2003** (sogenannte **Brüssel IIa-VO**) der EU (ausführlich Kap. 1.3.2 und 8.5). Beide sind maßgeblich für die elterliche Sorge und damit auch für die „Entziehung" der elterlichen

Verantwortung. Im Verhältnis der beiden Bestimmungen zueinander ist die Brüssel IIa-VO vorrangig, für Angehörige der EU-Staaten ist regelmäßig auf diese Verordnung zurückzugreifen, ansonsten auf das KSÜ. In der Sache ist das Ergebnis für die Zuständigkeit der Gerichte identisch (Art. 8 in der Verordnung und Art. 15 des KSÜ): Es ist das Gericht, die Behörde örtlich zuständig, in dem das **Kind** zum Zeitpunkt einer Antragstellung seinen **gewöhnlichen Aufenthalt** hat.

38 Bezüglich des **anwendbaren Rechts** würden Art. 21 und Art. 24 EGBGB greifen, sofern keine **vorrangigen staatsvertraglichen Regelungen** existieren. Mit dem **KSÜ** existiert für den Bereich des Kindeswohls eine solche vorrangige Regelung. Auch hier gilt für das Verhältnis dieser beiden Rechtsquellen untereinander wieder das Gesagte. Nach den Bestimmungen des KSÜ wenden die Behörden, Gerichte der jeweiligen Staaten ihr eigenes Recht, bei einem Fall in Deutschland also § 1666 BGB, an (vgl. Art. 15 KSÜ).

Weiterführende Literatur
- Zum Kindeswohl, § 1666 BGB: Simitis u.a. 1979; Zenz 1979; Münder 2017
- Zur Verfahrensbeistandschaft; Salgo u.a. 2019

10. Elterliche Sorge bei Trennung

Leitlinie für die elterliche Sorge nach Trennung/Scheidung ist und bleibt das Wohl des Kindes. Eine gute Basis hierfür ist das Einvernehmen der Eltern; durch Verfahrensbestimmungen soll das gefördert werden. Besteht nach Trennung/Scheidung weiterhin gemeinsame elterliche Sorge, erhält der Elternteil, bei dem sich das Kind gewöhnlich aufhält, für die Erledigung von Alltagsangelegenheiten die erforderlichen Kompetenzen. In strittigen Fällen ist das Wohl des Kindes konkret im Einzelfall zu ermitteln. Die Bezugnahme auf allgemeine Prinzipien, normative Regeln usw. kann dies nicht ersetzen.

Ausführlich behandelte Bestimmungen

- Elterliche Sorge bei Trennung und Scheidung: § 1671 BGB
- Entscheidungsrecht bei gemeinsamer elterlicher Sorge: §§ 1628, 1687 BGB
- Verfahren: §§ 151 ff., insbes. § 156 FamFG
- Internationales Recht: Verordnung (EG) Nr. 2201/2003 des Rates über die Zuständigkeit und die Anerkennung und Vollstreckung von Entscheidungen in Ehesachen und in Verfahren betreffend die elterliche Verantwortung und zur Aufhebung der Verordnung (EG) Nr. 1347/2000 (Brüssel IIa-VO); Art. 15 KSÜ bzw. Art. 21 EGBGB

Wichtige, interessante Entscheidungen

- Zum Willen des Kindes, zur Bindung des Kindes als Entscheidungskriterium: BVerfG 25.4.2015 - 1 BvR 3326/14
- Zur Frage der gemeinsamen elterlichen Sorge oder alleinigen elterlichen Sorge im Konfliktfall: BVerfG 18.12.2003 – 1 BvR 1140/03; BVerfG 1.3.2004. BvR 738/01; BGH 12.12.2007 – XII ZB 158/05
- Keine gemeinsame Sorge bei fehlender Kooperation und Kommunikationsproblemen: OLG Brandenburg 22.1.2014 - 2 UF 39/13
- Wille des Kindes bei gerichtlicher Abänderung einer Sorgerechtsentscheidung: BVerfG 5.9.2007 – 1 BvR 1426/07; OLG Frankfurt am Main 16.10.2018 – 1 UF 74/18
- Sorgerechtsvollmacht bei gemeinsamer elterlicher Sorge: BGH 29.4.2020 – XII ZB 112/19
- Kindeswohlprüfung bei Entscheidung über die Übertragung der gemeinsamen Sorge nach § 1626a Abs. 2 BGB. Auch wichtig bei Entscheidungen nach § 1671 BGB: BGH 15.6.2016 – XII ZB 419/15

Die Regelungen des BGB von 1900 zur „elterlichen Sorge" nach Scheidung – schon diese Begrifflichkeit war dem BGB seinerzeit noch vollkommen fremd – hatten ein im Vergleich zu heute gänzlich anderes funktionales Verständnis von Scheidung auch hinsichtlich der sorgerechtlichen Konsequenzen normativ umzusetzen. Nach ihnen verblieb die (damals so bezeichnete) väterliche Gewalt grundsätzlich beim Vater. Wenn er an der Scheidung allein schuldig war, erhielt die Mutter (nur) die Personensorge; falls die Ehe aus beiderseitigem Verschulden geschieden wurde, erhielt die Mutter die Personensorge für die Töchter und für die Söhne unter 6 Jahren; Vermögenssorge, gesetzliche Vertretung und die gesamte väterliche Gewalt für die älteren Söhne verblieben beim Vater. Erst mit dem Gleichberechtigungsgesetz von 1957 konnte die Mutter die volle elterliche Gewalt bekommen. Wegen dieser Anknüpfung an das Verschulden konnte grundsätzlich nur der schuldlose Elternteil die elterliche Sorge erhalten.

3 Aus der Sicht des Kindes wurde erst mit dem 1. EheRG von 1977 der Durchbruch geschafft. Seitdem ist das **Wohl des Kindes das zentrale Entscheidungskriterium** für die Verteilung der elterlichen Sorge (ausführlich Coester 1983). Eine weitere Zäsur brachte das Kindschaftsrechtsreformgesetz (KindRG) von 1998. In **§ 1671 BGB** wird nun **nicht mehr** auf die **Scheidung, sondern** auf die **Trennung abgestellt**; die Scheidung ist ein „Unterfall" der Trennung. Und: § 1671 BGB gilt für alle Fälle der gemeinsamen elterlichen Sorge, also auch für gemeinsame elterliche Sorge durch Sorgeerklärung oder gerichtliche Entscheidung i.S.v. § 1626a Abs. 1 Nr. 1 oder 3 BGB.

10.1 Von der Starrheit zur Flexibilität

4 Eine Übertragung der elterlichen Sorge oder einzelner Bereiche von ihr (z.B. Aufenthaltsbestimmungsrecht) auf nur ein Elternteil kommt immer nur unter zwei Voraussetzungen überhaupt in Betracht. *Erstens* müssen die Eltern nicht nur vorübergehend getrennt leben. Und *zweitens* muss mindestens ein Elternteil einen entsprechenden Antrag auf Übertragung der alleinigen elterlichen Sorge gestellt haben. Liegt ein solcher Antrag nicht vor, wird demzufolge grundsätzlich (das heißt abgesehen von den Ausnahmefällen des § 1666 BGB) keine familiengerichtliche Entscheidung über die elterliche Sorge getroffen. Es bleibt in all diesen Fällen **weiterhin** bei der **gemeinsamen elterlichen Sorge**. Nach der Begründung zum KindRG wollte der Gesetzgeber damit keine Entscheidung darüber treffen, ob der gemeinsamen elterlichen Sorge von geschiedenen (oder getrenntlebenden) Eltern der Vorzug gegenüber der Alleinsorge eines Elternteiles gegeben werden solle. Er wollte mit dieser Regelung vielmehr dafür sorgen, dass in erster Linie die Eltern selbst darüber entscheiden, wie sie denn zukünftig die elterliche Sorge gestalten wollten (BT-Ds. 13/4899, 63). Auch der BGH sieht in seiner Rechtsprechung keine gesetzliche Vorgabe, die gemeinsame elterliche Sorge gegenüber ihrer Übertragung auf nur ein Elternteil zu priorisieren. Der Grundgedanke dieses Konzeptes ist aber der, dass es für die Kinder in den meisten Fällen am sinnvollsten ist, wenn sich die Eltern **einvernehmlich** über die Handhabung der elterlichen Sorge **verständigen**. Er beruht auf der (hoffnungsvollen) Annahme, dass eine gemeinsame elterliche Sorge nach der Scheidung insbesondere zu vermehrtem Kontakt der Kinder mit dem Elternteil führt, der außerhalb der Familie lebt, weil dieser ja nunmehr auch zukünftig an wichtigen Entscheidungen bezüglich der Kinder zu beteiligen ist. Zum Teil ist damit auch die Erwartung verbunden, dass durch die damit gegebene Einflussmöglichkeit auf die Erziehung des Kindes die Bereitschaft des außerhalb der Familie lebenden Elternteils steigt, seine Unterhaltsverpflichtungen zu erfüllen (grundlegend hierzu: Hammer 2004).

5 Die **alleinige elterliche Sorge** ist nach wie vor möglich. Ohnehin hat sie nach § 1626 a Abs. 3 BGB die Mutter, wenn sie zum Zeitpunkt der Geburt des Kindes nicht mit dem Vater verheiratet war und auch nach der Geburt des Kindes mit ihm keine Ehe eingegangen ist, keine Sorgeerklärung abgegeben wurde und auch keine gerichtliche Übertragung gemeinsamer Sorge erfolgt ist (vgl. Kap. 8). Nach § 1671 Abs. 2 BGB ist aber auch eine alleinige elterliche Sorge des Vaters auf dessen Antrag hin möglich. Danach kann die Übertragung der alleinigen Sorge auf den Vater im Einvernehmen mit der allein sorgeberechtigten Mutter geschehen, wobei aber das Kind, wenn es bereits älter

10.2 Das Wohl des Kindes als Entscheidungskriterium

als 14 Jahre ist, widersprechen kann. Auch im Falle des Einvernehmens mit der Mutter ist aber zumindest eine „negative" Kindeswohlprüfung erforderlich, d.h. die Sorgerechtsübertragung auf den Vater darf dem Kindeswohl nicht widersprechen. Ansonsten wird in einem derartigen Fall durch das Gericht zunächst geprüft, ob eine gemeinsame Sorge gem. § 1626a Abs. 2 BGB in Betracht kommt. Scheidet diese Möglichkeit aus, dann ist dem Antrag des Vaters, auch unabhängig vom Widerspruch des älteren Kindes oder vom Einvernehmen der Eltern, stattzugeben, wenn dies dem Wohl des Kindes am besten entspricht. Ruht die elterliche Sorge der Mutter nach § 1751 Abs. 1 BGB bereits, weil sie schon in eine Adoption des Kindes eingewilligt hat (vgl. Kap. 13), dann bekommt der Vater auf seinen Antrag hin wiederum bereits dann vom Familiengericht die Sorge übertragen, wenn das dem Wohl des Kindes nicht widerspricht, § 1671 Abs. 3 BGB. Anders als bei der alleinigen Sorge der Mutter, die auch dann bestehen kann, wenn beide Elternteile zusammenleben, ist für die Übertragung der elterlichen Sorge nach § 1671 Abs. 2 BGB das nicht nur vorübergehende Getrenntleben der Eltern vorausgesetzt.

6 Dieselbe Voraussetzung des nicht nur vorübergehenden Getrenntlebens gilt, wie bereits erwähnt, vor allem aber auch bei gemeinsamer elterlicher Sorge, wenn einer der beiden Elternteile den Antrag stellt, die alleinige Sorge zu erhalten. Das Familiengericht hat diesem Antrag nach § 1671 Abs. 1 Nr. 1 BGB stattzugeben, wenn der andere Elternteil **zustimmt**, es sei denn, dass ein Kind, das das 14. Lebensjahr bereits vollendet hat, einem solchen Antrag und damit der Übertragung auf einen Elternteil widerspricht. In diesem Fall ist wie bei der **Nichtzustimmung des anderen Elternteils** nach Nr. 2 zu verfahren. Dann nämlich muss das Familiengericht nach § 1671 Abs. 1 Nr. 2 BGB seine Entscheidung – wie stets, wenn zwischen den Eltern unterschiedliche Positionen bestehen (§ 1697 a BGB) – am Wohl des Kindes ausrichten: Wenn zu erwarten ist, dass die Aufhebung der gemeinsamen elterlichen Sorge und die Übertragung (gerade) auf den Antragsteller dem Wohl des Kindes am besten entsprechen, hat das Familiengericht einem solchen Antrag stattzugeben. Ausdrücklich vom Gesetz zugelassen und in der gerichtlichen Praxis weit verbreitet ist es auch, dass einem Elternteil nur ein Teilbereich oder mehrere Teilbereiche der elterlichen Sorge übertragen werden (etwa das Aufenthaltsbestimmungsrecht, die schulischen Angelegenheiten usw). Die Kompetenzen des Familiengerichts beschränken sich darauf, die gesamte elterliche Sorge oder Teilbereiche davon einem Elternteil zu übertragen. Dagegen kann das Familiengericht nicht selbst den Aufenthalt des Kindes bestimmen und gestalten. Insbesondere kann ein sogenanntes **paritätisches Wechselmodell** nicht nach § 1671 BGB angeordnet werden. Auf dieses Modell, das im Rahmen autonomer Sorgerechtsgestaltung nicht selten praktiziert wird, kann das FamGer mit Beschluss des BGH vom 1.2.2017 – XII ZB 601/15 Eltern zwar nunmehr in der Tat auch gegen den Willen eines der beiden Beteiligten festlegen. Allerdings trifft dies nur auf Eltern zu, denen die **gemeinsame Sorge zusteht**. Die Entscheidung des BGH betrifft damit nicht § 1671 BGB, sondern die gerichtliche Ausgestaltung des Umgangsrechts der Eltern im Rahmen von § 1684 (hierzu Kap. 11).

10.2 Das Wohl des Kindes als Entscheidungskriterium

7 Rechtlich betrachtet sind die Fälle einer weiterhin bestehenden gemeinsamen elterlichen Sorge und einer alleinigen elterlichen Sorge im Einvernehmen (d.h. mit Zustimmung des anderen Elternteils) unproblematisch. Besteht allerdings ein Dissens, will also ein Elternteil die alleinige elterliche Sorge ausüben, ohne dass der andere Elternteil

zustimmt, so führt dies regelmäßig zu rechtlichen Auseinandersetzungen. Dann ist das Wohl des Kindes das – umstrittene und auslegungsbedürftige – Entscheidungskriterium. Die Formel vom Wohl des Kindes ist generell der Maßstab, an dem die elterliche Erziehungsautonomie ihre Grenze findet (vgl. Kap 9). Dies gilt auch bei Trennung und Scheidung:

- Stimmt der andere Elternteil der Sorgerechtsübertragung nicht zu, so nennt das Gesetz selbst unmittelbar das Wohl des Kindes als zentrales Entscheidungskriterium, § 1671 Abs. 1 S. 2 Nr. 2 BGB;
- stimmt dagegen der andere Elternteil zu, dem einen Elternteil die alleinige elterliche Sorge zu übertragen, muss das Familiengericht dem ohne nähere Prüfung folgen, es sei denn, dass 14 Jahre alte oder ältere Kind widerspricht (§ 1671 Abs. 1 S. 2 Nr. 1, 2. HS. BGB) oder die elterliche Sorge muss „aufgrund anderer Vorschriften" abweichend geregelt werden, § 1671 Abs. 4 BGB. Hiermit ist insbesondere § 1666 BGB gemeint, der alle elterlichen Handlungen, und somit auch den übereinstimmenden Antrag auf alleinige elterliche Sorge, unter dem Aspekt der Gefährdung des Wohls des Kindes beurteilt;
- aber auch in den Fällen, in denen **überhaupt kein Antrag** gestellt wird, bildet § 1666 BGB die Grenze autonomer elterlicher Sorgerechtsgestaltung in der Trennungs-/Scheidungssituation.

8   Der Begriff „Wohl des Kindes" ist rechtlich unbestimmt. Eine allgemeine, für alle Lebensverhältnisse passende Definition würde kaum weiterhelfen, da sie wiederum sehr abstrakt wäre. Insofern ist es erforderlich – ähnlich wie bei der „Gefährdung des Kindeswohls" nach § 1666 BGB (vgl. Kap. 9) – zu prüfen, was das Wohl des Kindes in der konkreten Situation von Trennung und Scheidung bedeutet.

10.2.1 Von der „richtigen" zur „einvernehmlichen" Entscheidung

9   Lange Zeit konzentrierte sich die fachliche Diskussion darauf, was „das Beste" für das Kind ist, was also die „richtige" Ausfüllung des Begriffs vom Wohl des Kindes sei. Anfangs wurden materielle und psychische Versorgungsaspekte hervorgehoben. Anders als heute spielten auch normative moralische Kriterien teilweise eine Rolle.

10   Dabei stellte die Rechtsprechung eine Zeit lang stark auf kognitive, lernorientierte Förderungskriterien ab. Später wurden die entstandenen sozialen Bindungen des Kindes und die Kontinuität des Erziehungsprozesses betont und zunehmend familiensystemische und familiendynamische Aspekte eingebracht (vgl. unten Rn. 14). Dies alles aber ist im Einzelfall schwer einzuordnen. Deswegen misst § 1671 BGB dem **Konsens der Eltern** ein **großes Gewicht** bei. Dies zum einen dadurch, dass dann, wenn kein Antrag vorliegt, davon ausgegangen wird, dass die Elternteile untereinander ein **einvernehmliches Arrangement** gefunden haben. Das Ergebnis dieses Arrangements könnte dann die weiterhin bestehende gemeinsame elterliche Sorge sein. Aber auch dann, wenn sich die Eltern dahingehend verständigen, dass ein Elternteil die alleinige elterliche Sorge übertragen bekommen soll, geht das Gesetz in § 1671 Abs. 1 Nr. 1 BGB davon aus, dass einem solchen **Antrag** grundsätzlich stattzugeben ist, wenn der andere Elternteil damit **einverstanden** ist. Nur dem Willen des 14-jährigen oder älteren Kindes kommt, wie gesehen, eine Art „Gegenwirkung" zu. Es muss also darum gehen, eine möglichst **einvernehmliche Regelung** zu finden, damit der Konflikt relativ geringe Auswirkungen auf das Kind hat und die positive Beziehung zu beiden Elternteilen auch nach der

10.2 Das Wohl des Kindes als Entscheidungskriterium

Trennung der Eltern Bestand haben kann: Die einvernehmliche Lösung, in der es auch aus dem Blickwinkel des Kindes dann keinen „Sieger" und keinen „Verlierer" gibt, gilt insoweit als bestmögliche Verwirklichung des Kindeswohls. Hierbei spielt die Verweisungsmöglichkeit auf Beratungsangebote (zur Beratung: Kölch/Fegert FamRZ 2008, 1573 ff.) insbesondere auch der Jugendhilfe nach § 17 SGB VIII (ausführlich Münder u.a. 2020, Kap. 7) eine besondere Rolle.

10.2.2 Streitige Entscheidungen

Damit ist andererseits allerdings zugleich klargestellt, dass eine Kooperationsbereitschaft der Eltern eine insoweit notwendige Voraussetzung für einen Fortbestand der gemeinsamen elterlichen Sorge ist. Zumindest dann, wenn bei Fehlen dieser Voraussetzung (mindestens) ein Elternteil die Übertragung der alleinigen Sorge beantragt, kann jedenfalls nicht mehr davon ausgegangen werden, dass eine Aufrechterhaltung der elterlichen Sorge dem Wohl des Kindes am besten entspräche. Hierzu machte das BVerfG auch deutlich, dass der gemeinsamen elterlichen Sorge gerade in derartigen Konstellationen keineswegs ein Vorrang gegenüber der alleinigen elterlichen Sorge einzuräumen ist und dass § 1671 einen solchen Vorrang auch nicht vorsieht. Es ist also keineswegs zu vermuten, dass die gemeinsame Sorge im Zweifelsfall für das Kind die beste Form der Wahrnehmung elterlicher Sorge sei. Vielmehr „setzt die gemeinsame Ausübung der Elternverantwortung eine tragfähige soziale Beziehung zwischen den Eltern voraus, erfordert ein Mindestmaß an Übereinstimmung zwischen ihnen und hat sich am Kindeswohl auszurichten" (BVerfG 18.12.2003 – 1 BvR 1140/03). Freilich bleibt damit noch immer offen und ist durch die Rechtsprechung der Gerichte im Einzelfall zu beurteilen, in welchem Maße eine derartige Kooperationsbereitschaft ausgeprägt sein muss.

So hat das OLG Brandenburg entschieden, dass eine erzwungene Aufrechterhaltung der gemeinsamen elterlichen Sorge dem Kindeswohl nicht zuträglich ist, wenn angesichts der Entwicklungen in der Vergangenheit die begründete Besorgnis besteht, dass es den Eltern an Kooperations- und Kommunikationsmöglichkeiten fehlt, um ihre Konflikte im Bereich der elterlichen Sorge konstruktiv und ohne gerichtliche Auseinandersetzungen beizulegen (15.2.2016 – 10UF 216/14). In einem anderen Fall hat das OLG Hamm die Aufhebung einer gemeinsamen elterlichen Sorge auf Antrag der Mutter hingegen abgelehnt. Wenn das Kindeswohl die Fortführung einer gemeinsamen Sorge erfordere, so das Gericht, seien die Eltern, die vorher bereits fünf Jahre lang hinlänglich gut miteinander kooperiert hätten, eben gehalten, ihr Kommunikationsproblem zu lösen (22.1.2014 – 2 UF 39/13).

Besteht kein Konsens und ist ein solcher auch nicht herzustellen, so bleiben zuweilen auch heftige Auseinandersetzungen zwischen den Beteiligten nicht aus. Sie führen zu der rechtlichen Frage, welche Gesichtspunkte in diesen Fällen maßgeblich sein sollen. Die entscheidende Perspektive bei der Festlegung und Anwendung derartiger Kriterien ist auch und gerade hier das **Wohl des Kindes**. Deshalb ist es auch möglich, dem Elternteil, der erkennbar und in erheblichem Maße die Hauptverantwortung dafür trägt, dass keine einvernehmliche Sorgerechtslösung gefunden werden konnte, dennoch das Sorgerecht allein zu übertragen, wenn dies aus Gründen des Kindeswohls geboten ist. Denn: Sorgerechtsentscheidungen haben nicht die Funktion, pflichtwidriges Verhalten der Eltern zu sanktionieren (vgl. BGH 12.12.2007 – XII ZB 158/05). Jedoch gilt es in der Praxis, eine dadurch ermöglichte Verfahrensstrategie zu durchkreuzen, die darauf angelegt ist, dem betreuenden Elternteil mittels von ihm ausgehender hartnäckiger Störversuche, Behinderung des Umgangs des anderen Elternteils oder auch dem Festhalten an einem bereits ausgeräumten Vorwurf des sexuellen Missbrauchs (Elden 2008, 292 f.) am Ende Vorteile bei einer Entscheidung über die alleinige elterliche Sorge zu verschaffen. Zumindest hat der BGH entschieden, dass die Übertragung der Alleinsorge konkrete tatrichterliche Feststellungen voraussetzt und formelhafte Wendungen, nach denen den Eltern die Kontakt- und Kooperationsbereitschaft fehle, solche Feststellungen nicht ersetzen können. Dazu muss das Familiengericht in Beachtung des Verhältnismäßigkeitsgrundsatzes auch prüfen, ob dem Wohl des Kindes nicht in gleicher oder vergleichbarer Weise auch durch Maßnahmen Rechnung getragen werden kann, die weniger in das Elternrecht einschneiden als der mit der Übertragung der Alleinsorge auf den einen Elternteil einhergehende Entzug des Sorgerechts des anderen Elternteils (BGH 11.5.2005 – XII 33/04). Insbesondere kommen hier auch **Teilentscheidungen**, z.B. nur die Übertragung des Aufenthaltsbestimmungsrechts, in Betracht. Hiernach könnte der Elternteil, dem dieses Recht übertragen wurde, den alltäglichen Lebens- und Erziehungsort des Kindes bestimmen, während es im Übrigen bei der gemeinsamen elterlichen Sorge bliebe.

13 Weiterhin ist zu sehen, dass mit dem Begriff des „**Wohls des Kindes**" vor allem auch außerjuristische, sozial- und humanwissenschaftliche Kategorien angesprochen sind, die ob ihrer Komplexität einfache und eindeutige Lösungen ausschließen. Welche Gesichtspunkte unter dem Aspekt des Wohls des Kindes bei der Entscheidung über die elterliche Sorge von Bedeutung sind, hängt somit auch davon ab, wie die verschiedenen human- und sozialwissenschaftlichen Erkenntnisse jeweils gewichtet werden. Dabei konkurrierten in der Vergangenheit vor allem ein bindungstheoretisch begründeter Kontinuitätsgrundsatz (zur Bindungstheorie vgl. Bowlby 2016) und ein systemtheoretischer, systemischer, familiendynamischer Ansatz (hierzu: Balloff/Koritz 2006, 97) miteinander.

Letztlich zeigt sich aber, dass unter dem Aspekt des Wohls des Kindes **Verabsolutierungen nicht sinnvoll** sind. Der Aspekt der Bindung und der Kontinuität darf sicher nicht unterschätzt werden. Allerdings darf er auch nicht in einem trivialisierenden Alltagsverständnis verwendet werden, etwa in dem Sinne, dass das Kleinkind zur Mutter gehöre. Notwendig ist es, konkret und detailliert Bindung und Verankerung des Minderjährigen im Einzelfall festzustellen. Dabei ist das gesamte sozialisatorische Umfeld (Freunde, Schule, Gruppen usw.) und nicht nur ein Elternteil zu betrachten. Geschieht dies, dann sind Bindung und Kontinuität sicher zentrale Kriterien für die Verteilung der elterlichen Sorge, auf die in der Rechtsprechung deshalb auch entscheidend abgestellt wird.

14 Ausschlaggebend bleibt bei alldem, dass die Entscheidung **nicht aus Prinzipien abgeleitet** werden kann, sondern dass im Zentrum jeweils die genaue Auseinandersetzung mit dem Einzelfall stehen muss. Zurückhaltung ist gegenüber allen Entscheidungen geboten, die aus „allgemeinen Grundsätzen" abgeleitet werden, ohne dass zugleich eine gründliche Befassung damit stattfindet, wie im konkreten Einzelfall das individuelle Kindeswohl durch diese Entscheidung gesichert wird. Gerade in streitigen Fällen ist es nötig, immer wieder auf die Erkenntnisse und Erfahrungen humanwissenschaftlicher Disziplinen – ggf. mittels Gutachten für konkrete Einzelfälle – zurückzugreifen.

15 Gelangt das Gericht jedenfalls in einer ersten Prüfungsstufe zu dem Ergebnis, dass die Aufhebung der gemeinsamen Sorge dem Wohl des Kindes am besten entspricht, so ist

10.2 Das Wohl des Kindes als Entscheidungskriterium

daher nunmehr in einem zweiten Schritt zu ermitteln, ob dem antragstellenden Elternteil bzw. – bei widerstreitenden Sorgerechtsanträgen – welchem der beiden Elternteile die Alleinsorge zu übertragen ist. Dabei greift die Rechtspraxis auf bestimmte Kriterien zurück, die zum Teil kindbezogen, zu einem anderen Teil elternbezogen ausgerichtet sind.

Kindbezogen ist vor allem der **Wille des Minderjährigen**, den die Familiengerichte zu berücksichtigen verpflichtet sind. Freilich sind dabei die Aspekte des induzierten oder auch des Kindeswohl gefährdenden Willens zu beachten (vgl. hierzu Kap. 11). Eine unmittelbare rechtliche Wirkung vermag der Wille des Minderjährigen nur dann und insofern zu entfalten, wenn der Minderjährige mindestens 14 Jahre alt ist und einer elterlichen Vereinbarung zur alleinigen Sorge durch ein Elternteil widerspricht. Damit nämlich wird, wie gesehen, die „Indizfunktion" des gemeinsamen elterlichen Vorschlags, er entspräche dem Wohl des Kindes am besten, neutralisiert. In engem Zusammenhang mit dem Kindeswillen steht die **Bindung** des Kindes an das die alleinige Sorge begehrende Elternteil. Als dritter Gesichtspunkt tritt der **Kontinuitätsaspekt** hinzu, der es dem Kind ermöglichen soll, in seinem vertrauten sozialen Umfeld zu verbleiben. Zu differenzieren ist allerdings, wenn die Kontinuität dadurch quasi erzwungen wurde, dass der Kontakt des Kindes zu einem Elternteil durch den anderen unterbunden wurde (Hennemann in: Rebmann/Säcker/ Rixecker 2019§ 1671 Rn. 49).

16

Elternbezogen spielt die **Kooperationsfähigkeit** eine wichtige Rolle, d.h. die Frage, von welchem der beiden Elternteile eher zu erwarten ist, dass er die Beziehung bzw. den Kontakt zu dem jeweils anderen im Sinne des Kindeswohls gestaltet und dabei Belastungen für das Kind, die aus Konflikten zwischen den getrenntlebenden Eltern hervorgehen könnten, vermeidet (m.w.N.: HK-FamR/Schmid § 1671 Rn. 15). Weiterhin ist zu prüfen, in welchem Maße bei dem Elternteil, der die alleinige Sorge für sich beansprucht, eine **Bindungstoleranz** in Bezug auf das Kind ausgeprägt ist. Gefragt wird auf dieser Ebene also danach, inwiefern dieser Elternteil mit den anderen Bindungen des Kindes, insbesondere zum getrenntlebenden Elternteil, aber auch zu Dritten (neuer Partner des betreuenden Elternteils, Großeltern usw.) angemessen umzugehen vermag. Schließlich kann im Streitfall nicht die alleinige elterliche Sorge übertragen bekommen, wessen **Erziehungsunfähigkeit** (zumeist auf der Grundlage eines „Erziehungsfähigkeitsgutachtens") angenommen wird (hierzu: HK-FamR/Schmid § 1671 Rn. 11). Der Begriff „Erziehungsfähigkeit" scheint zumindest unglücklich gewählt. Denn miteinander verheirateten Eltern beispielsweise oder solchen, die eine Erklärung zur gemeinsamen Sorge abgegeben haben, aber auch der Mutter des Kindes, dessen Vater nicht an der der elterlichen Sorge mit beteiligt ist, steht selbstverständlich dieses Sorgerecht zu, ohne dass ihnen zuvor ihre „Erziehungsfähigkeit" zu bescheinigen gewesen wäre. Der Gesetzgeber hat mit einer Änderung des Wortlauts von § 1666 BGB erreicht, dass die tatbestandlichen Voraussetzungen für die Zulässigkeit des Eingreifens eines Gerichts in das Sorgerecht der Eltern wegen Gefährdung des Kindeswohls nunmehr ohne subjektive Zuschreibungen, wie: „Missbrauch der elterlichen Sorge" oder auch: „unverschuldetes Versagen der Eltern" auskommt. Es genügt, objektiv festzustellen, dass Eltern, aus welchen Gründen auch immer, eine Gefährdung des Kindeswohls nicht abwenden und nicht abwenden werden (vgl. Kap. 9). Ähnlich geht es in § 1671 Abs. 1 S. 2 Nr. 2 BGB darum, festzustellen, was dem Wohl des Kindes am besten entspricht. Hier mit hinein spielen selbstverständlich auch Fehlverhalten eines Elternteils oder im Vergleich zum anderen ungünstigere Voraussetzungen. Den Elternteil, der dann nicht die alleinige Sorge übertragen bekommt, aber mit dem – so weit zu sehen, auch wissenschaftlich

17

nicht abgesicherten – Etikett „erziehungsunfähig" zu versehen, leistet hierfür keinen erkennbaren Beitrag. Der Begriff, der damit insoweit über keine eigene rechtliche Substanz verfügt und im Übrigen eben auch nicht wissenschaftlich valide ist, steht auch in einem Spannungsverhältnis zu Art. 6 Abs. 2 S. 1 GG, der ein voraussetzungsloses Recht – und eine ebensolche Pflicht – der Eltern zur Pflege und Erziehung ihrer Kinder bezeichnet, bei dem es auf eine wie auch immer verstandene und von wem auch immer definierte „Erziehungsfähigkeit" nicht ankommt und der dem Staat lediglich eine Kontrollfunktion („Wächteramt") hinsichtlich der Überschreitung der in § 1666 BGB bezeichneten Grenze der Kindeswohlgefährdung zuweist (vgl. Kap. 9).

18 Die Anwendung der genannten Kriterien führt in der **gerichtlichen Praxis** zu § 1671 Abs. 1 S. 2 Nr. 2 BGB in eine ausgefeilte Kasuistik. So beziehen die Gerichte bei der Frage, ob die Aufhebung oder die Beibehaltung der gemeinsamen Sorge für das Kind am besten ist, in ihre Bewertung auch mit ein, ob die Kooperationsbereitschaft eines Elternteils möglicherweise nur abstrakt bekundet wird, aber praktisch folgenlos bleibt. Weitere entscheidungsrelevante Faktoren sind: die Weigerung eines Elternteils, Kompromisse einzugehen, die Gleichgültigkeit eines Elternteils, das Anstehen von wichtigen, gemeinsam zu treffenden Entscheidungen, die Entfernung der Wohnsitze der Eltern voneinander, die Gründung einer „neuen Familie", tätliche Auseinandersetzungen, Inhaftierung eines Elternteils usw. In folgenden Fällen scheidet eine weitere Beteiligung an der elterlichen Sorge regelmäßig aus: Sexueller Missbrauch, Kindesmisshandlung, Kindesentführung, Gewalt durch den neuen Partner, dauerhafte Verhinderung des Umgangsrechts, aber auch bei Alkoholismus, Abhängigkeit von illegalen Drogen, psychischen Erkrankungen, Suizidgefahr u.a. Irrelevant für die Übertragung der alleinigen elterlichen Sorge blieben u.a.: Aids, Homosexualität, Transsexualität, Zugehörigkeit zu einer Sekte, extrem-fundamentalistische Einstellungen (im Einzelnen und mit weiteren Beispielen: HK-FamR/Schmid § 1671 Rn. 11 f.).

10.3 Gemeinsame elterliche Sorge und Erziehung bei Getrenntleben

19 Nicht zuletzt aufgrund der eingangs dargestellten Gesetzesänderungen verbleibt die elterliche Sorge auch nach Trennung und Scheidung grundsätzlich bei beiden Elternteilen. Damit stellt sich die Frage, wie die konkrete Erziehung beim Getrenntleben der Eltern funktioniert, denn eine alltägliche Kommunikation zwischen ihnen wird dann in den allermeisten Fällen nicht mehr stattfinden. Hier sind die schon länger bestehenden Regelungen in **§ 1628 BGB** und die des durch die Kindschaftsrechtsreform eingeführten **§ 1687 BGB** von Bedeutung. Danach lassen sich unterscheiden:

- Angelegenheiten, deren Regelung für das Kind von erheblicher Bedeutung sind (§§ 1687 Abs. 1 S. 1, 1628 BGB);
- Angelegenheiten des täglichen Lebens (§ 1687 Abs. 1 S. 2 BGB);
- Angelegenheiten der tatsächlichen Betreuung (§ 1687 Abs. 1 S. 4 BGB).

20 Hiernach müssen sich Eltern, die die gemeinsame elterliche Sorge haben, über **Angelegenheiten von erheblicher Bedeutung** einvernehmlich verständigen. Kommt eine Einigung nicht zustande, kann das Familiengericht nach § 1628 BGB auf Antrag die Entscheidung in dieser Angelegenheit einem Elternteil übertragen (vgl. Kap. 8). Bei **Angelegenheiten des täglichen Lebens** und bei der **tatsächlichen Betreuung** ist der Elternteil, bei dem sich das Kind mit der Einwilligung des anderen Elternteils oder aufgrund einer gerichtlichen Entscheidung aufhält, berechtigt, diese Dinge allein zu regeln. Schwierig-

keiten kann es bei der Abgrenzung zwischen den Angelegenheiten von erheblicher Bedeutung und den Angelegenheiten des täglichen Lebens geben. Für letztere findet sich in § 1687 Abs. 1 S. 3 BGB eine Legaldefinition. Kriterien dafür, dass es sich um eine Angelegenheit von erheblicher Bedeutung handeln könnte, sind vor allem die Irreversibilität oder zumindest die schwere Abänderbarkeit einer zu ihnen getroffenen Entscheidung. Von **erheblicher Bedeutung** sind regelmäßig grundlegende schulische Angelegenheiten (Schulwahl, Art der weiterführenden Schule), medizinische Eingriffe oder riskantere Heilbehandlungen, die Beantragung umfangreicherer sozialer Leistungen, die Beantragung eines Kinderreisepasses sowie die Änderung der Staatsbürgerschaft oder des Namens des Kindes. Zu berücksichtigen ist aber bei letzterem, dass es sich hierbei um Änderungen nach NamÄndG handelte, während die Einbenennung in § 1618 BGB über eine spezialgesetzliche Regelung verfügt, die § 1628 BGB vorgeht. Ob Auslandsreisen, ggf. verbunden mit mehrstündigem Flug, eine grundsätzliche Angelegenheit sind, wird von der Rechtsprechung im Einzelfall unterschiedlich beurteilt. Insbesondere wenn es sich um sehr lange, das Kind möglicherweise auch durch andere äußere Bedingungen (Klima, kulturell bedingte Besonderheiten) überfordernde Flugreisen handelt, kommt es häufig zu einer Anerkennung durch die Gerichte als Angelegenheit von besonderer Bedeutung – und einer Übertragung des Entscheidungsrechts auf den Elternteil, bei dem das Kind seinen gewöhnlichen Aufenthalt hat. Anders wird hingegen entschieden, wenn die Urlaubsreise nicht zu lange dauert und auch bei weiteren Reisen, etwa nach China, wenn dem Elternteil, der die Reise mit dem Kind unternehmen möchte, die Situation im Reisegebiet insoweit bereits vertraut ist. Ob eine derartige Ausdifferenzierung wirklich zwingend ist, erscheint jedoch fraglich. Denn richtig verstanden, sorgt § 1687 BGB dafür, dass bei den Angelegenheiten des täglichen Lebens, die praktisch im Vordergrund stehen, kein Zwang zur ständigen Kommunikation mit dem anderen Elternteil besteht, und zwar nicht zuletzt deshalb, damit sich Streitigkeiten über vergleichsweise unwichtige Angelegenheiten nicht zu tiefgreifenderen Konflikten ausweiten, die sich negativ auf das Kind auswirken. **Im Zweifelsfall** sollte deshalb eine Entscheidung zugunsten der **Alltagssorge** getroffen werden (so OLG München 15.3.1999 – 26 UF 1502 und 1659/98, NJW 2000, 368 f.; a.A. Schilling FamRZ 2007, 3233 ff. m.w.N.). Zu den **Angelegenheiten des täglichen Lebens** gehört jedenfalls etwa die Anmeldung zum Nachhilfeunterricht (weitere im Schrifttum erörterte Beispiele hat Schilling FamRZ 2007, 3236, zusammengestellt).

10.4 Verfahrenshinweise, Konfliktlösung durch Verfahren

Für eine gegebenenfalls erforderliche Regelung der elterlichen Sorge sind die Familiengerichte zuständig. Die Verfahrensvorschriften hierfür finden sich in den §§ 151 ff. FamFG. Danach gehören die Verfahren zur elterlichen Sorge gemäß § 151 Nr. 1 FamFG zu den Kindschaftssachen. Von miteinander verheirateten Eltern können Sorgerechtsanträge jedoch auch im Scheidungsverfahren gestellt werden. Kindschaftssachen sind dann eine Scheidungsfolgesache nach § 137 Abs. 3 FamFG, die in den Scheidungsverbund einbezogen werden kann, wenn einer der beiden Ehegatten dies beantragt. Weitere Voraussetzung ist allerdings, dass keine Gründe des Kindeswohls gegen die Einbeziehung sprechen. Auch das Verfahren selbst folgt dem Kindeswohlprinzip. Deshalb hielt der BGH auch die Anhörung des nach seinem Entwicklungsstand schon verständigen Kindes in Sorgerechtsverfahren nach § 159 FamFG schon unter Geltung der früheren Fassung der Vorschrift für obligatorisch, und zwar ohne, dass hierfür die dort noch enthaltene Altersgrenze zu berücksichtigen gewesen wäre (BGH 16.3.2011 –

XII ZB 407/10, m. Anm. Völkel in: FamRZ 2011, 796). Mit der Neufassung von § 159 FamFG mit Wirkung zum 1.8.2021 ist dies nunmehr auch gesetzlich klargestellt. Von besonderer Relevanz ist weiterhin die Bestimmung in **§ 156 FamFG**, wonach die Gerichte „in jeder Lage des Verfahrens" auf die Herbeiführung von **Einvernehmen** zwischen den Beteiligten hinwirken sollen. Das ist dort von Bedeutung, wo Eltern sich über die elterliche Sorge nach Trennung/Scheidung nicht verständigen können. Der Verzicht auf eine zwingende Regelung berücksichtigt, dass sich im Einzelfall auch eine Konstellation ergeben kann, nach der ein derartiges Einwirken dem Wohl des Kindes widersprechen würde. Ansonsten wird das Gericht zunächst auf die Möglichkeiten der Beratung durch die **Beratungsstellen der Jugendhilfeträger** und insbesondere auf die dort angebotene Unterstützung bei der Entwicklung einvernehmlicher Konzepte zur Gestaltung der elterlichen Sorge hinweisen. In diesem Zusammenhang kommt der Zusammenarbeit zwischen Familiengericht und Beratungsstellen eine besondere Bedeutung zu. Das Gericht kann die Eltern auch dazu verpflichten, an einer Beratung teilzunehmen. Eine solche Verpflichtung ist zwar nicht mit Zwangsmitteln durchsetzbar. Jedoch kann eine Verweigerung der Teilnahme an einer Beratung nach § 81 Abs. 1 Nr. 5 FamFG die Auferlegung der Verfahrenskosten zur Folge haben. Weiterhin kann das Gericht die Teilnahme der Eltern an einem (kostenfreien) Informationsgespräch über Mediation anordnen (nicht jedoch die Teilnahme an einer Mediation selbst). Kommt es zu einer Einigung, so kann diese in Verfahren nach § 1671 Abs. 1 BGB allerdings nicht, wie etwa beim Umgangsrecht (vgl. Kap. 11), als gerichtlich gebilligter Vergleich aufgenommen, sondern muss in einem entsprechenden gerichtlichen Beschluss umgesetzt werden. Die Entwicklung eines einvernehmlichen Konzepts zur Wahrnehmung der elterlichen Sorge darf nicht verkürzt nur als Lösung eines rechtlichen Problems verstanden werden. Auch geht es nicht um ein förmliches, äußerliches Einvernehmen. Entscheidend ist, dass zwischen den Beteiligten in der Sache Einigkeit darüber erzielt wird, wie sich die realen Lebensverhältnisse des Kindes nach der Trennung bzw. nach der Scheidung zukünftig gestalten, d.h. wie die alltägliche Betreuung organisiert wird, wie die Kontakte des Kindes zu den Elternteilen gestaltet werden, wie die Kommunikation zwischen den Elternteilen bezüglich der für das Kind wichtigen Angelegenheiten aussieht usw.

22 Ein Verfahren vor dem Familiengericht über die elterliche Sorge kommt grundsätzlich nur zustande, wenn von einem Elternteil ein Antrag auf Übertragung der alleinigen elterlichen Sorge bzw. von Teilen von ihr gestellt wird. Stimmt der andere Elternteil einem solchen Antrag zu, so ergeht üblicherweise (wenn das über 14-jährige Kind nicht widerspricht) eine entsprechende Entscheidung des Familiengerichts. Nach § 49 ff. FamFG ist auf Antrag oder von Amts wegen der Erlass einer **einstweiligen Anordnung zulässig**. Allerdings ist dies hier nicht, wie in Aufenthalts-, Umgangs- und Herausgabeangelegenheiten (§ 156 Abs. 3 S. 1 FamFG) von Gesetzes wegen regelmäßig zu erörtern. Generell soll die einstweilige Anordnung nur in Betracht kommen, wenn die Wahrung des Kindesinteresses ein Abwarten bis zur endgültigen Entscheidung verbietet. Zu Recht wird darauf aufmerksam gemacht, dass sie ansonsten aufgrund ihrer präjudizierenden Wirkung, gerade auch im Hinblick auf die Bedeutung des Kontinuitätsprinzips, nicht unproblematisch ist (Gernhuber/Coester-Waltjen 2020 § 66).

23 Das Bundesverfassungsgericht betont, dass gerade auch bei der **Gestaltung des Sorgerechtsverfahrens** das Grundrecht der Eltern aus Art. 6 Abs. 2 S. 1 GG zu beachten ist. Das Verfahren muss grundsätzlich geeignet sein, eine möglichst zuverlässige Grundlage für eine am Kindeswohl orientierte Entscheidung zu erlangen und **der Durchsetzung**

der materiellen Grundrechtspositionen auch des Kindes zu dienen. Die Interessen des Kindes festzustellen und in das Verfahren einzuführen, ist wesentliche Aufgabe des Verfahrensbeistands (§ 158 FamFG). Streiten die Eltern um die elterliche Sorge, so kann schon allein dies dem Kindesinteresse entgegenstehen und daher die Bestellung eines Verfahrensbeistands erforderlich machen. Mitunter steht zu Verfahrensbeginn aber noch nicht fest, ob ein Interessenkonflikt vorhanden ist. Auch in diesen Fällen ist ein Verfahrensbeistand zu bestellen. Die Bestellung eines Verfahrensbeistandes kann weiterhin insbesondere auch dann geboten sein, wenn das Gericht den von einem Kind nachhaltig geäußerten Willen wegen eines angenommenen Loyalitätskonflikts nicht berücksichtigen will (BVerfG 5.9.2007 – 1 BvR 1426/07).

10.5 Internationales Recht und elterliche Sorge bei Trennung/Scheidung

Geht es um die elterliche Sorge für ein minderjähriges Kind und weist der Fall eine Verbindung zu einem ausländischen Staat auf (vgl. 1.3.3; 1.3.4), ist zunächst zu prüfen, ob die internationale Zuständigkeit der deutschen (Familien-)Gerichte gegeben ist, und wenn ja, welchen Staates (Familien-)Recht sie anwenden. Ausgangspunkt der Prüfung ist hier das Haager Übereinkommen über die Zuständigkeit, das anzuwendende Recht, die Anerkennung, Vollstreckung und Zusammenarbeit auf dem Gebiet der elterlichen Verantwortung und der Maßnahmen zum Schutz von Kindern vom 19.10.1996 (**KSÜ**), das für Deutschland am 1.1.2011 in Kraft getreten ist und insoweit das MSA abgelöst hat. Die Durchführungsbestimmungen für das KSÜ wurden in das IntFamRVG aufgenommen (dazu Wagner/Janzen FPR 2011, 113). In seinen Art. 5–14 regelt das KSÜ die internationale Zuständigkeit. Nach der Grundregel des Art. 5 Abs. 1 KSÜ sind die Gerichte desjenigen Staates zuständig, in dem das Kind seinen **gewöhnlichen Aufenthalt** hat. Die Art. 13 ff. KSÜ befassen sich mit dem anwendbaren Recht. Hier gilt der Grundsatz (Art. 13 Abs. 1), dass die Gerichte ihr eigenes Recht (also die lex fori) anwenden. Gegenüber den internationalen Zuständigkeitsregeln des KSÜ vorrangig ist die Verordnung (EG) Nr. 2201/2003 (**Brüssel IIa-VO**), und zwar im Verhältnis zwischen den EU-Mitgliedstaaten. Deshalb verdrängt die Brüssel IIa-VO (die allerdings nicht die Frage des anwendbaren Rechts regelt) praktisch weitgehend das KSÜ. Nach Art. 8 Abs. 1 Brüssel IIa-VO sind grundsätzlich die Gerichte desjenigen EU-Mitgliedstaates international zuständig, in dem das Kind zur Zeit der Antragstellung seinen gewöhnlichen Aufenthalt hat; dies gilt auch, wenn das Kind die Staatsangehörigkeit eines Drittstaates besitzt. Strittig ist nun, ob in den Fällen, in denen die internationale Zuständigkeit der deutschen Gerichte aus der Brüssel IIa-VO folgt, das anwendbare Recht nach den Art. 13 ff. KSÜ oder aber nach **Art. 21 EGBGB** zu bestimmen ist. In vielen Fällen wird sich der Streit deshalb nicht praktisch auswirken, weil auch Art. 21 EGBGB an den gewöhnlichen Aufenthalt des Kindes anknüpft; freilich kann es in Einzelfällen Unterschiede geben (Janzen FPR 2011, 111; Schulz FamRZ 2011, 159). Auch die **Anerkennung gerichtlicher oder behördlicher Entscheidungen** eines EU-Mitgliedstaates richtet sich nach der Brüssel IIa-VO (Art. 21 f). Ausführungsvorschriften enthält das IntFamRVG. Die Anerkennung ausländischer Akte von Nicht-EU-Mitgliedstaaten bestimmt sich im Wesentlichen nach §§ 108 f. FamFG. Hiernach sind ausländische Entscheidungen grundsätzlich, d.h. bis auf die in § 109 FamFG geregelten Ausnahmen, anzuerkennen. Dies berührt jedoch nicht das Recht deutscher Gerichte, bei Vorliegen der Voraussetzungen nach § 1696 BGB, d.h., wenn dies aus triftigen, das Wohl des Kindes nachhaltig berührenden Gründen angezeigt ist, auch ausländische Sorgerechtsentscheidungen abzuändern (OLG Hamm 15.9.2014 – 3 UF

109/13). Zur Rückführung widerrechtlich ins Ausland verbrachter Minderjähriger nach HSÜ vgl. Kap. 8.5.

Weiterführende Literatur

- Eine Übersicht über die Rechtsprechung findet sich für das jeweils aktuelle Jahr in der FamRZ, zuletzt: Y. Döll: FamRZ 2020, 1326 ff.
- Zur Bedeutung des Willens des Kindes in Sorgerechtsentscheidungen: U. Wanizek: FamRZ 2008, 933 ff.

11. Umgangsrecht

Das Kind hat ein Recht auf Umgang mit jedem Elternteil und jeder Elternteil ist zum Umgang mit dem Kind verpflichtet, aber auch berechtigt (§ 1684 Abs. 1 BGB), denn der Umgang des Kindes mit seinen Eltern gehört in der Regel zum Wohl des Kindes. Dies wiederum ist einer der Grundsätze der elterlichen Sorge aus § 1626 BGB, dort in Abs. 3 enthalten. Das *Umgangsrecht* allerdings ist, gleichwohl es auch aus Art. 6 Abs. 2 GG abzuleiten ist, selbst nicht Bestandteil der elterlichen Sorge. Dieser zuzuordnen ist vielmehr das *Umgangsbestimmungsrecht*, § 1632 Abs. 2 BGB. Die Umgangsrechte selbst sind in den §§ 1684 ff. BGB geregelt. Das Umgangsrecht mit dem Kind – der Hauptstreitfall in der Praxis – ist vor allem dann häufig rechtlich umkämpft, wenn der Umgang begehrende Elternteil eben gerade nicht oder nicht mehr die elterliche Sorge innehat. Das ist im Rechtsalltag vor allem nach Trennung oder Scheidung (vgl. Kap. 10), aber auch nach Sorgerechtsentzug wegen Gefährdung des Kindeswohls (vgl. Kap. 9) der Fall. Sorgerecht (hier v.a.: Aufenthalts- und Umgangsbestimmungsrecht) und Umgangsrecht sind also je eigenständige Rechte. Sie ragen aber zugleich in den jeweiligen Schutzbereich des anderen hinein: Das Umgangsbestimmungsrecht findet eine prinzipielle Grenze im Umgangsrecht des anderen Elternteils, aber auch des Kindes. Der Elternteil, der sein Umgangsrecht geltend machen möchte, muss akzeptieren, dass der konkrete Rahmen hierfür nicht ohne Beachtung des Sorgerechts des anderen Elternteils festgelegt werden kann. Gelingt dies nicht, sind heftige und u.U. langwierige rechtliche Auseinandersetzungen programmiert.

Verbleibt allerdings nach Trennung oder Scheidung die elterliche Sorge bei beiden Eltern und können sie sich nicht über den Lebensmittelpunkt des Kindes einigen, so kann ein sogenanntes paritätisches Wechselmodell (d.h.: das Kind hält sich zu je gleichen Zeitabschnitten – etwa: im monatlichen oder wöchentlichen Wechsel – bei jedem der beiden Elternteile auf) auch gegen den Willen eines Elternteils durch das Gericht angeordnet werden (BGH 1.2.2017 – XII ZB 601/15). Dies ist selbst bei unterschiedlichen Erziehungsstilen der Eltern möglich (OLG Stuttgart 23.8.2017 – 18 UF 104/178). Voraussetzung für eine derartige Anordnung ist jedoch, dass das paritätische Wechselmodell dem Wohl des Kindes am besten entspricht. Deshalb scheidet es bei fehlender Kommunikation bzw.- Kommunikationsbereitschaft als Option aus (OLG Brandenburg 2.5.2017 – 10 UF 2/17). Auch bei hoher elterlicher Konfliktbelastung entspricht das paritätische Wechselmodell in der Regel nicht dem Kindeswohl (KG Berlin 13.4.2017 – 16 UF 8/17).

Neben dem Umgang von Kind und Eltern ist auch der Umgang anderer Bezugspersonen (§ 1685 BGB) sowie des leiblichen, nicht rechtlichen Vaters (§ 1685a BGB) mit dem Kind gesetzlich geregelt.

Ausführlich behandelte Bestimmungen

- Umgangsrecht: §§ 1684, 1685, 1686a BGB
- Beratung, Unterstützung: § 18 Abs. 3 SGB VIII
- Verfahrensrecht: §§ 155, 156, 165 FamFG

11. Umgangsrecht

Wichtige, interessante Entscheidungen

- Zum Umgangsausschluss: BVerfG 17.9.2016 – 1 BvR 1547/16
- Paritätisches Wechselmodell: BGH 1.2.2017 – XII ZB 601/15
- Zum Umgangsrecht der Großeltern: OLG Brandenburg 17.1.2018 – 13 UF 152/17; OLG Brandenburg 27.8.2018 – 13 WF 151/18
- Zum Umgangsrecht des leiblichen, nicht rechtlichen Vaters: EGMR 21.12.2010 – 20578/07 (Anayo v. Deutschland); bejahend: BGH 5.10.2016 – XII ZB 280/15; verneinend: BVerfG 9.3.2017 – 1 BvR 401/17
- Zum Anspruch auf Schadensersatz wegen Umgangsverhinderung: OLG Bremen 24.11.2017 – 4 UF 61/17
- Umgangsrecht des Kindes mit seinen Eltern als höchstpersönliches Recht: BGH 14.5.2008 – XII ZB 225/06
- Zur zwangsweisen Durchsetzung des Umgangs: BVerfG 1.4.2008 – 1 BvR 1620/04

11.1 Wessen Recht: Recht des Kindes, Recht des Elternteils?

4   Lange Zeit wurde das Umgangsrecht überhaupt nur als Recht des – abwesenden – Elternteils verstanden. Dies hat sich erst mit den mit der Kindschaftsrechtsreform zum 1.7.1998 neu eingefügten Bestimmungen in § 1626 Abs. 3 BGB und § 1684 BGB geändert (aus sozialwissenschaftlicher Sicht: Mutke/Tammen: Unsere Jugend 2008, 84 ff.). Zunächst soll das Umgangsrecht aus dem Blickwinkel des Kindes betrachtet werden: Nach § 1684 Abs. 1, 1. HS BGB hat das Kind ein Recht auf Umgang mit jedem Elternteil. Die Validität des Programmsatzes in § 1626 Abs. 3 S. 1 BGB belegen Untersuchungen, nach denen die Kontakthäufigkeit von Trennungskindern zum abwesenden Elternteil einen hochsignifikanten Effekt u.a. bezüglich geringerer Ausprägung von psychischen Störungen und Verhaltensauffälligkeiten oder auch gelungener Individuation bzw. Ablösung hat (vgl. Dettenborn/Walter 2016, 180 f.). Der betreuende Elternteil ist gemäß § 1684 Abs. 2 BGB nicht nur verpflichtet, Kontakte des Kindes zum anderen Elternteil zuzulassen, sondern hat sie auch positiv zu fördern. Allerdings formuliert § 1684 Abs. 1 S. 2 BGB auch die Berechtigung jedes Elternteils zum Umgang. Insofern lässt sich durchaus die Frage stellen, wessen Recht das Umgangsrecht ist (ausführlich dazu Münder 2005). Wenn auch § 1684 BGB programmatisch das **Recht des Kindes** voranstellt, so ist in der Praxis weitgehend nur das **Recht des abwesenden Elternteils** von Bedeutung. Das hat allerdings auch schlicht damit zu tun, dass das minderjährige Kind sein Umgangsrecht nicht selbst rechtlich verfolgen kann; es muss hierzu gesetzlich vertreten werden. Das Recht auf Umgang mit seinen Eltern steht dem Kind als höchstpersönliches Recht zu und kann deswegen auch nur von ihm, vertreten zwar durch den sorgeberechtigten Elternteil, jedoch in seinem eigenen Namen, geltend gemacht werden. Im Falle eines Interessenkonflikts zwischen dem Kind und dem vertretungsberechtigten Elternteil wäre durch das Gericht ein Verfahrensbeistand nach § 158 FamFG zu bestellen (BGH 14.5.2008 – XII ZB 225/06- m. Anm. Luthin in FamRZ 2008, 1335). Bei gemeinsamer elterlicher Sorge hingegen wäre regelmäßig die Anordnung einer Ergänzungspflegschaft (Kap. 12.3.) erforderlich. In der Rechtswirklichkeit spielt die rechtliche Durchsetzung des **Umgangsrechts des Kindes deshalb nur dann** eine Rolle, wenn der das Kind vertretende Elternteil (in nahezu allen bisher vorliegenden Entscheidungen ist dies die Mutter) allein sorgeberechtigt ist.

11.1 Wessen Recht: Recht des Kindes, Recht des Elternteils?

Hintergrund der bisweilen sehr heftigen Auseinandersetzungen um das Umgangsrecht ist in Trennungs- und Scheidungssituationen die nichtverarbeitete Beziehungsproblematik zwischen den Eltern, in denen die Dysfunktionalität auf der Paarebene den Umstand überlagert, dass damit nicht notwendigerweise auch die Elternebene dysfunktional geworden sein muss. Deswegen ist auch zu beobachten, dass zum Umgangsrecht dort viel heftiger gestritten wird, wo die gemeinsame elterliche Sorge aufgelöst ist, als dort, wo die gemeinsame Sorge auch nach Trennung/Scheidung fortbesteht. Noch schwieriger gestaltet sich die Situation, wenn die Eltern noch nie mit dem Kind als Familie gelebt haben und der Aufbau einer perspektivischen Familie auch nie geplant oder zumindest frühzeitig für beendet erklärt wurde, die Trennung der späteren Eltern etwa während der Schwangerschaft erfolgte. Gerade das vom Kind gegen den abwesenden Elternteil angestrebte Umgangsrecht muss in seiner soziofunktionalen Eigenständigkeit betrachtet werden. Vor allem auch dann, wenn das Kind einen Elternteil, zumeist den Vater, nicht oder nur in einer sehr kurzen, frühen Phase seiner Kindheit erlebt hat, besteht etwa in der Phase der Identitätssuche, in der Pubertät, nicht selten ein Bedürfnis des Kindes, ihn auch konkret kennenzulernen. Dennoch ist es aus den genannten Gründen nicht verwunderlich, dass die ganz überwiegende Zahl gerichtlicher Entscheidungen das **Umgangsrecht des abwesenden Elternteils** betrifft. Wohl aufgrund der langen Tradition und des Vorverständnisses, wonach das Umgangsrecht wie selbstverständlich eben ein Recht des abwesenden Elternteils ist, gibt es auch gar keine tiefgreifendere Auseinandersetzung damit, wie dies rechtlich zu begründen sei. Nahezu folgerichtig lehnte die Rechtsprechung in der Vergangenheit zumindest in den Fällen, in denen es um die zwangsweise Durchsetzung des Umgangsrechts des Kindes geht, auch ein Recht des Kindes auf Umgang mit dem abwesenden Elternteil ab (OLG Köln 17.12.2002 – 25 UF 227/02; OLG Nürnberg 11.6.2001 – 7 UF 201/01). Das BVerfG hat inzwischen (BVerfG 1.4.2008 – 1 BvR 1620/04) eine differenziertere Sichtweise entwickelt. Danach hält das BVerfG zwar Eingriffe in Grundrechte eines Elternteils aus Art. 2 Abs. 1 i.V.m. Art., 1 Abs. 1 GG, etwa im Zuge eines durch Zwangsmittel bewirkten Umgangs, wegen der ihm mit Art. 6 Abs. 2 GG auferlegten Verpflichtung gegenüber dem Kind für grundsätzlich gerechtfertigt. Die Rechtfertigung entfällt allerdings dann, wenn der Umgang nicht mehr dem Wohl des Kindes dient. Hiervon wird aber bei einem erzwungenen Umgang in aller Regel ausgegangen werden müssen. Dennoch wäre damit die Möglichkeit eröffnet, in besonders gelagerten Fällen auch anders zu entscheiden. In ihnen wäre dann die Persönlichkeitsentwicklung des Kindes, für die der Umgang in derartigen Konstellationen erforderlich wäre, grundsätzlich stärker zu gewichten als das Elterninteresse an einer Umgangsvermeidung.

Das Gesetz selbst enthält für die **inhaltliche Ausgestaltung des Umgangsrechts** nur wenige Hinweise. Entsprechend der grundsätzlichen Linie im Sorgerecht wird auch hier in § 1684 Abs. 2 BGB zunächst das **Konsensprinzip** zwischen den Eltern betont. Leitbild ist ein im beiderseitigen Einvernehmen ausgeübtes Umgangsrecht (grundlegend: Hammer 2004). Das vom Gesetz angestrebte Einvernehmen wird jedoch nicht immer ohne Weiteres, und mitunter auch überhaupt nicht, erreichbar sein. Deshalb kann auch das Familiengericht nach § 1684 Abs. 3 BGB auf Antrag oder von Amts wegen über Umfang und Art der Ausübung des Umgangsrechts entscheiden. Voraussetzung hierfür ist die **Erforderlichkeit** des Tätigwerdens des Gerichts; eine Kindeswohlgefährdung oder auch nur ein Hinweis hierauf müssen hingegen nicht vorliegen. Die Verfahren sind regelmäßig, also in der Regel auch dann, wenn sogenannte hochstrittige Eltern Beteiligte sind, auf die Erzielung von Einvernehmen zwischen den Beteiligten ausgerichtet, § 156 FamFG (i. E. unten Rn. 15 f.).

11.2 Aspekte gerichtlicher Entscheidungen

7 Die in Rechtslehre und Rechtsprechung entwickelten Kriterien, nach denen Entscheidungen über das Umgangsrecht getroffen werden, enthalten wenig generelle Aussagen. Die Situation ist geprägt durch eine einzelfallbezogene Kasuistik. Das ist auch nicht verwunderlich, denn im Kindschaftsrecht ist stets auf den Einzelfall abzustellen; gegenüber generalisierenden Aussagen ist eher Skepsis angebracht. Mit dieser Einschränkung lassen sich dennoch die folgenden Leitgedanken festhalten.

11.2.1 Wille des Kindes

8 In der Geltendmachung des subjektiven Rechts des Kindes auf Umgang gegenüber einem umgangsunwilligen Elternteil ist der subjektive Wille des Kindes bereits impliziert. Die Berücksichtigung dieses Willens stößt, wie oben an der Entscheidung des BVerfG 1.4.2008 – 1 BvR 1620/04 gesehen, zunächst dort auf Grenzen, **wo feststeht**, dass die Umgangspflicht des umgangsunwilligen Elternteils nicht anders als mittels Einsatzes von Ordnungsmitteln (vgl. § 89 FamFG) durchsetzbar wäre. Ausdrücklich Anderes hält das Bundesverfassungsgericht allerdings für den Fall offen, dass doch noch zumindest die Chance einer Verhaltensumsteuerung des umgangsverpflichteten Elternteils besteht. Dies wäre etwa als Folge einer im Rahmen erzwungenen Umgangs zustande gekommenen persönlichen Begegnung mit dem Kind denkbar. Der Wille des Kindes auf Umgang mit einem Elternteil kann darüber hinaus dann keine Berücksichtigung finden, wenn der Umgang, obwohl vom Kind gewünscht, dennoch eine Gefahr für sein Wohl bedeuten würde (sog. selbst gefährdender Kindeswille).

9 Rechtlich komplizierter stellt sich die Situation dar, wenn das Kind seinerseits den Umgang ablehnt. Die Anwendung unmittelbaren Zwangs zur Durchsetzung des Umgangsrechts scheidet hier jedenfalls schon wegen § 90 Abs. 3 FamFG ausdrücklich aus und wäre im Übrigen auch aus dem allgemeinen Gesichtspunkt der Kindeswohlgefährdung heraus nicht zu akzeptieren. Darüber hinaus gilt es zu berücksichtigen, dass das Kind, bspw. aus früherem Verhalten des Umgang begehrenden Elternteils, aber auch aus aktuellem Erleben mit ihm, gute Gründe haben mag (etwa: häusliche Gewalt), den Umgang abzulehnen. Zumindest wenn in diesen Fällen zugleich eine Kindeswohlgefährdung vorliegt, kann das Familiengericht das Umgangsrecht für längere Zeit oder sogar auf Dauer ausschließen und damit im Ergebnis dem Willen des Kindes folgen (§ 1684 Abs. 4 S. 2 BGB). Nach einer Entscheidung des OLG Hamm vom 8.1.2009 (II-2 UF 214/08) darf die Ausübung des Umgangsrechts ganz unabhängig von einer Kindeswohlgefährdung aber auch grundsätzlich nicht gegen den Willen des Kindes durchgesetzt werden, wenn die Umgangsverweigerung eigenständig und ohne Druck des anderen Elternteils erfolgt. Häufig wird jedoch in Auseinandersetzungen über das Umgangsrecht gerade geltend gemacht, dass der „erklärte" Kindeswille nicht der „wirkliche" Wille des Kindes sei (beispielhaft OLG Koblenz 21.5.2003 – UF 230/03). Hierhinter steht der Vorwurf, das Kind sei in der Herausbildung seines ablehnenden Willens durch das betreuende Elternteil beeinflusst, der Wille sei also induziert. Zwar könnte dem entgegengehalten werden, dass es geradezu Aufgabe von Erziehung sei, den Willen des Kindes zu beeinflussen. Allerdings würde dies noch nicht begründen, weshalb eine derartige Beeinflussung nicht der Intention des § 1684 Abs. 2 BGB folgen

11.2 Aspekte gerichtlicher Entscheidungen

sollte. Jedenfalls gilt es, die Mehrdimensionalität des Problems aufzunehmen. Dies ist aber noch nicht erreicht, wenn Komplexität auf den Satz reduziert wird: „Ein Kindeswille kann außer Acht gelassen werden, wenn er offensichtlich beeinflusst worden ist" (BVerfG 2.4.2001 – 1 BvR 212/98). In der Familienrechtspsychologie wird demgegenüber vorgeschlagen, in der Haltung des Kindes zwischen Anpassung einerseits und Verinnerlichung der induzierten Inhalte andererseits zu unterscheiden (vgl. Dettenborn/Walter 2016, 83). Zumindest im letztgenannten Fall wird davon auszugehen sein, dass der induzierte Wille dann auch dem „wirklichen" und nicht nur dem „erklärten" Willen des Kindes entspricht und somit sehr wohl in die Umgangsregelung einzubeziehen ist. Dies wird zumindest faktisch gar nicht zu vermeiden sein, weil gerade der induzierte Kindeswille häufig in einer Ausprägung auftritt, die jede Kontaktaufnahme scheitern lassen kann (i. E. hierzu: Balloff 2018, 224 ff.) Auch das BVerfG vertritt inzwischen diese Ansicht. In seinem Beschluss vom 17.9.2016 – 1 BvR 1574/16 behandelt es den Willen des Kindes grundsätzlich als Ausdruck dessen Rechts auf Selbstbestimmung, dem mit zunehmendem Alter vermehrt Bedeutung zukommt. Es führt aus: „Selbst ein auf bewusster oder unbewusster Beeinflussung beruhender Wunsch kann beachtlich sein, wenn er Ausdruck echter und schützenswerter Bindungen ist. Das Außerachtlassen des beeinflussten Willens des Kindes ist daher nur dann gerechtfertigt, wenn die manipulierten Äußerungen des Kindes den wirklichen Bindungsverhältnissen nicht entsprechen." (ebenso nunmehr: BVerfG 25.4.2015 – 1 BvR 3326/14). Die Gerichte berücksichtigen dies allerdings in unterschiedlicher Weise. Das OLG Düsseldorf nimmt notfalls auch entgegen dem, was das Kind tatsächlich äußert, in generalisierender Weise dessen grundsätzliches („objektives"?) Interesse am persönlichen Umgang mit dem abwesenden Elternteil an, weshalb nur in Fällen von Kindeswohlgefährdung der Umgang auszuschließen sei (OLG Düsseldorf 31.5.1994 – 8 UF 40/94). Welch geringe Bedeutung einer sorgfältigen Einzelfallprüfung eingeräumt wird, zeigen auch etwa Aussagen, dass auf jeden Fall bei Kindern unter 10 Jahren regelmäßig unterstellt werden könne, dass die verbale Ablehnung des Umgangs nicht auf einer begründeten eigenen Entscheidung beruhe. Folgerichtig wird nach dieser Argumentation insbesondere bei Kleinkindern davon ausgegangen, dass eine Ablehnung nicht dem Kindeswohl entspricht und deswegen der Kindeswille dem Kindeswohl untergeordnet sei (dazu Röttgen zu OLG Koblenz 21.5.2003 – 13 UF 230/03 in: FamRZ 2004, 288). Nach einer Entscheidung des OLG Saarbrücken vom 8.10.2012 (6 WF 381/12) muss der Elternteil, der sich auf den ablehnenden Willen des Kindes beruft, zumindest darlegen, wie er auf den Willen des Kindes eingewirkt hat, um es zum Umgang zu bewegen. Bei kleineren Kindern soll die Möglichkeit geschaffen werden, den Widerstand gegen Umgangskontakte noch mit erzieherischen Mitteln zu überwinden (OLG Hamm 12.12.2007 – 10 WF 196/07). Gegebenenfalls wird das Umgangsrecht für den hierfür erforderlichen Zeitraum aber zumindest ausgesetzt (OLG Köln 16.3.2009 – 4 UF 160/08). Noch dezidierter spricht das OLG Hamburg (12.3.2008 – 10 UF 57/07) davon, dass aus § 1684 BGB **kein Rechtsanspruch auf Umgang gegenüber dem den Umgang ablehnenden Kind** folgt. Dem Willen des Kindes sind aber vor allem auch dann Grenzen gesetzt, wenn bereits eine rechtskräftige Entscheidung des FamG vorliegt. Deren Abänderung kommt nämlich auch bei einem entsprechenden geäußerten Kindeswillen nicht in Betracht, wenn die Voraussetzungen von § 1696 Abs. 1 BGB nicht erfüllt sind (OLG Frankfurt am Main 16.10.2018 – 1 UF 74/18).

11.2.2 Ausschluss und Einschränkung des Umgangs

10 Welch großen Gestaltungsraum der Gesetzgeber den Gerichten einräumt, zeigen § 1684 Abs. 3 und Abs. 4 BGB, wonach das **Umgangsrecht eingeschränkt** oder sogar **ausgeschlossen** werden kann. Der totale Ausschluss des Umgangsrechts ist eine deutliche Beschränkung des Rechts des Elternteils, aber verfassungsrechtlich zulässig. Er kommt dann in Betracht, wenn nach den Umständen des Einzelfalls der Schutz des Kindes dies erfordert, um Gefährdungen seiner körperlichen oder seelischen Entwicklung abzuwehren (BVerfG 17.9.2016 – 1 BvR 1547/16). Dies wird ausnahmslos vorliegen, wenn das Kind von dem Elternteil sexuell missbraucht oder schwer misshandelt wurde. Wird der Ausschluss des Umgangsrechts auf pädophile Neigungen des umgangsberechtigten Elternteils gestützt, so setzt dies die Feststellung dieser Neigungen und eine daraus resultierende konkrete Gefährdung des Kindes voraus (BVerfG 29.11.2007 – 1 BvR 1635/07). Ein vollständiger (zumeist dann allerdings befristeter bzw. zu einem späteren Zeitpunkt wieder aufhebbarer) Ausschluss kann auch bei schweren Loyalitätskonflikten (OLG Nürnberg 9.8.2007 – 11 UF 305/07: Umgangsausschluss für ein Jahr, weil der Vater das Kind dauerhaft in einen Loyalitätskonflikt bringt, den Lebensmittelpunkt bei der Mutter nicht hinnehmen kann, während er gleichzeitig Maßnahmen der Erziehungsberatung zwar formal zustimmt, diese aber nur zulassen will, wenn die von ihm vorgegebenen Bedingungen akzeptiert werden) oder bei einer tiefgehenden Abneigung des Kindes gegenüber dem Elternteil (BVerfG 17.9.2016 – 1 BvR 1547/16) angeordnet werden. Insgesamt gesehen ist die Schwelle für den Ausschluss des persönlichen Umgangs jedoch sehr hoch und wird auch ein zeitweiliger Ausschluss von Umgangskontakten als in der Regel nicht akzeptabel angesehen (z.B. OLG Köln 5.12.2002 – 4 UF 173/02).

11 Bevor es zu einem völligen Ausschluss des Umgangsrechts kommt, ist zu prüfen, ob nicht weniger gravierende Eingriffe in das Recht des Elternteils möglich sind. Genau aus dem Bestreben, grundsätzlich einen Ausschluss des Umgangsrechts zu vermeiden, hat der Gesetzgeber in § 1684 Abs. 4 die Sätze 3 und 4 eingefügt. Seitdem spielt der sogenannte **begleitete** oder **beschützte Umgang**, d.h. der Umgang in Anwesenheit eines Dritten, eine zunehmend bedeutsamere Rolle in der Praxis. Er kommt nicht nur dann in Betracht, wenn Gefährdungen des Kindes befürchtet werden (langjährige, durch zahlreiche Rückfälle geprägte Alkoholerkrankung des den Umgang begehrenden Elternteils: OLG Koblenz 24.5.2006 – 11 UF 60/06; Gefahr einer Entführung ins Ausland; Anhaltspunkte für die Möglichkeit sexueller Übergriffe selbst bei geringer Wahrscheinlichkeit ihres tatsächlichen Eintritts: OLG Frankfurt am Main 28.2.2019 – 5 UF 200/18; Manipulierung der Kinder gegen die Mutter: OLG Oldenburg 17.1.2017 – 4 UF 5/17), sondern gerade auch dann, wenn dadurch wegen des hohen Konfliktpotenzials zwischen den Elternteilen ein Umgang überhaupt erst ermöglicht werden kann. Ist auf der Basis auch eines begleiteten Umgangs, *der also das Umgangsrecht des umgangsbegehrenden Elternteils insoweit einschränkt,* eine sinnvolle Gestaltung des Umgangs insbesondere deswegen nicht möglich, weil die Eltern sich nicht verständigen können oder wollen, so kann nach § 1684 Abs. 3 BGB auch eine **Umgangspflegschaft** angeordnet werden, die ihrer rechtlichen Wirkung nach das Sorgerecht des den Umgang behindernden Elternteils einschränkt (i.E. Schäder JAmt 2021, 2 ff.). Obgleich es sich hierbei um einen Eingriff in die elterliche Sorge handelt (vgl. § 1909 Abs. 1 BGB i.V.m. § 1630 Abs. 1 BGB), ist hierfür keine Gefährdung des Kindeswohls vorausgesetzt (Umkehrschluss aus § 1685 Abs. 3 S. 2 BGB). Ist der Umgang aus der Perspektive des Kindeswohls sinnvoll oder gar erforderlich und scheitert er daran, dass der das

11.2 Aspekte gerichtlicher Entscheidungen

Kind betreuende Elternteil diesen Umgang unterbindet, so können gegenüber diesem Elternteil auch **weitergehende Maßnahmen** getroffen werden, wie z.b. der Entzug des Aufenthaltsbestimmungsrechts und die Übertragung auf einen Ergänzungspfleger (hierzu Kap. 11.3), z.b. das Jugendamt, um in dieser Situation konfliktberuhigend zu wirken (so OLG Frankfurt/M. 3.2.2004 – 1 UF 284/00). Als letzte Konsequenz gegenüber einem Elternteil, der sich weigert, einen dem Kindeswohl förderlichen Umgang zuzulassen, kommt gar der Entzug der elterlichen Sorge und ihre Übertragung auf den anderen Elternteil oder auf einen Vormund in Frage (vgl. dazu BVerfG 9.6.2004 – 1 BvR 487/04). Gerichtliche Festlegungen oder gerichtlich gebilligte Vergleiche über Maßnahmen zur Umsetzung des Umgangsrechts können auch unter Anwendung von Ordnungsmitteln (Ordnungsgeld bis 25.000 Euro, Ordnungshaft bis sechs Monate) nach § 89 FamFG zwangsweise durchgesetzt werden. Im Übrigen kann ein Elternteil, das den Umgang des Kindes mit dem anderen erschwert oder behindert, aus dem zwischen den Eltern bestehenden Rechtsverhältnis eigener Art schadenersatzpflichtig werden (OLG Bremen 24.11.2017 – 4 UF 61/17).

In der bereits zitierten Entscheidung vom 17.9.2016 hat das BVerfG jedoch festgestellt, dass Zwangsmittel oder Eingriffe in die elterliche Sorge dann nicht in Betracht kommen, wenn sie nicht geeignet sind, einen förderlichen Einfluss auf die Normalisierung der Lebenssituation oder die seelische Gesundheit des Kindes zu entfalten. Dies gilt selbst dann, wenn der umgangsverweigernde Elternteil für das Zustandekommen des Umgangskonflikts mitverantwortlich ist. Auch der EGMR (Tsikakis v. Deutschland 10.2.2011, Nr. 1521/06), der dem Umgangsrecht aus Art. 8 EMRK prinzipiell eine sehr hohe Bedeutung beimisst, fordert für dessen Umsetzung jedenfalls keine Anordnung ungeeigneter, unrealistischer oder gar kindeswohlgefährdender Zwangsmaßnahmen. So hat auch der BGH in einer Entscheidung vom 12.12.2007 der den Umgang des Vaters mit dem Kind hintertreibenden Mutter die Alleinsorge übertragen, weil dies unter Kindeswohlaspekt geboten war (XII ZB 158/05 – m. Anm. Luthin in FamRZ 2008, 594).

In den meisten Fällen legen die Familiengerichte selbst die Details der Umgangsregelungen fest. Hier haben sich **gewisse Standards** herausgebildet: fest reglementierte Besuchstermine an den Wochenenden (zum Beispiel alle zwei bis drei Wochen), an den hohen Feiertagen, während der Ferienzeit.

> Die durch die Familiengerichte getroffenen Umgangsregelungen zeichnen sich oft durch **starre Details** aus: So werden bisweilen minutengenau der zeitliche Umfang des Umgangs und der genaue Abhol- und Abgabepunkt bei der „Übergabe des Kindes" festgelegt – je konfliktträchtiger, desto genauer. Die Genauigkeit einer Regelung wird damit begründet, dass nur eine entsprechend präzise Regelung vollziehbar und vollstreckbar ist (vgl. OLG Brandenburg 14.3.2006 – 9 WF 27/06: Umgangsregelungen müssen genaue und erschöpfende Bestimmungen über Art, Ort und Zeit des Umgangs mit dem Kind enthalten).

Den Bedürfnissen der Kinder wird das freilich nicht gerecht, denn ihr Leben und ihr Verhalten lassen sich nicht in starre Schablonen pressen. In erfreulich klaren Worten hat das Bundesverfassungsgericht deshalb auch einer solchen Praxis eine Absage erteilt (BVerfG 18.2.1993 – 1 BvR 692/92): Die Familiengerichte kommen ihrer Aufgabe in einschlägigen Verfahren nur dann nach, wenn sie sich mit den Besonderheiten des Einzelfalls auseinandersetzen, die Interessen der Eltern sowie deren Einstellung und Persönlichkeit würdigen und auf die Belange des Kindes eingehen. **Leitlinie** für die Entscheidungen der Gerichte zum Umgangsrecht ist und bleibt, wie in allen anderen kindschaftsrechtlichen Fragen auch, das **Wohl des Kindes** (§ 1697a BGB). Welche Entwicklungen daher auch immer an der Spruchpraxis der Gerichte zu beobachten sein mögen: Letztlich können ihre Entscheidungen immer nur aus dem Wohl des Kindes rechtlich begründet werden.

11.3 Umgangsrechte dritter Personen. Umgangsrecht des Kindes mit dritten Personen

15 § 1626 Abs. 3 S. 2 BGB enthält bereits seit dem KindRG von 1998 die normative Vorgabe, dass zum Wohl des Kindes in der Regel auch der Umgang mit anderen Personen als den Eltern gehört, nämlich dann, wenn das Kind zu ihnen über Bindungen verfügt, deren Aufrechterhaltung sich positiv auf seine Entwicklung auswirken. In der spezialgesetzlichen Regelung, die auch hier vorgeht, war das jedoch bis zur Neufassung von § 1685 Abs. 2 BGB zum 30.4.2004 zunächst nur teilweise umgesetzt. Mittlerweile gilt ein Umgangsrecht für Großeltern und Geschwister unter den Voraussetzungen von § 1685 Abs. 1 BGB (vgl. Rn. 16) sowie für enge Bezugspersonen, die mit dem Kind in einer sozial-familiären Beziehung leben oder gelebt haben. Der Kreis dieser Berechtigten ist aber nicht mehr, wie zuvor, auf eine bestimmte Personengruppe beschränkt. Das Umgangsrecht des leiblichen, nicht rechtlichen Vaters bestimmt sich nach § 1686a BGB. Das Umgangsrecht ist in allen diesen Fällen zwar nicht so deutlich wie in § 1684 Abs. 1 BGB aus der Perspektive des Kindes formuliert. Jedoch wird gerade auch im Rahmen von § 1685 BGB dem Kindeswillen eine zentrale Bedeutung zukommen müssen. Anders als beim elterlichen Umgangsrecht, wo dies prinzipiell unterstellt wird, besteht es hier nämlich nur, wenn seine Ausübung dem **Wohl des Kindes dient**.

16 Das wird bei **Großeltern** (KG 20.3.2009 – 17 UF 2/09) – wie auch bei **Geschwistern** – regelmäßig vorliegen, wenn auch freilich nicht für Fälle, in denen Großeltern den elterlichen Konflikt noch befeuern (z.B. OLG Hamm 23.6.2000 – 11 UF 26/00) oder wenn sie unangemessen auf das Kind einwirken (OLG Koblenz 31.8.1999 – 15 UF 166/99), ja selbst wenn sie durch die Geltendmachung ihres Umgangsrechts das des getrennt lebenden Elternteils dergestalt behindern würden, dass dieser auf eigene Umgangswochenenden verzichten müsste (OLG Brandenburg 27.8.2018 – 13 WF 151/18). Das OLG Brandenburg hebt in einer anderen Entscheidung vom 17.1.2018 – 13 UF 152/17 deshalb noch einmal hervor, dass dafür, dass ein solcher Umgang dem Kindeswohl dient, anders als beim Umgangsrecht der Eltern, jedenfalls keine gesetzliche Vermutung besteht, wie sie § 1626 Abs. 3 S. 1 BGB zu entnehmen ist. Vielmehr ist in jedem Einzelfall die Kindeswohldienlichkeit des Umgangs positiv festzustellen. Dies gelang vorliegend nicht, weil die Mutter der Kinder mit den Eltern ihres verstorbenen Mannes in zunehmend sich verschärfende Konflikte geriet. Das OLG betonte in diesem Zusammenhang, dass es dabei für das Wohl der Kinder völlig bedeutungslos sei, wer oder was der Auslöser des Konflikts gewesen ist.

17 Das Umgangsrecht mit anderen **engen Bezugspersonen** steht unter der weiteren Voraussetzung, dass diese aktuell oder in der Vergangenheit tatsächlich für das Kind Verantwortung tragen oder getragen haben. Dies liegt in der Regel vor, wenn der Umgang Begehrende in einer **sozial- familiären Beziehung mit dem Kind gelebt hat**, die allerdings „für längere Zeit" bestanden haben muss. In die Auslegung dieses unbestimmten Rechtsbegriffs muss wesentlich die sich mit zunehmendem Alter verändernde Zeitperspektive des Kindes einbezogen werden. Zwar wird die Vorschrift in der Praxis überwiegend auf Pflegeeltern, aber auch auf Stiefelternteile angewendet. Darüber hinaus

kommt es aber für das Bestehen eines Umgangsrechts nicht darauf an, ob die Umgang begehrende Person mit einem Elternteil des Kindes verheiratet war, oder in nichtehelicher Lebensgemeinschaft mit ihm gelebt hat, selbstverständlich auch nicht darauf, ob es sich um eine Ehe oder Partnerschaft von Personen gleichen oder unterschiedlichen Geschlechts handelt. Als Umgangsberechtigte kommen, sofern die genannten Voraussetzungen erfüllt sind, auch andere Verwandte des Kindes, Stiefgeschwister und auch die leiblichen Eltern, nachdem sie in die Adoption des Kindes eingewilligt haben, in Betracht. Allerdings ergibt sich für letztere eben gerade kein Umgangsrecht aus Art. 6 Abs. 2 bzw. Art. 8 EMRK *als Elternteil*. Der EGMR leitet aus Art. 8 EMRK (Recht auf Achtung des Privat- und Familienlebens) nur unter der Voraussetzung ein Umgangsrecht ab, dass die umgangsbegehrende Person, wie es der deutschen Gesetzeslage entspricht, zuvor mit dem Kind in einer sozial-familiären Beziehung gelebt und dort für das Kind tatsächliche Verantwortung übernommen hat (EGMR 5.6.2014 – 31021/08). Wegen eben dieser fehlenden tatsächlichen Verantwortungsübernahme in der Vergangenheit verneint auch das OLG Dresden (12.10.2011 – 21 UF 0581/11) ein Umgangsrecht für zwei Geschwister, die zuvor gemeinsam in der Herkunftsfamilie gelebt hatten, bevor sie durch Adoption rechtlich und tatsächlich getrennt wurden.

Auch der **leibliche, nicht rechtliche Vater** kann nunmehr ein Umgangsrecht haben. Nach früherem Recht war hierfür aber wie auch bei anderen Bezugspersonen vorausgesetzt, dass er zuvor für längere Zeit mit dem Kind in einer sozial-familiären Beziehung gelebt hat. Das schloss freilich all diejenigen „biologischen" Väter aus der Umgangsrechtsregelung aus, die nie eine Gelegenheit bekommen hatten, mit ihrem Kind eine Beziehung aufzubauen. Hierin sah der EGMR eine Verletzung des Rechts aus Art. 8 EMRK (21.12.2010 – 20578/07; 15.9.2011 – 17080/07). Der mit dem „Gesetz zur Stärkung der Rechte des leiblichen, nicht rechtlichen Vaters" zum 13.7.2013 in Kraft getretene **§ 1686a BGB** verlangt daher anstelle einer sozial-familiären Beziehung als Voraussetzung für ein Umgangs- (und Auskunfts-)Recht des biologischen Vaters, dass er **ein nachhaltiges Interesse an dem Kind gezeigt** hat. Selbstverständlich ist aber auch hier das Kindeswohl das zentrale Kriterium für die Annahme eines solchen Umgangsrechts. Inzwischen stärkte der BGH die Rechte des biologischen Vaters, indem er entschied, dass die beharrliche Weigerung der rechtlichen Eltern, einen Umgang ihres Kindes mit dem leiblichen Vater zuzulassen, allein noch nicht genügt, um ein Umgangsrecht abzulehnen (5.10.2016 – XII ZB 280/15; entsprechend auch: OLG Schleswig-Holstein 21.8.2018 – 10 WF 122/18). In einem anderen Fall hingegen verneinte das BVerfG das Bestehen eines Umgangsrechts, weil nämlich der biologische Vater nicht akzeptiere, „dass er nicht der rechtliche und soziale Vater des Kindes ist, sondern sich massiv in den Familienverband dränge und den Erziehungsvorrang der rechtlichen Eltern nicht respektiere" (9.3.2017 – 1 BvR 401/17).

11.4 Verfahrenshinweise

Das Verfahren, nach dem Umgangsregelungen herbeigeführt werden, ist heute in den §§ 151 ff. FamFG geregelt; es war in dieser Form jedoch mindestens seit Ende der 1990er-Jahre schon weitgehend durch die gerichtliche Praxis vorgeprägt (hierzu am Beispiel: Ernst FamRZ 2009, 1430). Die beiden wichtigsten Kennzeichen des Verfahrens, neben dem Kindeswohlprinzip, das nicht nur für die Anwendung des materiellen Rechts maßgeblich, sondern auch verfahrensleitend ist, sind das **Vorrang- und Beschleunigungsgebot** sowie **das Hinwirken auf Einvernehmen**.

20 Zum Hinwirken auf Einvernehmen nach § 156 **FamFG** sei insbesondere auf das bereits zum Sorgerechtsverfahren Ausgeführte verwiesen (Kap. 10.). Auch dem Verfahrensbeistand (§ 158 Abs. 4 S. 3 FamFG) und dem Gutachter (§ 163 Abs. 2 FamFG) kann durch das Gericht aufgegeben werden, aktiv am Zustandekommen einer einvernehmlichen Regelung mitzuwirken. Zu ergänzen bleibt, dass speziell beim Umgangsrecht einvernehmlichen Regelungen, die in die Form eines gerichtlich gebilligten Vergleiches gebracht werden, eine besondere Bedeutung zukommt (§ 156 Abs. 2 BGB). Werden die dort festgehaltenen Vereinbarungen verletzt, kann hierauf mit ebensolchen Zwangsmaßnahmen nach § 89 FamFG (vgl. oben Rn. 11) reagiert werden, wie bei einem Verstoß gegen unmittelbar durch das Gericht getroffene Festlegungen. Darüber hinaus ist nach § 156 Abs. 3 S. 1 BGB immer dann, wenn es zu keiner einvernehmlichen Regelung im ersten Erörterungstermin nach § 155 Abs. 2 FamFG gekommen ist, regelmäßig die Möglichkeit des Erlasses einer einstweiligen Anordnung zu thematisieren.

21 Gerade in Auseinandersetzungen um das Umgangsrecht sind Strategien der Verfahrensverschleppung unbedingt zu durchkreuzen, weil einmal geschaffene Tatsachen später häufig kaum noch zu verändern sind, ohne dass das Kindeswohl hierdurch berührt wäre. Dem dient auch das Vorrang- und Beschleunigungsgebot in § 155 **FamFG**. Abs. 2 der Vorschrift bestimmt, dass das Gericht in diesen Verfahren die Sache mit den Beteiligten in einem Termin erörtert, der spätestens einen Monat nach Beginn des Verfahrens stattfinden soll und in dem das Gericht das Jugendamt anhört. Diese Rückkehr zum Mündlichkeitsprinzip eröffnet dem Jugendamt weitreichende Möglichkeiten, seine Fachlichkeit in das Sorgerechts- bzw. Umgangsverfahren einzubringen. Durch den frühen Anhörungstermin wird zugleich das schriftliche Austragen des Streits vor Gericht sowohl verletzungsmindernd und eskalationsvermeidend als auch ressourcensparend reduziert (Meysen JAmt 2008, 233 ff.). Zwar besteht über § 21 FamFG auch die Möglichkeit, das Verfahren aus wichtigem Grund auszusetzen. Ein solcher wichtiger Grund könnte darin liegen, dass auf übereinstimmenden Antrag der Beteiligten noch ein Einigungsversuch abgewartet oder dass eine Mediation zum Abschluss gebracht werden soll. Jedoch wird von dieser Möglichkeit nur mit äußerster Zurückhaltung Gebrauch zu machen sein. Letztlich ist hier das altersabhängige Zeitempfinden des Kindes maßgeblich, das sich, während seine Eltern einen Einigungsversuch nach dem anderen starten, entweder von dem Elternteil, mit dem der Umgang zustande kommen soll, entfremdet, oder aber, in der anderen Variante, einen Umgang, den es im Grunde ablehnt, aus Gehorsam oder Loyalität ausführt. Im Übrigen besteht nach § 163 Abs. 1 FamFG nunmehr die Möglichkeit, auch Sachverständigen eine Frist für die Erstellung ihres Gutachtens zu setzen, und somit eine weitere potenzielle Quelle von Verfahrensverzögerung auszuschließen. Auf Beschleunigung des Verfahrens können im Übrigen nicht nur die Gerichte durch ihre Terminierungen und Fristsetzungen Einfluss nehmen, sondern über die verfahrensrechtlichen Möglichkeiten der Beschleunigungsrüge (§ 155b FamFG) bzw. der Beschleunigungsbeschwerde (§ 155c FamFG) auch die Verfahrensbeteiligten (also auch das Jugendamt, sofern es Verfahrensbeteiligter ist, § 162 Abs. 2 S. 2 FamFG).

22 Auch das in § 165 FamFG vorgesehene Vermittlungsverfahren unterliegt dem Beschleunigungsgebot (§ 165 Abs. 2 FamFG). Es erweitert den bereits in § 156 FamFG entwickelten Gedanken des Grundsatzes, einvernehmliche Lösungen herbeizuführen (vgl. hierzu Kap. 10) noch einmal und kommt in Betracht, wenn ein entsprechender Antrag eines oder beider Elternteile vorliegt, weil gerichtlich festgelegte oder in einem gerichtlich gebilligten Vergleich vereinbarte Umgangsregeln in der Folgezeit vom ande-

11.4 Verfahrenshinweise

ren Elternteil dennoch verletzt worden sind. Hierbei kann es unter Umständen auch zu einem neuen Vergleich kommen, wenn sich bspw. frühere Regelungen als nicht praktikabel oder unbillig erwiesen haben (§ 165 Abs. 4). Andererseits macht das Gericht im Vermittlungsverfahren insbesondere aber auch sehr klar auf die Rechtsfolgen aufmerksam, die sich aus einem umgangserschwerenden oder gar –vereitelnden Verhalten ergeben können – von der Verhängung von Ordnungsmitteln bis zu Eingriffen in die elterlichen Sorgerechte (§ 165 Abs. 3 FamFG). Die streitenden Eltern sollten daher das Vermittlungsverfahren durchaus als letzte Chance begreifen. Vor allem aber hat das Vermittlungsverfahren das Ziel, Vollstreckungsmaßnahmen, weil sie letztlich immer zu Lasten des Kindes gehen, genau aus diesem Grunde zu vermeiden. Kommt es allerdings im Vermittlungsverfahren zu keiner Einigung zwischen den Eltern und wird dies durch Beschluss des Gerichts festgestellt, dann sind nach § 165 derartige Maßnahmen zur Durchsetzung von Umgangsrechten zu prüfen.

Die auf sozialpädagogischer Ebene korrespondierenden Regelungen zum Umgangsrecht finden sich in **§ 18 Abs. 3 SGB VIII**. Die dort vorgesehenen Beratungsrechte für Kinder und umgangsberechtigte Personen sowie Personen, in deren Obhut sich das Kind befindet, haben zunehmend an Bedeutung gewonnen, sogar dahin gehend, dass die vorherige Inanspruchnahme der Beratung durch das Jugendamt vor Einleitung eines gerichtlichen Umgangsverfahrens mittlerweile als notwendig erachtet wird (OLG Brandenburg 25.2.2003 – 9 WF 23/03) und auch die Beiordnung eines Anwalts (§ 78 Abs. 2 FamFG) vor der Inanspruchnahme einer Beratung nach § 18 SGB VIII nicht in Frage kommt (OLG Köln 10.9.2003 – 14 WF 143/03). Eine solche vorrangige Inanspruchnahme der Beratungstätigkeit des Jugendamtes wird nur dann als entbehrlich angesehen, wenn der sorgeberechtigte Elternteil jeglichen Umgang des anderen Elternteils mit dem Kind ablehnt, sodass ein Beratungs-/Mediationsverfahren keinen Sinn macht (OLG Hamm 20.3.2003 – 3 WF 44/03, jetzt auch BGH 13.4.2016 – XII ZB 238/15).

Akteure der Auseinandersetzungen um das Umgangsrecht sind meist streitende Elternteile; Kinder sind dann nicht selten lediglich Objekte dieses Streites. Umso dringlicher ist es, dass hier eine **Sicherung des Kindeswohls** durch Verfahren greift. Von besonderer Bedeutung ist in diesem Zusammenhang die Möglichkeit der Bestellung eines Verfahrensbeistands nach **§ 158 FamFG** (ausführlich Kap. 9). Gerade in hochstreitigen Umgangsregelungsverfahren wird nicht selten die Voraussetzung des § 158 Abs. 2 Nr. 1 FamFG erfüllt sein.

Vor einer gerichtlichen Regelung, etwa auch in Gestalt einer Einschränkung oder eines Ausschlusses des Umgangsrechts hat das Gericht zur Wahrung der Grundrechte des umgangsbegehrenden Elternteils regelmäßig die Eltern (§ 160 FamFG) sowie, außer in den besonderen Fällen des § 159 Abs. 2 FamFG, das Kind persönlich anzuhören (**§ 159 Abs. 1 FamFG**), auch um sich so einen unmittelbaren Eindruck von ihm zu verschaffen. Will das Gericht von fachkundigen Feststellungen und fachlichen Wertungen eines gerichtlich bestellten Sachverständigen abweichen, so muss es anderweitig über eine zuverlässige Grundlage für die am Kindeswohl orientierte Entscheidung verfügen (BVerfG 13.11.2007 – 1 BvR 1637/07). Grundrechtsschutz ist auch durch die Gestaltung des Verfahrens sicherzustellen. Diesen Anforderungen werden die Gerichte nur gerecht, wenn sie sich mit den Besonderheiten des Einzelfalles auseinandersetzen, die Interessen der Eltern sowie deren Einstellung und Persönlichkeit würdigen und auf die

Belange des Kindes eingehen; der Wille des Kindes ist zu berücksichtigen, soweit das mit seinem Wohl vereinbar ist (BVerfG 26.9.2006 – 1 BvR 1827/06).

25 Zum Gedanken der Sicherung des Kindeswohls gehört es auch, dass gegen das Kind kein unmittelbarer Zwang zur Ausübung des Umgangsrechts angewandt werden darf, § 90 Abs. 2 S. 1 FamFG. So kann auch beispielsweise der Umgangspfleger nicht die Polizei um Vollstreckungshilfe ersuchen, wenn ihm das Kind nicht herausgegeben wird. § 88 Abs. 2 FamFG schließlich normiert i.V.m. § 50 Abs. 1 Nr. 1 SGB VIII eine Unterstützungspflicht des Jugendamts gegenüber dem Familiengericht bei der Durchsetzung gerichtlicher Umgangsregelungen.

11.5 Internationales Recht und Umgang

26 Wenn beim Umgangsrecht ein Auslandsbezug besteht, also Menschen beteiligt sind, die – zunächst – nicht dem deutschen Recht unterfallen, dann sind auch hier die entsprechenden Bestimmungen des internationalen Privatrechts zu prüfen, sowohl hinsichtlich der Frage nach der Zuständigkeit deutscher Gerichte wie auch hinsichtlich der Frage, welches Recht anzuwenden ist (grundsätzlich vgl. Kap. 1). Was die **Zuständigkeit** der deutschen Gerichte (bzw. Behörden) anbelangt, so ist wiederum die **Verordnung (EG) Nr. 2201/2003 (Brüssel IIa-VO)** maßgebend, da nach Art. 1 Abs. 2 a) die Verordnung ausdrücklich für das Umgangsrecht gilt. Danach wäre zwar nach Art. 8 dieser Verordnung ebenfalls der gewöhnliche Aufenthaltsort des Kindes maßgeblich (vgl. Kap. 10.). Allerdings enthält Art. 9 der Verordnung eine abweichende Zuständigkeitsregelung: Danach verbleibt es beim (rechtmäßigen) Umzug eines Kindes von einem Mitgliedstaat in einen anderen für die Dauer von drei Monaten nach dem Umzug bei der Zuständigkeit der Gerichte (und Behörden), die vor dem Umzug des Kindes zuständig waren (zu den Einzelheiten vgl. Art. 9 Abs. 1 und Abs. 2 Brüssel IIa-VO). Was das **anzuwendende Recht** anbelangt, so ist bei gewöhnlichem Aufenthalt des Kindes in Deutschland Art. 15 KSÜ, ansonsten Art. 21 EGBGB maßgebend, wonach das Recht des Staates gilt, in dem **das Kind seinen gewöhnlichen Aufenthalt** hat. Ebenso wie § 89 FamFG im Falle der Vollstreckung eines inländischen Umgangstitels sieht § 44 des Internationalen Familienrechtsverfahrensgesetzes (IntFamRVG, dazu Kap. 1) für den Fall der in Deutschland zu vollstreckenden **Umgangsregelung des Gerichts eines anderen EG-Mitgliedstaats** die Festsetzung von Ordnungsmitteln vor.

Weiterführende Literatur:
- Inhaber des Umgangsrechts: Münder, J.: 2005
- Praktische Aspekte: Fröschle, T.: 2018
- Umgangsverhinderung, Kindeswille: Schäder, B.: FamRZ 2014, 1120 ff.
- Umgangspflegschaft, begleiteter Umgang: Schäder, B.: JAmt 2021, 2 ff.

12. Vormundschaft. Pflegschaft für Minderjährige. Beistandschaft

Vormundschaft, Pflegschaft und Beistandschaft hatten früher einen vornehmlich vermögensrechtlichen Hintergrund. Inzwischen sind die Regelungen in erster Linie von sozialer Bedeutung. Sie reichen von der teilweisen Unterstützung der elterlichen Sorge (Beistandschaft) über die teilweise (Pflegschaft) bis zur vollständigen (Vormundschaft) Ersetzung der elterlichen Sorge.

Ausführlich behandelte Bestimmungen

- Beistandschaft: §§ 1712–1717 BGB
- Vormundschaft: §§ 1773, 1779, 1791b und 1791c, 1793 BGB; § 53 SGB VIII
- Pflegschaft: §§ 1909, 1915, 1916 BGB
- Internationales Recht: Art. 24 EGBGB, Haager Kinderschutzabkommen (KSÜ); Verordnung (EG) Nr. 2201/2003 des Rates über die Zuständigkeit und die Anerkennung und Vollstreckung von Entscheidungen in Ehesachen und in Verfahren betreffend die elterliche Verantwortung und zur Aufhebung der Verordnung (EG) Nr. 1347/2000 (Brüssel IIa-VO)

Wichtige, interessante Entscheidungen

- Zum Aufgabenkreis der Beistandschaft: BGH 17.6.1999 – III ZR 248/98
- Zur Berücksichtigung naher Angehöriger (hier: *Großeltern*) als Vormund: Grundrecht aus Art. 6 Abs. 1 GG: BVerfG 27.8.2014 – 1 BvR 1467/14

Bei Beistandschaft, Vormundschaft, Pflegschaft (und auch Adoption; hierzu im Anschluss Kap. 13) weist der Gesetzgeber den Jugendämtern besondere und insoweit eigenständig zu erfüllende Aufgaben zu, §§ 53 bis 57 SGB VIII (hierzu ausführlich Münder u.a. 2020, Kap. 13). Für die Lebensverhältnisse von Eltern und Kindern sind die Bestimmungen des SGB VIII mitunter bedeutsamer als die BGB-Regelungen. Insofern befinden wir uns mit diesem und dem folgenden Kapitel auf dem Weg zum Kinder- und Jugendhilferecht. Dieser Weg soll zumindest andeutungsweise gezeichnet werden.

Beistandschaft, Pflegschaft für Minderjährige (andere Formen der Pflegschaft, wie die in §§ 1911 bis 1914 BGB geregelten, sollen hier nicht besprochen werden) und Vormundschaft verfügen über eine gemeinsame Genese, die im Wesentlichen mit der rechtlich diskriminierenden Stellung nichtehelicher Kinder und ihrer Mütter in Zusammenhang zu bringen ist. Dieses von der Zeit überholte Kapitel der Geschichte des Familienrechts ist erst mit dem KindRG von 1998 endgültig abgeschlossen. Mittlerweile hat sich demzufolge die soziale Funktion der genannten Rechtsinstitute grundlegend gewandelt:

- Die **Beistandschaft** ist die **Unterstützung eines Elternteils** durch das Jugendamt in den Bereichen der Vaterschaftsfeststellung sowie der Geltendmachung und Durchsetzung von Unterhaltsansprüchen.
- Die **Vormundschaft ersetzt umfassend die elterliche Sorge**; andere Wirkungen des Eltern-Kind-Verhältnisses (Abstammung, Unterhalt) werden davon nicht berührt.
- Die **Pflegschaft für Minderjährige ersetzt die elterliche Sorge in Teilbereichen** oder überbrückt nach geltendem Recht auch die Zeit bis zur Bestellung eines Vormundes.

12. Vormundschaft. Pflegschaft für Minderjährige. Beistandschaft

Verfahrensrechtlich sind Vormundschaft und Pflegschaft dem Kindschaftsrecht zugeordnet (Buch 2 Abschnitt 3 FamFG). Für die Beistandschaft finden sich Regelungen in den ihre materiellrechtlichen Gegenstände betreffenden Abschnitten 4 (Abstammungssachen) und 9 (Unterhaltssachen) FamFG.

12.1 Beistandschaft

4   Die Beistandschaft steht in der Nachfolge der früher im Rechtsgebiet der sog. „alten" Bundesländer für Kinder nicht verheirateter Mütter mit ihrer Geburt eingetretenen gesetzlichen Amtspflegschaft für die Bereiche Vaterschaftsfeststellung und Unterhalt. (In den sog. „neuen" Bundesländern, innerhalb derer Territorien die gesetzliche Amtspflegschaft vor dem Beitritt zur Bundesrepublik Deutschland 1990 nicht bekannt war, galt aufgrund des Einigungsvertrages zunächst besonderes Recht.) Anders als ihre Vorgängerin ist sie jedoch keine „fürsorgliche Zwangsmaßnahme" mehr, sondern bietet alleinerziehenden Elternteilen bzw. auch solchen, in deren alleiniger Obhut sich ein Kind befindet, die Möglichkeit, sich auf nunmehr freiwilliger Grundlage der Unterstützung durch das Jugendamt zu versichern.

5   Die Beistandschaft tritt gemäß § 1712 BGB nur auf **schriftlichen Antrag** eines Elternteils ein; gegen den Willen eines Elternteils kann sie nicht angeordnet werden: Es hängt allein vom Willen des Elternteils ab, ob überhaupt und in welchem Umfang die Beistandschaft eintritt und – folgerichtig – ob und wann sie beendet wird (§ 1715 BGB). Wird ein Antrag gestellt, so tritt die Beistandschaft mit Zugang des Antrages ohne weitere Prüfung, etwa ob sie aus Gründen des Kindeswohls erforderlich sei, ein (§ 1714 BGB). Die Führung der Beistandschaft obliegt dem Jugendamt; andere Personen oder Institutionen kommen hierfür nicht in Betracht.

6   **Voraussetzung dafür**, dass ein Elternteil den Antrag stellen kann, ist nach § 1713 BGB grundsätzlich erst einmal, dass ihm für den beantragten Aufgabenkreis die **alleinige elterliche Sorge** zusteht oder zustehen würde, wenn das Kind bereits geboren wäre. Seit 12.2.2002 kann aber auch bei gemeinsamer elterlicher Sorge der Elternteil die Beistandschaft beantragen, in dessen **Obhut** sich das Kind befindet. Bei der Antragstellung kommt es nicht auf die Volljährigkeit der Mutter an. Der Antrag kann bereits vor der Geburt gestellt werden. Ist der antragsberechtigte Elternteil bereits verstorben, so kann auch der von ihm nach § 1776 benannte Vormund die Beistandschaft beantragen. Zumindest hinsichtlich des Kernadressatenkreises bestehen keine Unterschiede zu der in § 18 **SGB VIII** geregelten Beratung und Unterstützung bei der Geltendmachung von Unterhaltsansprüchen. Obgleich vom Adressatenkreis stärker eingeschränkt, zeitlich auf die Situation gleich nach der Geburt des Kindes beschränkt und auch systematisch anders zugeordnet, ist auch der Zusammenhang zu § 52a SGB VIII zu sehen (im Einzelnen: Hoffmann/Proksch in Münder u.a. FK-SGB VIII, § 52a). Dies macht deutlich, dass die Beistandschaft inhaltlich eine **sozialrechtliche, jugendhilferechtliche Leistung** ist. Systematisch richtiger wäre sie deshalb auch im SGB VIII verortet. Damit ließen sich auch die in der Sache gleichgerichteten Bestimmungen der §§ 1712 ff. BGB und § 18 SGB VIII besser harmonisieren (zur gegenwärtigen Aufgabenwahrnehmung vgl. ausführlich Münder/Mutke u.a. 2007, 157 ff.).

7   Die **Aufgaben** der Beistandschaft beschränken sich auf die zwei in § 1712 BGB genannten Bereiche: Vaterschaftsfeststellung und Geltendmachung von Unterhaltsansprüchen. Neben der Geltendmachung von Unterhaltsansprüchen von Kindern nicht miteinander verheirateter Eltern sind hier Streitigkeiten über den Kindesunterhalt im

Zusammenhang mit Trennung und Scheidung von Bedeutung. Die Geltendmachung von Unterhaltsansprüchen umfasst die außergerichtliche wie gerichtliche Geltendmachung (auch im Wege einstweiliger Anordnung), Vergleiche, zur Durchsetzung auch die Zwangsvollstreckung, Abänderungsverfahren bzw. auch die Verteidigung dagegen (so OLG Naumburg 27.9.2005 – 3 WF 172/05). Andere Ansprüche als zivilrechtliche Unterhaltsansprüche (z.B. auf Unterhaltsvorschuss – Kap. 6) können vom Beistand nicht geltend gemacht werden (BGH 17.6.1999 – III ZR 248/98).

Als **Rechtsfolge** nennt § 1716 S. 1 BGB, dass die **elterliche Sorge nicht eingeschränkt** wird. Um aber Klarheit und Eindeutigkeit zumindest hinsichtlich der Antragslage im familiengerichtlichen Verfahren zu erreichen, ist in § 173 FamFG für das Vaterschaftsfeststellungsverfahren sowie in § 234 FamFG für das Verfahren in Unterhaltssachen festgelegt, dass bei einer Vertretung des Kindes im Rahmen einer Beistandschaft die Vertretung durch den sorgeberechtigten Elternteil insoweit ausgeschlossen ist. Unbenommen bliebe es allerdings dem alleinsorgeberechtigten Elternteil, nach § 1715 Abs. 1 BGB einen Antrag auf Aufhebung bzw. Einschränkung der Beistandschaft zu stellen, falls er bspw. seinen Willen durch den Beistand nicht angemessen berücksichtigt findet (i. E.: Münder u.a. 2020, Kap. 13).

12.2 Vormundschaft

Die Vormundschaft war zunächst ökonomisch ausgerichtet, denn im Wesentlichen ging es bei ihr um die rechtliche Kompensation fehlender Handlungs- und Geschäftsfähigkeit Volljähriger bzw. des Fehlens der gesetzlichen Vertretungsbefugnis der Eltern oder eines Elternteils eines Minderjährigen. Hierauf weist im geltenden Recht auch die Vielzahl vermögensrechtlicher Bestimmungen im unmittelbaren Regelungsbereich des Vormundschaftsrechts hin (insbesondere §§ 1802-1847 BGB). Während es eine Vormundschaft über Volljährige seit der gesetzlichen Abschaffung der Entmündigung 1992 (vgl. Kap. 14) nicht mehr gibt, hat, auch bedingt durch die Überwindung der diskriminierenden Rechtsstellung insbesondere der nicht verheirateten Mutter einerseits, eine äußerst geringe Müttersterblichkeit und gestiegene Lebenserwartung andererseits, die Vormundschaft über Minderjährige eine deutliche Schwerpunktverschiebung erfahren. Ein Vormund wird heute vor allem dann bestellt, wenn den Eltern wegen Kindeswohlgefährdung die elterliche Sorge entzogen werden musste (vgl. Kap. 9). Einen weiteren aktuellen Schwerpunkt bildet die Vormundschaft für unbegleitete minderjährige Geflüchtete. Die Verlagerung des Fokus in der Vormundschaft erfolgte allerdings in den letzten Jahren immer noch innerhalb der tradierten Strukturen und Formen, auch wenn es zu einigen aus praktischen Notwendigkeiten heraus veranlassten Korrekturen im Gesetz kam. Inzwischen liegt jedoch ein Regierungsentwurf für ein „Gesetz zur Reform des Vormundschafts- und Betreuungsrechts" vor (zu letzterem vgl. Kap. 14), der nunmehr das parlamentarische Gesetzgebungsverfahren durchlaufen kann (BT-Ds. 19/24445). Derzeit ist geplant, dass das Gesetz zum 1.1.2023 in Kraft tritt. In Art. 1 dieses Gesetzesentwurfs wird auch eine vollständige Neuregelung des an dieser Stelle zu behandelnden Abschnitts 3 im Vierten Buch des BGB vorgenommen. Mit ihr ist u.a. eine grundlegende Neustrukturierung des Vormundschaftsrechts intendiert. Im Gesetzentwurf wird vor allem die Subjektstellung des Kindes innerhalb des Rechtsverhältnisses Mündel-Vormund verstärkt (leider werden die antiquierten Begriffe beibehalten), § 1788 BGB-E. Gleichzeitig wird die persönliche Sorgeverantwortung des Vormunds klar herausgestellt, §§ 1789, 1790, 1795 BGB-E. In diesem Zusammenhang soll es auch, um nur einen weiteren Schwerpunkt zu benennen, zu einer gesetzlichen Ausgestaltung des Verhältnisses von Vormund und Pflegepersonen kommen. Schließlich wird in Art. 9 des Gesetzentwurfs, der SGB VIII betrifft, auch die Rolle des Jugendamtes im Rahmen der Vormundschaft weiter präzisiert.

12.2.1 Die Voraussetzungen der Vormundschaft und die Auswahl und Bestellung des Vormunds

10 Ein Minderjähriger erhält in drei Fällen einen Vormund (§ 1773 BGB):

- Der Minderjährige steht nicht unter elterlicher Sorge. Dies liegt vor, wenn beide Elternteile bereits verstorben sind oder beiden die elterliche Sorge entzogen wurde (§ 1666 BGB). Ist nur ein Elternteil verstorben oder ist nur einem Elternteil die Sorge entzogen worden, kommt es darauf an, ob der andere Elternteil nunmehr die alleinige Sorge hat oder ob sie ihm übertragen werden kann (§ 1680 BGB). Falls nicht, ist wiederum ein Vormund zu bestellen.
- Die Eltern sind nicht zur Vertretung des Minderjährigen berechtigt. Dies ist der Fall, wenn die elterliche Sorge ruht, §§ 1673-1675 BGB, auch hier wieder unter der Voraussetzung, dass der andere Elternteil als Inhaber der elterlichen Sorge nicht zur Verfügung steht. Diese Fallgruppe ist auch für die meisten minderjährigen unbegleiteten Geflüchteten einschlägig. Voraussetzung ist hier demnach, dass das FamG zunächst, sofern die Eltern am Leben sind, das Ruhen der elterlichen Sorge nach § 1674 Abs. 1 BGB (vgl. Kap. 8) festgestellt hat.
- Der Familienstand des Minderjährigen ist nicht zu ermitteln, z.B. bei Findelkindern (hier auch: „Babyklappe").

§ 1774 S. 2 BGB sieht darüber hinaus vor, dass eine Vormundschaft auch bereits schon vor der Geburt des Kindes angeordnet werden kann, wenn anzunehmen ist, dass es mit seiner Geburt einen Vormund benötigen wird (vgl. auch § 1773 Abs. 2 BGB-E).

11 In den genannten Fällen wird die Vormundschaft nach § 1774 BGB vom Familiengericht **angeordnet** und **ein Vormund ausgewählt und bestellt**, § 1789 (nach künftigem Recht §§ 1773 f. BGB-E). Das BGB kennt die **Einzelvormundschaft** (§§ 1775 ff. BGB), die **Vereinsvormundschaft** (§ 1791 a BGB, § 54 SGB VIII) und die **Amtsvormundschaft des Jugendamtes** (§ 1791 b BGB, § 55 SGB VIII). Die künftige Regelung in § 1774 BGB-E differenziert dabei von Anfang an noch genauer zwischen natürlichen Personen, die eine Vormundschaft ehrenamtlich führen und solchen, die Berufsvormünder sind und deren Vergütung gem. § 1080 Abs. 3 BGB-E nach VBVG erfolgt. Als Vereinsvormund soll künftig nicht mehr der Vormundschaftsverein als solcher, sondern die jeweils einzelne Mitarbeiter:in zum Vormund bestellt werden. Das Jugendamt als Amtsvormund wird in einen stärkeren regelungstechnischen Zusammenhang zu den anderen Formen der Vormundschaft stehen. Auch die künftige Regelung soll an dem Vorrang der ehrenamtlich tätigen natürlichen Person vor den anderen Typen der Vormundschaft, der nach gegenwärtigem Recht § 1791b Abs. 1 S. 1 BGB zu entnehmen ist, mit 1779 Abs. 2 BGB-E ausdrücklich festhalten. Die drei Typen der professionellen Vormünder hingegen sollen nach künftigem Recht gleichrangig zu behandeln sein (vgl. Hoffmann, JAmt 11/2020, 549). Die nach geltendem Recht bestehende Möglichkeit, mehrere Vormünder als sog. „Mitvormünder" zu bestellen (§ 1797 BGB), sieht das künftige Recht nicht mehr vor. Lediglich Ehegatten können dann noch gemeinsam zum Vormund berufen werden (§ 1775 Abs. 1 BGB-E).

12.2 Vormundschaft

In einigen Fällen erfolgt der Eintritt der Vormundschaft von Gesetzes wegen, also ohne dass ein Vormund noch gesondert durch das Familiengericht zu bestellen wäre. Vormund kann dann nur das Jugendamt werden. Diese sog. **gesetzliche Amtsvormundschaft** tritt nach § 1791c Abs. 1 BGB (vgl. § 1786 BGB-E) vor allem dann ein, wenn es, knapp gesagt, für das Kind entweder zum Zeitpunkt seiner Geburt oder aber in Folge der Beseitigung einer Vaterschaft durch Anfechtung an einem sorgeberechtigten Elternteil fehlt. In § 1787 BGB-E ist darüber hinaus noch eine gesonderte Regelung für den Fall der vertraulichen Geburt (Kap. 4.4.) vorgesehen, mit der ermöglicht werden soll, dass das Jugendamt bereits in der Phase der Auswahl von Adoptiveltern als Vormund wirken kann. Auch in allen anderen Fällen der Adoption wird das Jugendamt für die Dauer der Adoptionspflege gesetzlicher Amtsvormund, § 1751 Abs. 1 S. 2, 2. HS BGB (vgl. Kap. 13).

Nach geltendem Recht besteht für den Zeitraum, für den bereits die Voraussetzungen der Vormundschaft vorliegen, die Bestellung eines Vormunds jedoch noch nicht erfolgt ist, die Möglichkeit der Anordnung einer sog. Ersatzpflegschaft (hierzu gleich unten 12.3). Diese Fälle sollen nach künftigem Recht über eine neu einzuführende **vorläufige Vormundschaft** gelöst werden. In ihrem Rahmen kann dann nach einer für die Übernahme der Vormundschaft geeigneten Person gesucht werden, § 1781 BGB-E. Als vorläufiger Vormund käme jedoch nur das Jugendamt oder ein Vormundschaftsverein, dieser hier allerdings als juristische Person, in Betracht, § 1774 Abs. 2 BGB-E.

Die **Auswahl des Vormundes** erfolgt durch das Familiengericht, (§ 1779 BGB/§ 1778 BGB-E), sofern er nicht aufgrund einer elterlichen Verfügung von Todes wegen zu benennen ist. Die von den Eltern Benannten dürfen vom Familiengericht nur aus den gesetzlich vorgesehenen Gründen, insbesondere wenn ihre Bestellung dem Wohl des Minderjährigen widersprechen würde, übergangen werden (§ 1776 f. BGB/§ 1782 f. BGB-E). Ansonsten orientiert sich das Familiengericht bei seiner Auswahl an den gesetzlich vorgegebenen Eignungserfordernissen (§ 1779 Abs. 2 BGB/§ 1779 BGB-E) bzw. auch Ausschlussgründen (§§ 1780 f. BGB/§§ 1784 f. BGB-E). Nach diesen Kriterien ist die verwandtschaftliche Nähe bereits nach gegenwärtigem Recht keinesfalls herausgehoben; im Text des Entwurfs für eine künftige Regelung kommen Verwandtschaft oder Schwägerschaft gar nicht mehr als besondere Auswahlkriterien vor. Allerdings sollen Personen aus diesem Kreis im Auswahlverfahren durch das Familiengericht, so, wie bereits gegenwärtig schon (§ 1779 Abs. 3 BGB), weiterhin angehört werden. Die Regelung findet sich dann aber richtigerweise im Verfahrensrecht (§ 168 FamFG-E). Ausschlaggebend ist auch bei der Auswahl des Vormunds letztlich das Kindeswohl i.S.v. § 1697a BGB. So hat das OLG Düsseldorf in seiner Entscheidung vom 20.11.2018 – I-8 UF 187/17 – im Falle eines Sorgerechtsentzugs bei der Auswahl des Vormunds – „Profi-Pflegeeltern" den Vorzug vor nahen Verwandten (hier: Tanten) des Kindes gegeben, weil damit aus seiner Sicht dem Wohl des Kindes besser gedient sei. Anderes gilt, wenn zwischen den nahen Verwandten, etwa den Großeltern, und dem Kind „tatsächlich von familiärer Verbundenheit geprägte engere Bindungen" (BVerfG 27.8.2014 – 1 BvR 1467/14) vorhanden sind. Dann nämlich hat der nahe Angehörige, so das BVerfG in der zitierten Entscheidung, ein grundrechtlich geschütztes Recht aus Art 6 Abs. 1 GG (vgl. Kap. 2) darauf, bei der Auswahl des Vormunds in Betracht gezogen zu werden. Für die ausgewählte Person besteht nach § 1785 BGB grundsätzlich eine Pflicht zur Übernahme der Vormundschaft. Um dieser Pflicht tatsächlich nachkommen zu können, sollten jedoch eine innere Bereitschaft vorhanden und entsprechende äußere Bedingungen gegeben sein. Die künftige Regelung soll beides stärker noch als bisher mit in den Blick nehmen (§§ 1780, 1785 BGB-E) und wird im Ergebnis der faktisch auch jetzt schon geübten Rechtspraxis Rechnung tragen, wonach die Übertragung einer Vormundschaft ohne Einverständnis der ausgewählten Person in der Regel keinen Sinn macht und nicht dem Kindeswohl entsprechen kann.

15 Die Vormundschaft endet, wenn die Gründe für die Vormundschaft wieder entfallen, außer bei Volljährigkeit des Mündels also z.b. noch zum Ende des Ruhens der elterlichen Sorge, bei der Feststellung des Familienstandes sowie bei der Aufhebung von Maßnahmen nach § 1666 BGB (§ 1882 BGB/§ 1806 BGB-E). Im Zweifel soll nach künftigem Recht das Familiengericht die Beendigung der Vormundschaft durch Beschluss feststellen, § 168e FamFG-E. Von der Beendigung der Vormundschaft zu unterscheiden ist die Entlassung des Vormunds. Hierfür können wichtige Gründe in der Person oder im Verhalten des Vormundes, eine für den Vormund eingetretene Überlastungssituation oder auch eine im Sinne des Kindeswohls bessere Geeignetheit einer anderen Person maßgeblich sein. Die Entlassung des Vormunds kann demzufolge sowohl gegen dessen Willen als auch auf seinen Wunsch hin erfolgen. In beiden Fällen wäre dann ein neuer Vormund zu bestellen. Ein Wechsel in der Führung der Vormundschaft ist darüber hinaus auch immer dann zu vollziehen, wenn sie zunächst professionell geführt wurde, sich zu einem späteren Zeitpunkt aber eine ehrenamtliche Lösung anbietet (vgl. §§ 1886 ff. BGB/§ 1806 BGB-E).

12.2.2 Funktion und Rechtsstellung des Vormunds

15 Der Vormund übt ersatzweise die elterliche Sorge aus, weil die dem Kind durch Abstammung oder Adoption zuzuordnenden Eltern aus den angegebenen Gründen hierfür nicht zur Verfügung stehen. Deshalb auch beziehen sich die Formulierungen sowohl in § 1793 Abs. 1 BGB als auch in §§ 1788, 1790, 1795 Abs. 1 BGB-E inhaltlich auf §§ 1626 Abs. 1 und 2, 1631 bis 1632 BGB bzw. verweisen auf diese. Jedoch besteht für den Vormund keine Unterhaltsverpflichtung gegenüber dem Mündel. Andererseits ist die Ausübung der Vermögenssorge für den Vormund strenger gesetzlich reglementiert als für sorgeberechtigte Eltern, §§ 1802 bis 1834 BGB. (Nach künftigem Recht wird die Vermögenssorge dem Betreuungsrecht zugeordnet sein, deren Regelungen gem. § 1798 Abs. 2 BGB-E dann für die Vormundschaft entsprechende Anwendung finden.) Bestimmte Rechtsgeschäfte bedürfen einer Genehmigung durch das Familiengericht (§§ 1819-1825 BGB/§§ 1799 f. BGB-E). Selbst im Bereich der Personensorge gibt es bestimmte Beschränkungen, zumindest für den Abschluss von Ausbildungs- oder Arbeits- bzw. Dienstverträgen mit einer Dauer von mehr als einem Jahr (§ 1822 Nr. 6 und 7 BGB) sowie nach künftigem Recht auch für den Wechsel des gewöhnlichen Aufenthaltsortes (Genehmigungs- oder Mitteilungspflichten, §§ 1790 Abs. 4, 1795 Abs. 2 BGB-E). Schließlich kann sich der Vormund bei der Ausübung der Vormundschaft auch nicht auf das Elterngrundrecht aus Art. 6 Abs. 2 GG berufen, denn zwischen ihm und dem Minderjährigen entsteht kein Eltern-Kind-Verhältnis. Ansonsten aber orientiert die Regelung schon darauf, dass der Vormund ein möglichst adäquater Elternersatz sein kann: Er kann den Minderjährigen in seinen Haushalt aufnehmen und dort pflegen und erziehen (§ 1793 Abs. 1 S. 3 BGB/§ 179 BGB-E), hat ihn aber auch dann, wenn er das nicht tut, **persönlich zu fördern**, Ein persönlicher Kontakt soll daher (mindestens) einmal im Monat in der üblichen Umgebung des Minderjährigen stattfinden. Dieser Gedanke, den auch bereits im geltenden Recht § 1793 Abs. 1 und 1a BGB zum Ausdruck bringt, wird mit dem künftigen Recht noch ver-

12.2 Vormundschaft

stärkt werden (§§ 1790 Abs. 1 bis 3, 1795 Abs. 1 BGB-E) und auch als subjektives Recht des unter Vormundschaft stehenden Minderjährigen ausgestaltet sein (§ 1788 BGB-E). Er trifft freilich nach wie vor auf eine gesellschaftliche Wirklichkeit, in der die Aufnahme in den eigenen Haushalt eine absolute Ausnahme darstellt und in der ca. 80 Prozent der Vormundschaften bei den Jugendämtern liegen, deren mit der Ausübung der entsprechenden Aufgaben beauftragte Mitarbeiter bis zu 50 Vormundschaften führen, § 55 Abs. 2 SGB VIII/§ 55 Abs. 3 SGB VIII-E (hierzu: Behlert/Hoffmann JAmt 2004, 345 ff). Die entscheidende praktische Herausforderung besteht also darin, dort, wo die Minderjährigen tatsächlich leben und aufwachsen, vor allem also in den Pflegefamilien und den stationären Einrichtungen der Jugendhilfe, eine den jeweiligen konkreten Erfordernissen entsprechende Erziehung und Pflege zu organisieren und abzusichern. Im geltenden Recht ist dies allerdings nur in Ansätzen herausgearbeitet, nämlich über das Entscheidungsrecht der Pflegeperson oder des Betreuers und Erziehers in einer stationären Einrichtung der Jugendhilfe nach § 34 SGB VIII bzw. in einer Maßnahme der intensiven sozialpädagogischen Einzelbetreuung nach § 35 SGB VIII (im Folgenden: Pflegeperson) in Angelegenheiten des täglichen Lebens und ihrer Vertretungsbefugnis in Alltagsgeschäften nach § 1688 BGB. Im künftigen Recht hingegen soll das Zusammenwirken des Vormunds mit den Pflegepersonen einen breiteren Raum einnehmen. Die Einbeziehung der Pflegeperson in Entscheidungen des Vormunds, dessen Pflicht zur Rücksichtnahme auf die Belange der Pflegeperson sowie eine wechselseitige Informationspflicht für beide Seiten sind in § 1796 BGB-E enthalten. Die Entscheidungs- und Vertretungsbefugnis der Pflegeperson ist nunmehr für das Vormundschaftsrecht in § 1797 BGB-E gesondert geregelt. Neu wird sein, dass der Pflegeperson unter bestimmten im Gesetzentwurf genannten Voraussetzungen (insbesondere, wenn der Minderjährige schon längere Zeit bei der Pflegeperson lebt oder schon von Beginn an eine persönliche Bindung zwischen beiden besteht) einzelne Sorgeangelegenheiten übertragen werden können, sodass sie dann zugleich Pfleger i.S.v. § 1809 BGB-E (hierzu gleich unten 12.3) wäre. Hierbei kann es sich durchaus auch um Angelegenheiten von erheblicher Bedeutung handeln, die allerdings nach gegenwärtigem Gesetzgebungsstand nur in gemeinsamer Wahrnehmung mit dem Vormund an die Pflegeperson übertragen werden können, § 1777 Abs. 2 BGB-E. Ob diese Lösung allerdings auch über eine hinreichende Praktikabilität verfügt, ist freilich noch strittig (i.E.: Schwab 2019, 23 ff.).

12.2.3 Die Aufgaben des Familiengerichts und des Jugendamts

In Vormundschaftsangelegenheiten hat das Familiengericht die Oberaufsicht. Es wird von Amts wegen, häufig auf Anregung (§ 24 FamFG) des Jugendamtes, tätig. Zuständig ist das Familiengericht am Wohn- und Aufenthaltsort des Minderjährigen, § 152 Abs. 2 FamFG; die Zuständigkeit in Sonderfällen, z.B. bei vorläufigen Maßnahmen, richtet sich nach § 152 Abs. 3 FamFG. Die funktionelle Zuständigkeit beim Familiengericht ist zwischen Richter und Rechtspfleger geteilt. § 3 Nr. 2 lit. a RPflG enthält den Katalog der Aufgaben des Rechtspflegers, § 14 RPflG den des Richters. Hiernach ist grundsätzlich der Rechtspfleger zuständig. Wichtige Maßnahmen sind jedoch dem Richter vorbehalten. Das Verfahren richtet sich nach den Vorschriften über das kindschaftsrechtliche Verfahren nach FamFG. Dabei ist zu sehen, dass der Entzug der elterlichen Sorge nach §§ 1666, 1666a BGB und die Auswahl und Bestellung eines Vormundes innerhalb eines einheitlichen Verfahrens vorgenommen werden. In diesem Verfahren werden u.a. die Eltern (§ 160 FamFG) und das Kind (§ 159 FamFG) gehört. Die

16

Anhörung naher Bezugspersonen soll, wie oben bereits gesehen, nach § 168 FamFG-E hinzutreten. Dem Minderjährigen wird ein Verfahrensbeistand bestellt (§ 158 FamFG).

17 Ist die Bestellung des Vormundes erfolgt, hat das Familiengericht neben der Erteilung der bereits besprochenen notwendigen Genehmigungen vor allem im Bereich der Vermögenssorge vornehmlich die Aufgabe, den Vormund zu beraten (§ 1837 Abs. 1 S. 2 BGB) und zu beaufsichtigen (§ 1837 Abs. 2 S. 1 BGB). Hierbei kann es insbesondere mittels Ge- oder Verboten gegen Pflichtwidrigkeiten des Vormundes vorgehen, zum Beispiel bei Nichterfüllung der persönlichen Kontaktpflicht (§ 1837 Abs. 2 BGB) und zur Befolgung seiner Anordnungen auch ein Zwangsgeld festsetzen (dies jedoch nicht gegen den Amts- oder Vereinsvormund!), § 1837 Abs. 3 BGB. Um seiner Fürsorge- und Kontrollpflicht nachkommen zu können, hat der Vormund eine allgemeine Auskunftspflicht nach § 1839 BGB; hinsichtlich der Vermögenssorge bestehen weitere besondere Auskunftspflichten nach §§ 1840 ff. BGB. Versagt der Vormund in relevanter Weise, so ist, wie gesehen, die Entlassung aus der Vormundschaft möglich. Gemäß § 1837 Abs. 4 BGB kommt auch der Entzug von Teilrechten der Vormundschaft (z.B. Personensorgerecht, Aufenthaltsbestimmungsrecht usw.) in entsprechender Anwendung von §§ 1666, 1666a BGB in Betracht. Die künftige Regelung zur Beratung des Vormunds durch das Familiengericht und zur Aufsicht über ihn ist § 1802 BGB-E zu entnehmen, der vielfach auf Vorschriften aus dem Betreuungsrecht verweist. Bei deren entsprechender Anwendung gilt es jedoch zu beachten, dass im Betreuungsrecht die Wünsche des (volljährigen) Betreuten im Mittelpunkt stehen (§ 1901 Abs. 3 BGB/§ 1821 Abs. 2 BGB-E), im Vormundschaftsrecht hingegen das Kindeswohl (§ 1697a BGB).

Zur Erfüllung seiner Aufgaben ist das Familiengericht auf die Information und **Unterstützung** anderer Stellen, insbesondere des Jugendamts, angewiesen. Dies ist in **§ 53 Abs. 3 SGB VIII** ausdrücklich festgehalten. Damit andererseits das Jugendamt seinen Aufgaben nachkommen kann, hat das Familiengericht nach § 1851 BGB dem Jugendamt die wichtigsten Fakten über die Vormundschaft mitzuteilen.

18 Im vormundschaftlichen Verfahren ist die Beteiligung des Jugendamtes obligatorisch, Verfahrensrechtlich ergibt sich das aus § 162 FamFG, nach Abs. 2 insbesondere dann, wenn das Verfahren mit einem Sorgerechtsentzug im Zusammenhang steht. Die materiellrechtlichen Regelungen finden sich in den §§ 53 ff. SGB VIII, nach geltendem Recht auch u.a. in § 1779 Abs. 1 BGB. Die wechselseitige Informations- und Auskunftspflicht von Jugendamt und Familiengericht, ohne die ein Zusammenwirken der beiden Institutionen nicht funktionieren kann, ist in § 53 Abs. 3 S. 3 und 4 SGB VIII/§ 57 SGB VIII-E bzw. § 1851 BGB enthalten.

19 Eine zentrale Rolle spielt das Jugendamt im Verfahren der Auswahl des Vormundes. Bereits nach geltendem Recht kommt dem Jugendamt die Aufgabe zu, dem Familiengericht geeignete Personen als Vormund vorzuschlagen, § 53 Abs. 1 SGB VIII. Nach künftigem Recht hat es diesen Vorschlag auch zu begründen, dabei darzulegen, welche Maßnahmen es zur Ermittlung des am besten geeigneten Vormunds getroffen hat und vor allem zu erklären, weshalb, wenn sein Vorschlag auf eine professionell geführte Vormundschaft hinausläuft, keine geeignete natürliche ehrenamtliche Person zur Verfügung stand. Damit soll dem vom Gesetzgeber gewollten **nachrangigen** Rückgriff auf das Jugendamt als Vormund (§ 1791b Abs. 1 S. 1, 1. HS BGB/§ 1779 Abs. 2 BGB-E) stärker Geltung verschafft werden. Insbesondere die Prüfung, ob das Jugendamt als Vormund entlassen werden kann, weil inzwischen eine ehrenamtlich fungierende Person zur Verfügung steht (§ 1887 BGB/§ 1804 Abs. 1 Nr. 2 BGB-E) erfolgte bisher, so-

weit bekannt, eher pro forma. Ob die Neuregelung allerdings tatsächlich zu einer nennenswerten Verringerung der Zahl der Amtsvormundschaften führen wird, bleibt freilich abzuwarten.

In § 53 Abs. 2 SGB VIII (künftig: § 53a SGB VIII) ist den Vormündern ein **Rechtsanspruch auf Beratung und Unterstützung** durch das Jugendamt eingeräumt (ausführlich Münder u.a. 2020, Kap. 13). Das Jugendamt hat dies aus seiner sozialpädagogischen Kompetenz heraus anzubieten. Die Ausgabe entsprechender Merkblätter oder das Angebot von Vorträgen, über die die Praxis oft kaum hinauskommt, erfüllt diesen Anspruch freilich noch nicht. Der Rechtsanspruch der Vormünder besteht aber auch auf Beratung und Unterstützung in Einzelfällen, insbesondere bei erzieherischen Hilfen, geeigneten erzieherischen Angeboten usw. (ausführlich: Hoffmann/Proksch in Münder u.a. FK-SGB VIII § 53 Rn. 6 ff.).

20

Wird das Jugendamt Vormund, weil dies von Gesetzes wegen vorgesehen ist (gesetzliche Amtsvormundschaft) oder weil keine natürliche Person in Betracht kommt (bestellte Amtsvormundschaft), dann wird es **als Amt Vormund**, § 55 SGB VIII (ausführlich Münder u.a. 2020, Kap. 13.2). Die Ausübung der Aufgaben der Vormundschaft wird einzelnen Bediensteten übertragen (§ 55 Abs. 2 SGB VIII). Grundsätzlich hat das Jugendamt dieselben Rechte und Pflichten wie ein Einzelvormund, es ist jedoch, ebenso übrigens wie der Vereinsvormund, weitgehend von den aufgeführten Beschränkungen befreit (§§ 1792 Abs. 1 S. 2, 1857a BGB/§ 1801 BGB-E bzw. auch § 56 Abs. 2 SGB VIII: sog. Befreite Vormundschaft).

21

12.3 Pflegschaft

Im Unterschied zur Vormundschaft, die die gesamte elterliche Sorge umfasst, tritt die **Ergänzungspflegschaft** für Minderjährige in § 1909 BGB, wie die Bezeichnung schon vermitteln soll, ergänzend zur elterlichen Sorge hinzu. Sie wird bestellt, wenn die Inhaber der elterlichen Sorge (oder der Vormund) an der Wahrnehmung von **einzelnen Angelegenheiten der elterlichen Sorge** verhindert sind. Dies erfolgt auf Anregung der Eltern, wenn Ausschlussgründe von der Vertretungsbefugnis der Eltern für das Kind vorliegen (so z.B. § 181 BGB, der den Eltern sogenannte Insichgeschäfte verbietet, oder auch aus § 1629 Abs. 2 BGB (vgl. Kap. 8) i.V.m. § 1795 BGB (nach künftigem Recht: §§ 1824, 1789 Abs. 2 S. 3 und 4 BGB-E). Wird die Pflegschaft gegen den Willen der Eltern unter Eingriff in deren Elternrecht angeordnet, dann hat sie zumeist eine Gefährdung des Kindeswohls i.S.v. § 1666 BGB zum Ausgangspunkt. Die Pflegschaft kann hier Teile der elterlichen Sorge, wie etwa das Aufenthalts- oder das Umgangsbestimmungsrecht, die Gesundheitssorge, das Recht, Hilfen zur Erziehung zu beantragen, aber auch die gesamte Personen- oder die gesamte Vermögenssorge betreffen, oder auch nur die Erteilung einer Einwilligung etwa in eine Heilbehandlung oder die Fortsetzung bzw. Beendigung lebenserhaltender Maßnahmen betreffen. Sie kann aber auch im Falle eines einzelnen Interessenskonflikts zwischen Eltern und Kind bestellt werden. Eine besondere Form der Pflegschaft, die auch an besondere tatbestandliche Voraussetzungen geknüpft ist, stellt die Umgangspflegschaft nach §§ 1684 Abs. 3, 1685 Abs. 3 BGB dar (vgl. Kap. 11). Für den Zeitraum, in dem eine notwendig gewordene Bestellung eines Vormunds noch nicht erfolgt ist, wird nach geltendem Recht ebenfalls ein Pfleger bestellt (sog. **Ersatzpflegschaft**, § 1909 Abs. 3 BGB). Im künftigen Recht ist hierfür eine vorläufige Vormundschaft (s.o. Rn. 13) vorgesehen.

22

23 Nach künftigem Recht soll als weitere Form der Pflegschaft die **zusätzliche Pflegschaft** (**§ 1776 BGB-E**) hinzukommen. Diese Möglichkeit soll dann in Betracht kommen, wenn ein ehrenamtlicher Vormund bestimmte Sorgeangelegenheiten oder einen bestimmten Kreis von Sorgeangelegenheiten nicht selbst zum Wohl des Minderjährigen wahrnehmen kann und deren Übertragung auf einen Pfleger deshalb dem Wohl des Kindes dienen würde. In der Gesetzesbegründung wird hierfür als Beispiel angeführt, dass dann eine Großmutter als Vormund mit einem Rechtsanwalt als zusätzlichem Pfleger gegen ihre Tochter vorgehen könnte, um die Unterhaltsansprüche ihres Enkels durchzusetzen. Es bleibt zu hoffen, dass eine vergleichbare Lösung künftig auch für die unter Vormundschaft stehenden unbegleiteten Geflüchteten wirksam wird. In diesem Falle könnte für deren Vormund der zusätzliche Pfleger asyl- und aufenthaltsrechtliche Verfahren führen; die umstrittene Rechtsprechung des BGH, die gegenwärtig noch die Bestellung eines Mitvormundes für diese Angelegenheiten ausschließt (Beschl. v. 13.9.2017 – XII ZB 497/16), würde dann obsolet werden. Darauf zu verweisen ist noch, dass im Übrigen die Vorschriften für die Pflegschaft Minderjähriger auch für die zusätzliche Pflegschaft gelten sollen.

24 Die Aufgaben des Pflegers ergeben sich aus dem Beschluss des Gerichts, durch den die Pflegschaft angeordnet wird. Damit kann das Gericht relativ zielgenau Maßnahmen treffen, um mittels der Pflegschaft die Interessenvertretung bzw. den Schutz des Kindes sicherzustellen. Als **Rechtsfolge** der Pflegschaft ist die **elterliche Sorge im Umfang der Pflegschaft eingeschränkt,** 1630 Abs. 1 BGB. Entsprechend der Aufgabe endet die Pflegschaft auch: Ist sie für eine einzelne Angelegenheit bestellt worden, so endet sie nach § 1918 Abs. 3 BGB mit der Erledigung dieser Aufgabe. In den Fällen der längerfristigen Bestellung der Pflegschaft (z.B. im Zusammenhang mit Maßnahmen nach § 1666 Abs. 3 BGB) endet sie mit der Erreichung der Volljährigkeit, ansonsten durch einen entsprechenden Aufhebungsakt des Gerichtes. Die Mehrzahl der für die Vormundschaft geltenden Vorschriften findet auch für die Pflegschaft entsprechende Anwendung, § 1915 BGB/§ 1813 BGB-E.

12.4 Internationales Vormundschafts- und Pflegschaftsrecht

26 In Vormundschafts- und Pflegschaftssachen mit Auslandsbezug sind nach § 99 Abs. 1 FamFG deutsche Gerichte zunächst dann zuständig, wenn das Mündel oder der Pflegling Deutscher ist bzw. seinen **gewöhnlichen Aufenthalt** in Deutschland hat oder aber wenn der Minderjährige der Fürsorge eines deutschen Gerichtes bedarf. Materiellrechtlich kommt zwar nach dem Wortlaut von Art. 24 EGBGB grundsätzlich zunächst das Heimatrecht des Kindes zur Anwendung. Aber wie stets (vgl. Kap.1) stehen auch hier die **höherrangigen europarechtlichen Regelungen** über dem nationalen Recht und haben **völkerrechtliche Vereinbarungen** gemäß § 97 Abs. 1 FamFG Vorrang. Dies betrifft auch vorliegend wiederum zunächst die Brüssel IIa-VO, die nach Art. 1 Abs. 1 lit. b auch für den Bereich der elterlichen Verantwortung und damit nach Art. 1 Abs. 2 lit. b ausdrücklich auch für die Vormundschaft, die Pflegschaft und entsprechende Rechtsinstitute gilt. Die Verordnung legt gemäß Art. 8 die allgemeine Zuständigkeit der Gerichte danach fest, wo das **Kind** zum Zeitpunkt der Antragstellung seinen **gewöhnlichen Aufenthalt** hat. Dies gilt nicht nur für Staatsangehörige der Mitgliedstaaten der EU, sondern auch für Staatsangehörige von Drittstaaten (soweit sie die Zuständigkeitskriterien erfüllen). Allerdings tritt hier in dieser besonderen Rechtsmaterie des Kinderschutzes das KSÜ ergänzend zur Brüssel IIa-VO hinzu. Auch das KSÜ regelt die

12.4 Internationales Vormundschafts- und Pflegschaftsrecht

Zuständigkeit – übrigens nicht nur der Gerichte, sondern auch der Behörden – gemäß Art. 5 KSÜ zunächst über den gewöhnlichen Aufenthaltsort des Minderjährigen, hält im Folgenden jedoch für eine Reihe von besonderen Fallgestaltungen Ausnahmeregelungen bereit. Hinsichtlich des **anzuwendenden materiellen Rechts** wird über Art. 15 Abs. 1 KSÜ ein **Gleichlauf** mit der **formellen Zuständigkeit** hergestellt. Damit ist dann, wenn Gerichte (oder Behörden) des gewöhnlichen Aufenthaltsortes zuständig sind, auch das Recht des gewöhnlichen Aufenthaltsortes anzuwenden. Folglich bleibt für eine tatsächliche Anwendung von Art. 24 EGBGB kaum noch Raum. Dem trägt auch die geplante Änderung von Art. 24 EGBGB-E Rechnung, wonach bei sog. Fürsorgeverhältnissen (Vormundschaft, Pflegschaft, Betreuung), ob sie nun von einem deutschen Gericht angeordnet wurden oder ob sie aufgrund einer anzuerkennenden ausländischen Entscheidung auszuüben sind, in aller Regel inländisches Recht zur Anwendung kommt.

Weiterführende Literatur:

Zum geltenden Recht:
- Oberloskamp, H. 2017
- Münder, J. u.a. 2020, Kap. 13

Zum zukünftigen Recht:
- Coester-Waltjen, D. u.a. 2019
- Hoffmann, B.: JAmt 11/ 2020

13. Adoption

Ausführlich behandelte Bestimmungen

- Annahme als Kind: §§ 1741, 1748 BGB
- Adoptionsvermittlung und -begleitung: §§ 2, 2a, 7, 9, 9a AdVermiG
- Anerkennung internationaler Adoptionen: §§ 1 bis 4 AdWirkG
- Internationales Recht: Art. 22 EGBGB; Haager Adoptionsübereinkommen (AdÜbK)

Wichtige, interessante Entscheidungen:

- Zur Ersetzung der Einwilligung der Eltern bei der Annahme als Kind: BVerfG 29.7.1968 – 1 BvL 20/63, 31/66 und 5/67; BVerfG 29.11.2005 – 1 BvR 1444/01
- Vollständiger Ausschluss der Stiefkindadoption in nichtehelichen Familien ist verfassungswidrig: BVerfG 26.3.2019 – 1 BvR 673/17
- Persönliche Anhörung eines Adoptionsbewerbers in Deutschland ist Voraussetzung für die Anerkennung ausländischer Adoptionsentscheidungen: OLG Frankfurt am Main 24.9.2019 – 1 UF 93/18
- Anerkennung einer ausländischen Volljährigenadoption: BGH 27.5.2018 – XII ZB 54/18
- Kindeswohl ist entscheidend, selbst bei rechtswidrigem Verhalten der Adoptionsbewerberin: AG Celle 9.6.2017 – 50 F 40025/10 AD

1 Die entscheidenden rechtlichen Bezugspunkte einer Adoption sind heute das **Wohl des Kindes** sowie die **Entstehung eines Eltern-Kind-Verhältnisses**. Jedoch sind diese beiden zunächst eher abstrakten Gesichtspunkte in sehr konkrete gesellschaftliche Entwicklungen eingebunden, die letztlich zu einem Wandel sozialer Anschauungen und Bewertungen führen und sich daher schließlich konsequenterweise auch in sich ändernden rechtlichen Regelungen Geltung verschaffen. Zu den veränderten sozialen Bezugspunkten der Adoption gehört u.a. – um an dieser Stelle nur einige wesentliche zu nennen –, dass ein stabiles Eltern-Kind-Verhältnis, auch wenn es durch Adoption zustande kommt, nicht notwendigerweise zur Voraussetzung haben muss, dass die annehmenden Eltern miteinander verheiratet sind (BVerfG 26.3.2019 – 1 BvR 673/17), oder auch, dass es – bemerkenswert genug, dies überhaupt noch betonen zu müssen – keineswegs dem Wohl des Kindes entgegen steht, dass die annehmenden Eltern gleichen Geschlechts sind (EGMR 26.2.2002 – 36515/97: Fretté v. Frankreich). Gleichzeitig führen Entwicklungen auf dem Gebiet reproduktionsbiologischer Techniken sowie die weltweit bestehenden Verkehrs- und Kommunikationsmöglichkeiten zu sozialen Konstellationen (z.B.: die „Bestellung" von Kindern aus Ländern des Südens zur Adoption oder die Vermittlung von „Ersatzmüttern", die Kinder zur Welt bringen, um sie anschließend von „Bestelleltern" adoptieren zu lassen), die nicht nur komplexe ethische Fragestellungen hervorbringen, sondern auch angemessener rechtlicher Regelungen bedürfen.

2 Dies alles erfolgt im Rahmen einer rechtskonzeptionellen Lösung, die mit dem ursprünglichen Vertragsansatz des BGB praktisch nichts mehr gemein hat. Nach ihm nämlich erfolgte eine Adoption durch Vertrag zwischen Annehmenden und Adoptierten; sie konnte ebenfalls durch Vertrag auch wieder aufgehoben werden (sog. Vertragsprinzip). Nach heute geltendem Recht hingegen kommt die Adoption durch Gerichts-

beschluss zustande, § 1752 BGB, § 197 FamFG (sog. Dekret-Prinzip). Die Voraussetzungen, die Formen und die Wirkungen der Adoption sind in den Regelungen der §§ 1741 bis 1772 BGB, die im Wesentlichen dem Gesetz über die Annahme als Kind vom 1.1.1977 entstammen, definiert. Sie lassen keine privatrechtlichen Gestaltungsräume. Für die Adoptionsvermittlung besteht ein staatliches Monopol, geregelt im „Gesetz über die Vermittlung und Begleitung der Adoption und über das Verbot der Vermittlung von Ersatzmüttern" (AdVermiG). Die Anerkennung von internationalen Adoptionen erfolgt nach den gesetzlichen Vorgaben des Adoptionswirkungsgesetzes (AdWirkG) und unterliegt strengen richterlichen Prüfmaßstäben (z.B.: OLG Frankfurt am Main 24.9.2019 – 1 UF 93/18: Eine ausländische Adoptionsentscheidung kann in Deutschland nicht anerkannt werden, wenn im Adoptionsverfahren in dem anderen Staat keine Eignungsprüfung des Adoptionsbewerbers stattgefunden hat).

Diese Rechtsentwicklung führt zugleich zu einer tendenziellen Schwerpunktverlagerung im Adoptionsrecht vom Privatrecht hin zum öffentlichen Recht. So finden sich wichtige Regelungen im SGB VIII (§ 51, § 36 Abs. 1 S. 2); das AdVermiG gilt gem. § 68 Nr. 12 SGB I als besonderer Teil des Sozialgesetzbuches. Zum 1.4.2021 wurden im Rahmen eines sog. Adoptionshilfegesetzes Änderungen im Adoptionsrecht wirksam, die neben dem Verfahrensrecht des FamFG und dem AdWirkG vor allem das AdVermiG betrafen und damit das fachliche Handeln von in der Adoptionsberatung und -vermittlung tätigen Mitarbeiter:innen der Jugendämter, die über entsprechende rechtliche Spezialkenntnisse verfügen müssen. Die rechtlichen Grundlagen dieser Spezialkenntnisse zu vermitteln, kann nicht Gegenstand der vorliegenden Gesamtdarstellung des Familienrechts sein. Deshalb im Folgenden nur ein knapper Überblick und einige wenige Akzente.

13.1 Voraussetzungen der Adoption

§ 1741 Abs. 1 S. 1 BGB nennt das **Wohl des Kindes** und die Begründung eines **Eltern-Kind-Verhältnisses** als Voraussetzungen für die Annahme als Kind. Handelt es sich nicht um eine Stiefkindadoption (Rn 9 f.) oder um die Annahme durch einen Verwandten, werden angesichts des Verhältnisses von vorgemerkten Adoptionsbewerbern (2017: 4.644) zu für eine Adoption vorgemerkten Kindern (2017: 758) die Bewerber faktisch durch eine Adoptionsvermittlungsstelle „ausgewählt". Rechtlich von Bedeutung wird § 1741 Abs. 1 S. 1 BGB, wenn bestimmte Personen ein bestimmtes Kind adoptieren wollen, weil z.B. ein tatsächliches Betreuungsverhältnis besteht (Pflegepersonen, Erziehungspersonal von Einrichtungen). Hier kann es zu Rechtskonflikten kommen, wenn die Adoptionsvermittlungsstelle das Kind an andere, womöglich besser geeignete Adoptionsbewerber geben will. In derartigen Konstellationen ist dann auf der Basis vorhandener human- und sozialwissenschaftlicher Kenntnisse zu eruieren, welche Sozialisationskonstellation dem Wohl des Kindes am zuträglichsten ist. Die Deduktion von abstrakten Vorstellungen auf konkrete Sachverhalte ist hier ebenso wenig nützlich wie in anderen Fällen (§§ 1666, 1671 BGB – vgl. Kap. 2, 8 und 9), in denen der Begriff des Kindeswohls auszulegen ist. Ausgehend davon, dass unter dem Gesichtspunkt der **Dienlichkeit** des Kindeswohls eine **nachhaltige Verbesserung der Situation des Kindes als Folge der Adoption** erforderlich ist, besteht auch kein Automatismus dahin gehend, dass eine Annahme des Kindes stets besser wäre als ein Pflegekinderverhältnis (BGH 15.10.1996 – XII B 72/96; BVerfG 16.1.2002 – 1 BvR 1069/01).

5 Kindeshandel und vergleichbaren Praktiken, die z.B. nach § 5 Abs. 3 und 5, § 6 AdVermiG verboten sind, soll die Regelung in § 1741 Abs. 1 S. 2 BGB präventiv entgegenwirken. In Fällen einer in diesem Sinn gesetz- oder sittenwidrigen Vermittlung nämlich besteht nach dem Gesetzeswortlaut die erhöhte Anforderung, dass die Adoption nicht nur dem Wohl des Kindes dient, sondern dass sie zum Wohl des Kindes **erforderlich** ist. Was im Einzelnen als sitten- oder gesetzwidrig gilt, richtet sich nach deutschem Recht. So soll nach einer Entscheidung des OLG Frankfurt vom 28.2.2019 die Inanspruchnahme einer ukrainischen Leihmutter keine sitten- oder gesetzeswidrige Vermittlung oder Verbringung darstellen, zumal die die Annahme begehrende Frau die genetische Mutter und ihr Ehemann der genetische Vater des Kindes waren (1 UF 71/18). Das AG Celle hat in einem anderen Fall entschieden, dass auch die rechtswidrige Mitnahme des Kindes aus dem Ausland jedenfalls dann einer Adoption nicht entgegenstehe, wenn das Kind, dessen Mutter gestorben war und dessen Vater für die Betreuung nicht in Betracht kam, bereits mehrere Jahre in der Familie der die Adoption begehrenden Schwester seiner Mutter verbracht und sich zwischen den beiden ein tatsächliches Eltern-Kind-Verhältnis entwickelt hat (9.6.2017 – 50 F 40025/10 AD). Beide Male haben es die Gerichte allerdings bei der Feststellung bewenden lassen, dass die Adoption dem Kindeswohl **diene,** und die Prüfung der gesteigerten Voraussetzung des § 1741 Abs. 1 S. 2 BGB, dass sie auch für das Kindeswohl **erforderlich** sein müsse, für nicht notwendig erachtet.

6 Während die gemeinschaftliche sog. „Fremdadoption" nach § 1741 Abs. 2 S. 2 BGB nur Ehepaaren offensteht, kann, wer nicht verheiratet ist, ein Kind nur allein annehmen, § 1741 Abs. 2 S. 1 BGB. Damit ist die Möglichkeit der gemeinschaftlichen Adoption eines Kindes durch ein nichtverheiratetes Paar gesetzlich ausgeschlossen.

7 Die am häufigsten vorkommende Form der Adoption ist die sog. **Stiefkindadoption.** 2019 machte sie 63 Prozent an der Gesamtzahl der insgesamt 3.744 Adoptionen aus. Gerade wegen ihrer überragenden praktischen Bedeutung ist zu betonen, dass die allgemeinen Grundsätze für eine Adoption natürlich auch hier gelten. Auch für die Stiefkindadoption wird zu beurteilen sein, ob sich zwischen dem Annehmenden und dem zu adoptierenden Kind über einen längeren Zeitraum, im Zweifel also auch über mehrere Jahre hinweg, eine tragfähige Beziehung herausgebildet hat. Die Kindeswohldienlichkeit der Adoption steht jedenfalls, wie bei allen anderen Adoptionen so auch hier, erst dann fest, wenn sie tatsächlich zu einer nachhaltigen Verbesserung der Lebenssituation des Kindes führt. Nach dem Wortlaut von § 1741 Abs. 2 S. 3 BGB soll eine Stiefkindadoption nur dann erfolgen können, wenn der Elternteil, von dem das Kind abstammt, und der, der das Kind annehmen möchte, miteinander verheiratet sind. Mittlerweile ist jedoch in Umsetzung einer Entscheidung des BVerfG vom 26.3.2019 – 1 BvR 673/17 mit § 1766a BGB seit dem 31.3.2020 auch für nichtverheiratete Paare die Möglichkeit einer Stiefkindadoption eröffnet. Nach Ansicht des BVerfG stellt nämlich zumindest das ausnahmslose Adoptionsverbot für nichtverheiratete Paare eine Ungleichbehandlung von Kindern in diesen Familien gegenüber jenen in ehelichen Familien dar. Eine solche Ungleichbehandlung findet auch, so das BVerfG, keine sachliche Rechtfertigung in der Annahme, dass allein die Ehe eine dem Kindeswohl dienliche Elternstabilität zu garantieren vermag. Zur Validität einer derartigen Annahme nämlich gibt es keine Erkenntnisse. Daher liegt ein Verstoß gegen Art 3 Abs. 1 GG vor. (Das BVerfG verwies übrigens in dem angeführten Beschluss darauf, dass es aufgrund der konkreten Fallgestaltung daran gehindert war zu entscheiden, ob der gesetzliche Ausschluss einer gemeinschaftlichen Fremdadoption durch unverheiratete Paare nicht

13.1 Voraussetzungen der Adoption

auch gegen das Gleichheitsgebot verstoße – was der Gesetzgeber erwartungsgemäß dankbar dafür zum Anlass nahm, untätig zu bleiben.) Geregelt ist nunmehr mit § 1766a BGB, dass sich die Stiefkindadoption bei einem nichtverheirateten Paar nach denselben Regeln wie für ein verheiratetes Paar bestimmt, sofern das nichtverheiratete Paar in einer **verfestigten Lebensgemeinschaft in einem gemeinsamen Haushalt** lebt. Dies liegt in der Regel nach einem mindestens vier Jahre andauernden eheähnlichen Zusammenleben vor. Die gesetzliche Mindestzeit entfällt, wenn das Paar mit einem gemeinsamen Kind zusammenlebt. Eine weitere Bedingung ist, dass keiner der beiden Partner mit einer dritten Person verheiratet ist.

Noch einmal eine besondere Bedeutung erhält die Stiefkindadoption bei gleichgeschlechtlichen Paaren, weil das geltende Abstammungsrecht nach seinem Wortlaut dem Kind immer nur *eine* Mutter und *einen* Vater als rechtliche Eltern zuordnet. Da bis zu einer Neuregelung des Abstammungsrechts (hierzu Kap. 4) eine Lösung des Problems auch mittels Analogiebildung nicht in Betracht kommt (BGH 10.10.2018 – XII ZB 231/18), kann eine gemeinsame Elternschaft in diesen Fällen nur im Wege einer Stiefkindadoption herbeigeführt werden, wobei diese Beschränkung in zwei Vorlagebeschlüssen des KG Berlin (24.3.2021 – 3 UF 1122/20) sowie des OLG Celle (24.3.2021 – 21 UF 146/20) für verfassungswidrig gehalten wird. Doch selbst dies ist erst mit der Änderung von § 1353 Abs. 1 BGB möglich geworden. Zuvor musste sogar der Weg zu einer gemeinschaftlichen Elternschaft über eine „Nacheinander- Adoption" i.S.v. § 1742 BGB (sog. Sukzessivadoption) vor dem Bundesverfassungsgericht erstritten werden. Allerdings kommt auch hier neben der bisherigen Möglichkeit nach § 1741 Abs. 2 S. 3 BGB, also der Adoption des Kindes des Ehepartners, nunmehr auch eine Adoption für nichtverheiratete Paare nach § 1766a BGB in Betracht.

8

Der im Zuge des Adoptionshilfe-Gesetzes neu geschaffene § 9a AdVermiG verlangt bei Stiefkindadoption eine Pflichtberatung für das abgebende und das annehmende Elternteil sowie für den Ehegatten des Annehmenden und auch das zu adoptierende Kind durch die Adoptionsvermittlungsstelle. Zwar ist der Ansatz im Lichte der Prüfung der Kindeswohldienlichkeit (oben, Rn. 7) im Grundsatz richtig. In Bezug auf lesbische verheiratete Paare hätte es jedoch nicht nur nach Ansicht damit befasster Verbände, etwa des Lesben- und Schwulenverbandes (LSVD), sondern mehrheitlich auch des Bundesrates zu einer weiteren Diskriminierung geführt, wenn sie, ohnehin schon von einer gemeinsamen Elternschaft durch Abstammung ausgeschlossen, zusätzlich noch der Prozedur einer Pflichtberatung ausgesetzt werden sollten. Auf Empfehlung des Vermittlungsausschusses von Bundestag und Bundesrat hebt § 9a in seinem schließlich verabschiedeten Abs. 4 deshalb die Beratungspflicht auf, wenn der annehmende Elternteil zum Zeitpunkt der Geburt des Kindes mit dem Elternteil des Kindes verheiratet war. Zwar bezog sich der Diskriminierungseinwand, wie ausgeführt, auf lesbische verheiratete Paare. Die Regelung in § 9a Abs. 4 AdVermiG sollte jedoch auch auf miteinander verheiratete Männer anwendbar sein, wenn derjenige, der Elternteil des Kindes ist, seine Vaterschaft bereits pränatal wirksam anerkannt hat (§§ 1592 Nr. 2, 1594 Abs. 4 BGB) und die Ehe bereits zum Zeitpunkt der Geburt des Kindes bestand.

9

Formelle Voraussetzungen für die Adoption kennt das Gesetz nur wenige: § 1743 BGB nennt Alterserfordernisse von mindestens 25 bzw. 21 Jahren. Gemäß § 1752 BGB bedarf es für die Adoption eines Antrags seitens des bzw. der Annehmenden an das Familiengericht und der Einwilligung insbesondere des Kindes (§ 1746 BGB) und der Eltern (§ 1747 BGB). Die Formvorschriften gemäß § 1750 BGB einzuhalten bereitet wegen

10

der Einschaltung von Adoptionsvermittlungsstellen und Notariaten üblicherweise keine rechtlichen Probleme. Nach § 1744 BGB soll der Annahme eine angemessene Probezeit vorgeschaltet sein, während der sich erweisen soll, ob es tatsächlich zur Herausbildung eines Eltern-Kind-Verhältnisses kommt.

13.2 Einwilligungen, ihre Ersetzung – Zwangsadoption?

11 Ist ein Antrag auf Annahme gestellt, müssen die Einwilligungen des Kindes und der abgebenden Eltern erfolgen. Das **Kind** kann, wenn es über 14 Jahre alt ist, nur selbst einwilligen, braucht dann aber die Zustimmung des gesetzlichen Vertreters (§ 1746 BGB). Die Einwilligung der **leiblichen Eltern** (§ 1747 Abs. 1 BGB) ist auch dann erforderlich, wenn ihnen nach § 1666 BGB das Sorgerecht entzogen wurde oder wenn etwa der Vater wegen § 1626a Abs. 3 BGB nicht sorgeberechtigt ist. Um Eltern mit gemeinsamem Sorgerecht, vor allem aber auch allein sorgeberechtigte Mütter, zu schützen, müssen nach § 1747 Abs. 2 BGB acht Wochen seit der Geburt des Kindes verstrichen sein, bevor eine Einwilligung wirksam erteilt werden kann, denn hinter den Einwilligungserklärungen der leiblichen Eltern stehen häufig massive, auch mental extrem belastende soziale Probleme. In der Mehrzahl der Fremdadoptionsfälle handelt es sich um Kinder alleinsorgeberechtigter Mütter, die sich oft in von ihnen als schwierig, zum Teil ausweglos empfundenen Situationen befinden, denen der Zugang zu anderen Hilfen verbaut oder nicht möglich ist und die in diesen Situationen die Einwilligung zur Adoption häufig als einen Akt schuldbeladenen individuellen Versagens empfinden (im Einzelnen: Dettenborn/Walter 2016, 269 f.).

12 Die genannte Schutzfrist gilt allerdings nicht für den Vater, der nicht mit der Mutter verheiratet ist. Er kann, sofern keine Sorgeerklärung abgegeben wurde, seine Einwilligung bereits vor der Geburt des Kindes erteilen (§ 1747 Abs. 3 Nr. 1 BGB). Andererseits hat er aber auch die Möglichkeit, nach § 1671 Abs. 2 BGB die alleinige elterliche Sorge zu beantragen.

13 Zum Rechtsproblem wird die Einwilligung, wenn die leiblichen Eltern sie nicht erteilen. Hier sieht § **1748 BGB** die Möglichkeit zur **Ersetzung der Einwilligung** vor. Die Ersetzung der Einwilligung bei einer Adoption ist der denkbar schwerste Eingriff in das Elternrecht. Sie geschieht regelmäßig gegen massiven Widerstand der Eltern und wird bisweilen als Zwangsadoption bezeichnet. Entscheidend ist, aus welchen Gründen die Einwilligung ersetzt wird. Wegen der Orientierung am Wohl des Kindes ist § 1748 BGB grundsätzlich verfassungskonform (BVerfG 29.7.1968 – 1 BvL 20/63, 31/66 und 5/67; BVerfG 16.1.2002 – 1 BvR 1069/01). Entscheidend ist aber, ob die Ausfüllung der Generalklauseln im konkreten Einzelfall auch korrekt geschieht, denn wie bei allen unbestimmten Rechtsbegriffen besteht die Gefahr, dass aus allgemeinen Wertvorstellungen und abstrakten Prinzipien auf Einzelfälle deduziert wird, statt fallbezogen zu klären, was in der konkreten Situation die Auslegung der Voraussetzungen bedeutet. § 1748 BGB kennt vier Ersetzungsgründe für die Einwilligung eines Elternteils:

- anhaltend gröbliche Pflichtverletzungen und unverhältnismäßiger Nachteil für das Kind bei Unterbleiben der Adoption – § 1748 Abs. 1 S. 1 BGB;
- Gleichgültigkeit trotz Belehrung durch das Jugendamt und unverhältnismäßiger Nachteil für das Kind bei Unterbleiben der Adoption – § 1748 Abs. S. 1 Abs. 2 BGB;

13.2 Einwilligungen, ihre Ersetzung – Zwangsadoption?

- eine zwar nicht anhaltende, aber besonders schwere Pflichtverletzung und die voraussichtliche Unmöglichkeit, das Kind in der Obhut des Elternteils zu belassen – § 1748 Abs. 1 S. 2 BGB;
- eine besonders schwere psychische Störung oder eine besonders schwere geistige oder seelische Behinderung eines Elternteils, die zu einer schweren Entwicklungsgefährdung des Kindes führen – § 1748 Abs. 3 BGB.

Hinzu kommt die Einwilligungsersetzung beim von Anfang an nicht sorgeberechtigten Vater, § 1648 Abs. 4. Auch hier ist jedoch im Sinne einer verfassungskonformen Anwendung der Vorschrift (Gleichbehandlungsgebot!) die exakte Feststellung, dass das Unterbleiben der Adoption einen unverhältnismäßigen Nachteil für das Kind bedeuten würde, zwingend erforderlich. Ansonsten ist bei der Ersetzung der Einwilligung auch danach zu unterscheiden, um welche Art von Adoption es sich handelt. Bei der Stiefkindadoption wird eine Ersetzung der Einwilligung des leiblichen Elternteils oft nicht unproblematisch sein, weswegen sich das Bundesverfassungsgericht (BVerfG 29.11.2005 – 1 BvR 1444/01) und der BGH (BGH 23.3.2005 – XII ZB 10/03) mit guten Gründen kritisch zu Stiefkindadoptionen gegen den Willen des leiblichen Vaters geäußert haben. Hier kann eine Einwilligung nur unter strengeren Voraussetzungen als in Fällen der Fremdadoption ersetzt werden, weil keineswegs ohne Weiteres davon ausgegangen werden kann, dass die Adoption durch den Stiefvater notwendigerweise auch zu einer Verbesserung der Gesamtsituation für das Kind führt und also dem Wohl des Kindes dient.

14

Die Ausfüllung der unbestimmten Rechtsbegriffe obliegt den Familiengerichten (zur Übersicht über die hierzu vorliegende Rechtsprechung vgl. Kemper/Schreiber 2015, § 1748 Rn. 3 ff.). Notwendig bleibt die konkrete Befassung mit dem Einzelfall. Ein wichtiger Aspekt ist die Tatsache, dass die ersten drei Ersetzungsgründe konzeptionell eine Nähe zu § 1666 BGB haben. Dort findet bei Vorliegen der Kindeswohlgefährdung zunächst nur ein (bei Wegfall der Voraussetzungen aufzuhebender: § 1696 Abs. 2 BGB) Eingriff in die elterliche Sorge (u.U. der vollständige Entzug) statt (vgl. Kap. 9). Die Wirkungen der Adoption sind demgegenüber wesentlich weitreichender, denn hier wird jegliches Band zu den leiblichen Eltern durchtrennt. Deswegen muss es sich um ein elterliches Fehlverhalten handeln, dessen Auswirkungen auf die Entwicklung des Kindes nicht mehr mit den Mitteln des § 1666 BGB begegnet werden kann. Wenn z.B. das Aufwachsen des Kindes in einer Pflegefamilie gesichert ist (etwa dadurch, dass den Eltern gemäß §§ 1666, 1666a BGB die elterliche Sorge entzogen wurde), kann die Ersetzung der Einwilligung der Eltern nicht darauf gestützt werden, dass allein der Status eines angenommenen Kindes erheblich günstiger sei als etwa der eines Pflegekindes (BVerfG 16.1.2002 – 1 BvR 1069/01, im Fall einer Stiefkindadoption etwas neueren Datums auch: OLG Oldenburg 26.3.2017 – 4 UF 33/17). Weitere konzeptionelle Überlegungen zum Thema der Ersetzung der Einwilligung in die Adoption sind einer Studie des Deutschen Jugendinstituts zu entnehmen (Wapler/Frey 2017).

15

Bei einem derartig gravierenden Eingriff in das gesamte Elternrecht, wie ihn die Ersetzung in die Einwilligung der Adoption darstellt, kommt den **Verfahrensvorschriften** eine besondere Bedeutung zu. So ist das Kind (auch das Kleinkind) grundsätzlich anzuhören (§ 192 Abs. 1 und 3 FamFG). Die **Beratung und Belehrung der Eltern** sind in § 1748 Abs. 2 BGB selbst unmittelbar als eine Voraussetzung für die Ersetzung der Einwilligung benannt. Diese vom Jugendamt wahrzunehmende Aufgabe (vgl. Kap. 13.4) muss so ausgeführt werden, dass den Eltern die Bedeutung der Ersetzung ihrer Einwilligung klar wird. Eine **Anhörung der Eltern** ist bei Ersetzung ihrer Einwilligung, die einen Eingriff in das Elternrecht darstellt, im Übrigen schon wegen Art. 103 Abs. 1 GG (Recht auf rechtli-

16

ches Gehör) notwendig. Selbst dann, wenn der Elternteil seinen Aufenthaltsort ohne Hinterlassung seiner Anschrift gewechselt hat (§ 1748 Abs. 2 Satz 2 BGB), muss alles versucht werden, diesen Anspruch auf rechtliches Gehör zu realisieren, etwa dadurch, dass Personen, die den Elternteil (anwaltlich) vertreten, informiert werden, Betreuer eingeschaltet werden usw. Formell geschieht die Ersetzung der Einwilligung eines Elternteils durch das Familiengericht auf Antrag des Kindes. Das 14-jährige Kind kann diesen Antrag selbst stellen. Beim noch nicht 14-jährigen Kind ist der Antrag durch den gesetzlichen Vertreter zu stellen. Falls dies ein Vormund oder Pfleger ist, sind rechtliche Probleme nicht zu erwarten. Liegt hingegen die gesetzliche Vertretung bei den Eltern, dann werden diese von sich aus wohl keinen Antrag auf Ersetzung ihrer Einwilligung stellen. In diesem Fall müsste das Familiengericht zunächst erst die elterliche Sorge gemäß § 1666 BGB einschränken und die Befugnisse der Antragstellung auf einen Pfleger übertragen, bevor dieser dann als Vertreter des Kindes den Antrag auf Ersetzung der elterlichen Einwilligung beim Gericht stellen kann. Gegen den Ersetzungsbeschluss ist Beschwerde der Eltern nach § 58 Abs. 1 FamFG möglich; erst nach Rechtskraft des Ersetzungsbeschlusses kann die Annahme als Kind ausgesprochen werden, § 198 Abs. 1 FamFG.

13.3 Wirkungen

17 Wirkungen ergeben sich bereits dann, **wenn** die **Einwilligungen** der Eltern **vorliegen**:
- nach § 1751 Abs. 1 S. 1 BGB ruhen die elterliche Sorge und das Umgangsrecht (hierzu: EGMR 5.6.2014, I.S. vs. Deutschland – 31021/08),
- regelmäßig wird das Jugendamt Vormund, § 1751 Abs. 1 S. 2, 1. BGB
- der Annehmende ist, wenn sich das Kind in seiner Obhut befindet, nach § 1751 Abs. 4 BGB dem Kind gegenüber ab diesem Moment zum Unterhalt verpflichtet,
- der Annehmende hat entsprechend § 1688 BGB das Recht, in Alltagsangelegenheiten zu entscheiden und den Inhaber des Sorgerechts insoweit zu vertreten (vgl. Kap. 8).

18 Im Übrigen treten die Wirkungen der Adoption mit dem Beschluss des Familiengerichtes ein. Der Beschluss über die Annahme als Kind ist unanfechtbar, § 197 Abs. 3 FamFG. Lehnt das Familiengericht hingegen die Annahme ab, so kann hiergegen Beschwerde nach §§ 58 ff. eingelegt werden. Beschwerdeberechtigt ist nach § 59 Abs. 1 FamFG der Antragsteller, nach § 60 FamFG der beschränkt geschäftsfähige mindestens 14 Jahre alte Minderjährige sowie nach § 59 Abs. 3 FamFG i.V.m. § 194 Abs. 2 FamFG das Jugendamt.

19 Wichtigste rechtliche Wirkung der Adoption ist, dass der Angenommene damit zum Kind des Annehmenden wird, § 1754 Abs. 2 BGB. Bei gemeinschaftlicher Annahme erlangt das Kind die Rechtsstellung eines gemeinschaftlichen Kindes. Gleiches gilt für die Annahme eines Kindes des Ehepartners (§ 1754 Abs. 1 BGB). Dem oder den Annehmenden steht damit die elterliche Sorge zu, er ist oder sie sind unterhaltspflichtig und das angenommene Kind wird gesetzlicher Erbe. Das Kind erhält den Namen der Annehmenden, § 1757 BGB (s. dort auch mögliche Ausnahmen). Es erfolgt eine volle Integration des Angenommenen in die rechtliche Verwandtschaftsstruktur des Annehmenden bei gleichzeitigem Erlöschen der bisherigen Verwandtschaftsverhältnisse, § 1755 Abs. 1 BGB (Ausnahmen bei Stiefkind-, § 1755 Abs. 2 BGB, und Verwandtenadoption, § 1756 BGB). Ist der (minderjährige) Adoptierte Ausländer, so erhält er die deutsche Staatsangehörigkeit (§ 3 Nr. 3 i.V.m. § 6 StAG), ebenso wie der (minderjährige) Deutsche bei Adoption durch einen Ausländer seine Staatsbürgerschaft in der Regel verliert (§ 27 StAG).

Eine **Aufhebung der Adoption** kommt äußerst selten vor (die jährlichen Fallzahlen liegen konstant unter 25) und ist an enge Voraussetzungen geknüpft. Neben einem Antrag auf Aufhebung wegen fehlender Einwilligungen (§ 1760 BGB) kommt nur eine Aufhebung von Amts wegen aus schwerwiegenden Gründen zum Wohl des Kindes – und damit nur während seiner Minderjährigkeit – in Betracht (§ 1763 BGB). Eine entscheidende weitere Voraussetzung hierfür wäre allerdings, dass das Kind nach Aufhebung der Adoption zu seinen leiblichen Eltern zurückkehren könnte oder aber durch andere Annehmende adoptiert würde. Damit soll verhindert werden, dass das Kind in eine Situation der Elternlosigkeit gerät. Ansonsten sind bei Gefährdung des Kindeswohls durch die Adoptiveltern Maßnahmen nach § 1666 BGB zu treffen.

13.4 Adoption als Jugendhilfe: Vorbereitung, Vermittlung, Betreuung

Da das Wohl des Kindes zentraler Orientierungspunkt der Adoption ist, sind die rechtlichen Bedingungen für die Zusammenführung von Annehmenden und Kindern von besonderer Bedeutung. Die **Adoptionsvermittlung** darf nur vom Jugendamt bzw. dem Landesjugendamt vorgenommen werden. Die Landesjugendämter haben hierzu eine zentrale Adoptionsstelle einzurichten. Die Jugendämter können Adoptionsvermittlung nur durchführen, wenn sie hierfür eigens eine Adoptionsvermittlungsstelle eingerichtet haben. Möglich sind aber auch die Errichtung einer gemeinsamen Adoptionsvermittlungsstelle für benachbarte Kreise und Gemeinden oder die Bildung einer gemeinsamen zentralen Adoptionsstelle durch das Landesjugendamt (§ 2 Abs. 1 und 2 AdVermiG). Die zentrale Adoptionsstelle der Jugendämter hat insbesondere in schwierigen Einzelfällen sowie bei Adoptionen mit Auslandsbezug die Aufgabe, die Adoptionsvermittlungsstellen zu unterstützen und fachlich zu beraten. In letzteren Fällen ist die zentrale Adoptionsstelle von Beginn der Vermittlung an durch die Adoptionsvermittlungsstellen mit zu beteiligen (§ 11 AdVermiG). Andere, in § 2 Abs. 2 AdVermiG genannte, Träger (Caritas, Diakonie, Arbeiterwohlfahrt, aber auch andere Organisationen mit Sitz im Inland) dürfen Adoptionsvermittlung nur durchführen, wenn ihre Adoptionsvermittlungsstellen entsprechend § 4 AdVermiG anerkannt sind. Sie spielen jedoch praktisch eine quantitativ eher nachgeordnete Rolle. So wurden von den 2017 insgesamt 3.888 durchgeführten Adoptionen lediglich 230 durch anerkannte Adoptionsvermittlungsstellen i.S.v. § 2 Abs. 2 AdVermiG vermittelt. Die Vermittlung darf nur durch Fachkräfte wahrgenommen werden, § 3 AdVermiG.

Das Jugendamt hat auch über die Vermittlung hinaus eine wichtige Stellung im Adoptionsverfahren. Beim Verfahren zur Ersetzung der Einwilligungen hat es entsprechend § 51 **SGB VIII** eine umfassende **Belehrungs- und Beratungsaufgabe**. Diese bezieht sich (§ 51 Abs. 2 SGB VIII) auch auf mögliche Hilfen, die die Erziehung des Kindes in der eigenen Familie weiterhin möglich machen würden. Die Frage, ob das Wohl des Kindes bei der Annahme durch die konkreten Personen gewährleistet ist, ist von so zentraler Bedeutung, dass das Familiengericht nach § 189 FamFG von der **Adoptionsvermittlungsstelle** eine sog. *fachliche* Äußerung, praktisch ein Gutachten, einzuholen hat. War keine Adoptionsvermittlungsstelle beteiligt – so etwa auch im Fall der Stiefkindadoption – ist das Jugendamt zur Abgabe einer solchen fachlichen Äußerung verpflichtet. Sie ersetzt in diesen Fällen die ansonsten obligatorische Anhörung des Jugendamtes nach § 194 FamFG. Ähnlich wie im kindschaftsrechtlichen Verfahren (dort: § 162 Abs. 2 S. 2 FamFG) erlangt es auf seinen Antrag hin die Verfahrensstellung eines Beteiligten (§ 188 Abs. 2 FamFG) und hat ein eigenständiges Beschwerderecht.

23 Die Aufgaben der Adoptionsvermittlungsstellen bei den Jugendämtern und der Adoptionsstellen bei den Landesjugendämtern wurden durch Gesetzesänderungen und Neuregelungen im „Gesetz zur Verbesserung der Hilfen für Familien bei Adoption" (Adoptionshilfe-Gesetz) erweitert und präzisiert. Dies erfolgt zunächst vor allem über das AdVermiG, das nunmehr den Titel „Gesetz über die Vermittlung und Begleitung der Adoption und über das Verbot der Vermittlung von Ersatzmüttern" trägt. Novelliert ist, neben der internationalen Adoption (hierzu Kap. 13.6), vor allem die Regelung zur Beratung und Begleitung aller an einem Adoptionsverfahren Beteiligter, d.h. der Kinder, der Abgebenden bzw. Einwilligenden sowie der Annehmenden. Beratung und Begleitung – gesprochen wird auch von einer „Lotsenfunktion" – setzen bereits vor dem eigentlichen Adoptionsverfahren ein und reichen auch zeitlich über dieses hinaus (§§ 7 bis 7e AdVermiG). Hierin eingeschlossen ist ein Rechtsanspruch des Adoptionsbewerbers auf eine Eignungsprüfung, die ebenfalls durch die Adoptionsvermittlungsstelle durchzuführen ist (§ 7 AdVermiG). Abgebende Eltern haben nunmehr einen Anspruch auf allgemeine Informationen über das Kind und dessen aktuelle Lebenssituation (§ 8b AdVermiG). Dies verstärkt die allgemeine Tendenz von der Inkognito-Adoption zur offenen Adoption. Bei einer Inkognito-Adoption kennen die abgebenden Eltern nicht die annehmenden Eltern, und auch das Kind weiß zunächst nicht, wer seine Herkunftseltern sind, wenngleich mit Vollendung des 16. Lebensjahres ein Akteneinsichtsrecht entsteht (§ 9c Abs. 2 AdVermiG). Allerdings unterliegt es bei einer offenen Adoption, bei der diese Kenntnisse vorliegen und die die leiblichen Eltern insoweit zumindest nicht vollständig vom weiteren Lebensweg des Kindes abschneidet, aber im Wesentlichen der Bestimmung der annehmenden Eltern, in welchem Maße Informationen ausgetauscht und Kontakte gepflegt werden (§ 8a AdVermiG).

13.5 Volljährigenadoption

24 Nur noch als Ausnahme kommt die Volljährigenadoption, §§ 1767 ff BGB, vor. Für sie gelten andere Voraussetzungen und sie entfaltet im Vergleich zur Minderjährigenadoption eingeschränkte Wirkungen. Auch kann sie vergleichsweise problemlos wieder aufgehoben werden. Sie wird rechtlich an den vagen Begriff der sittlichen Rechtfertigung geknüpft (§ 1767 BGB). Vom Vorliegen dieser Voraussetzung ist insbesondere dann auszugehen, wenn ein soziales Eltern-Kind-Verhältnis besteht (z.B. bei Pflegeverhältnissen, wo die Annahme des minderjährigen Pflegekindes wegen der fehlenden Zustimmung der Eltern nicht möglich war) oder ein sonstiges familienbezogenes Motiv besteht. Ansonsten ist die Rechtsprechung gegenüber der Erwachsenenadoption zurückhaltend, gerade auch wenn der Anzunehmende nicht deutscher Staatsbürger ist. Hier wurde oft die Umgehung aufenthaltsrechtlicher Bestimmungen vermutet und deswegen die sittliche Rechtfertigung verneint. Eine derartige Praxis ist jedoch nicht nur unter dem Aspekt des Diskriminierungsverbotes aus Art. 3 Abs. 3 GG zumindest problematisch, sondern auch in der Sache unbegründet. Denn der volljährige ausländische Adoptierte erlangt grundsätzlich keinen Aufenthaltsanspruch (BVerfG 18.4.1989 – 2 BvR 1169/84; in Betracht käme allenfalls die in der Praxis allerdings äußerst selten angewendete Härtefallregelung in § 36 Abs. 2 S. 1 AufenthG) Auch erwirbt er nicht die deutsche Staatsangehörigkeit (Umkehrschluss aus § 6 StAG). Ausnahmen hiervon können sich nur aus § 1772 BGB ergeben, z.B. dann, wenn der Anzunehmende zum Zeitpunkt der Antragstellung noch nicht volljährig war, § 1772 Abs. 1 lit. d BGB.

13.6 Internationales Adoptionsrecht

Unter den Begriff „Internationale Adoption" können unterschiedliche Konstellationen fallen: Adoptionen in Deutschland durch Ausländer, durch Deutsche, die ein ausländisches Kind annehmen wollen, Adoptionen im Ausland durch Deutsche usw. Hier stellen sich die Fragen nach der Zuständigkeit dafür, die Annahme als Kind auszusprechen sowie danach, welches Recht hierbei anzuwenden ist.

§ 101 FamFG erklärt **die deutschen Gerichte** für die Annahme eines Kindes als zuständig, sofern der Annehmende bzw. einer der annehmenden Ehegatten oder das Kind Deutsche sind oder ihren gewöhnlichen Aufenthalt in Deutschland haben. Die für die Europäische Union ansonsten im Bereich der elterlichen Verantwortung relevante Brüssel IIa-VO schließt eine Anwendung auf Adoptionen nach Art. 1 Abs. 3 lit. b ausdrücklich aus. Das **anzuwendende Recht** ergibt sich daher unmittelbar aus **Art. 22 EGBGB**. Hiernach gilt:

- ist der Annehmende ledig, gilt das Recht des Staates, dem der Annehmende angehört;
- sind die Annehmenden verheiratet, so gilt das Recht der Ehewirkung, d.h. **Art. 14 EGBGB** kommt zur Anwendung.

Das anzuwendende Recht gilt für alle Rechtsaspekte im Zusammenhang mit der Adoption, so für die Frage, ob eine Adoption nach der entsprechenden Rechtsordnung überhaupt möglich ist (z.B. ist sie in islamischen Rechtordnungen unbekannt), welche Voraussetzungen gegeben sein müssen und in welcher Form sie vorzunehmen ist. Es gilt auch hinsichtlich der Rechtsfolgen der Adoption, also etwa der elterlichen Sorge, der Unterhaltspflicht, des Erbrechts, des Erlöschens der bisherigen Verwandtschaftsbeziehungen usw. Für die Erteilung von Einwilligungen und die Frage, ob und wie Einwilligungen ersetzt werden können, gilt allerdings gemäß Art. 23 EGBGB zusätzlich noch das Recht des Staates, dem das Kind angehört und ausnahmsweise, sofern dies für das Wohl des Kindes erforderlich ist, stattdessen auch deutsches Recht.

Auch sofern Deutsche ein ausländisches Kind adoptieren wollen, ist hierfür eine Vermittlung nach den Vorschriften des AdVermiG (§ 2a) erforderlich. Im Ausland durchgeführte Adoptionen werden kraft Gesetzes anerkannt, sofern die Voraussetzungen nach Art. 23 Haager Adoptionsübereinkommen (AdÜbk) vorliegen, d.h. wenn die Behörde des Staates, in dem die Adoption durchgeführt wurde, bescheinigt, dass die Adoption gemäß dem Übereinkommen zustande gekommen ist. Ansonsten bedürfen im Ausland vorgenommene (Minderjährigen-) Adoptionen stets einer Anerkennung durch das FamG, denn die Bestimmungen des AdWirkG gehen hier dem allgemeinen Grundsatz, dass ausländische familienrechtliche Entscheidungen anzuerkennen sind, vor (§ 1 Abs. 2 AdWirkG). Eine derartige Anerkennung ist jedoch ausgeschlossen, wenn die Adoption unbegleitet, d.h. ohne Vermittlung einer zugelassenen Adoptionsvermittlungsstelle, vorgenommen wurde (§ 4 AdWirkG). Ausnahmen hiervon sind nur zulässig, wenn dies für das Wohl des Kindes **erforderlich** ist, d.h. wenn die Versagung der Anerkennung eine Gefahr für das Wohl des Kindes bedeuten würde (§ 4 AdWirkG).

> *Weiterführende Literatur:*
> - G. Müller-Engels/R. Sieghörtner u.a. 2020
> - J. Reinhardt/R. Kemper et al. 2019

14. Betreuungsrecht

1 Auch bei Volljährigen kann sich, etwa aufgrund von Erkrankung oder Behinderung, ein Hilfe- und Unterstützungsbedarf ergeben. Sofern es dabei um Hilfe und Unterstützung in **materiellem, finanziellem oder tatsächlichem Sinne** geht, ist hierfür, zumindest in der verrechtlichten Form, das **Sozialrecht** einschlägig, z.B. SGB V und IX. Können jedoch Personen aufgrund einer Erkrankung oder Behinderung ihre **rechtlichen Angelegenheiten** nicht mehr selbst besorgen, greift das **Betreuungsrecht**. Der in ihm erreichte Rechtszustand ist das Ergebnis einer Entwicklung, in deren Verlauf das rechtliche Schutzbedürfnis dieser Personengruppen schließlich mit ihrem Recht auf individuelle Selbstbestimmung, so, wie es sich heute auch normativ aus Art. 2 Abs. 1 S. 1 GG ableitet, zusammengeführt ist. Früheres Recht sah in derartigen Fällen die Vormundschaft über Volljährige vor (§ 1896 ff. BGB a.F.). Ihr musste eine Entmündigung vorausgehen. Entmündigte Personen waren weder wahlberechtigt noch testierfähig. Erfolgte die **Entmündigung** wegen Geisteskrankheit, so konnte der Betreffende auch keine Ehe eingehen oder Geschäfte abschließen – nicht einmal Lebensmittel oder Kleidung konnte er rechtswirksam kaufen, denn nach § 104 Nr. 3 BGB a.F. war geschäftsunfähig, wer wegen Geisteskrankheit entmündigt war. Die **Vormundschaft über Volljährige** und die sogenannte **Gebrechlichkeitspflegschaft** (§ 1900 BGB a.F.) wurden schließlich mit dem „Gesetz zur Reform des Rechts der Vormundschaft und Pflegschaft über Volljährige" (Betreuungsgesetz – BtG) mit Wirkung vom 1.1.1992 durch die Betreuung abgeschafft. Die noch vom BtG in seiner damaligen Fassung betonte persönliche Betreuung ist mit dem seit dem 1.1.1999 in Kraft befindlichen 1. Betreuungsrechtsänderungsgesetz (BtÄndG) als rechtliche Betreuung präzisiert worden, um sie von rein karitativen Tätigkeiten abzugrenzen.

2 Der Grundgedanke der rechtlichen Betreuung besteht demnach in der Ermöglichung einer selbstbestimmten Lebensgestaltung auch bei Defiziten infolge einer Krankheit oder Behinderung. Sie ist vom Betreuungsgericht auf das unbedingt erforderliche Maß zu beschränken und in ihrem Umfang entsprechend genau festzulegen. In höchstpersönlichen Angelegenheiten bedarf es darüber hinaus zusätzlich einer ausdrücklichen gerichtlichen Entscheidung. Es gilt der Grundsatz der ehrenamtlichen Betreuung; berufsmäßige Betreuung ist die gesetzgeberische Ausnahme. Der Betreuer erhält seine Aufwendungen ersetzt; bei berufsmäßiger Betreuung erhält er eine Vergütung.

Ausführlich behandelte Bestimmungen

- Voraussetzungen der rechtlichen Betreuung, Person des Betreuers: §§ 1896, 1897 BGB
- Umfang der Betreuung und Aufgaben des Betreuers: §§ 1901-1907 BGB
- Aufwand, Vergütung: §§ 1835-1836 BGB; Vormünder- und Betreuervergütungsgesetz (VBVG)
- Verfahren in Betreuungssachen: §§ 271 ff. FamFG

Wichtige, interessante Entscheidungen

- Betreuung als Eingriff in das Recht auf freie und selbstbestimmte Entfaltung der Persönlichkeit: BVerfG 23.3.2016 – 1BvR 184/13, st. Rspr.

14. Betreuungsrecht

- Zur Person des Betreuers: BGH 19.7.2017 – XII ZB 390/16, OLG München 7.2.2007 – 33 Wx 210/06
- Zum einer Betreuung entgegenstehenden freien Willen: BGH 16.3.2016 – XII ZB 455/15, 16.9.2015 – XII ZB 500/14
- Zur Fixierung in psychiatrischen Einrichtungen: BVerfG 24.7.2016 – 2 BvR 309/15, 2 BvR 502/16
- Zum Abbruch lebenserhaltender Maßnahmen: BGH 8.2.2017 – XII ZB 604/15
- Zur Zwangsbehandlung und zur Schutzpflicht des Staates: BVerfG 26.7.2016 – 1 BvL 8/15
- Zur Patientenverfügung: BGH 6.7.2016 – XII ZB 61/16, 8.2.2017 – XII ZB 604/15, 14.11.2018 – XII ZB 107/18

Bei dem BtG vom 1.1.1992 handelt es sich um ein Artikelgesetz, durch das ungefähr 300 Vorschriften in insgesamt etwa 50 Gesetzen geändert bzw. neu geschaffen wurden. Zu ihnen gehören auch solche des öffentlichen Rechts, wie das **Betreuungsbehördengesetz** (BtBG), das Bestimmungen über Aufbau, Organisation und Zuständigkeit der Betreuungsbehörden enthält. Das **materielle Recht der Betreuung** ist in den §§ 1896 bis 1908i BGB geregelt; das **Verfahrensrecht** findet sich im Abschnitt 1 und, sofern eine Unterbringung des Betreuten erfolgen soll, die mit Freiheitsentziehung verbunden ist, im Abschnitt 2 des 3. Buches FamFG. Das Verfahren in Betreuungs- und Unterbringungssachen findet gemäß § 23c GVG vor einem **Betreuungsgericht** statt.

3

Seine derzeit geltende Fassung hat der im BGB geregelte Teil des Betreuungsrechts durch das 3. BtÄndG vom 1.9.2009 erhalten, in dem u.a. Form, Inhalt und Wirksamkeit der Patientenverfügung geregelt wurden. Das zuvor zum 21.4.2005 in Kraft getretene 2. BtÄndG verfolgte vor allem das Ziel der Kostendämpfung, wenngleich auch ohne durchgreifenden Erfolg. Die bislang aktuellste Gesetzesänderung betraf die §§ 1901a, 1906, 1906a BGB. Sie fand zum 17.7.2017 mit dem „Gesetz zur Änderung der materiellen Zulässigkeitsvoraussetzungen von ärztlichen Zwangsmaßnahmen und zur Stärkung des Selbstbestimmungsrechts von Betreuten" statt. Inzwischen liegt jedoch, wie in Kap. 12 bereits angesprochen, ein Regierungsentwurf zu einem „Gesetz zur Reform des Vormundschafts- und Betreuungsrechts" vor (BT-Ds. 19/24445). Im Mittelpunkt dieses Reformprojekts steht, soweit es das Betreuungsrecht neu regeln soll, eine konsequente Orientierung der rechtlichen Umsetzungsprozesse am Selbstbestimmungsrecht der Betroffenen. Hierzu sind im Entwurf die grundlegenden Normen zu den Voraussetzungen und der Erforderlichkeit einer Betreuung, zu den Aufgaben und Pflichten eines Betreuers und zu dessen Befugnissen im Außenverhältnis überarbeitet (insbesondere: §§ 1814, 1815, 1821 BGB-E), um den Maßstäben von Art. 12, insbesondere Abs. 3 und 4, UN-Behindertenrechtskonvention (UN-BRK) gerecht zu werden. Im Rahmen dieses Artikelgesetzes werden auch die öffentlich-rechtlichen Teile des Betreuungsrechts neu geordnet. An Stelle des bisherigen BtBG soll dann ein komplexeres **Betreuungsorganisationsgesetz (BtOG)** treten. Das gesamte Reformgesetz soll jedoch gem. Art. 14 erst am 1.1.2023 in Kraft treten. Die nachfolgende Darstellung orientiert sich daher entsprechend den praktischen Bedürfnissen zum Zeitpunkt ihres Erscheinens grundsätzlich am geltenden Recht, und verweist von dort aus, soweit für das Gesamtverständnis erforderlich, auf künftiges Recht.

4

14. Betreuungsrecht

14.1 Voraussetzungen für eine Betreuung

5 Da für Minderjährige als Schutz die elterliche Sorge besteht, kann nur für Volljährige unter den in § 1896 BGB genannten Voraussetzungen die Bestellung eines Betreuers erfolgen. Eine vorsorgliche Betreuerbestellung, die dann allerdings erst mit Eintritt der Volljährigkeit wirksam wird, ist jedoch nach § 1908a BGB/§ 1814 Abs. 5 BGB-E bereits nach Vollendung des 17. Lebensjahres möglich. In Betracht kommt eine Betreuerbestellung bei **psychischer Krankheit** oder **körperlicher, geistiger** oder **seelischer Behinderung**.

Zu den **psychischen Krankheiten** gehören zum einen seelische Störungen. Dies sind Abweichungen vom Durchschnittsverhalten ohne krankhaften Körperbefund (z.B. Neurosen, Persönlichkeitsstörungen, abweichende Persönlichkeitsentwicklungen). Zum anderen gehören seelisch auffällige Phänomene dazu, denen eine Krankheit zugrunde liegt: die sogenannten exogenen und endogenen Psychosen, durch welche die Einsicht und die Fähigkeit, üblichen Lebensanforderungen zu entsprechen, sowie auch der Realitätsbezug erheblich gestört sind. Zu den Ursachen endogener Psychosen hat sich bisher noch keine einheitliche Meinung herausgebildet. Die exogenen Psychosen sind nachweisbar auf körperliche Schädigungen zurückzuführen (z.B. Vergiftungen, Hirnmissbildungen, Hirngefäßleiden usw.). Generell lässt sich sagen, dass die in dem ICD-10 Klassifikationssystem der WHO (International Classification of Diseases and Related Health Problems) aufgeführten Krankheiten den Begriff der psychischen Krankheit im Sinne des § 1896 BGB ausfüllen. Die Begriffsbestimmungen der geistigen (angeborene oder frühzeitig erworbene Intelligenzdefekte verschiedener Schweregrade) bzw. seelischen **Behinderungen** (psychische Beeinträchtigungen als Folge von psychischen Krankheiten oder Auswirkungen hirnorganischer Beeinträchtigungen, z.B. insbesondere bei älteren Menschen Demenz vom Typ Alzheimer) sind an § 2 Abs. 1 SGB IX angelehnt. Handelt es sich um eine körperliche Behinderung, so kann eine Betreuung grundsätzlich nur auf Antrag des Volljährigen bestellt werden (§ 1896 Abs. 1 S. 2 BGB).

6 Zu den medizinischen Voraussetzungen muss die gerade wegen dieser Krankheit oder Behinderung bestehende **Unfähigkeit** des Betroffenen hinzukommen, seine **Angelegenheiten** im Vermögens- oder dem persönlichen Bereich **selbst zu besorgen**. Dies wird vor allem bei **Abhängigkeitserkrankungen** praktisch bedeutsam. Hier reicht dafür, dass eine Betreuung in Betracht zu ziehen wäre, die Suchtkrankheit als solche nicht aus. Vielmehr muss noch hinzutreten, dass durch den Substanzgebrauch auch tatsächlich eine Schädigung der geistigen Funktion oder des Nervensystems eingetreten ist, aufgrund derer der Betroffene seine Angelegenheiten nicht mehr selbst besorgen kann (BGH 27.4.2016 – XII ZB 7/16). Im Bereich der körperlichen Behinderung wird die Unfähigkeit zur Besorgung der eigenen Angelegenheiten wohl nur bei weitgehender Kommunikationsunfähigkeit, etwa bei Totallähmung oder Mehrfachbehinderung in Form von Taubblindheit verbunden mit Sprachunfähigkeit, gegeben sein (Kemper/Schreiber 2015, § 1896 Rn. 7). Außerdem muss gemäß § 1896 Abs. 2 S. 2 BGB die Betreuung **erforderlich** sein, weil es keine anderen vorrangigen Hilfemöglichkeiten, z.B. der kommunalen Sozialarbeit, gibt. Insofern gilt auch hier der Grundsatz der Subsidiarität. Da es sich um eine **rechtliche** Betreuung handelt, ist das entscheidende Kriterium jedenfalls die Notwendigkeit eines gesetzlichen Vertreters.

Der Regelungsbereich von § 1896 BGB soll im künftigen Recht mit §§ 1814, 1815 BGB-E auch strukturell neu gestaltet werden. Zunächst soll die bisherige Attribuierung von Krankheit und Behinderung zur Vermeidung von Diskriminierung wegfallen. Vor

14.1 Voraussetzungen für eine Betreuung

allem aber nimmt die Vorschrift nunmehr an einem tatsächlichen Handlungsbedarf, also der **Erforderlichkeit** einer Betreuung, ihren Ansatz und nicht mehr an der Krankheit oder Behinderung als solcher. Diese sind zwar für die Bestellung eines Betreuers nach wie vor notwendigerweise vorausgesetzt, aber gesetzestechnisch nicht mehr ihr kausaler Ausgangspunkt. Die Rechtsfolge des Vorliegens der so gewendeten Voraussetzungen ist daher die Bestellung eines im Gesetzentwurf ausdrücklich so benannten **rechtlichen Betreuers** (§ 1814 Abs. 1 BGB-E). Damit ist zugleich die Abgrenzung zu einer sozialen Betreuung nunmehr auch im Gesetz vorgenommen. Denn im Verlauf seiner über 25-jährigen Existenz hat das Betreuungsrecht über seine ursprüngliche Intention hinaus eine Tendenz entwickelt, gleichzeitig auch Lücken in der sozialen Unterstützung und Versorgung kranker oder behinderter Menschen zu schließen. Dieser schleichenden Verlagerung öffentlicher Aufgaben in privatrechtliche Betreuungsverhältnisse (Rosenow BtPrax 2007, 195 ff.) will das künftige Recht mit seiner Legaldefinition von Betreuung als rechtlicher Betreuung entgegentreten. Folgerichtig legt es in § 1814 Abs. 3 Nr. 2 BGB-E auch fest, dass immer dann, wenn ein Anspruch auf „soziale Hilfen" i.S.v. § 2 SGB besteht, dieser vorrangig gegenüber der Bestellung eines Betreuers ist. Das kann lt. Gesetzesbegründung etwa Eingliederungshilfen i.S.v. § 102 SGB IX, Maßnahmen der Jugendhilfe für junge Volljährige nach § 41 SGB VIII oder Hilfen zur Abwendung besonderer sozialer Schwierigkeiten nach §§ 67 bis 69 SGB XII betreffen (BT-Ds. 19/24445, 308 f.). Für den Bereich der Gesundheitssorge kommt nach künftigem Recht – außerhalb des Betreuungsrechts geregelt – noch hinzu, dass **ein Ehegatte** den anderen für eine gesetzlich bestimmte Zeit (für wie lange genau, wird gegenwärtig von Bundesregierung und Bundesrat noch unterschiedlich beurteilt) und nach den in § 1358 BGB-E bezeichneten Maßgaben zu vertreten berechtigt ist, wenn der vertretene Ehegatte aufgrund von Bewusstlosigkeit oder Krankheit seine Angelegenheiten in diesem Bereich nicht selbst besorgen kann. Auch in diesem Fall wäre also die Bestellung eines Betreuers nicht erforderlich.

Nicht erforderlich ist eine Betreuung vor allem aber immer dann, wenn andere Personen durch **Bevollmächtigungen** den Betroffenen ebenso gut wie ein Betreuer vertreten können (§ 1896 Abs. 2 S. 2 BGB/§ 1814 Abs. 3 Nr. 1 BGB-E). Eine Vollmacht kann als **Vorsorgevollmacht** bereits vor Eintritt der Betreuungsbedürftigkeit, aber auch zu jedem späteren Zeitpunkt erteilt werden, sofern der Vollmachtgeber zum Zeitpunkt der Vollmachterteilung geschäftsfähig ist. Mit der Vorsorgevollmacht ist es dem Vollmachtgeber möglich, für den Fall einer späteren Betreuungsbedürftigkeit durch Festlegung bestimmter Wünsche und Rechtsfolgen insbesondere durch Vollmachterteilung an (eine) durch ihn bestimmte Person(en), entsprechende Vorsorge zu treffen. Zwar besteht hierfür kein allgemeines Formerfordernis (Ausnahmen: Schriftform bei Einwilligung in genehmigungspflichtige medizinische Maßnahmen, § 1904 Abs. 5 BGB, sowie in Unterbringung bzw. unterbringungsähnliche Maßnahmen, § 1906 Abs. 5 BGB und in eine Zwangsbehandlung, § 1906a Abs. 4 BGB, künftig zusammengefasst in § 1820 Abs. 2 BGB-E). Um jedoch spätere Zweifel an ihrer Gültigkeit möglichst zu vermeiden, empfiehlt sich generell die Schriftform und möglichst auch die notarielle Beurkundung. Darüber hinaus bietet § 6 Abs. 2 BtBG (künftig: § 7 BtOG) die Möglichkeit der öffentlichen Beglaubigung durch die Betreuungsbehörde, deren Rechtswirkung insofern der einer notariellen Beurkundung entspricht. Das alles hilft freilich nur, soweit hinsichtlich Inhalt und Umfang der Befugnisse, die dem Bevollmächtigten übertragen wurden, keine Unklarheiten bestehen. Dies betrifft wiederum insbesondere die §§ 1904, 1906, 1906a BGB, wo die Wirksamkeit der Vollmachterteilung auch davon abhängt, dass sie

7

die dort bezeichneten Maßnahmen ausdrücklich umfasst (§ 1820 Abs. 2 S. 1 BGB-E). Vorsorgevollmachten können in das bei der Bundesnotarkammer geführte Zentrale Vorsorgeregister eingetragen werden (§§ 78a ff. BNotO). Dies erleichtert die Feststellung, ob im Bedarfsfall eine Vollmacht vorliegt oder eine Betreuerbestellung erforderlich ist.

8 Allerdings kann gerade auch die jeweils konkrete psychische, geistige oder auch soziale Disposition des Vollmachtgebers zu einer besonderen Missbrauchsanfälligkeit führen. Dem im Wege der Gesetzgebung und Rechtsprechung begegnen zu wollen, hat schon immer bedeutet, einen sehr schmalen Pfad zwischen Reglementierung und Achtung der privaten Autonomie des Betroffenen zu beschreiten. Der Gesetzesentwurf legt nunmehr in § 1820 Abs. 3 bis 5 BGB-E eine insoweit in sich geschlossene Regelung dazu vor, unter welchen Voraussetzungen zur Wahrung der Rechte und zum Schutz des Vollmachtgebers gegenüber dem Bevollmächtigten die Bestellung eines Kontrollbetreuers erforderlich ist, wann durch das Betreuungsgericht eine Ausübungsuntersagung einer Vollmacht anzuordnen oder ob – als ultima ratio – die Vollmacht mit Genehmigung des Betreuungsgerichts zu widerrufen ist.

9 Die Bestellung eines Betreuers darf nicht gegen den **freien Willen** des Betroffenen erfolgen. Diese als Abs. 1a mit dem 2. BtÄndG in § 1896 BGB eingefügte Klarstellung (künftig: § 1814 Abs. 2 BGB-E) knüpft im Wortlaut ihrer Begründung (BT- DS 15/2494, 27 ff.) unmittelbar an eine Entscheidung des BayObLG (26.2.2003 – 3 Z BR 243/02) an, in der es heißt: „Der Staat hat nicht das Recht, den Betroffenen zu erziehen, zu bessern oder zu hindern, sich selbst zu schädigen". Hiermit wiederum wird Bezug genommen auf BVerfG 23.3.1998 – 2 BvR 2270/96, wonach auch dem psychisch Kranken, zumindest unter der Voraussetzung, dass weder eine Fremdgefährdung noch eine unmittelbare Gefährdung des eigenen Lebens droht, die „Freiheit zur Krankheit" zuzubilligen sei. Diese Rspr. wird seitdem vom BGH entsprechend weitergeführt (16.9.2015 – XII ZB 500/14, 16.3.2016 – XII ZB 455/15)

10 Die Betreuung ist gemäß § 1908d BGB (künftig: § 1871 BGB-E) aufzuheben, wenn ihre Voraussetzungen entfallen sind. Hierzu kann der Betreute, der Betreuer oder ein anderer Beteiligter (etwa: Bevollmächtigter, Ehegatte, Eltern, Kind) einen entsprechenden Antrag stellen, § 274 FamFG. Nach künftigem Recht ist in § 1870 BGB-E definiert, dass damit oder mit dem Tod des Betreuten die Betreuung beendet ist. Um sicherzustellen, dass eine Betreuung nicht unter der Hand auf Dauer bestehen bleibt, sieht § 295 Abs. 2 FamFG vor, dass spätestens sieben Jahre nach ergangenem Betreuungsbeschluss zu entscheiden ist, ob sie weiterhin notwendig ist, nach künftigem Recht im Fall einer Betreuerbestellung gegen den erklärten Willen des Betroffenen sogar bereits nach drei Jahren (§ 295 Abs. 2 S. 2 FamFG-E).

14.2 Auswahl des Betreuers

11 Auch wenn die Begründung für die Zuordnung der rechtlichen Betreuung zum Familienrecht vornehmlich aus historischen und systematischen Gesichtspunkten heraus zu finden sein wird, lassen sich doch auch Anknüpfungspunkte hierfür in der unmittelbaren Lebenswirklichkeit finden, denn bei mehr als der Hälfte aller Betroffenen wird die Betreuung auf einen Familienangehörigen ehrenamtlich übertragen. Die Betreuung kann jedoch auch durch ehrenamtliche Betreuer, die nicht Familienangehörige sind, oder Berufsbetreuer geleistet werden. Letztere jedoch sollen nur dann bestellt werden, wenn keine Person zur Verfügung steht, die die Betreuung ehrenamtlich führen könnte

(§ 1897 Abs. 6 S. 1 BGB/§ 1816 Abs. 5 BGB-E). In Betracht kommen weiterhin anerkannte Betreuungsvereine oder (im Übrigen anders als etwa bei der Amtsvormundschaft des Jugendamtes wirklich ganz **nachrangig**) Betreuungsbehörden, die dann, wenn sie selbst als Betreuer bestellt werden, die Wahrnehmung dieser Aufgabe einzelnen Mitgliedern bzw. Mitarbeitern übertragen (§ 1900 BGB/§ 1818 BGB-E), sodass auch hier dem **Grundsatz der Betreuung durch eine konkrete Person** insoweit entsprochen wird. Voraussetzung für die Bestellung einer natürlichen Person als Betreuer ist ihre Geeignetheit, § 1897 Abs. 1 und 3 bis 6 BGB/§ 1816 Abs. 1 BGB-E. Dies meint zunächst ihre persönliche Eignung und Zuverlässigkeit i.S.v. § 1897 Abs. 7 und 8 BGB bzw. nach künftigem Recht § 21 BtOG (für den ehrenamtlichen Betreuer) und § 23 BtOG (für den Berufsbetreuer). In einem weiteren Prüfschritt sind dann Feststellungen dazu zu treffen, ob die als Betreuer in Betracht kommende Person auch geeignet ist, genau diejenigen Aufgaben im erforderlichen Umfang von § 1901 BGB/§ 1821 BGB-E zu erledigen, die ihr zur Betreuung übertragen wurden. Die genannten Voraussetzungen liegen regelmäßig nicht bei Personen vor, bei denen erhebliche Interessenkonflikte zum Betroffenen bestehen. Deshalb können Mitarbeiter des Altenheims oder der psychiatrischen Einrichtung, in der der Betroffene lebt, nach § 1897 Abs. 3 BGB nicht zum Betreuer bestellt werden. Das künftige Recht will hiervon allerdings im Einzelfall Ausnahmen zulassen, wenn eine konkrete Gefahr einer solchen Interessenkollision nicht besteht (§ 1816 Abs. 6 BGB-E). Vereins- und Behördenbetreuer dürfen nur mit Einwilligung ihres Vereins oder der Behörde zum Betreuer bestellt werden (§ 1897 Abs. 2 BGB/§ 1818 Abs. 1 und 4 BGB-E).

Schlägt der Betroffene eine Person als Betreuer vor oder lehnt er eine Person als Betreuer ab, so ist das Gericht hieran grundsätzlich gebunden (§ 1897 Abs. 4 BGB). Im künftigen Recht ist hierfür, um die Subjektstellung des Betroffenen im Auswahlverfahren noch stärker herauszustellen, nicht mehr von einem Vorschlags- sondern von einem Wunschrecht die Rede, § 1816 Abs. 1 BGB-E. Freilich entheben Vorschlags- bzw. Wunschrecht das Gericht nicht einer Eignungsprüfung des Benannten im dargestellten Umfang. So lange dieses Auswahl- und Prüfverfahren andauert, werden unbedingt erforderliche Maßnahmen unmittelbar durch das Betreuungsgericht veranlasst (§ 1908i i.V.m. § 1846 BGB/§ 1867 BGB-E).

Der Vorschlag bzw. die Auswahl des Betroffenen kann auch in einer **Betreuungsverfügung** vorliegen, § 1897 Abs. 4 S. 3 BGB. Sie wird im künftigen Recht ausdrücklich auch so bezeichnet (§ 1816 Abs. 2 BGB-E). Sie unterscheidet sich von der Vorsorgevollmacht darin, dass bei Eintritt der entsprechenden Voraussetzungen – Krankheit/Behinderung, Unfähigkeit zur Besorgung der eigenen Angelegenheiten – noch keine unmittelbare Rechtswirkung im Verhältnis von Betroffenem und der von ihm zur Wahrnehmung der jeweiligen Aufgaben bestimmten Person eintritt, sondern zunächst die gerichtliche Betreuerbestellung zwischengeschaltet ist. Dies erhöht die Sicherheit für diejenigen Betroffenen, die aufgrund ihrer Krankheit oder Behinderung nicht mehr in der Lage sind, ihre an den Bevollmächtigten gerichteten Vorgaben noch selbst effektiv zu bestimmen. Anders als bei der Vorsorgevollmacht ist für die Errichtung einer Betreuungsverfügung die Geschäftsfähigkeit nicht vorausgesetzt. Besondere Formerfordernisse existieren auch hier nicht; jedoch ist es sinnvoll, sie handschriftlich abzufassen und jährlich zu aktualisieren. Gem. § 1901c BGB, § 285 FamFG/§ 1816 Abs. 2 S. 4 BGB-E besteht für diejenigen, die eine solche Betreuungsverfügung besitzen, die Verpflichtung, diese bei Kenntniserlangung von der Einleitung eines Betreuungsverfahrens unverzüglich beim Betreuungsgericht abzugeben. Ansonsten kann die Betreuungsverfügung bei den Betreuungsgerichten hinterlegt und inzwischen auch im Vorsorgeregister der Bundesnotarkammer registriert werden (§ 78a BNotO, § 10 VRegV).

14 Hat der Betroffene keinen Wunsch geäußert oder kann diesem ausnahmsweise nicht entsprochen werden, sind soziale Nähe und familiäre Bindungen die nächstwichtigen Kriterien bei der Betreuerauswahl (§ 1897 Abs. 5 BGB/§ 1816 Abs. 3 BGB-E). Bei anderen ehrenamtlichen Betreuern als den sog. „Angehörigenbetreuern" muss künftig die Qualität bei der Ausübung des Ehrenamtes dadurch abgesichert sein, dass zwischen ihnen und einem Betreuungsverein oder einer Betreuungsbehörde eine sog. Begleitungs- und Unterstützungsvereinbarung gem. § 1816 Abs. 4 BGB-E abgeschlossen sein muss, zu der Näheres im BtOG geregelt sein wird.

15 Zur Übernahme der Betreuung besteht nach § 1898 BGB/§ 1819 BGB-E grundsätzlich eine Verpflichtung. Der Betreuer kann jedoch seine Entlassung verlangen, wenn ihm die Fortführung der Betreuung nicht mehr zumutbar ist. Andererseits kann er aber auch vom Betreuungsgericht entlassen werden, etwa wenn er erforderliche Abrechnungen vorsätzlich falsch erteilt oder nicht im erforderlichen Umfang persönlichen Kontakt mit dem Betreuten hält, § 1908b BGB/§ 1868 BGB-E. Für den Fall einer Verhinderung aus tatsächlichen Gründen (Urlaub, Krankheit o.ä.) kann jedenfalls nach künftigem Recht (nach geltendem Recht ist das strittig) vorsorglich ein sog. Verhinderungsbetreuer bestellt werden, § 1817 Abs. 4 BGB-E. Hierbei kommen alle materiell- und verfahrensrechtlichen Vorschriften zur Betreuerbestellung zur Anwendung. Ist der Betreuer hingegen aus rechtlichen Gründen daran gehindert, einzelne Angelegenheiten des Betreuten zu besorgen, z.B. weil er nach § 1824 BGB-E von der Vertretungsmacht ausgeschlossen ist, dann ist durch das Gericht ein sog. Ergänzungsbetreuer zu bestellen, § 1817 Abs. 5 BGB-E. Nach geltendem Recht funktioniert dies über eine Verweisung in § 1908i BGB auf die sinngemäß anzuwendenden Vorschriften der §§ 1795 bis 1797 BGB im Vormundschaftsrecht.

14.3 Aufgaben des Betreuers

14.3.1 Allgemeines

16 § 1901 BGB nimmt schon nach geltendem Recht insofern die zentrale Position im gesamten Betreuungsrecht ein, als dort die Dimensionen der Tätigkeit eines Betreuers und die inhaltlichen Maßstäbe seines Handelns normiert sind. Mit § 1821 BGB-E wird der in § 1901 bereits verfolgte Ansatz an der Verwirklichung des Selbstbestimmungsrechts des Betroffenen durch Unterstützung bei der Besorgung seiner Angelegenheiten in eigenem selbstbestimmtem Handeln auch begrifflich weiter geschärft und regelungstechnisch in die Vorgaben von Art. 12 UN-BRK eingepasst (vgl. BT-Ds. 19/2445, 3). In der Begründung zum Reformgesetz wird deshalb von § 1821 BGB-E als der „,Magna Charta' für das gesamte rechtliche Betreuungswesen" gesprochen (BT-Ds. 19/24445, 331). Nach § 1901 Abs. 2 BGB hat der Betreuer den Wünschen des Betroffenen zu entsprechen. Hiervon kennt das geltende Recht nur zwei Ausnahmen, die vorliegen, wenn ein wunschgemäßes Handeln dem Betreuer nicht zumutbar ist (dies wird auch nach künftigem Recht so sein), oder aber wenn der vom Betroffenen geäußerte Wunsch seinem Wohl zuwiderläuft. Zwar steht damit auch bereits nach geltendem Recht die Priorisierung eines subjektiv empfundenen Wohls des Betreuten gegenüber den objektiv gebildeten Auffassungen des Betreuers dazu, was dem Wohl des Betreuten am besten entspricht, außer Zweifel (z.B.: BGH 22.7.2009 – XII ZR 77/06). Dennoch sei, so die Gesetzesbegründung, der „Wohlbegriff" ein Relikt aus der 1992 abgeschafften Vormund-

14.3 Aufgaben des Betreuers

schaft und kein geeigneter Maßstab in Bezug auf unterstützungsbedürftige Erwachsene (BT-Ds. 24445/19). Denn er impliziere weiterhin eine, wenn auch gut gemeinte, so doch fremdbestimmte Fürsorgehaltung (i.E.: Brosey BtPrax 5/2014, 5/2020). Deshalb rekurriert der Entwurf des Reformgesetzes bei den Voraussetzungen für eine Abweichung von einem Wunsch des Betreuten nicht mehr auf sein Wohl, sondern auf eine erhebliche Gefährdung seiner Person oder seines Vermögens. Voraussetzung ist aber auch in diesem Fall, dass der Wunsch nicht der freien Willensbildung unterlag. Ist der Betreute zur Bildung eines freien Willens aktuell nicht in der Lage und vermag er deshalb eine Selbstgefährdung aufgrund einer krankheitsbeeinflussten subjektiven Willensbildung nicht zu erkennen (§ 1821 Abs. 3 Nr. 1 BGB-E), so bedarf es zunächst einer sog. „unterstützten Entscheidungsfindung". Hilft auch dies nicht, so ist gem. § 1821 Abs. 4 BGB-E der mutmaßliche Wille des Betreuten durch den Betreuer zu ermitteln. Auch weiterhin kann sich der Betreuer aber den Wünschen des Betreuten bei Unzumutbarkeit verweigern (§ 1821 Abs. § Nr. 2 BGB-E).

Diese grundsätzlichen Anforderungen an das Tätigwerden des Betreuers in Bezug auf die Orientierung an den Wünschen und Vorstellungen des Betreuten entsprechend den jeweils gegebenen Lebensumständen sind von ihm in dem Aufgabenkreis bzw. in den jeweiligen Aufgabenbereichen umzusetzen, für den bzw. die er vom Betreuungsgericht bestellt wurde (Erforderlichkeitsgrundsatz, § 1896 Abs. 1 S. 2 BGB/§ 1815 Abs. 1 BGB-E). Als Aufgaben, die durch den Betreuer zu erledigen sind, kommen daher nur exakt diejenigen in Betracht, die durch den Betroffenen aufgrund seiner Erkrankung oder Behinderung nicht selbst erledigt werden können. Sie können Personen- wie auch Vermögensangelegenheiten betreffen. Eine Betreuerbestellung „für alle Angelegenheiten" soll auf Ausnahmefälle beschränkt bleiben. Der früher damit verbundene Verlust des Wahlrechts, wie ihn § 13 Abs 2 und 3 a.F. BWG noch vorsah, tritt jedoch infolge einer Entscheidung des BVerfG (21.1.2019 – 2 BvC 62/14) nicht mehr ein.

14.3.2 Personenangelegenheiten

Für den persönlichen Bereich bedarf es besonderer Sorgfalt, um den Aufgabenkreis festzulegen, für den eine Betreuung auch tatsächlich erforderlich ist, weil es hier zu spürbaren Auswirkungen auf eine individuelle Lebensgestaltung kommen kann. Deswegen wird gerade in persönlichen Angelegenheiten in aller Regel keine generelle Betreuung in Betracht kommen, sondern immer eine genaue Festlegung des Aufgabenkreises erfolgen. Eine in der Praxis anzutreffende Betreuerbestellung „für die Personensorge" verletzt häufig nicht nur den Erforderlichkeitsgrundsatz, sondern ist schon wegen der Nichtübertragbarkeit der definierten Inhalte dieses Begriffs in § 1631 BGB auf die betreuungsrechtliche Situation nicht sachgerecht und daher fehlerhaft. Zu Personenangelegenheiten können auch eher atypische Aufgaben gehören, wie beispielsweise die Stellung eines Asylantrags für einen geschäftsunfähigen, und damit nach § 12 Abs. 1 AsylG i.S.d. Asylrechts nicht handlungsunfähigen Asylbewerber und nachfolgend auch dessen Vertretung im Verfahren (VG München 20.11.2019 – M 19 K17.26324). Nicht notwendigerweise, sondern nur dann, wen im Aufgabenkatalog explizit enthalten, kann auch die Vertretung in einem Strafverfahren in Betracht kommen, jedoch nur in dem vom Betreuungsgericht exakt festzulegenden Umfang (Hanseatisches OLG 17.6.2013 – 2 WS 23-25/13).

Für Bereiche, in denen eine besondere Grundrechtsberührung stattfindet, muss das Betreuungsgericht die Betreuung ausdrücklich anordnen; sie kann in diesen Fällen nicht aus anderen Aufgabenbereichen einfach abgeleitet werden. Im künftigen Recht sind diese Bereiche in § 1815 Abs. 2 BGB-E zusammengefasst. Sie betreffen zunächst den Fernmelde- bzw. Telekommunikationsverkehr und die Entgegennahme, das Öffnen und Anhalten der Post (§ 1896 Abs. 4 BGB/§ 1815 Abs. 2 Nr. 5 und 6 BGB-E), sowie die freiheitsentziehende Unterbringung bzw. die Anwendung unterbringungsähnlicher Maßnahmen (§ 1906 BGB/§ 1818 Abs. 2 Nr. 1 und 2 BGB-E). Darüber hinaus wird nach künftigem Recht die bisher auch schon in Literatur und Rechtsprechung anerkannte Fallgruppe des Umgangsbestimmungsrechts wegen dessen besonders starker Auswirkungen auf die private Lebensführung unter den Vorbehalt einer ausdrücklichen richterlichen Anordnung gestellt (1815 Abs. 2 Nr. 4 BGB-E). Gleiches gilt für den Fall einer beabsichtigten Verlagerung des gewöhnlichen Aufenthalts in das Ausland z.b. wegen günstigerer Pflegekosten (§ 1815 Abs. 2 Nr. 3 BGB-E).

14.3.3 Richterliches Genehmigungserfordernis in besonderen Fällen

20 In Bezug auf besonders zu schützende Rechtsgüter, deren Verletzung auf das Leben des Betreuten besonders gravierende Auswirkungen hat und möglicherweise sogar eine reale Gefährdung von Leib und Leben bedeuten könnte, bedarf der Betreuer für seine Entscheidung für (u.U. auch gegen) eine entsprechende Maßnahme auch dann, wenn sie ohne jeden Zweifel zu seinem Aufgabenkreis gehört, noch einmal einer besonderen Genehmigung durch das Betreuungsgericht (sog. Richtervorbehalt). Hierzu zählt die Kündigung der vom Betreuten selbst genutzten Mietwohnung, § 1907 BGB/§ 1833 Abs. 3 BGB-E.

21 Von herausgehobener Bedeutung ist die Einwilligung in eine Sterilisation, § 1905 BGB/§ 1830 BGB-E. Sie steht nicht nur unter Richtervorbehalt (§ 1905 Abs. 2 BGB/ § 1830 Abs. 2 BGB-E), sondern für sie ist auch eigens ein besonderer Betreuer zu bestellen, dem keinerlei andere Aufgaben zu erfüllen obliegen darf (§ 1899 Abs. 2 BGB/ § 1817 Abs. 2 BGB-E: Sterilisationsbetreuer). Dies gilt auch dann, wenn eine Betreuung „für alle Angelegenheiten" übertragen wurde. Betreuungsvereine oder -behörden kommen als Sterilisationsbetreuer nicht in Betracht, § 1900 Abs. 5/§ 1818 Abs. 5 BGB-E. Zusätzlich sind in das Genehmigungsverfahren ein Verfahrenspfleger und ein Sachverständiger einzubeziehen (§ 297 Abs. 5 und 6 FamFG). Jedoch kann auch dann der Betreuer die Einwilligung erst erteilen, wenn feststeht, dass der Betroffene (auch die Sterilisation von Männern fällt unter § 1905 BGB, Bt-Ds 11/4528, 79) selbst nicht einwilligen kann und hierzu auch dauerhaft außerstande bleiben wird. Darüber hinaus müssen die weiteren von § 1905 Abs. 1 BGB/§ 1830 Abs. 1 BGB-E geforderten Voraussetzungen vorliegen, die absichern, dass die Sterilisation unter keinen Umständen gegen den Willen des Betroffenen, also zwangsweise, erfolgt. Es kommt daher auch nicht auf die Fähigkeit zur freien Willensbildung an; vielmehr ist bereits der natürlich geäußerte Wille, der auf eine Ablehnung der Maßnahme hindeutet, beachtlich. In diesem Zusammenhang mag es angebracht sein, darauf zu verweisen, dass vor Inkrafttreten des BtG nach Schätzungen jährlich mehr als 1.000 Sterilisationen an einwilligungsunfähigen Behinderten vorgenommen worden sind (Bt-Ds 11/4528, 74), während im ersten Jahr unter dem BtG (1992) lediglich zwei Sterilisationen durch die damaligen Vormundschaftsgerichte genehmigt wurden (2015: 26 gerichtliche Sterilisationsgenehmigungen). Weitere gesetzliche Voraussetzung für die richterliche Genehmigung einer entsprechenden betreuerischen Einwilligung wäre, dass davon ausgegangen werden müsste, dass es bei unterbliebener Sterilisation auch tatsächlich zu einer Schwangerschaft

14.3 Aufgaben des Betreuers

käme. Diese wiederum müsste im Falle ihres Eintritts zu einer Lebensgefahr oder der Gefahr einer schweren Beeinträchtigung des körperlichen, aber auch des seelischen Gesundheitszustandes der Schwangeren führen. Hierzu zählt, wie § 1905 Abs. 1 S. 2 BGB/§ 1830 Abs. 1 S. 2 BGB-E ausdrücklich feststellt, auch die Gefahr der Trennung des Kindes von der Mutter wegen Gefährdung des Kindeswohls (§§ 1666, 1666a BGB; vgl. Kap. 9). In jedem Fall ist die Einwilligung des Betreuers eine Ultima-ratio-Entscheidung, die nur getroffen werden darf, wenn weder die Gefährdungen, die aus der Schwangerschaft resultieren, anders abgewendet werden können noch die Schwangerschaft selbst auf andere zumutbare Weise, etwa durch Kontrazeptiva, verhindert werden kann.

Ärztliche Eingriffe in den Körper oder in die Gesundheit eines Menschen bedürfen stets einer Einwilligung des Patienten, die zuvor durch den behandelnden Arzt einzuholen ist, § 630d BGB. Ist der Betreute selbst einwilligungsunfähig, liegt aber eine Patientenverfügung i.S.v. § 1901a BGB/§ 1827 BGB-E vor, in der der Betreute bereits vor Eintritt seiner Einwilligungsunfähigkeit Festlegungen zu konkreten medizinischen Maßnahmen getroffen hat, sind diese Festlegungen für den Betreuer bindend. Selbst bei einer auf diesem Wege getroffene Entscheidung zum Abbruch lebenserhaltender Maßnahmen bedarf dies dann keiner gesonderten gerichtlichen Genehmigung mehr (BGH 14.11.2018 – XII ZB 107/18). Allerdings sind an eine **Patientenverfügung** nach § 1901a Abs. 1 BGB/§ 1827 BGB-E zwei entscheidende Anforderungen zu stellen. Sie muss zum einen die Untersuchungen, Heilbehandlungen, ärztlichen Eingriffe etc., auf die sie Bezug nimmt, genau bezeichnen. Formulierungen, wie „Ich wünsche keine lebenserhaltenden Maßnahmen" genügen dieser Vorgabe jedenfalls noch nicht (BHG 6.7.2016 – XII ZB 61/16). Zum anderen muss sie sich auf die konkrete Lebens- und Behandlungssituation beziehen lassen, in der sich der Patient im Moment der zu treffenden Entscheidung gerade befindet (BGH 8.2.2017 – XII ZB 604/15). Das LG Osnabrück hat mit Hinsicht hierauf die Wirksamkeit einer Patientenverfügung verneint, die auf einer Vorlage beruhte, wie sie im Internet unter dem Slogan „Für Freiheit, gegen Zwang" angeboten wurde. Nach Auffassung des Gerichts war in ihr nicht die individuelle Eigengefährdungssituation eines psychisch Erkrankten erfasst, weil sie sich vielmehr ganz allgemein und „offenkundig in politischer Weise gegen bestimmte Formen der psychiatrischen Behandlung" richtet (10.1.2020 – 4 T 8/20, 4 T 9/20, 4 T 10/20).

Liegt eine Patientenverfügung nicht oder nicht wirksam vor, so obliegt es dem Betreuer, die Behandlungswünsche bzw. den mutmaßlichen Willen des Betreuten festzustellen. D.h., der Betreuer entscheidet dann nicht so, wie er es für richtig hält, sondern so, wie der Betreute selbst entscheiden würde, wenn er einwilligungsfähig wäre (vgl. auch § 1901a Abs. 2 BGB/§ 1827 Abs. 2 BGB-E). Zur Feststellung des mutmaßlichen Willens des Betreuten ist gem. § 1901b BGB/§ 1828 BGB-E ein **Gespräch zwischen behandelndem Arzt und Betreuer** zu führen. Wenn allerdings die Gefahr, dass der Betroffene durch eine Untersuchung, eine Heilbehandlung oder einen ärztlichen Eingriff stirbt oder einen schweren gesundheitlichen Schaden erleidet, das normale Durchschnittsrisiko deutlich überschreitet, bedarf der Betreuer für seine Einwilligung in eine derartige ärztliche Maßnahme noch einmal einer gesonderten betreuungsgerichtlichen Genehmigung. Gleiches trifft zu, wenn der Betreuer in eine ärztliche Maßnahme nicht einwilligen will, die aber medizinisch indiziert ist und deren Unterlassen mutmaßlich den Tod oder schwere gesundheitliche Schädigungen zur Folge haben wird (§ 1904 Abs. 1 und 2 BGB/§ 1829 Abs. 1 und 2 BGB-E). Entbehrlich ist die gerichtliche Einwilligung jedoch nach § 1904 Abs. 4 BGB/§ 1829 Abs. 4 BGB-E immer dann, wenn der behandelnde Arzt und der Betreuer sich darin einig sind, dass eine ärztliche Maßnahme – oder aber ihr Unterlassen – dem Willen des Patienten entspricht. Hieraus folgt im Umkehrschluss, dass auch für die richterliche Genehmigung einer Einwilligung oder einer Nichteinwilligung des Betreuers stets der (mutmaßliche) Wille des Patienten maßgeblich ist. Das Verfahrensrecht verlangt in diesen Fällen gem. § 298 FamFG zwingend die persönliche Anhörung des Betroffenen, die Bestellung eines Verfahrenspflegers sowie die Einholung eines Sachverständigengutachtens und orientiert darüber hinaus noch auf die Anhörung weiterer Beteiligter, etwa naher Angehöriger oder Vertrauenspersonen (§ 274 Abs. 4 FamFG). Gleichwohl ist die Anwendung von § 1904 BGB in der Praxis schwierig, weil das Gesetz keine Maßstäbe für den Grad der Gefährlichkeit von bestimmten Untersuchungen, Behandlungen oder Eingriffen vorgibt (i. E. Kemper/Scheiber 2015, § 1904 Rn 6 ff.).

24 Ebenso einem richterlichen Genehmigungsvorbehalt unterliegt die freiheitsentziehende **Unterbringung** oder auch die Anwendung freiheitsentziehender Maßnahmen, § 1906 BGB/§ 1831 BGB-E. Gemeint ist hier die privatrechtliche Unterbringung mit Freiheitsentziehung durch den Betreuer, nicht die öffentlich-rechtliche Unterbringung, deren Voraussetzungen in den landesrechtlichen Unterbringungs- bzw. Psychiatriegesetzen geregelt sind. Eine Freiheitsentziehung liegt vor, wenn die Bewegungsfreiheit des Betreuten räumlich begrenzt ist, die Überwindung dieser Begrenzung durch physische Mittel kontrolliert und verhindert wird und die Überwindung dieser Kontrollen in zumutbarer Weise nicht möglich ist (sog. „Düsseldorfer Formel", OLG Düsseldorf 2.11.1962 – 3 W 362,383/62).

25 Zu den unter den Genehmigungsvorbehalt fallenden freiheitsentziehenden Maßnahmen nach § 1906 Abs. 4 BGB/§ 1831 Abs. 4 BGB-E) gehören, neben dem Aufstellen von Bettgittern, technischen Vorkehrungen an Schließmechanismen von Türen und Fenstern u.ä., insbesondere das Fixieren mittels Gurten und die Verabreichung von Medikamenten mit dem Ziel, den Betreuten am Verlassen eines Aufenthaltsortes zu hindern. Nach einer Entscheidung des BVerfG aus dem Jahr 2016, die zwar nicht unmittelbar die Betreuung betrifft, sich jedoch auf sie auswirkt, ist eine Fixierung selbst dann genehmigungspflichtig, wenn der Betroffene bereits in einer psychiatrischen Einrichtung untergebracht ist. Dies gilt jedenfalls dann, wenn die Fixierung voraussichtlich länger als 30 Minuten andauern soll (BVerfG 24.7.2016 – 2 BvR 209/15, 2 BvR 502/16).

26 Eine Unterbringung mit Freiheitsentziehung setzt schon wegen Art. 104 Abs. 2 GG stets eine richterliche Entscheidung voraus. Dies gilt folglich auch für die hier besprochene sogenannte privatrechtliche Unterbringung im Rahmen des Betreuungsrechts (BVerfG 10.2.1960 – 1 BvR 526/53, 1 BvR 29/57). Deshalb ist sie hier überhaupt nur in zwei Fallgruppen zulässig: bei Gefahr der Selbsttötung oder Selbstzufügung eines erheblichen gesundheitlichen Schadens sowie bei einer Untersuchung, Heilbehandlung oder einem ärztlichen Eingriff, deren Notwendigkeit der Betroffene aufgrund seiner Behinderung oder psychischen Erkrankung nicht erkennen kann, § 1906 Abs. 1 BGB/ § 1831 Abs. 1 BGB-E. Aus oben bereits besprochenen Gründen (Rz. 15) verzichtet das künftige Gesetz auf die Formulierung, dass die Unterbringung „zum Wohl des Betreuten erforderlich" sein muss (nach geltendem Recht noch in § 1906 Abs. 1 BGB enthalten).

27 Ist jedoch eine Unterbringung rechtmäßig erfolgt, dann ist in ihrem Rahmen unter engen gesetzlichen Voraussetzungen auch eine **Zwangsbehandlung** möglich. Die Rege-

14.3 Aufgaben des Betreuers

lung der Zwangsbehandlung, die zunächst zum 26.2.2013 in Kraft getreten ist, wurde deshalb seinerzeit auch über den damals geltenden § 1906 Abs. 1 Nr. 2, Abs. 3, Abs. 3a BGB in einen unmittelbaren regelungstechnischen Zusammenhang zur Unterbringung gebracht. Notwendig wurde dies, weil der BGH unter Aufgabe seiner bisherigen Rechtsprechung in seiner Entscheidung vom 20.6.2012 (XII ZB 130/12) zu dem Ergebnis gekommen war, dass ein Eingriff in ein so hohes Verfassungsgut wie die körperliche Integrität nur auf der Grundlage eines Gesetzes zulässig sei. Dabei stützte sich der BGH auf zwei Entscheidungen des BVerfG aus dem Jahr 2011 (BVerfG 23.3.2011 – 2 BvR 882/0926.7.2016 und 12.10.2011 – 2 BvR 633/11), die sich unmittelbar allerdings auf den strafrechtlichen Maßregelvollzug bezogen und nach denen eine Zwangsbehandlung nur auf der Grundlage eines Gesetzes zulässig ist (inzwischen auch: BVerfG 20.2.2013 – 2 BvR 228/12). Die nunmehr geltende gesetzliche Regelung geht auf die Umsetzung einer BVerfG-Entscheidung vom 26.7.2016 (1 BvL 8/15) zurück, in der insbesondere eine konkrete **staatliche Schutzpflicht** für Betreute, die keinen freien Willen bilden können, betont wird, und zwar – dies ist der entscheidende Aspekt der Entscheidung und der gesetzlichen Neuregelung – unabhängig davon, ob sie freiheitsentziehend untergebracht oder, etwa als ohnehin immobile Patienten, sonst stationär aufgenommen sind. Die aktuell geltende Regelung, die nunmehr mit § 1906a BGB vorliegt, ist vom 22.7.2017. Die Notwendigkeit einer Neuregelung im Reformgesetzentwurf von 2020 ergab sich nicht, sodass der Inhalt von § 1906b BGB im Wesentlichen in die künftige Vorschrift § 1832 BGB-E übernommen werden konnte. Lediglich auf den Verweis des als nicht angemessen geltenden Begriffs des „Wohls" des Betreuten wird wiederum verzichtet. Die genaueren Voraussetzungen für eine Zwangsbehandlung sind den Ziffern 1 bis 7 der genannten Vorschrift zu entnehmen. Im Kern geht es dort darum, dass die gerichtliche Genehmigung in die Einwilligung des Betreuers in eine Zwangsbehandlung nur dann erfolgt, wenn

- der Betreute selbst die Notwendigkeit der ärztlichen Maßnahme trotz vorangegangener Erklärungsversuche krankheits- oder behinderungsbedingt nicht zu erkennen vermag,
- die ärztliche Zwangsmaßnahme notwendig ist zur Abwendung eines erheblichen gesundheitlichen Schadens, dem durch andere zumutbare Maßnahmen nicht begegnet werden kann,
- zuvor ernsthaft versucht wurde, den Betroffenen von der Notwendigkeit der ärztlichen Maßnahme zu überzeugen und
- der durch die Zwangsbehandlung zu erwartende Nutzen die durch sie hervorgerufenen Beeinträchtigungen deutlich überwiegt.

Eine Entscheidung über Zwangsbehandlung kommt demnach nur in Betracht, wenn der Betreute selbst nicht einwilligungsfähig ist, weil er über keinen freien Willen i.S.v. §§ 104 Ziff. 2, 1896 Abs. 1a BGB verfügt, der Behandlungsabsicht aber ein von ihm geäußerter natürlicher Wille erkennbar entgegensteht. Ist hingegen vom Vorliegen der Fähigkeit, einen freien Willen zu bilden, auszugehen, so besteht gerade auch für psychisch kranke Menschen die bereits erwähnte „Freiheit zur Krankheit". Auch dies bekräftigt das BVerfG in seiner Entscheidung vom 26.7.2016 noch einmal, indem es feststellt:

> „Jeder ist nach dem Grundgesetz grundsätzlich frei, über Eingriffe in seine körperliche Integrität und den Umgang mit seiner Gesundheit nach eigenem Gutdünken zu entscheiden.

Seine Entscheidung, ob und inwieweit er eine Krankheit diagnostizieren und behandeln lässt, muss er nicht an einem Maßstab objektiver Vernünftigkeit ausrichten."

Auch bei einer wirksamen Patientenverfügung, die die beabsichtigte Behandlungs- oder Eingriffsform ausschließt, kann es im Rahmen des Betreuungsrechts grundsätzlich nicht zu einer Zwangsbehandlung kommen. (Anderes kann freilich gelten, wenn es um den Schutz Dritter bzw. der Allgemeinheit nach den entsprechenden landesrechtlichen Unterbringungsvorschriften geht). Schließlich werden auch Fälle von Bewusstlosigkeit, auch Koma, nicht von der Regelung erfasst, weil es bei ihnen nicht zur Bildung eines der Behandlung entgegenstehenden natürlichen Willens kommen kann.

28 Verfahrensrechtlich sind Unterbringung und Zwangsbehandlung, wie auch unterbringungsähnliche Maßnahmen, den Unterbringungssachen zugeordnet (§ 312 FamFG). Zum einen ist damit klargestellt, dass Zwangsbehandlungen nur im Rahmen einer Unterbringung bzw. wie Nr. 3 der genannten Vorschrift nunmehr festlegt, einer Verbringung zu einem stationären Aufenthalt, jedenfalls nicht etwa ambulant, erfolgen dürfen. Zum anderen gelten hier noch einmal besonders verstärkte Verfahrensgarantien, z.B. – neben der Bestellung eines Verfahrenspflegers (§ 317 FamFG), der Einholung eines Gutachtens (§ 321 FamFG) und der Anhörung des Betroffenen (§ 319 FamFG) – auch die verpflichtende Anhörung sonstiger Beteiligter (§ 320 FamFG i.V.m. § 315 Abs. 4 FamFG), Regelungen zur Dauer der Unterbringung (§§ 329, 333 FamFG) sowie erweiterte Möglichkeiten der Beschwerde (§§ 335 f. FamFG). § 319 Abs. 6 und 7 FamFG enthält Regelungen zur Anwendung von Gewalt oder zum gewaltsamen Eindringen in die Wohnung des Betroffenen, falls dies zur Durchsetzung einer Unterbringung erforderlich sein sollte.

14.4 Die rechtliche Wirkung der Betreuung

30 Da es sich um Betreuung im rechtlichen Sinne handelt, ist der Betreuer innerhalb des Aufgabenkreises, für den er bestellt wurde, der gesetzliche Vertreter des Betreuten, denn nur für Aufgaben, für deren Erledigung der Betroffene eines gesetzlichen Vertreters bedarf, kommt eine Betreuerbestellung überhaupt in Betracht. Dies stellt sich jedoch für das **Innenverhältnis** zwischen Betreutem und Betreuer anders dar als für das Außenverhältnis zu einem Dritten. Im Innenverhältnis hat der Betreuer jedes Mal zu beurteilen, ob eine Entscheidung durch ihn überhaupt erforderlich ist oder ob sie dem Betreuten nicht selbst überlassen kann. Er kann ihn also vertreten, muss dies aber im Einzelfall nicht tun. Vertritt er ihn, dann hat er sich im Rahmen der gesetzlichen Maßgaben nach den Wünschen des Betreuten zu richten, § 1901 BGB/§ 1821 BGB-E. Er ist also insofern in seiner Vertretungsmacht beschränkt (vgl. Rn. 15). Im **Außenverhältnis** hingegen gibt es eine derartige Beschränkung der Vertretungsmacht zunächst nicht (§ 1902 BGB/§ 1823 BGB-E). Zu beachten ist lediglich die Genehmigungspflicht für bestimmte Rechtshandlungen im oben dargestellten Sinne. Ansonsten gilt, dass die Erklärungen, die der Betreuer gegenüber Dritten abgibt, unmittelbar für und gegen den Betreuten wirken und dass Dritte auch nicht befugt sind, die Vertretungsberechtigung des Betreuers zu bestreiten.

31 Die Rechtsstellung des Betreuers als gesetzlicher Vertreter ist keinesfalls ein Hinweis auf die **Geschäftsunfähigkeit** des Betreuten. Diese liegt erst dann vor, wenn er sich in einem die freie Willensbildung ausschließenden Zustand krankhafter Störung der Geistestätigkeit befindet, § 104 Nr. 2 BGB. Nur in diesem Fall sind seine Willenserklärungen nichtig (§ 105 Abs. 1 BGB) und der Betreuer vertritt ihn innerhalb seines Aufgabenkreises in allen Angelegenheiten im Rechtsverkehr. Eine Ausnahme bilden aber selbst in diesem Fall Geschäfte des täglichen Lebens i.S.v. § 105a BGB, die mit geringwertigen Mitteln bewirkt

werden können (z.B. Erwerb von Kleidung, Nahrung, Genussmitteln; anderes kann allerdings bei Alkoholismus oder krankhaftem Kaufzwang gelten). Hier ist der von einem Geschäftsunfähigen geschlossene Vertrag wirksam, sobald Leistung und Gegenleistung (soweit vereinbart) bewirkt sind.

Außerhalb dieser Fallgestaltung der Geschäftsunfähigkeit kann der Betreute weiterhin auch in den Bereichen, für die ein Betreuer bestellt wurde, selbstständig Rechtsgeschäfte abschließen, aus denen heraus er berechtigt und verpflichtet wird. Er ist damit auch prozessfähig und hat demzufolge eine eigene Klagebefugnis vor Gericht (VG München 8.8.2019 – M 17K 19.2130). Zwar kann es bei Vorliegen der Geschäftsfähigkeit zu einer **Konkurrenz zwischen Betreutem und Vertretungsbefugnis des Betreuers** kommen, wenn beide Erklärungen unterschiedlichen Inhalts abgeben. In diesen Fällen gilt regelmäßig das zeitlich frühere Rechtsgeschäft. Wird durch die Willenserklärungen des Betreuten allerdings seine Person oder sein Vermögen erheblich gefährdet, so kann das Betreuungsgericht nach § **1903 BGB** (künftig nach § 1825 BGB-E) anordnen, dass derartige Willenserklärungen des Betreuten mit Ausnahme der in § 1903 Abs. 2 und 3 BGB/§ 1825 Abs. 2 und 3 BGB.E aufgeführten Beschränkungen nur noch mit Einwilligung des Betreuers wirksam abgegeben werden können (**Einwilligungsvorbehalt**). Die bezeichnete Situation liegt z.B. dann vor, wenn der Betreute anderenfalls Gefahr liefe, in einem psychiatrischen Krankenhaus untergebracht zu werden, lebensbedrohlich zu erkranken, seine Wohnung zu verlieren oder aber erhebliche Vermögenseinbußen etwa dadurch hinnehmen zu müssen, dass er unnütze, ruinöse Verträge abschließt oder sich wegen Vertragsverletzung schadensersatzpflichtig macht. Auch der Einwilligungsvorbehalt führt entsprechend der Grundintention des Betreuungsrechts nicht zur Geschäftsunfähigkeit. Allerdings kann seine Anordnung ein Hinweis, wenn auch freilich noch kein sicheres Indiz, für ihr Vorliegen sein. Jedenfalls macht er in der Praxis Sinn, wenn der Betroffene nicht immer und nicht zweifelsfrei geschäftsfähig ist (Kemper/Schreiber 2015, § 1903 Rn. 5).

Auch für den Einwilligungsvorbehalt gilt, dass er nicht gegen den freien Willen des Betroffenen angeordnet werden darf (im künftigen Recht noch einmal expressis verbis in § 1825 Abs. 1 S. 2 BGB-E) und dass die Wünsche des Betreuten eine Bindungswirkung in Bezug auf den Betreuer entfalten. Dies bedeutet, dass entsprechend der Grundintention des Reformgesetzes und im Einklang mit der UN-BRK das Selbstbestimmungsrecht des Betroffenen durch die Anordnung eines Einwilligungsvorbehalts nicht etwa aufgehoben wird (vgl. BT-Ds. 19/24445, 345). Nach dem Grundsatz der Erforderlichkeit ist er so eng wie möglich zu fassen; er kann auch eigenständig und unabhängig von der Grundentscheidung einer Betreuungsanordnung aufgehoben oder abgeändert, also eingeschränkt oder erweitert, werden, § 1908d BGB/§ 1871 Abs. 4 BGB-E.

14.5 Finanzielle Ansprüche des Betreuers

Wird die Betreuung ehrenamtlich geführt, so steht dem Betreuer grundsätzlich kein Anspruch auf Vergütung zu, § 1908i i.V.m. § 1836 Abs. 1 S. 1 BGB/§ 1876 BGB-E. Allerdings hat er einen Anspruch auf Ersatz für die von ihm erbrachten Aufwendungen, wie etwa für Porto-, Kopier- oder Fahrtkosten, für Versicherungen gegen Schäden des Betreuten, des Betreuers oder eines Dritten, für Entgelte für Tätigkeiten Dritter, z.B. Rechtsanwälte usw., § 1908i i.V.m. § 1835 BGB/§ 1877 BGBG-E. Der Aufwendungsersatz kann alternativ auch als **pauschale Aufwandsentschädigung** in Höhe des 19-fachen (nach künftigem Recht: des 17-fachen) des Höchstbetrages der Zeugenentschädigung (§ 22 Justizvergütungs- und Entschädigungsgesetz) pro Jahr geltend gemacht werden, § 1908i i.V.m. § 1835a BGB/§ 1878 BGB-E.

35 Ein Anspruch auf Vergütung besteht hingegen, wenn die Betreuung einem **Berufsbetreuer** übertragen wurde, § 1908i i.V.m. § 1836 Abs. 2 S. 2 BGB, § 1 VBVG. Dabei ist durch das Gericht zunächst festzustellen, ob es sich überhaupt um eine berufliche Betreuung handelt. Dies ist nach § 1 Abs. 1 S. 2 VBVG dann der Fall, wenn der Betreuer mehr als 10 Betreuungen führt oder die Führung der Betreuung voraussichtlich nicht weniger als 20 Std. wöchentlich in Anspruch nimmt. Im künftigen Recht ist dies in § 1875 Abs. 2 BGB-E i.V.m. § 1 VBVG-E geregelt. Die Feststellung, ob eine berufliche Betreuung (§ 19 Abs. 2 BtOG-E) vorliegt, wird dann nicht mehr vom Stundenumfang, sondern davon abhängen, ob die Person nach Prüfung der entsprechenden gesetzlichen Voraussetzungen durch die Betreuungsbehörde als Berufsbetreuer registriert wurde, §§ 23, 24 BtOG-E. Gleiches gilt für Mitarbeiter eines anerkannten Betreuungsvereins (§ 14 BtOG-E), sofern sie Berufsbetreuer sind. Die Vergütung erfolgt in der Form von Fallpauschalen, deren Höhe sich zum einen nach der Qualifikation des Betreuers (§ 4 VBVG/§ 8 VBVG-E), zum anderen nach der Dauer der Betreuung, dem gewöhnlichen Aufenthaltsort des Betreuten sowie dessen Vermögensstatus (§ 5 VBVG/§ 9 VBVG-E) bestimmt. Der Differenzierung liegt die Annahme zu Grunde, dass

- Betreuungen zu Beginn zeitaufwendiger sind als im späteren Verlauf;
- die Betreuung vermögender Betreuter zeitaufwendiger ist als die mittelloser Betreuter;
- die Betreuung eines in einem Heim wohnenden oder in einer Einrichtung untergebrachten Betreuten weniger zeitaufwendig ist als bei einem Betreuten, der in einer Wohnung wohnt.

14.6 Verfahrensfragen

36 Ähnlich wie dem Jugendamt im kindschaftsrechtlichen Verfahren kommt im betreuungsrechtlichen Verfahren der Betreuungsbehörde eine besondere Bedeutung zu. Sie ist nach § 274 Abs. 3 FamFG auf Antrag am Verfahren zur Bestellung eines Betreuers oder der Anordnung eines Einwilligungsvorbehalts zu beteiligen und insbesondere zur persönlichen, gesundheitlichen und sozialen Situation des Betroffenen, zur Erforderlichkeit der Betreuung sowie zur Auswahl des Betreuers zu hören. Die Behörde hat dabei vor allem auch die subjektive Sichtweise des Betroffenen mit in das Verfahren einzubringen (§ 279 Abs. 2 FamFG). Bei einer Erweiterung, Einschränkung, Aufhebung oder Verlängerung der Betreuung oder eines Einwilligungsvorbehalts ist sie jedes Mal dann anzuhören, wenn dies für die Sachaufklärung erforderlich ist oder aber wenn der Betroffene es verlangt (§§ 293 ff. FamFG). Nach künftigem Recht sind die Aufgaben der Betreuungsbehörde v.a. in §§ 11 bis 13 BtOG-E festgelegt. Hiernach hat die Betreuungsbehörde vor allem einen sog. Sozialbericht (§ 11 Abs. 2 BtOG-E) zu fertigen und einen geeigneten Betreuer, ggf. auch einen geeigneten Verfahrenspfleger, vorzuschlagen.

37 Das Verfahren zur Bestellung eines Betreuers kann jede natürliche oder juristische Person anregen (§ 24 FamFG); der Betroffene selbst hat ein Antragsrecht (§ 23 FamFG i.V.m. § 1896 Abs. 1 BGB/§ 1814 Abs. 4 BGB-E). § 276 FamFG legt fest, dass zur Interessenwahrnehmung den Betroffenen ein **Verfahrenspfleger** vom Gericht zu bestellen ist, wenn dies erforderlich ist. Eine solche Erforderlichkeit liegt nach künftigem Recht zumindest immer dann vor, wenn die Betreuerbestellung oder die Anordnung eines Einwilligungsvorbehalts gegen den erklärten Willen des Betroffenen erfolgen soll. Der Verfahrenspfleger hat die Aufgabe, die Interessen des Betroffenen wahrzunehmen, ihn im Verfahrensverlauf beratend und erklärend zu begleiten und zu unterstützen sowie seine Wünsche und

14.6 Verfahrensfragen

seinen Willen dem Gericht zur Kenntnis zu bringen. Er wird aber nicht gesetzlicher Vertreter des Betroffenen. Die Bestellung eines Verfahrenspflegers ist insbesondere auch dann erforderlich, wenn von der persönlichen Anhörung des Betroffenen, auf die ansonsten gem. § 278 **FamFG** nicht verzichtet werden darf, wegen einer drohenden gesundheitlichen Gefahr (§ 278 Abs. 4 FamFG i.V.m. § 34 Abs. 2 FamFG) abgesehen wird.

Ein zentrales verfahrensrechtliches Element ist, schon wegen seines grundrechtsgleichen Rechts auf rechtliches Gehör nach Art. 103 Abs. 1 GG, die **persönliche Anhörung** des Betroffenen, § 278 FamFG. Deshalb darf sie auch nur unterbleiben, wenn von ihr in einem ärztlichen Gutachten bestätigte erhebliche Nachteile für die Gesundheit des Betroffenen zu befürchten sind oder er ohnehin nicht in der Lage ist, seinen Willen zu artikulieren, § 34 Abs. 2 FamFG. In der Anhörung geht es auch darum, sich einen persönlichen Eindruck vom Betroffenen in einer Situation zu schaffen, die es erlaubt, die Wünsche und den Willen des Betroffenen wahrzunehmen. Die persönliche Anhörung ist darüber hinaus auch in den oben besprochen Fällen einer notwendigen betreuungsgerichtlichen Genehmigungserteilung obligatorisch. Im Übrigen sieht § 279 Abs. 1 BGB auch die Möglichkeit der Anhörung weiterer Beteiligter vor. Um auch auf medizinisch-fachlicher Ebene sicherzustellen, dass eine Betreuung erforderlich ist, schreibt § 280 **FamFG** vor, dass eine Betreuung erst angeordnet werden darf, wenn ein entsprechendes Sachverständigengutachten eingeholt worden ist. Es kann nur ganz ausnahmsweise (§ 281 FamFG) durch ein einfacheres ärztliches Zeugnis ersetzt werden. Dass das Ergebnis des Gutachtens dem Betroffenen im Rahmen seiner persönlichen Anhörung zugänglich gemacht werden muss, wird gegenwärtig schon mit Bezug auf Art. 103 GG vertreten und wird künftig auch dem Gesetzeswortlaut entnommen werden können (§ 278 Abs. 2 S. 1 FamFG-E). Für die Begutachtung kann der Betroffene auch vorgeführt werden (§ 283 FamFG).

Wird eine Betreuung bestellt, so hat das Gericht nach § 286 **FamFG** eine sogenannte **Einheitsentscheidung** zu treffen, also nicht nur die Betreuung als solche anzuordnen, sondern zugleich den Aufgabenkreis und die einzelnen Aufgabenbereiche zu benennen, den Betreuer zu bestellen und den Zeitpunkt der Überprüfung der Entscheidung festzulegen. Der ehrenamtliche Betreuer, der nur eine Betreuung führt, wird gemäß § 289 **FamFG**, künftig nach § 1861 Abs. 2 BGB-E, in einem Verpflichtungsgespräch auf sein Amt als Betreuer verpflichtet und in die damit verbundenen Aufgaben eingewiesen.

Gegen die Entscheidung des Betreuungsgerichts ist das Rechtsmittel der Beschwerde (§§ 58 ff. FamFG) und gegen die Entscheidung des Beschwerdegerichts, dies ist hier das Landgericht, das Rechtsmittel der Rechtsbeschwerde (§§ 70 ff. FamFG) zum BGH gegeben. Die Rechtsbeschwerde, die ansonsten nur statthaft ist, soweit sie vom Beschwerdegericht oder dem Oberlandesgericht im ersten Rechtszug zugelassen wurde, bedarf gerade in Betreuungssachen in den meisten und grundlegenden Fällen (§ 70 Abs. 3 FamFG) einer solchen Zulassung nicht.

Weiterführende Literatur:
- T. Fröschle 2019
- K.-D. Pardey/P. Kieß 2018
- A. Jürgens u.a. 2016

Anhang: Düsseldorfer Tabelle[12]

(Stand: 1. Januar 2021)

A. Kindesunterhalt

	Nettoeinkommen des/der Barunterhaltspflichtigen (Anm. 3, 4)	Altersstufen in Jahren (§ 1612a Abs. 1 BGB)				Prozentsatz	Bedarfskontrollbetrag (Anm. 6)
		0–5	6–11	12–17	ab 18		
		Alle Beträge in Euro					
1.	bis 1.900	393	451	528	564	100	960 / 1.160
2.	1.901 – 2.300	413	474	555	593	105	1.400
3.	2.301 – 2.700	433	497	581	621	110	1.500
4.	2.701 – 3.100	452	519	608	649	115	1.600
5.	3.101 – 3.500	472	542	634	677	120	1.700
6.	3.501 – 3.900	504	578	676	722	128	1.800
7.	3.901 – 4.300	535	614	719	768	136	1.900
8.	4.301 – 4.700	566	650	761	813	144	2.000
9.	4.701 – 5.100	598	686	803	858	152	2.100
10.	5.101 – 5.500	629	722	845	903	160	2.200
	ab 5.501	Auf den Beschluss des Bundesgerichtshofs vom 16.09.2020 – XII ZB 499/19 – wird hingewiesen.					

Anmerkungen:

1. Die Tabelle hat keine Gesetzeskraft, sondern stellt eine Richtlinie dar. Sie weist den monatlichen Unterhaltsbedarf aus, bezogen auf zwei Unterhaltsberechtigte, ohne Rücksicht auf den Rang. Der Bedarf ist nicht identisch mit dem Zahlbetrag; dieser ergibt sich unter Berücksichtigung der nachfolgenden Anmerkungen.

   Bei einer größeren/geringeren Anzahl Unterhaltsberechtigter können *Ab- oder Zuschläge* durch Einstufung in niedrigere/höhere Gruppen angemessen sein. Anmerkung 6 ist zu beachten. Zur Deckung des notwendigen Mindestbedarfs aller Beteiligten – einschließlich des Ehegatten – ist gegebenenfalls eine Herabstufung bis in die unterste Tabellengruppe vorzunehmen. Reicht das verfügbare Einkommen auch dann nicht aus, setzt sich der Vorrang der Kinder im Sinne von Anm. 5

---

1 **Amtl. Anm.:** Die neue Tabelle nebst Anmerkungen beruht auf Koordinierungsgesprächen, die unter Beteiligung aller Oberlandesgerichte und der Unterhaltskommission des Deutschen Familiengerichtstages e.V. stattgefunden haben.
2 In der jeweils aktuellen Fassung kostenlos abrufbar unter www.olg-duesseldorf.nrw.de.

Abs. 1 durch. Gegebenenfalls erfolgt zwischen den erstrangigen Unterhaltsberechtigten eine Mangelberechnung nach Abschnitt C.

2. Die Richtsätze der 1. Einkommensgruppe entsprechen dem Mindestbedarf gemäß der Dritten Verordnung zur Änderung der Mindestunterhaltsverordnung vom 03.11.2020 (BGBl 2020 I, 2344). Der Prozentsatz drückt die Steigerung des Richtsatzes der jeweiligen Einkommensgruppe gegenüber dem Mindestbedarf (= 1. Einkommensgruppe) aus. Die durch Multiplikation des gerundeten Mindestbedarfs mit dem Prozentsatz errechneten Beträge sind entsprechend § 1612a Absatz 2 Satz 2 BGB aufgerundet.

Bei volljährigen Kindern, die noch im Haushalt der Eltern oder eines Elternteils wohnen, bemisst sich der Unterhalt nach der 4. Altersstufe der Tabelle.

3. *Berufsbedingte Aufwendungen*, die sich von den privaten Lebenshaltungskosten nach objektiven Merkmalen eindeutig abgrenzen lassen, sind vom Einkommen abzuziehen, wobei bei entsprechenden Anhaltspunkten eine Pauschale von 5 Prozent des Nettoeinkommens – mindestens 50 EUR, bei geringfügiger Teilzeitarbeit auch weniger, und höchstens 150 EUR monatlich – geschätzt werden kann. Bei Geltendmachung die Pauschale übersteigender Aufwendungen sind diese insgesamt nachzuweisen.

4. Berücksichtigungsfähige *Schulden* sind in der Regel vom Einkommen abzuziehen.

5. Der *notwendige Eigenbedarf (Selbstbehalt)*
   – gegenüber minderjährigen unverheirateten Kindern,
   – gegenüber volljährigen unverheirateten Kindern bis zur Vollendung des 21. Lebensjahres, die im Haushalt der Eltern oder eines Elternteils leben und sich in der allgemeinen Schulausbildung befinden,

   beträgt beim nicht erwerbstätigen Unterhaltspflichtigen monatlich 960 EUR, beim erwerbstätigen Unterhaltspflichtigen monatlich 1.160 EUR. Hierin sind bis 430 EUR für Unterkunft einschließlich umlagefähiger Nebenkosten und Heizung (Warmmiete) enthalten. Der Selbstbehalt soll erhöht werden, wenn die Wohnkosten (Warmmiete) den ausgewiesenen Betrag überschreiten und nicht unangemessen sind.

   Der *angemessene Eigenbedarf*, insbesondere gegenüber anderen volljährigen Kindern, beträgt in der Regel mindestens monatlich 1.400 EUR. Darin ist eine Warmmiete bis 550 EUR enthalten.

6. Der *Bedarfskontrollbetrag* des Unterhaltspflichtigen ab Gruppe 2 ist nicht identisch mit dem Eigenbedarf. Er soll eine ausgewogene Verteilung des Einkommens zwischen dem Unterhaltspflichtigen und den unterhaltsberechtigten Kindern gewährleisten. Wird er unter Berücksichtigung anderer Unterhaltspflichten unterschritten, ist der Tabellenbetrag der nächst niedrigeren Gruppe, deren Bedarfskontrollbetrag nicht unterschritten wird, anzusetzen.

7. Der angemessene Gesamtunterhaltsbedarf eines Studierenden, der nicht bei seinen Eltern oder einem Elternteil wohnt, beträgt in der Regel monatlich 860 EUR. Hierin sind bis 375 EUR für Unterkunft einschließlich umlagefähiger Nebenkosten und Heizung (Warmmiete) enthalten. Dieser Bedarfssatz kann auch für ein Kind mit eigenem Haushalt angesetzt werden.

8. Die *Ausbildungsvergütung* eines in der Berufsausbildung stehenden Kindes, das im Haushalt der Eltern oder eines Elternteils wohnt, ist vor ihrer Anrechnung in

der Regel um einen ausbildungsbedingten Mehrbedarf von monatlich 100 EUR zu kürzen.
9. In den Bedarfsbeträgen (Anmerkungen 1 und 7) sind keine *Beiträge zur Kranken- und Pflegeversicherung und keine Studiengebühren* enthalten.
10. Das auf das jeweilige Kind entfallende *Kindergeld* ist nach § 1612b BGB auf den Tabellenunterhalt (Bedarf) anzurechnen.

B. Ehegattenunterhalt

I. Monatliche Unterhaltsrichtsätze des berechtigten Ehegatten ohne unterhaltsberechtigte Kinder (§§ 1361, 1569, 1578, 1581 BGB):

1. gegen einen *erwerbstätigen Unterhaltspflichtigen:*
   a) wenn der Berechtigte kein Einkommen hat: 3/7 des anrechenbaren Erwerbseinkommens zuzüglich 1/2 der anrechenbaren sonstigen Einkünfte des Pflichtigen, nach oben begrenzt durch den vollen Unterhalt, gemessen an den zu berücksichtigenden ehelichen Verhältnissen;
   b) wenn der Berechtigte ebenfalls Einkommen hat: 3/7 der Differenz zwischen den anrechenbaren Erwerbseinkommen der Ehegatten, insgesamt begrenzt durch den vollen ehelichen Bedarf; für sonstige anrechenbare Einkünfte gilt der Halbteilungsgrundsatz;
   c) wenn der Berechtigte erwerbstätig ist, obwohl ihn keine Erwerbsobliegenheit trifft: gemäß § 1577 Abs. 2 BGB;
2. gegen einen *nicht erwerbstätigen Unterhaltspflichtigen* (z.B. Rentner): wie zu 1a, b oder c, jedoch 50 Prozent.

II. Fortgeltung früheren Rechts:

1. Monatliche Unterhaltssätze des nach dem Ehegesetz berechtigten Ehegatten *ohne unterhaltsberechtigte Kinder*:
   a) §§ 58, 59 EheG: in der Regel wie I.
   b) § 60 EheG: in der Regel 1/2 des Unterhalts zu I.
   c) § 61 EheG: nach Billigkeit bis zu den Sätzen I.
2. Bei Ehegatten, die vor dem 03.10.1990 in der früheren DDR geschieden worden sind, ist das DDR-FGB in Verbindung mit dem Einigungsvertrag zu berücksichtigen (Art. 234 § 5 EGBGB).

III. Monatliche Unterhaltsrichtsätze des berechtigten Ehegatten, wenn die ehelichen Lebensverhältnisse durch Unterhaltspflichten gegenüber Kindern geprägt werden:

Wie zu I. bzw. II. 1., jedoch wird grundsätzlich der Kindesunterhalt (Zahlbetrag; vgl. Anm. C und Anhang) vorab vom Nettoeinkommen abgezogen.

IV. Monatlicher Eigenbedarf (Selbstbehalt) gegenüber dem getrennt lebenden und dem geschiedenen Berechtigten:

a)	falls erwerbstätig:	1.280 EUR
b)	falls nicht erwerbstätig:	1.180 EUR

Hierin sind bis 490 EUR für Unterkunft einschließlich umlagefähiger Nebenkosten und Heizung (Warmmiete) enthalten.

V. Existenzminimum des unterhaltsberechtigten Ehegatten einschließlich des trennungsbedingten Mehrbedarfs in der Regel:

1.	falls erwerbstätig:	1.160 EUR
2.	falls nicht erwerbstätig:	960 EUR

VI. [Monatlicher notwendiger Eigenbedarf von Ehegatten]

1. Monatlicher notwendiger Eigenbedarf des von dem Unterhaltspflichtigen getrennt lebenden oder geschiedenen Ehegatten:
   - a) gegenüber einem nachrangigen geschiedenen Ehegatten
     - aa) falls erwerbstätig — 1.280 EUR
     - bb) falls nicht erwerbstätig — 1.180 EUR
   - b) gegenüber nicht privilegierten volljährigen Kindern — 1.400 EUR
2. Monatlicher notwendiger Eigenbedarf des Ehegatten, der in einem gemeinsamen Haushalt mit dem Unterhaltspflichtigen lebt:
   - a) gegenüber einem nachrangigen geschiedenen Ehegatten
     - aa) falls erwerbstätig — 1.024 EUR
     - bb) falls nicht erwerbstätig — 944 EUR
   - b) gegenüber nicht privilegierten volljährigen Kindern — 1.120 EUR

Anmerkung zu I–III:

Hinsichtlich *berufsbedingter Aufwendungen* und *berücksichtigungsfähiger Schulden* gelten Anmerkungen A. 3 und 4 – auch für den erwerbstätigen Unterhaltsberechtigten – entsprechend. Diejenigen berufsbedingten Aufwendungen, die sich nicht nach objektiven Merkmalen eindeutig von den privaten Lebenshaltungskosten abgrenzen lassen, sind pauschal im Erwerbstätigenbonus von 1/7 enthalten.

C. Mangelfälle

Reicht das Einkommen zur Deckung des Bedarfs des Unterhaltspflichtigen und der gleichrangigen Unterhaltsberechtigten nicht aus (sog. Mangelfälle), ist die nach Abzug des notwendigen Eigenbedarfs (Selbstbehalts) des Unterhaltspflichtigen verbleibende Verteilungsmasse auf die Unterhaltsberechtigten im Verhältnis ihrer jeweiligen Einsatzbeträge gleichmäßig zu verteilen.

Der Einsatzbetrag für den *Kindesunterhalt* entspricht dem Zahlbetrag des Unterhaltspflichtigen. Dies ist der nach Anrechnung des Kindergeldes oder von Einkünften auf den Unterhaltsbedarf verbleibende Restbedarf.

Beispiel: Bereinigtes Nettoeinkommen des Unterhaltspflichtigen (M): 1.350 EUR. Unterhalt für drei unterhaltsberechtigte Kinder im Alter von 18 Jahren (K1), 7 Jahren (K2) und 5 Jahren (K3), Schüler, die bei der nicht unterhaltsberechtigten, den Kindern nicht barunterhaltspflichtigen Ehefrau und Mutter (F) leben. F bezieht das Kindergeld.

Notwendiger Eigenbedarf des M:		1.160 EUR
Verteilungsmasse:	1.350 EUR – 1.160 EUR =	190 EUR

Summe der Einsatzbeträge der Unterhaltsberechtigten:
  345 EUR (564 – 219) (K 1)
+ 341,50 EUR (451 – 109,5) (K 2)
+ 280,50 EUR (393 – 112,50) (K 3)
= 967 EUR

Unterhalt:

K 1:	345,00 × 190 : 967 =	67,79 EUR
K 2:	341,50 × 190 : 967 =	67,10 EUR
K 3:	280,50 × 190 : 967 =	55,11 EUR

D. Verwandtenunterhalt und Unterhalt nach § 1615l BGB

I.

Angemessener Selbstbehalt gegenüber den Eltern: Dem Unterhaltspflichtigen ist der angemessene Eigenbedarf zu belassen. Bei dessen Bemessung sind Zweck und Rechtsgedanken des Gesetzes zur Entlastung unterhaltspflichtiger Angehöriger in der Sozialhilfe und in der Eingliederungshilfe (Angehörigenentlastungsgesetz) vom 10. Dezember 2019 (BGBl I S. 2135) zu beachten.

II.

Bedarf der Mutter und des Vaters eines nichtehelichen Kindes (§ 1615l BGB): nach der Lebensstellung des betreuenden Elternteils, in der Regel mindestens 960 EUR.

Angemessener Selbstbehalt gegenüber der Mutter und dem Vater eines nichtehelichen Kindes (§§ 1615l, 1603 Abs. 1 BGB) mindestens:

a)	falls erwerbstätig	1.280 EUR
b)	falls nicht erwerbstätig	1.180 EUR

Hierin sind bis 490 EUR für Unterkunft einschließlich umlagefähiger Nebenkosten und Heizung (Warmmiete) enthalten.

E. Übergangsregelung

Umrechnung dynamischer Titel über Kindesunterhalt nach § 36 Nr. 3 EGZPO: Ist Kindesunterhalt als Prozentsatz des jeweiligen Regelbetrages zu leisten, bleibt der Titel bestehen. Eine Abänderung ist nicht erforderlich. An die Stelle des bisherigen Prozentsatzes vom Regelbetrag tritt ein neuer Prozentsatz vom Mindestunterhalt (Stand: 01.01.2008). Dieser ist für die jeweils maßgebliche Altersstufe gesondert zu bestimmen und auf eine Stelle nach dem Komma zu begrenzen (§ 36 Nr. 3 EGZPO). Der Prozentsatz wird auf der Grundlage der zum 01.01.2008 bestehenden Verhältnisse einmalig berechnet, und bleibt auch bei späterem Wechsel in eine andere Altersstufe unverändert (BGH Urteil vom 18.04.12 – XII ZR 66/10 – FamRZ 2012, 1048). Der Bedarf ergibt sich aus der Multiplikation des neuen Prozentsatzes mit dem Mindestunterhalt der jeweiligen Altersstufe und ist auf volle Euro aufzurunden (§ 1612a Abs. 2 S. 2 BGB). Der Zahlbetrag ergibt sich aus dem um das jeweils anteilige Kindergeld verminderten bzw. erhöhten Bedarf.

Wegen der sich nach § 36 Nr. 3 EGZPO ergebenden vier Fallgestaltungen wird auf die Beispielsberechnungen der Düsseldorfer Tabelle Stand 01.01.2017 verwiesen.

Anhang: Tabelle Zahlbeträge

Die folgenden Tabellen enthalten die sich nach Abzug des jeweiligen Kindergeldanteils (hälftiges Kindergeld bei Minderjährigen, volles Kindergeld bei Volljährigen) ergebenden Zahlbeträge. Ab dem 1. Januar 2021 beträgt das Kindergeld für das erste und zweite Kind jeweils 219 EUR, für das dritte Kind 225 EUR und das vierte und jedes weitere Kind jeweils 250 EUR.

	1. und 2. Kind			0 – 5	6 – 11	12 – 17	ab 18	Prozent
1.		bis	1.900	283,50	341,50	418,50	345	100
2.	1.901	–	2.300	303,50	364,50	445,50	374	105
3.	2.301	–	2.700	323,50	387,50	471,50	402	110
4.	2.701	–	3.100	342,50	409,50	498,50	430	115
5.	3.101	–	3.500	362,50	432,50	524,50	458	120
6.	3.501	–	3.900	394,50	468,50	566,50	503	128
7.	3.901	–	4.300	425,50	504,50	609,50	549	136
8.	4.301	–	4.700	456,50	540,50	651,50	594	144
9.	4.701	–	5.100	488,50	576,50	693,50	639	152
10.	5.101	–	5.500	519,50	612,50	735,50	684	160
	3. Kind			0 – 5	6 – 11	12 – 17	ab 18	Prozent
1.		bis	1.900	280,50	338,50	415,50	339	100
2.	1.901	–	2.300	300,50	361,50	442,50	368	105
3.	2.301	–	2.700	320,50	384,50	468,50	396	110

Anhang: Düsseldorfer Tabelle

	3. Kind			0 – 5	6 – 11	12 – 17	ab 18	Prozent
4.	2.701	–	3.100	339,50	406,50	495,50	424	115
5.	3.101	–	3.500	359,50	429,50	521,50	452	120
6.	3.501	–	3.900	391,50	465,50	563,50	497	128
7.	3.901	–	4.300	422,50	501,50	606,50	543	136
8.	4.301	–	4.700	453,50	537,50	648,50	588	144
9.	4.701	–	5.100	485,50	573,50	690,50	633	152
10.	5.101	–	5.500	516,50	609,50	732,50	678	160
	Ab 4. Kind			0 – 5	6 – 11	12 – 17	ab 18	Prozent
1.		bis	1.900	268	326	403	314	100
2.	1.901	–	2.300	288	349	430	343	105
3.	2.301	–	2.700	308	372	456	371	110
4.	2.701	–	3.100	327	394	483	399	115
5.	3.101	–	3.500	347	417	509	427	120
6.	3.501	–	3.900	379	453	551	472	128
7.	3.901	–	4.300	410	489	594	518	136
8.	4.301	–	4.700	441	525	636	563	144
9.	4.701	–	5.100	473	561	678	608	152
10.	5.101	–	5.500	504	597	720	653	160

Literaturverzeichnis

Andrae, M. (2019): Internationales Familienrecht, 4. Aufl., Baden-Baden.
Balloff, R./Koritz, N. (2006): Handreichung für Verfahrenspfleger, Stuttgart.
Balloff, R. (2018): Kinder vor dem Familiengericht, 3. Aufl., München.
Bäumel, D. (2009): Das neue FamFG, Berlin.
Beckmann, J. /Lohse, K. 2021: SGB VIII-Reform: Überblick über das Kinder- und Jugendstärkungsgesetz, DIJuF Forum für Fachfragen 2021, URL https://www.dijuf.de/files/downloads/2021/Beckmann_Lohse_%C3%9Cberblick_SGB%20VIII-Reform_KJSG_Aktualisierung%20von%20JAmt%202021_178.pdf (letzter Abruf 24.8.2021)
Behlert, W. (2011): Schulisches Erziehungsrecht und Verantwortung für das Kindeswohl, in: Fischer, J./Buchholz, Th./Merten, R., S. 65 ff.
Bernau, F. (2005): Die Aufsichtshaftung der Eltern nach § 832 BGB im Wandel, Berlin.
Bowlby, J. (2016): Frühe Bindung und kindliche Entwicklung, 7. Aufl., München.
Brudermüller, G. (2017): Paarbeziehungen und Recht, München.
Bundesministerium der Justiz und für Verbraucherschutz (Hrsg.) (2017): Arbeitskreis Abstammungsrecht. Abschlussbericht. Empfehlungen für die Reform des Abstammungsrechts, Köln.
Coester, M. (1983): Das Kindeswohl als Rechtsbegriff, Frankfurt/M.
Coester-Waltjen, D. u.a. (Hrsg.) (2019): Die große Vormundschaftsreform, Göttingen.
Dethloff, N. (2019): Familienrecht, 32. Aufl., München.
Dettenborn, H./Walter, E. (2016): Familienrechtspsychologie, 3. Aufl. München/Basel.
Dettenborn, H. (2017): Kindeswohl und Kindeswille, 5. Aufl., München/Basel.
DJI (Deutsches Jugendinstitut) (Hrsg.) (2020): Kinder- und Jugendmigrationsreport, Bielefeld.
Ernst, R. (1993): Die Vater-Kind-Zuordnung aufgrund der Ehe der Mutter. Eine vergleichende Darstellung des deutschen und französischen Rechts, Frankfurt/M. u.a.
Eschenbruch, K./Schürmann, H./Menne, M. (Hrsg.) (2020): Der Unterhaltsprozess. Praxishandbuch des materiellen und verfahrensrechtlichen Unterhaltsrechts, 7. Aufl., Köln.
Fischer, R. (2003): Nichteheliche Lebensgemeinschaft, München.
Fischer, J./Buchholz, Th./Merten, R. (Hrsg) (2011): Kinderschutz in gemeinsamer Verantwortung von Jugendhilfe und Schule, Wiesbaden.
Fröschle, T. (2018): Sorge und Umgang in der Rechtspraxis, 2. Aufl., Bielefeld.
Fröschle, T. (2019): Studienbuch Betreuungsrecht, 4. Aufl., Köln.
Garbe, R./Ullrich, Ch. (2012): Verfahren in Familiensachen, 3. Aufl., Baden-Baden.
Gernhuber, J./Coester-Waltjen, D. (2020): Familienrecht, 7. Aufl., München.
Goldstein, J./Freud, A./Solnit, A. (1982): Diesseits des Kindeswohls, Frankfurt/M.
Götsche, F./Rehbein, F./Breuers, Chr. (2018): Versorgungsausgleichsrecht. Handkommentar, 3. Aufl., Baden-Baden.
Grandel, M./Stockmann, R. (2014): Stichwortkommentar Familienrecht. Alphabetische Gesamtdarstellung. Materielles Recht/Verfahrensrecht, 2. Aufl., Baden-Baden.
Greger, R. (2010): Mediation und Gerichtsverfahren in Sorge- und Umgangsrechtskonflikten, Köln.
Grziwotz, H. (2014): Nichteheliche Lebensgemeinschaft, 5. Aufl., München.
Gutdeutsch, W. (2018): System der Unterhaltsberechnung, München.
Hammer, S. (2004): Elternvereinbarungen im Sorge- und Umgangsrecht, Bielefeld.
Hausmann, R. (2018): Internationales und Europäisches Familienrecht, 2. Aufl., München.
Hauß, J. (2020): Elternunterhalt – Grundlagen und Strategien, FamRZ-Buch Band 21, 6. Aufl., Bielefeld.
Heilmann, S. (1998): Kindliches Zeitempfinden und Verfahrensrecht, Neuwied/Kriftel.
Heilmann, S. (Hrsg.) (2020): Praxiskommentar Kindschaftsrecht, 2. Aufl., Köln.
Heinsohn, G./Knieper, R. (1974): Theorie des Familienrechts, Frankfurt/M.
Helms, T./Kieninger, J./Rittner, Chr. (2010): Abstammungsrecht in der Praxis. Materielles Recht, Verfahrensrecht, Medizinische Abstammungsbegutachtung, Bielefeld.

Literaturverzeichnis

Hoffmann, B. (2018): Personensorge. Rechtliche Erläuterungen für Beratung, Gestaltung und Vertretung, 3. Aufl., Baden-Baden.
Jarras, H.D./Pieroth, B. (2018): Grundgesetz für die Bundesrepublik Deutschland. Kommentar, 15. Aufl., München.
Jestaedt, M. (2008): Staatlicher Kinderschutz und das Grundgesetz – Aktuelle Kinderschutzmaßnahmen auf dem Prüfstand der Verfassung. In: Lipp, V./Schumann, E./Veit, B. S. 5-18.
Johannsen, K. H./Henrich, D./Althammer, Chr. (2020): Familienrecht, 7. Aufl., München.
Jürgens, A. u.a. (2016): Betreuungsrecht kompakt, 8. Aufl., München.
Kant, I. (1797): Die Metaphysik der Sitten. Werkausgabe, Bd. VIII (Hrsg. Weischedel, W.), Frankfurt a.M. 2009.
Kemper, R./Schreiber, K. (2015): Familienverfahrensrecht. Handkommentar, 3. Aufl., Baden-Baden.
Koch, E. (Hrsg.) (2017): Handbuch Unterhaltsrecht, 13. Aufl., München.
Marx, A. (2018): Familienrecht für soziale Berufe: Ein Leitfaden mit Beispielfällen, Mustern und Übersichten, 2. Aufl., Köln.
Meysen, T. u.a. (Hrsg.) (2014): Praxiskommentar Familienrechtsverfahren, 2. Aufl., Köln.
Müller-Engels, G./Sieghörtner, R./Emmerling de Oliveira, N. (2020): Adoptionsrecht in der Praxis, 4. Aufl., Bielefeld.
Münder, J. (1998): Alleinerziehende im Recht, 2. Aufl., Münster.
Münder, J./Mutke, B./Schone, R. (2000): Kindeswohl zwischen Jugendhilfe und Justiz, Münster.
Münder, J. (2005): Umgangsrecht – wessen Recht?, in: Bub, W.-R. u.a. (Hrsg.): Zivilrecht im Sozialstaat, Festschrift für Peter Derleder, Baden-Baden, 565 ff.
Münder, J. u.a. (2007): Die Praxis des Kindschaftsrechts in Jugendhilfe und Justiz, München.
Münder, J. u.a (2009): Verfahrenspflegschaft – Innovation durch Recht, Münster.
Münder, J. (Hrsg.) (2017): Kindeswohl zwischen Jugendhilfe und Justiz, Weinheim/Basel.
Münder, J. u.a. (2019): Frankfurter Kommentar zum SGB VIII, 8. Aufl., Baden-Baden (Zitierweise: Bearbeiter in Münder u.a. FK-SGB VIII).
Münder, J. u.a.: (2020): Kinder- und Jugendhilferecht, 9. Aufl., Baden-Baden.
Niethammer-Jürgens, K./Erb-Klünemann, M. (2019): Internationales Familienrecht in der Praxis. Ein Leitfaden, Frankfurt/Berlin.
Oberloskamp, H. (2017): Vormundschaft, Pflegschaft und Beistandschaft bei Minderjährigen, 4. Aufl., München.
Palandt/Bearbeiter (2021): Bürgerliches Gesetzbuch, Kommentar, 80. Aufl., München.
Pardey, K.-D./Kieß, P. (2018): Betreuungs- und Unterbringungsrecht in der Praxis, 6. Aufl., Baden-Baden.
Rauscher, Th. (2012): Internationales Privatrecht, 4. Aufl., Heidelberg.
Reinhardt, J./Kemper, R./Grünewaldt, Ch. (2020): Adoptionsrecht. Handkommentar, 3. Aufl., Baden-Baden.
Rebmann, K./Säcker F. J./Rixecker, R. (Hrsg.) (2019): Münchener Kommentar zum Bürgerlichen Gesetzbuch. Band 10, Familienrecht I (§§ 1297–1588), 8. Aufl., München.
Salgo, L. (1987): Pflegekindschaft und Staatsintervention, Darmstadt.
Salgo, L. (1993): Der Anwalt des Kindes, Köln.
Salgo, L./Lack, Katrin (Hrsg.) (2019): Verfahrensbeistandschaft. Ein Praxishandbuch, 4. Aufl., Köln.
Salgo, L. (Hrsg.) (1995): Vom Umgang der Justiz mit Minderjährigen. Auf dem Weg zum Anwalt des Kindes, Neuwied, Kriftel, Berlin.
Scheffen, E./Pardey, F. (2003): Schadensersatz bei Unfällen mit Minderjährigen, 2. Aufl., München.
Schulz, R./Hauß, J. (Hrsg.) (2018): Familienrecht. Handkommentar, 3 Aufl., Baden-Baden.
Schulze, R. u.a. (2019): BGB-Handkommentar, 10. Aufl., Baden-Baden.
Schwab, D./Ernst, R. (Hrsg.) (2019): Handbuch Scheidungsrecht, 8. Aufl., München.
Schwab, D. (2019): Die Gesamtverantwortung des Vormunds für den Mündel bei gleichzeitiger Aufgabenspaltung, in: Coester-Waltjen, D. u.a., S. 17 ff.

Literaturverzeichnis

Schwab, D. (2020): Familienrecht, 28. Aufl., München.
Schweppe, K. (2001): Kindesentführungen und Kindesinteressen, Münster.
Simitis, S. u.a. (1979): Kindeswohl, Frankfurt/M.
Staudinger, J. von/Bearbeiter (1993 ff.): Kommentar zum Bürgerlichen Gesetzbuch mit Einführungsgesetz und Nebengesetzen, 13. Bearbeitung und Neubearbeitungen, München.
Trenczek, T. u.a. (Hrsg.) (2017): Handbuch Mediation und Konfliktmanagement, 2. Aufl., Baden-Baden.
Trenczek, T. u.a. (2018): Grundzüge des Rechts, 5. Aufl., München/Basel.
Viefhues, W. (2020): juris PraxisKommentar BGB: Band 4: Familienrecht, 9. Aufl.
Völker, M./Clausius, M. (2016): Sorge- und Umgangsrecht, 7. Aufl., Bonn.
Wellenhofer, M. (2019): Familienrecht, 5. Aufl., München.
Wendl, Ph./Dose, H.-J. (Hrsg.) (2019): Das Unterhaltsrecht in der familienrichterlichen Praxis, 10. Aufl., München.
Wapler, F./Frey, W. (2017): Die Ersetzung der Einwilligung in die Adoption. Rechtsgrundlage und Reformbedarf, DJI, München.
Yerlikaya, H. (2012): Zwangsehen. Eine kriminologisch-strafrechtliche Untersuchung, Baden-Baden.
Zenz, G. (1979): Kindesmisshandlung und Kindesrechte, Frankfurt/M.

Zu den Autor:innen

Prof. Dr. iur. Johannes Münder: emeritierter Universitätsprofessor, Lehrstuhl für Sozialrecht und Zivilrecht, TU Berlin

Prof. Dr. iur. Rüdiger Ernst: als Vorsitzender Richter am Kammergericht (Berlin), Vorsitzender eines Senats für Familiensachen

Prof. Dr. iur. Wolfgang Behlert: lehrt am Fachbereich Sozialwesen der Ernst-Abbe-Hochschule Jena Familienrecht und Migrationsrecht

Prof.in Dr.in iur. Britta Tammen lehrt am Fachbereich Soziale Arbeit, Bildung und Erziehung der Hochschule Neubrandenburg schwerpunktmäßig Sozialrecht und Verwaltungsrecht

Stichwortverzeichnis

Die Angaben verweisen auf die Paragrafen des Buches (**fette Zahlen**) sowie die Randnummern innerhalb der einzelnen Paragrafen (magere Zahlen).
Beispiel: § 9 Rn. 10 = **9** 10

Abänderungsantrag **6** 20
Abfindung **5** 10
Abschlussfreiheit **3** 4
Abstammung
– Eltern-Kind-Zuordnung **4** 1
– leibliche **4** 8
– Recht auf Kenntnis der eigenen **4** 8
Abstammungsanfechtung
– Auslandsberührung **4** 40
– Internationales Recht **4** 40
Abstammungsklärung
– Anspruch **4** 26
– Duldung der Probeentnahme **4** 26
– Genetische Untersuchung **4** 26
– Ohne Anfechtung **4** 26
Abstammungsrecht **4** 8
– Biologische Wahrheit **4** 9
– Genetische Wahrheit **4** 9
– Gewöhnlicher Aufenthalt **4** 37
– Günstigkeitsprinzip **4** 37
– Reformbedarf **4** 27
– Reformbedürftigkeit **4** 9
– Soziale Bindungen **4** 9
– Statusklarheit **4** 9
– Statussicherheit **4** 9
Abstammungssachen **4** 23
Abstammungsstatus
– wandelbar **4** 38
Abstammungsverfahren
– Abstammungsgutachten **4** 23
– Anfangsverdacht **4** 23
– Antragsverfahren **4** 23
– Beweisverwertungsverbot **4** 23
– DNA-Analyse **4** 23
– Heimlich eingeholter Vaterschaftsnachweis **4** 23
– Internationale Zuständigkeit **4** 36
Abstammungsvorschriften **4** 7
Adoption
– Aufhebung **13** 20
– Einwilligung in die Adoption **13** 11
– Eltern-Kind-Verhältnis **13** 4
– Ersetzen der Einwilligung **13** 13 ff.
– Voraussetzungen **13** 10
– Wirkungen **13** 17 ff.

– Wohl des Kindes **13** 4
Adoption bei verfestigter Lebensgemeinschaft **13** 7 f.
Adoption des Stiefkindes **13** 7 f.
Adoption durch ein Ehepaar **13** 6
Adoptionshilfe **13** 23
Adoptionsrecht, internationales **13** 25 ff.
Adoptionsvermittlung **13** 3, 21
– sittenwidrige **13** 5
Adoptionsvermittlungsstelle **13** 21
Adoptionswirkungsgesetz **13** 27
Adoption von Volljährigen **13** 24
Akzessorischer Statuswechsel **4** 12
Alleinige elterliche Sorge bei Trennung und Scheidung **10** 18
– Kriterien, elternbezogene **10** 17
Alleinige elterliche Sorge nach Trennung und Scheidung
– Kriterien **10** 15 ff.
– Kriterien, kindbezogene **10** 16
Altersgrenze **3** 30
Altersphasenmodell **3** 28
Altersstufenregelung **8** 4
Altersteilzeit **3** 30
Altersunterhalt **3** 30
Altersvorsorge **3** 40
Amtsermittlung **3** 42
Amtsvormundschaft **12** 11
– bestelltegesetzliche **12** 21
– gesetzliche Amtsvormundschaft **12** 12
Änderung von Gerichtsentscheidungen **8** 51
Anerkennung
– Vaterschaft **4** 15
Anfechtung der Vaterschaft
– Anfechtungsfrist **4** 22
Angehörige **3** 53
Angehörigenentlastungsgesetz **5** 3, **17** f., **7** 6
Angelegenheiten des täglichen Lebens **10** 19 f.
Angelegenheiten von erheblicher Bedeutung **10** 19 f.

227

Stichwortverzeichnis

Angemessene Erwerbstätigkeit 3 31
Angemessener Eigenbedarf 3 38
Anhörung 14 38
- der Eltern 8 54
- der Pflegeperson 8 54
- des Kindes 8 52 f.
- Eltern 9 29
- Jugendamt 8 55
- Kind 9 28
- persönliche 8 52 ff., 54 ff.
Anknüpfungsleiter 3 15
Anonyme Geburt 4 25
Anonymität der Geburt 4 10
Antragsverfahren 8 48
Anwaltszwang 3 42
Arbeitskraft 5 5, 8, 10
Aufenthaltsbestimmungsrecht 8 23 ff.
Aufgabenbereiche, ausdrücklich angeordnete der Betreuung 14 19
Aufgabenverteilung
- in der Ehe 3 9
Aufhebung der Betreuung 14 10
Aufsicht 8 30 ff.
Aufsichtspflicht 8 30 ff.
Aufsichtspflichtsverletzung
- Haftung 8 32
Aufstockungsunterhalt 3 17, 31
Aufwandsentschädigung 14 34
Aufwendungsersatz 14 34
Ausbildung 3 32
Ausbildungsförderung 5 3
Ausbildungskosten 6 9
- Angemessene Vorbildung 6 10
Ausbildungsvergütung 5 7
Auskunftsanspruch 7 11
Ausländisches Abstammungsrecht 4 42
Auslandsberührung
- Anknüpfungsmöglichkeiten 4 37
Auslandsunterhaltsgesetz 5 22
Ausschluss
- des Unterhaltsanspruchs 3 34
Außergerichtliches Konfliktverfahren 8 34
Ausübungskontrolle
- Ehevertrag 3 25
Auswahl des Betreuers 14 12, 14
Autonomiekonflikte 9 14 f.

Babyklappe 4 10, 25
Bagatellklausel 3 40
Barbedarf 6 22
Barunterhalt 5 12, 6 16
Basisunterhalt 3 29
Beamtenversorgung 3 40
Bedarf 5 11, 7 2
Bedarfskontrollbetrag 7 3
Bedürftigkeit 3 37, 53, 5 4, 5, 17, 6 4, 7 2
Begrenzung
- des Unterhaltsanspruchs 3 34
Behinderung 14 5
Beibringungsgrundsatz 3 42
Beistandschaft 7 15
- Als Hilfeangebot 12 4
- Antrag 12 5
- Voraussetzungen 12 6
Beistands- und Rücksichtspflicht 8 8 f.
Beratung
- im Umgangsverfahren 11 23
Berufsbetreuer 14 11
Berufsständische Versorgungen 3 40
Berufswechsel 5 10
Beschleunigungsbeschwerde 8 58
Beschleunigungsrüge 8 58
Beschluss 8 50
Beschneidung 8 21
Beschränkung
- des Unterhaltsanspruchs 5 14
Beschränkung der Vertretungsmacht 14 30
Beschwerde 14 40
Beteiligtenöffentlichkeit des Verfahrens 8 49
Betreuer
- Aufgabenbereich 14 17
- Ausschluss als 14 11
- Ehrenamtlicher 14 11
- Ergänzungsbetreuer 14 15
- Geeignetheit 14 11
- Verhinderungsbetreuer 14 15
Betreuung
- Übernahmepflicht 14 15
Betreuung, Voraussetzungen der 14 1
Betreuungsbedürftigkeit 3 29
Betreuungsbehörde 14 11, 36
Betreuungsrecht
- Gesetzliche Neuregelung 14 4
Betreuungsunterhalt 3 17, 28 f., 5 2, 19

Stichwortverzeichnis

Betreuungsverein 14 11
Betreuungsverfügung 14 13
Betriebliche Altersversorgung 3 40
Beweismittel 8 49
Billigkeitsanspruch 3 29
Billigkeitsgründe 3 33
Bindungstheorie 10 13
Biologischer Vater 4 19
Biologische Wahrheit 4 9
Brüssel IIa 1 17
Brüssel IIa-Verordnung 11 26, 12 26
Brüssel IIa-VO 3 43, 10 24
Bundesverfassungsgericht 2 1

Co-Mutter 4 42
Co-Parenting 4 27

Dauerverbleibensanordnung 8 26
Deinstitutionalisierung
– der Ehe 3 18
Dekret-Prinzip 13 2
Deutsch-französischer Wahlgüterstand 3 11
Dissens, elterlicher
– Kindeswohl als Entscheidungskriterium 10 7 f.
Doppelehe 3 6
Doppelname 8 3 ff.
Doppelverdienerehe 3 31
Dreiteilungsmethode 3 34
Drittbetreuung 3 29
Düsseldorfer Tabelle 7 1, 2, 7, 8

eheähnliche Gemeinschaft 3 51 ff.
– Ausgleichsansprüche 3 54
– Beendigung 3 54
– Begriff 3 52
– Betreuungsunterhalt 3 54
Ehebedingte Bedürftigkeit 3 34
Ehebedingte Nachteile 3 34
Ehedefinition 3 6
Ehefähigkeit 3 5
Ehefähigkeitszeugnis 3 14
Ehe für alle 3 50
Ehegattenunterhalt 7 5
Eheliche Lebensgemeinschaft 3 7
eheliche Lebensverhältnisse 3 34
Ehemann
– Scheidungsverfahren 4 11

Ehemündigkeit 3 14
Ehename 3 39, 8 2
Ehenamensbestimmung 3 9
Ehesachen 3 42
Eheschließung 3 4, 5
Eheschließungsfreiheit 3 14
Eheschließungsrecht 3 2, 4 3
Ehevermögen 3 39
Eheverständnis 3 6
Ehevertrag 3 10
Eheverträge 3 17, 25
Ehewirkungen 3 15 f.
– allgemeine 3 7
Ehewohnung 3 8, 21, 22, 39
Ehezeit 3 40
Eigenbedarf 5 9, 6 5
– angemessener 3 38
– eheangemessen 7 5
– notwendiger 7 3
Eigenverantwortungsprinzip 3 26
Einbenennung 8 38
Einelternfamilie 6 13
Eingetragene Lebenspartnerschaft 3 48 ff.
Einheitsentscheidung 14 39
Einigungsprinzip 8 33 ff.
Einkommen 5 5, 10
Einkommensanrechnung 3 53
Einkommenseinsatz 5 7
Einkommensgruppe 7 3
Einkünfte 5 10
Einstehensgemeinschaft 3 52
Einstweilige Anordnung
– in Sorgerechtsverfahren 10 22
– Kindeswohlverfahren 9 30 f.
Einvernehmen 8 59
Einvernehmen, Herstellung von 10 21
Einvernehmen der Beteiligten 8 34
Einvernehmen der Eltern 10 1
Einvernehmliche Lösung
– Beratungsangebote 10 10
Einverständliche Scheidung 3 23
Einwilligungsvorbehalt 14 32 f.
Einzelvormundschaft 12 11
Eizellspende 4 7, 27, 30
Elterliche Sorge 3 39, 8 9 ff.
– Beginn 8 35

Stichwortverzeichnis

- Eingriff in die 9 3
- Einigungsprinzip 8 33 ff.
- Ende 8 35
- Entzug 8 35 ff.
- familiengerichtliche Übertragung 8 13 ff.
- Gemeinsame elterliche Sorge 8 10 ff.
- Inhalt 8 16 ff.
- Kindeswohl 8 14
- Konsensprinzip 8 33 ff.
- Pflichtcharakter 8 17
- Ruhen 8 36 ff.

Elterliche Sorge bei Trennung und Scheidung
- Alleinige Sorge 10 5
- Gemeinsame Sorge 10 4
- Kooperationsbereitschaft der Eltern 10 11

Elterliche Sorge nach Scheidung
- Geschichte 10 2

Elternbezogener Billigkeitsanspruch 3 29

Elterngrundrecht 2 7, 10

Eltern-Kind-Verhältnis
- internationales Recht 8 45 ff.

Eltern-Kind-Zuordnung 4 1, 2
- Biologische Wahrheit 4 9
- Genetische Wahrheit 4 9
- Reformbedürftigkeit 4 9
- Soziale Bindungen 4 9
- Status 4 8
- Statusklarheit 4 9
- Statussicherheit 4 9

Elternunterhalt 5 3

Elternverantwortung 2 13

Embryoadoption 4 7

Embryonenschutzgesetz 4 27, 28

Embryonentransfer 4 30

Empfängniszeit 4 19

Ende der Betreuung 14 10

Enkel 5 4

Entlassung des Betreuers 14 10

Erbrecht 3 13, 4 3

Erforderlichkeitsgrundsatz 14 6, 16

Ergänzungspflegschaft 12 22

Erörterung der Kindeswohlgefährdung 9 27

Ersatzmutter 4 30

Ersatzpflegschaft 12 22

Erstfestsetzung 6 20

Erwachsenenkonflikte 9 12 f.

Erwerbsbemühungen 3 30

Erwerbstätigenbonus 7 5

Erwerbstätigenehe 3 26

Erwerbstätigkeit
- angemessene 3 26, 31

Erziehung, gewaltfreie 8 19

Erziehungskosten 6 8

Erziehungsziele 8 20

Existenzminimum 6 18, 22

familienähnliche Pflege- und Betreuungsformen 8 39

Familienangehörige 3 53

Familienberatung 8 34

Familiengericht 3 42
- Aufgaben 9 21
- Entscheidungsmöglichkeiten 9 21
- Unterstützungsmaßnahmen 9 21

Familiengerichtliche Entscheidung
- Verhältnismäßigkeit 9 17 f.

Familiengerichtliche Maßnahmen
- Voraussetzungen 9 7 ff.

Familiengerichtliches Verfahren
- Amtsverfahren 9 24

Familiennachzug 4 3

Familienpflege 8 25

Familienrecht
- im engeren Sinne 1 5
- im weiteren Sinne 1 5
- materielles: Begriff 1 2

Familiensenate 3 42

Familienverfahrensgesetz
- Beschleunigungsgebot 9 26
- Einschlägige Vorschriften bei § 1666 BGB 9 25
- Einstweilige Anordnung 9 27
- Vorranggebot 9 26

Fehler, Hauptstichwort fehlt
- Anwaltszwang 7 16
- Aufgaben 9 33 ff.
- Auskunftsantrag 7 16
- Beratung/Unterstützung 7 19
- Beurkundung 7 19
- Einstweilige Anordnung 7 16
- Gemeinsame elterliche Sorge 7 12
- Praktische Realisierung 7 10
- Scheidungsverbund 7 16
- Stufenverfahren 7 16
- Verfahren 7 10
- Verfahrensfähigkeit 7 12
- Vollstreckung 7 19

Stichwortverzeichnis

- Wechselmodell 7 13
Fiktive Einkünfte 5 2, 10
Fiktives Einkommen 6 15
Folgesachen 3 42
Förderungsverpflichtung des Staates 2 11
Fortbildung 3 32
Fortpflanzung
- Künstliche 4 7
Freibeweis 8 49
Freier Wille 14 9
freiheitsentziehende Maßnahmen 8 20
Freiheitsentziehende Unterbringung 14 24
- Richterliche Anordnung 14 26
„Freiheit zur Krankheit" 14 9

Geburtsname 8 2 ff.
- Altersstufenregelung 8 4
Gegenseitigkeitsprinzip 6 8
Geldrente 5 12
gemeinsame elterliche Sorge
- Verfahrensrecht 8 15
Genehmigung ärztlicher Maßnahmen 14 22 f.
Genetische Wahrheit 4 9
Genitalverstümmelung 8 21
Gerichtliche Vaterschaftsfeststellung 4 16
Gesamtgut 3 10
Geschäftsunfähigkeit 14 31
Geschlechtsverschiedenheit 3 6
Geschwister 5 4
Gesetzliche Vertretung 8 16, 14 30
Gesetz zur Bekämpfung sexualisierter Gewalt gegen Kinder 8 53
Gespaltene Mutterschaft 4 30
Gestaltungsfreiheit 3 7, 10
Getrenntleben 3 19
Gewaltschutzgesetz 3 8, 22
Gleichberechtigung 3 2
Gleichgeschlechtliche Ehe 3 6, 4 28
Gleichgeschlechtliche Paare 3 48 ff.
Gratifikation 5 10
Grobe Unbilligkeit 3 20
Großeltern 5 4
Großer Pflichtteil 3 12
Grundrechte
- als Abwehrrechte 2 8

- Drittwirkung 2 3
Grundrechtsschutz
- Nicht deutsche Staatsangehörige 2 6
Grundsicherung 5 3, 17
Gutachten 8 56
Gütergemeinschaft 3 10
Güterrecht 3 7, 10
Gütertrennung 3 10

Haager Adoptionsübereinkommen 13 27
Haager Übereinkommen 1 14
Haftung 8 32
Handlungsfähigkeit 8 42
Härteklausel 3 20, 21, 22
Hausfrauenrechtsprechung 5 10
Haushaltsgegenstände 3 39
- Verteilung der 3 20, 21
Hausmannrechtsprechung 5 10
Heimatrecht 3 14
- Zustimmungserfordernis 4 39
Herausgabe des Kindes 8 24 f.
Herausgabeverlangen
- internationale Kindesentführung 8 28 ff.
Herausnahme des Kindes 9 18
Heterologe Insemination 4 21, 27, 32
- Vaterschaftsanfechtung 4 31
Hinwirken auf Einvernehmen 11 19
Homologe Insemination 4 27, 31, 32

Inhaltskontrolle 3 17
- Ehevertrag 3 25
Inobhutnahme 9 30
Institutsgarantie 2 5
Internationales Abstammungsrecht
- Anknüpfungsmöglichkeiten 4 38
- Anwendbares Recht 4 37
- Günstigkeitsprinzip 4 38
- Neue Familienformen 4 41
- Reproduktionsmedizin 4 41
Internationales Eherecht 3 2, 14 ff.
Internationales Privatrecht 1 3, 22
Internationales Recht
- anwendbares Recht 8 46 ff.
- Anwendbares Recht bei Kindeswohlgefährdung 9 38
- Namen 8 46
- Staatsangehörigkeit 8 46
- Zuständigkeit 8 45 ff.

- Zuständigkeit bei Kindeswohlgefährdung 9 37
Internationales Scheidungsrecht 3 17, 43 ff.
Internationales Trennungsrecht 3 43 ff.
Internationales Unterhaltsrecht 5 2, 20
Internationale Zuständigkeit 5 20
Invaliditätsvorsorge 3 40
Inzidentfeststellung 5 4
Jugendamt
- Adoptionsberatung 13 22
- Adoptionsvermittlung 13 21
- Aufgaben bei der Vormundschaft 12 18
- Bericht an das FamG 9 23
- Information des Familiengerichts 9 22 ff.
- Mitwirkung im familiengerichtlichen Verfahren 8 55
- Rollenkonflikt, institutioneller 9 22 ff.
- Stellungnahme ans FamG 9 22 ff.
- Vorschlag eines geeigneten Vormundes 12 19

Keimzellen 4 7
Kenntnis der eigenen Abstammung
- Grundrechte 4 24
Kindbezogener Billigkeitsanspruch 3 29
Kinderfreibetrag 6 18
Kindergeld 6 22, 7 4
Kindergeldanrechnung 6 22
Kindergeldanteil 7 5
Kinderschutzübereinkommen, Haager 8 45
Kinder- und Jugendstärkungsgesetz 8 26
Kinderwunschbehandlung 4 7
Kindesanhörung
- Persönliche Anhörung 9 28
Kindesbetreuung 3 29
Kindesentführung
- internationale 8 28 ff.
Kindesschutz
- zivilrechtlicher 9 1 ff.
Kindesunterhalt 5 2, 3, 6 1, 7 3
- Besonderheiten 6 2
- für unverheiratete Kinder 6 6
- für volljährige Kinder bis 21. Lebensjahr 6 6
Kindeswille, induzierter 11 9
Kindeswohl 9 1 ff.
- am wenigsten schädliche Alternative 9 4
- Autonomiekonflikte 9 14 f.
- Begriff 9 2

- Einzelfallentscheidung 9 2 ff.
- erforderliche Maßnahmen 9 16 ff.
- Erwachsenenkonflikte 9 12 f.
- gemeinsame elterliche Sorge 8 14
- Generalklausel 9 6
- gerichtliche Entscheidung 9 16 ff.
- geschlechtliche Selbstbestimmung 8 20
- Jugendamt 9 22
- konkrete Gefahr 9 2 ff.
- Maßstab für familiengerichtliche Maßnahmen 9 4
- Missbrauch, sexueller 9 15
- Misshandlung, körperliche 9 13
- Misshandlung, seelische 9 11, 13
- Normvorstellungen 9 6
- Stellungnahme des Jugendamts 9 22
- Übertragung auf das Jugendamt 9 22
- Unbestimmter Rechtsbegriff 9 6
- Verhältnismäßigkeitsgrundsatz 9 16 ff.
- Vernachlässigung 9 10
- Werte 9 6
- Zuordnungskonflikte 9 12 f.
Kindeswohlentscheidungen
- familientrennende Maßnahmen 9 16 ff.
- Handlungsspielräume 9 16
- Personensorgeentzug 9 16 f.
- Verhältnismäßigkeitsgrundsatz 9 16 f.
Kindeswohlgefährdung
- Aufenthaltsbestimmungsrecht 9 19 f.
- Auflagen, Gebote 9 19 f.
- Erklärungsersetzungen 9 19 f.
- Erörterung im familiengerichtlichen Verfahren 9 27
- Gefährdungslagen 9 9 ff.
- Hilfebeantragung 9 19 f.
- internationales Recht 9 36 ff.
- Maßnahmen 9 19 f.
- Personensorgerechtsentzug 9 19 f.
- Sorgerechtsentzug 9 19 f.
- Voraussetzungen 9 5
Kindeswohlgefährdungen 9 9 ff.
Kindeswohlprinzip 8 51
Kindeswohlverfahren 9 24 ff.
- Anhörung 9 28 f., 29
- einstweilige Anordnung 9 30 f.
- Jugendamtsaufgaben 9 29
- Stellungnahme des JA 9 24
Kindschaftsrechtsverfahren
- örtliche Zuständigkeit 8 47
- sachliche Zuständigkeit 8 47
KJSG 8 26

Stichwortverzeichnis

Klärung der Vaterschaft ohne Anfechtung
- Grundrechte 4 24

Kleiner Pflichtteil 3 12

Kleines Sorgerecht 8 37 ff.

Kollisionsnormen 5 21

Konsens der Eltern 10 10

Konsensprinzip 3 4, 8 33 ff., 11 6

Kontinuität des Erziehungsumfelds 8 26

Kontinuitätsprinzip 10 13

Kontrollbetreuung 14 8

Konventionalscheidung 3 23

Krankheit im Sinne des Betreuungsrechts 14 5

Krankheitsunterhalt 3 30

Künstliche Befruchtung 4 19, 21, 31
- Gleichgeschlechtliche Partnerschaften 4 27

Künstliche Fortpflanzung 4 7

Kurze Ehedauer 3 35

Landesjugendamt
- Zentrale Adoptionsvermittlungsstelle 13 21

Lebenspartner 3 48 ff.

Lebenspartnerschaftsgesetz 3 6, 48 ff.

Lebensstellung 5 11

Leibliche Vaterschaft 4 8

Leihmutter 4 7, 30

Leihmutterschaft 4 10
- Ausland 4 35
- Deutsches Recht 4 35

Leistungsfähigkeit 3 37, 38, 5 4, 9, 18, 6 5

Leitlinien, Unterhaltsrechtliche 7 2

Lesbisches Paar
- Co-Mutter 4 42
- Elternschaft 4 42
- Künstliche Befruchtung 4 42
- Mit-Mutter 4 42

Lex fori 5 21

Mangelfall 5 16, 7 2, 6, 7, 8

Maßnahmen
- familientrennende 9 17
- freiheitsentziehende 8 20

Maßnahmen, familiengerichtliche
- Aufenthaltsbestimmungsrechtsentzug 9 20 f.
- Personensorgerechtsentzug 9 20 f.

Mediation 3 42, 8 34 f., 59

Mehrarbeit 5 10

Mehrelternfamilien 4 27

Minderjährige
- beschränkte Geschäftsfähigkeit 8 40 ff.
- Geschäftsfähigkeit 8 40 ff.
- Mündigkeit 8 40 ff.
- Rechtsfähigkeit 8 40 ff.
- Teilmündigkeit 8 40 ff.

Minderjährigenehe 3 5

Minderjährigenhaftung 8 32

Mindestunterhalt 6 18

Missbrauch, sexueller 9 15

Misshandlung, körperliche 9 13

Misshandlung, seelische 9 11, 13

Mit-Mutter 4 28

Mutter
- Rechtsbegriff 4 10

Mutter-Kind-Verhältnis 4 2

Mutterschaft
- Rechtsbegriff 4 9

Nachehelicher Unterhalt 3 25

Namensänderung 8 5 ff.

Namensänderungsgesetz 8 7

Namensrecht 4 3

Naturalunterhalt 5 12, 6 3

Naturrecht 2 12

Nebenverdienste 5 10

Neue Familienformen 4 27

nichtehelich
- Illegitimität 4 8

Notgroschen 5 6

Ordre public 3 5, 14

Paritätisches Wechselmodell 10 6, 11 2
- Unterhalt 6 17

Partnerschaft 3 1 ff.

Patientenverfügung 14 22 f.

Personenangelegenheiten 14 18

Personensorge 8 16 ff.

Personensorgerecht 8 18 ff.

Personenstandsrecht 4 3

Pflegefall 5 17

Pflegschaft
- Aufgaben des Pflegers 12 24

Pflegschaft, zusätzliche 12 23

Pflichtberatung bei Stiefkindadoption 13 9

233

Stichwortverzeichnis

Privatscheidung 3 45 f.
Rabbinatsscheidungen 3 47
Rangfolge 5 2, 7 6
Recht auf Kenntnis der Abstammung 4 8, 24, 25
Recht auf rechtliches Gehör 14 38
Rechte des Kindes 2 14
Rechtsbeschwerde 8 50, 14 40
Rechtswahl 3 15
Regenbogenfamilien 4 27
Reihenfolge
– der Unterhaltsberechtigten 5 16
– der Unterhaltsverpflichteten 5 15
Religiöse Kindererziehung 4 3
Rentenversicherung 3 40
Reproduktionsmedizin 4 10
Reproduktionsmediziner
– Auskunftspflicht 4 33
Residenzmodell 7 13
Richterliche Genehmigungserfordernis
– ärztliche Maßnahmen 14 20
– ärztliche Zwangsmaßnahmen 14 20
– freiheitsentziehende Unterbringung 14 20
– Sterilisation 14 20
– Wohnungsaufgabe 14 20
Rom III-VO 1 18, 3 44 f., 47

Sachverständige
– Qualifikation 8 56
Samenspende 4 7, 19, 27
Samenspender
– Auskunft über 4 33
– Biologischer Vater 4 32
– Identität 4 33
– Rechtlicher Vater 4 32
– Unterhaltsanspruch 4 32
– Vaterschaftsanfechtung 4 32
Samenspenderegister 4 34
Samenspenderegistergesetz
– Auskunft 4 34
– Auskunftsverfahren 4 34
– Auskunftsvoraussetzungen 4 34
Samenspenderregister 4 27
„Sandwich"-Generation 5 17
Scheidung 3 17, 23 ff.
– Härtefall 3 23 f.
– Trennungszeit 3 23 f.
Scheidungsantrag 3 42

Scheidungsfolgen 3 17, 25, 39 ff.
Scheidungskollisionsrecht 3 47
Scheidungsrisiko 3 18
Scheidungssachen 3 42
Scheidungsverbund 3 42
Scheidungsverfahren 3 42
– Geburt eines Kindes während 4 12
– Vaterschaft 4 12
Scheidungszahlen 3 18
Scheinvaterregress 5 2, 4
Schulden 5 9
Schuldfrage 3 23
Schuldrechtlicher Versorgungsausgleich 3 40
Schutz der Ehe 2 2
Schutz der Familie 2 2
Schwägerschaft 4 4, 5
Schwangerschaftsabbruch 8 44
Schwules Paar
– Auslandsberührung 4 43
– Elternschaft 4 43
– Inlandsbeurkundung 4 43
– Leihmutter 4 43
Selbstbehalt 5 2, 6 5, 7 3, 5
– angemessener 5 18
Selbstbestimmungsfähigkeit des Minderjährigen 2 13
Selbstbestimmungsrecht des Betreuten 14 30
Sonderbedarf 5 6
Sondergut 3 10
Sorgeerklärung 8 11 ff.
Sorgerechtsentscheidung
– Kriterien 10 12 ff.
Soziale Elternschaft 4 27
Sozial-familiäre Beziehung 4 19
Sozialhilfeträger 5 3
Sozialleistungen 3 53, 5 7
Sozialleistungsträger 5 17
Staatlicher Erziehungsauftrag 2 9
Staatliche Schutzpflicht 14 27
Staatsangehörigkeit 3 14
– Ausländische Leihmutterschaft 4 37
– Beurkundung im Inland 4 37
Staatsangehörigkeitsrecht 4 3
Stabilität des Erziehungsumfelds 8 26
Standesbeamte 3 14
Status 4 2, 8

Stichwortverzeichnis

Sterilisation 8 20, 14 21
Stiefeltern 5 4, 8 38
Stiefkindadoption
- Gleichgeschlechtliche Ehen und Partnerschaften 13 8
Stiefkinder 5 4, 8 38
Stiefkindereinbenennung 8 6 f.
Strengbeweis 8 49
Sukzessivadoption 3 49
Tabellenbetrag 7 5
Talaq-Scheidung 3 47
Taschengeldanspruch 5 10
tatsächliche Betreuung 10 19 f.
Teilzeitbeschäftigung 5 10
Transplantationsgesetz 4 34
Trennung 3 17, 19 ff.
Trennungsfolgen 3 17, 20 ff.
Trennungsunterhalt 3 20
Trennungszeit 3 23 f.
Überstundenvergütung 5 10
Umfang des Unterhalts 3 34
Umgang, begleiteter 11 11
Umgangserzwingung 11 12
Umgangspflegschaft 11 11, 12 22
Umgangsrecht
- Entscheidungskriterien 11 7
Umgangsrecht, Ausschluss 11 10
Umgangsrecht, Einschränkung 11 10
Umgangsrecht, Inhaber des -s 11 1
Umgangsrecht, zwangsweise Durchsetzung des -s 11 25
Umgangsrecht der Großeltern 11 15 ff.
Umgangsrecht des abwesenden Elternteils 11 5 ff.
Umgangsrecht des Kindes 11 4
Umgangsrecht des leiblichen, nicht rechtlichen Vaters 11 18
Umgangsrecht von Bezugspersonen 11 15
Umgangsrecht von Geschwistern 11 15
Umgangsregelung durch das Familiengericht 11 13 f.
Umschulung 3 32
Unterbringung
- freiheitsentziehende 2 17
Unterbringung, freiheitsentziehende 8 20

Unterbringung, geschlossene 8 20
Unterbringungsähnliche Maßnahmen 14 24
Unterhalt 3 17, 27 ff.
- aus Billigkeitsgründen 3 33
- bei Ausbildung 3 32
- bis zur Erlangung angemessener Erwerbstätigkeit 3 31
- Dynamisierte Festsetzung 7 3
- wegen Alters 3 30
- wegen Betreuung eines Kindes 3 29
- wegen Krankheit 3 30
Unterhaltsanspruch 5 2 ff.
- Alleinvertretungsrecht 7 12
- Auskunftsanspruch 7 11
- Auskunftsrecht 7 1
- Berechnung 7 1, 2
- Durchsetzung 7 10
- Geltendmachung 7 19
- Geltendmachung durch Beistandschaft 12 7
- Maßgebliches Einkommen 7 2
- Obhut 7 13
- Verfahrensstandschaft 7 14
Unterhaltsaustauschverhältnis 5 1
Unterhaltsbestimmungen der Eltern
- Unwirksamkeit 6 7
Unterhaltspflicht 5 4
Unterhaltsrechtsreform 3 25
Unterhaltstatbestände 3 27
Unterhaltsvereinbarungen 3 25
Unterhaltsverfahren
- reguläres 7 16
Unterhaltsverpflichtung 3 9
Unterhaltsverträge 3 25
Unterhaltsverzicht 3 25, 5 13
Unterhaltsvorschuss 7 1, 17, 18
Unwirtschaftlichkeit 3 38
Urteilsfähigkeit
- Minderjähriger 8 43 f.
UVG 7 1, 17
Vater
- Rechtsbegriff 4 11
- Scheidungsakzessorischer Statuswechsel 4 11
Vater-Kind-Verhältnis 4 2
Vater-Kind-Zuordnung 4 9
Vaterschaft
- Anfechtung der 4 11
- außerehelich 4 18

Stichwortverzeichnis

- Feststellung der 4 11
- Freiwillige Anerkennung 4 18
- Gerichtliche Feststellung 4 16, 18
- leibliche 4 8
- Rechtsbegriff 4 9
- Scheidungsverfahren 4 12

Vaterschaftsanerkenntnis 4 13
- Ausländerbehörde 4 14
- Beurkundung 4 14
- Formerfordernisse 4 15
- Gesetzlicher Vertreter 4 15
- höchstpersönlich 4 15
- Jugendamt 4 15
- Konsularbeamte 4 15
- Missbrauch 4 14
- Notar 4 14, 15
- Staatsangehörigkeit 4 14
- Standesamt 4 15
- Verbotsnorm 4 14

Vaterschaftsanerkennung
- Beurkundung 4 13
- Formerfordernisse 4 13
- freiwillige 4 13
- Missbrauch 4 14
- Missbräuchliche Anerkennung 4 13
- Staatsangehörigkeit 4 14
- Zustimmung 4 13, 15

Vaterschaftsanfechtung 4 19
- Anfechtungsfrist 4 19, 22
- durch Behörde 4 14
- Geschäftsfähigkeit 4 21
- Gesetzlicher Vertreter 4 21
- höchstpersönlich 4 21
- Höchstpersönliche Rechtshandlung 4 19

Vaterschaftsbegutachtung
- Gendiagnostik 4 17

Vaterschaftsfeststellung
- Abstammungsgutachten 4 17
- Als Aufgabe der Beistandschaft 12 7
- Beiwohnung 4 17
- Beweisvermutung 4 17
- DNA-Analyse 4 17
- DNA-Gutachten 4 17
- Empfängniszeit 4 17
- gerichtliche 4 17
- Medizinische Fortschritte 4 17

Verantwortungs- und Einstehensgemeinschaft 3 52
Verbleibensanordnung 8 25 ff., 39
Verbrauchergeldparitäten 5 21
Verbund 3 42

Vereinfachtes Unterhaltsverfahren 7 3
Vereinfachtes Verfahren 6 20
Vereinsvormundschaft 12 11
Verfahren
- Kindschaftsangelegenheit 8 47 ff.
- Personensorgerechtsangelegenheit 8 47 ff.
- Verfahrensdauer 8 57 ff.
- Vorrang- und Beschleunigungsprinzip 8 57 ff.
Verfahren bei Unterbringung und Zwangsbehandlung 14 28
Verfahrensbeistand 9 32 ff., 10 23, 11 24
- Aufgaben 9 34
- Bestellung 9 33 f.
- Rechtsstellung 9 35
Verfahrensfähigkeit 7 12
Verfahrenspfleger 9 32 ff., 14 37
- Fachliche Anforderungen 9 32
Verfahrensrecht 1 6
Verfahrensstandschaft 7 14, 15
Verfehlung 5 14
Verfestigte Lebensgemeinschaft 3 36
Vergütung des Berufsbetreuers 14 34, 35
Verjährung 5 12
Verlöbnis 3 3
Vermittlungsverfahren
- bei Umgangsstreitigkeiten 11 22
Vermögen 5 5, 10
Vermögensanrechnung 3 53
Vermögenseinsatz 5 6
Vermögensreserve 5 6
Vermögenssorge 8 16 ff.
Vermögensverwertung 3 38
Vernachlässigung 9 10
Verschuldensprinzip 3 23
Versorgungsausgleich 3 17, 39, 40
Versorgungsträger 3 40
Verteilungsmasse 7 6
Vertragsfreiheit 3 17
Vertragsinhaltsfreiheit 3 7
Vertrauliche Geburt 4 25
Vertretung des Kindes durch einen Beistand 12 8
Verwandtenehe 3 6
Verwandtenunterhalt 5 2 ff., 3
Verwandtschaft 4 2, 5 4
- Generationen 4 1

Stichwortverzeichnis

- Gerade Linie 4 4
- Grad der Linie 4 5
- Seitenlinie 4 4

Verwandtschaftsgrad 4 5
Verwandtschaftslinie 4 5
Vorbehaltsgut 3 10
Vorläufige Vormundschaft 12 13
Vormund
- Auswahl 12 14
- Bestellung des Vormundes 12 14
- Entlassung 12 15, 17
- Persönlicher Kontakt zum Mündel 12 15
- Rechtsstellung 12 15

Vormundschaft
- Aufgaben des Jugendamtes 12 18, 20
- Aufsicht des Familiengerichts 12 17
- Ende 12 15
- Funktion 12 9
- Neuregelung 12 9
- Pflicht zur Übernahme 12 14
- Verfahren 12 16
- Voraussetzungen 12 10

Vorrang- und Beschleunigungsgebot 11 19 ff.
Vorrang- und Beschleunigungsprinzip 8 57 ff.
Vorruhestandsregelungen 3 30
Vorschlagsrecht des Betreuten 14 12
Vorsorgeregister 14 13
Vorsorgevollmacht 14 7

Wächteramt des Staates 2 7, 16, 9 3
Wahl-Zugewinngemeinschaft 3 11
Wechselmodell 7 13
Wegfall
- des Unterhaltsanspruchs 5 14

Wertentscheidung
- Im Verfassungsrecht 2 4

Wille des Kindes
- bei Umgang 11 8

Wirksamkeitskontrolle
- Ehevertrag 3 25

Wohl des Kindes 10 13 f.
- als Entscheidungskriterium bei elterlicher Sorge nach Trennung und Scheidung 10 3

Wohnungsverweisung 3 8
Wünsche des Betreuten 14 16, 30
Wunschrecht 14 12

Zahlbetrag 7 5
Zerrüttungsprinzip 3 23
Zeugnis-/Aussageverweigerung 4 3
Zeugnisverweigerungsrecht 3 13
zivilrechtlicher Kindesschutz 9 1 ff.
Zugewinnausgleich 3 12, 17, 39
Zugewinngemeinschaft 3 12
Zuordnungskonflikte 9 12 f.
Zuständigkeit
- internationale 1 20

Zwangsadoption 13 13
Zwangsbehandlung 14 27
Zwangsehe, Verbot 2 2
Zwangsverheiratung 3 4
Zweitausbildung 5 2, 6 11
- Sachlicher Zusammenhang 6 12

Zweitfamilien 5 16